ALVAR
AALTO

BASIC DESIGN OF FUNITURE / INTERIOR / ARCHITECTURE

鈴木敏彦＋大塚篤＋関谷源次＋小俣光一＋武藤かおり＋香川浩

北欧の巨匠に学ぶ図法

# アールトからはじめるデザイン基礎

［デザイン］榮元正博

# 読者へ

本書は、既刊の『北欧の巨匠に学ぶ図法　家具・インテリア・建築のデザイン基礎』の続編である。先編ではプロダクト、インテリア、建築を横断するトータルデザインの表現技法をデンマークのアルネ・ヤコブセンに学んだ。そして本編ではフィンランドのアルヴァ・アールトを指南役に選んだ。ヤコブセンと同様、アールトもまた北欧を代表する建築家である。ユーロ紙幣に変わる前のマルッカ紙幣には彼の顔が印刷されていたし、ヘルシンキでは3つの大学が統合してアールト大学という名称に変わった。進取の気性に富み、酒に強く、社交的な性格であったため、海外の著名な建築家たちと親交を深め、マサチューセッツ工科大学でも教鞭を執った。そして妻のアイノと共に、建築、家具、照明、テキスタイル、テーブルウェアなど幅広いデザインに取り組んだ。モダニズムが台頭し機能主義一辺倒の近代化が進む時代に、アールトは常に建築家として人々の理想の暮らしを考えていた。彼の意思は次の言葉に集約される。

「建築、その真の姿はその中に立って、初めて理解されるものである」

アールトの建築に一度足を踏み入れれば、その居心地の良さを実感することだろう。北欧の冬は暗く、厳しい。だからこそ自然光の取り入れ方にこだわり、レンガや木など自然素材を多用し、人を気遣い暖房設備を工夫し、目にやさしい照明や、スチールパイプではない自国樺材の家具をデザインした。これらすべてが暮らしを支える要素であり、一人の建築家がトータルにデザインすることによって細部まで行き届いた空間が完成する。

本書では、アールトがアイノと死別し、その後再婚したエリッサと一九五四年にムーラッツアロ島に建てた夏の家「コエタロ」を題材に学ぶ。夫婦二人が暮らすための小規模で考え抜かれた建築は、図法の基礎を学ぶのにふさわしい。また、アルテック社から世界に数百万脚を売り上げたベストセラー「スツール60」を題材に、素材と曲木の技術を活かした家具の成り立ちを理解し、プロダクトデザインの表現技法を学ぶ。そして巻末にはパリ郊外に建つ、アールトの住宅建築の傑作「ルイ・カレ邸」の写真と教材として壁芯表示で寸法を入れて書き直した図面を収録した。本書で図法を習得した読者諸氏には、最後の仕上げに「ルイ・カレ邸」で腕試しをしてほしい。

本書を通じ、アルヴァ・アールトが今日の、そして二一世紀の設計にまで与えた示唆にふれることを願ってやまない。

Contents

# 3 建築・インテリアの表現技法



# 4 おわりに 「ルイ・カレ邸」の製図に挑戦しよう

# 「コエタロ」に学ぶ

## コエタロ／実験住宅　一九五三

一九五三年、セイナッツアロ島からパイヤネン湖をはさんで南に隣接するムーラッツアロ島に、アールトは夏の家を建てた。後に2つの島は橋でつながったが、当時は船で通うしかなかった。妻のエリッサに自ら設計したボートを操縦してもらい、アールトはユバスキュラから通った。船名を「NEMO PROPHETA IN PATRIA」と命名。「自らの国の預言者にはだれもなれない」という意味だ。国際的な名声を得ても自国では認めてもらえないという思いを込めた。今でも湖畔のサウナ小屋の側のボート小屋に、船と船名のプレートを見ることができる。

アールトは実験住宅を意味する「コエタロ」に、素材や形態に関する実験を盛り込んだ。家の基礎には地形や岩を利用し、床や壁にはレンガや陶器で五〇パターンの模様を構成した。素材の耐性だけでなく、植物がからまる様子や苔の生成を観察することも目的としていた。さまざまなレンガのパッチワークは、多様性と調和を感じさせる。壁や屋根には太陽光パネルをつけて熱実験を行う構想もあった。そして

家の周囲を壁で囲い、中庭の中央にはファイヤープレイスを設けた。壁の外側だけ白く塗ったのは、外部と内部を明確に分けるためだろう。ムーラッツアロ島のワイルドな自然に対して、安全でコントロール可能な暮らしの空間をつくろうとした意図が伺える。
居住部分としては中庭をL型に囲うように、リビングルーム、キッチン、ベッドルームを配した。リビングは中央の大きなベンチでアトリエと食事の場をゆるやかに分節している。キッチンと暖炉は隣接させ、煙突を集中させている。ベッドルームの窓は高い位置に配し、傾斜天井面への反射を狙っている。本書で紹介している「ルイ・カレ邸」に比べると家具も仕上げも極めて質素だが、実験的なつくりに注目してほしい。リビングの中2階のアールトの書斎の床は天井から吊られている。
家を出て湖畔に向かう途中に、枝を取っ手に見立てた草葺き屋根のサウナ小屋がある。サウナで汗をかいたあとは湖に飛び込むのだ。湖に囲まれた実験的な暮らし、それが「コエタロ」である。

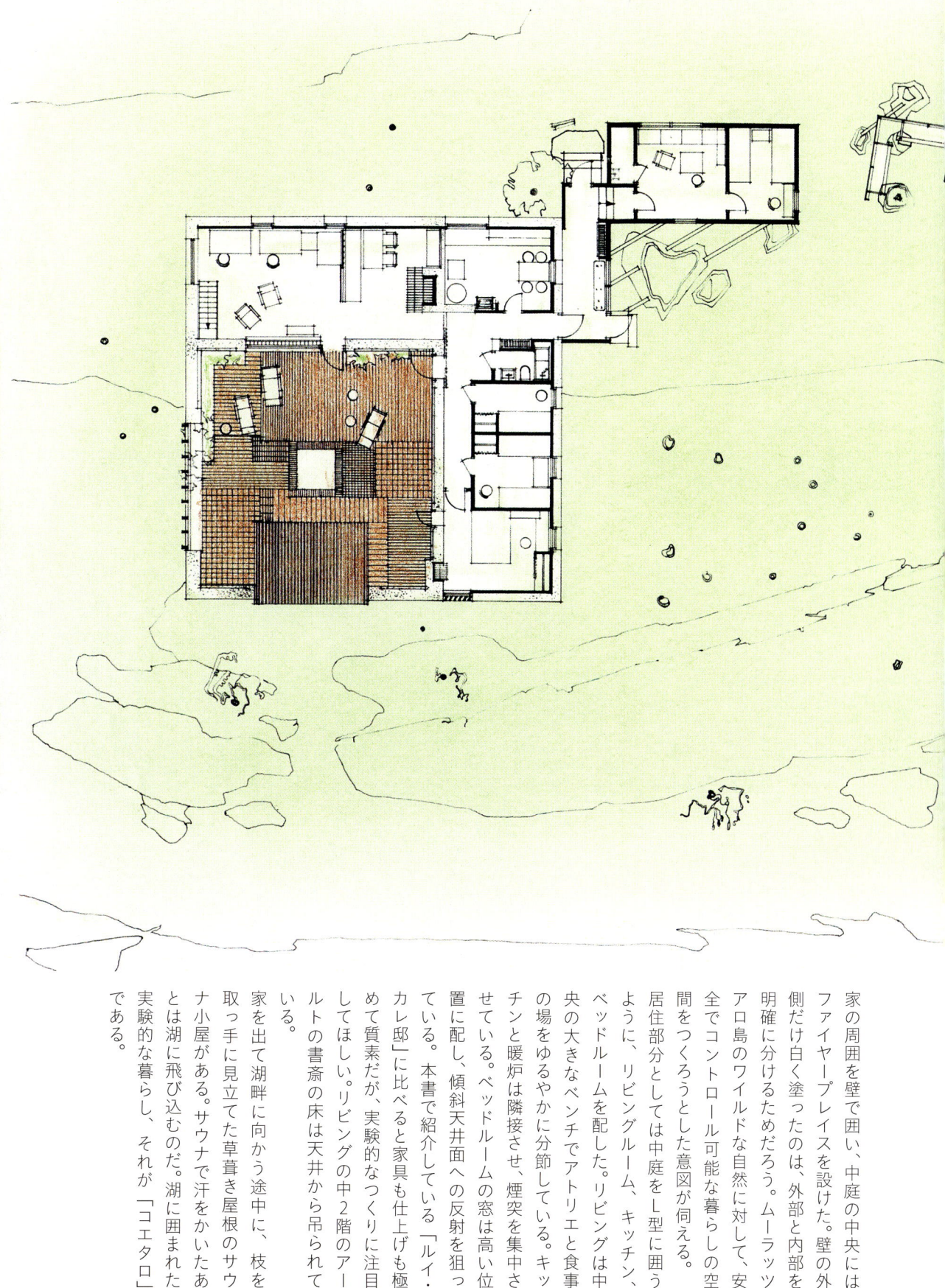

中庭から湖を望む

東側に増築されたゲストルーム、他

レンガの壁の外側のみ白く塗られている

湖からのアプローチ

KOETALO

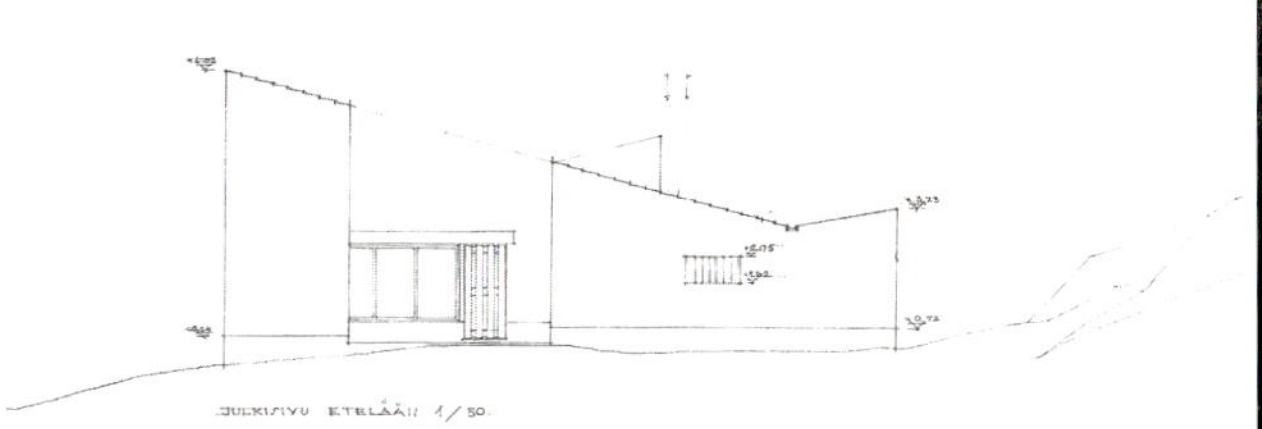


南側立面図

西側の縦格子

中庭から玄関を望む

ダイニングからアールトの２階の書斎を望む

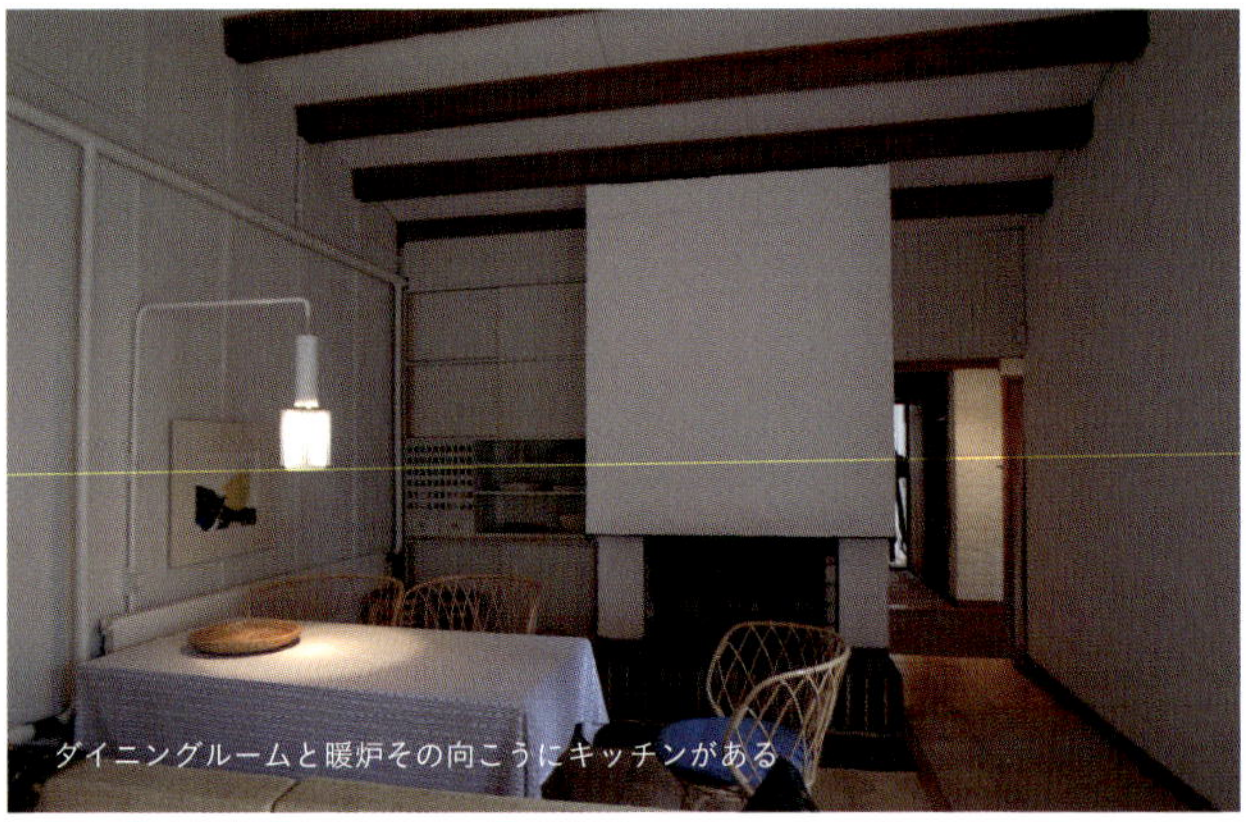
ダイニングルームと暖炉その向こうにキッチンがある

東側に面した寝室

リビングより中庭を介して湖を望む

アールトの設計したボートは近くのボート小屋に保管されている

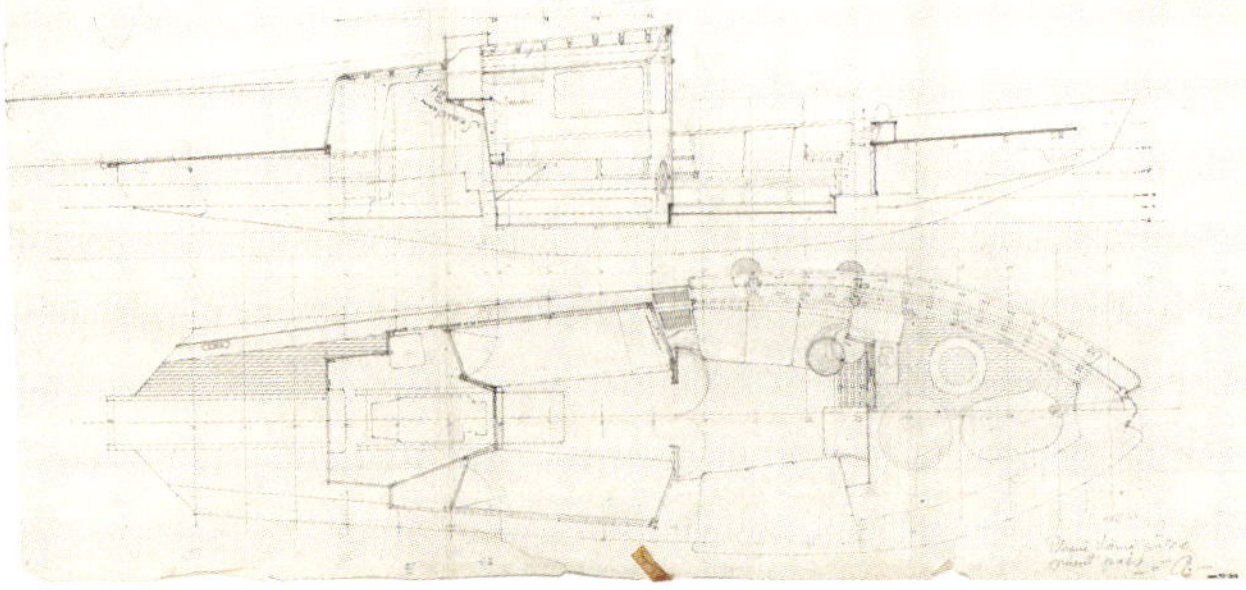
ボート図面

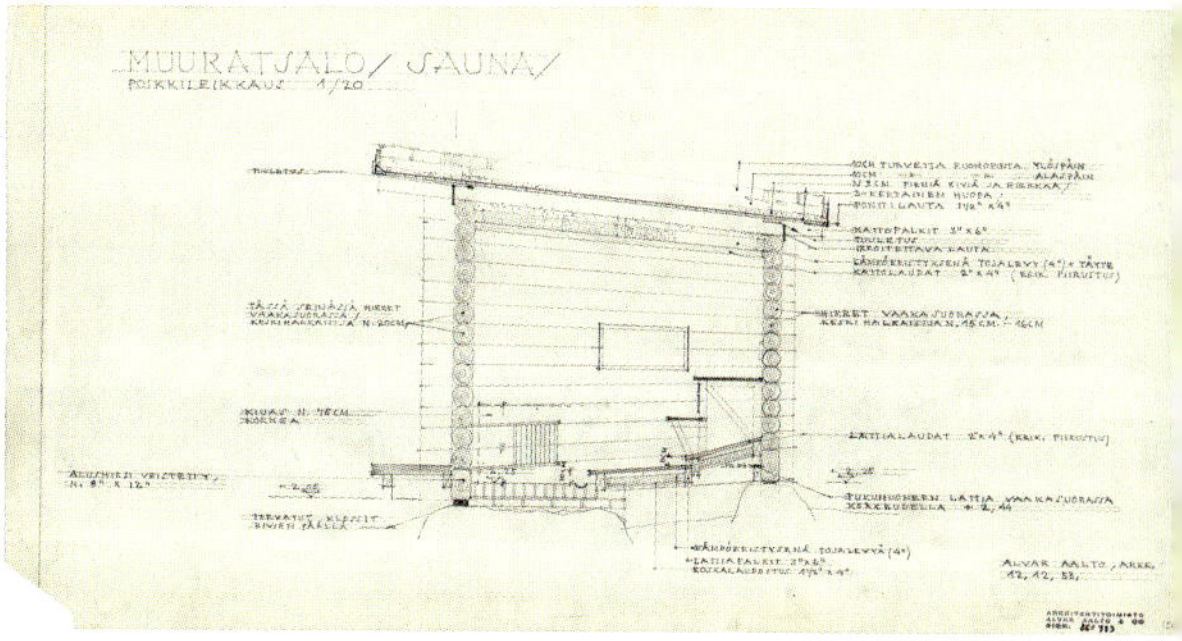
MUURATSALO / SAUNA /
POIKKILEIKKAUS 1/20
ALVAR AALTO, ARKK.
12. 12. 52.

ボート小屋図面

## アルヴァ・アールト

1898 年 - 1976 年（78 歳没）

フィンランド・クオルタネ生まれ。家庭ではスウェーデン語、学校ではフィンランド語を話して育つ。多言語を学ぶセンスに恵まれ、明るい性格で社交性に富み、20 代の終わりからあこがれのグンナール・アスプルンドと親交を結ぶ。35 歳のときに英語を学び始める。同年、北欧の機能主義を体現する「パイミオのサナトリウム」で一躍有名になった。同年、ロンドンの展覧会「ウッドオンリー」にて「スツール 60」を発表。木製家具やガラス製品のデザインで海外でも高い評価を得る。42 歳で MIT 教授としてアメリカに進出するが、妻アイノの死を機に帰国、エリッサと再婚。有機的な作風が強まり、教会、大学、図書館、ホール等の公共建築を晩年まで手掛けた。本書で紹介する夏の家「コエタロ」は 55 歳の時に建てた。62 歳でフランス、パリ郊外に建てた「ルイ・カレ邸」で住宅のトータルデザインを極めた。酒に強く、女性に優しく、金銭に無頓着な国民的英雄。フィランドの旧通貨マルッカ紙幣に肖像が描かれた。

# 1

# 建築・家具・インテリアの表現技法入門

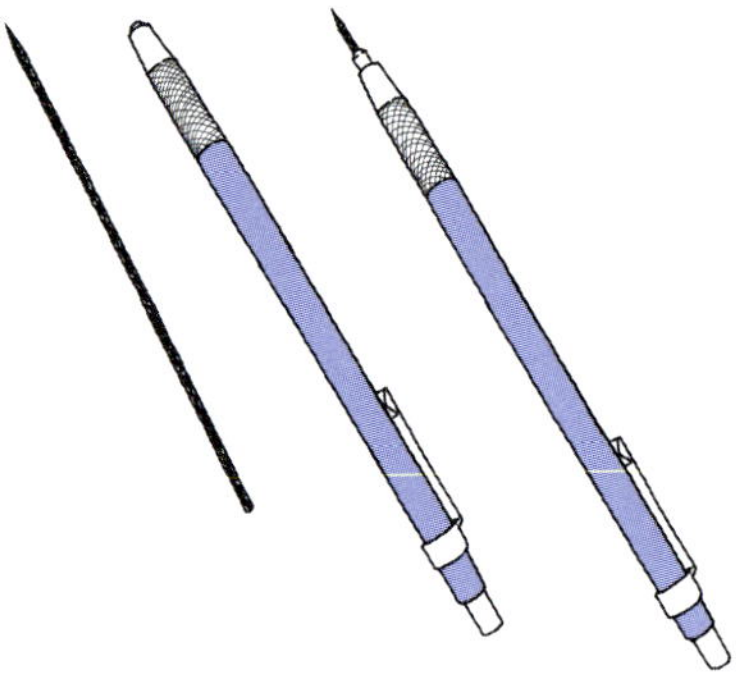

05｜芯ホルダー

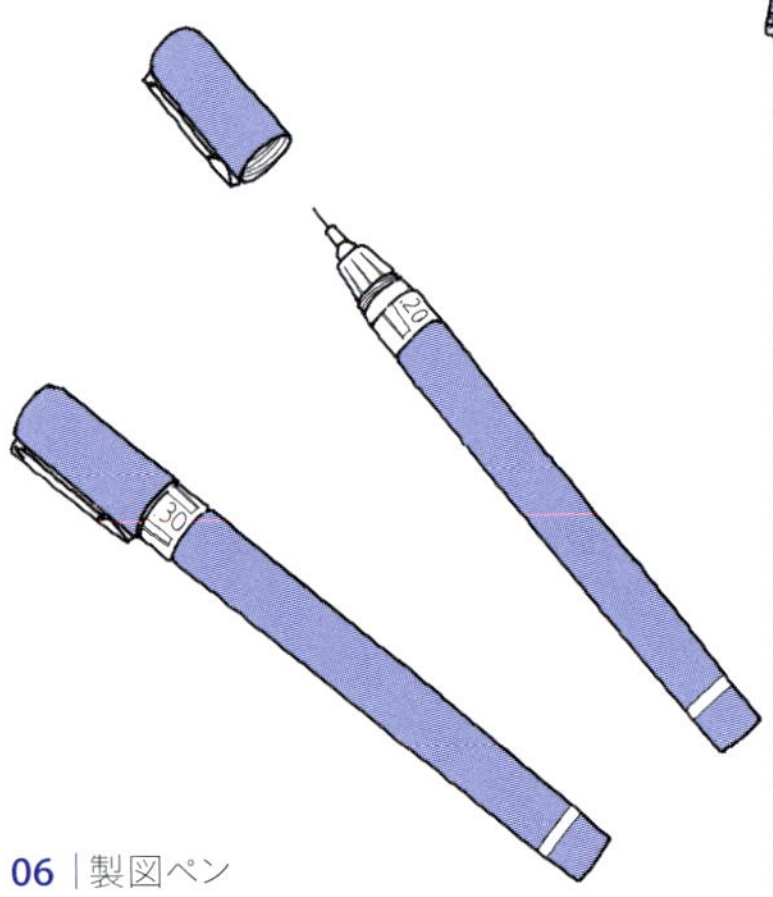

06｜製図ペン

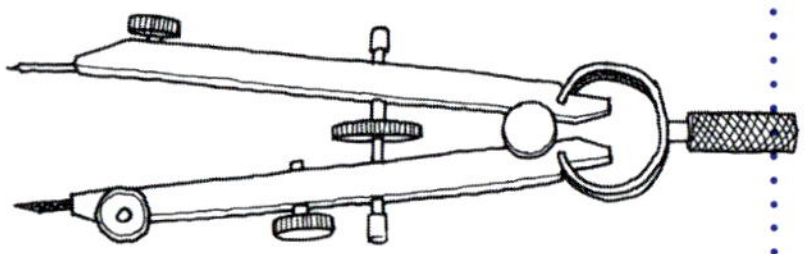

07｜製図用コンパス

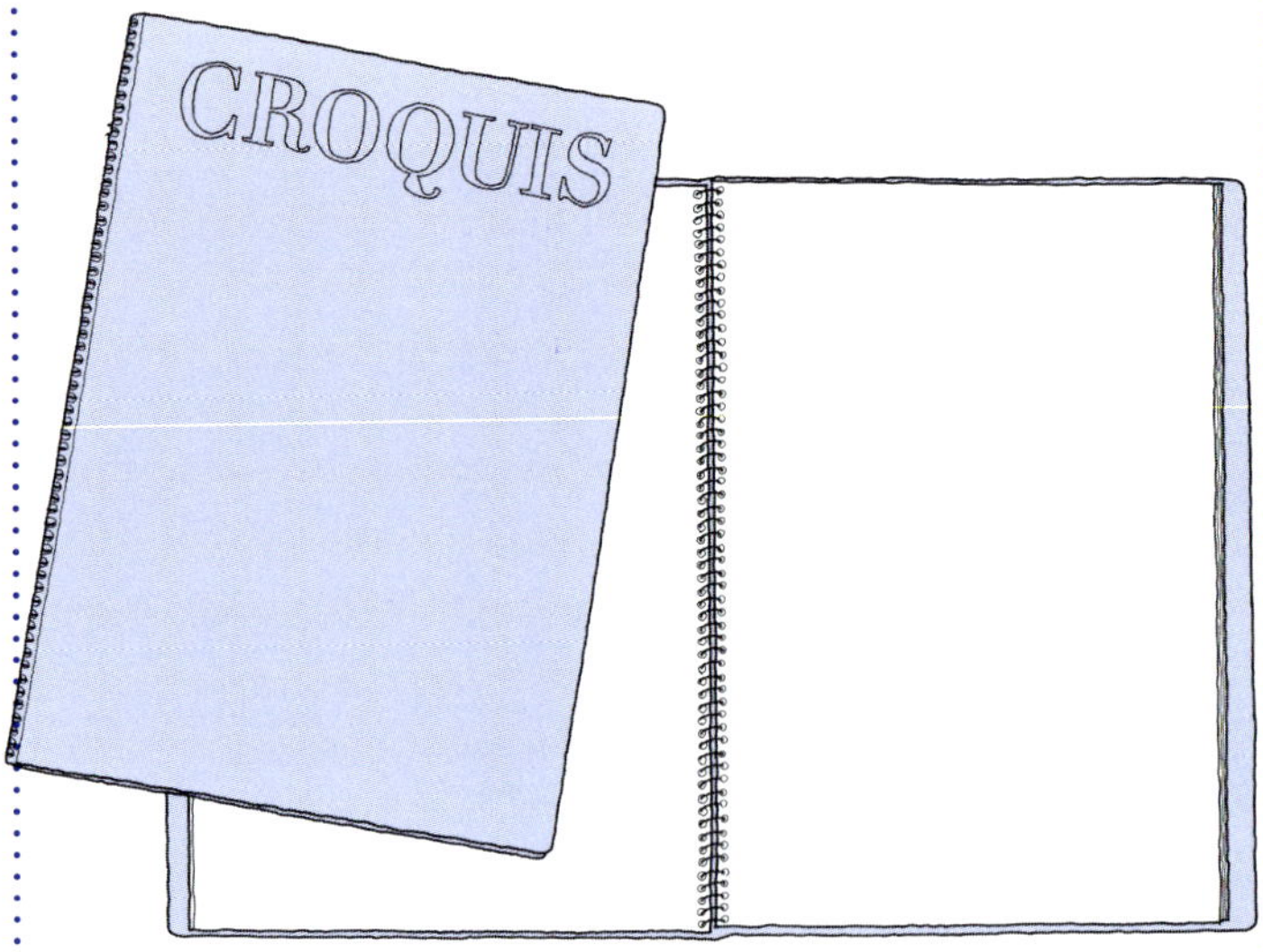


01｜クロッキー帳

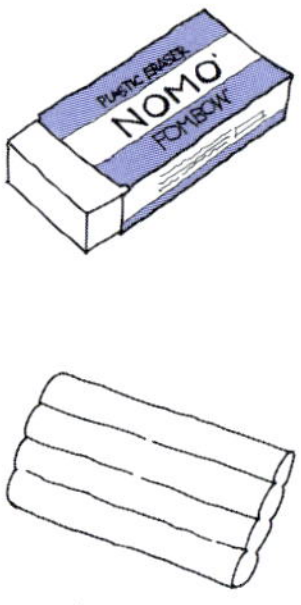


04｜消しゴム

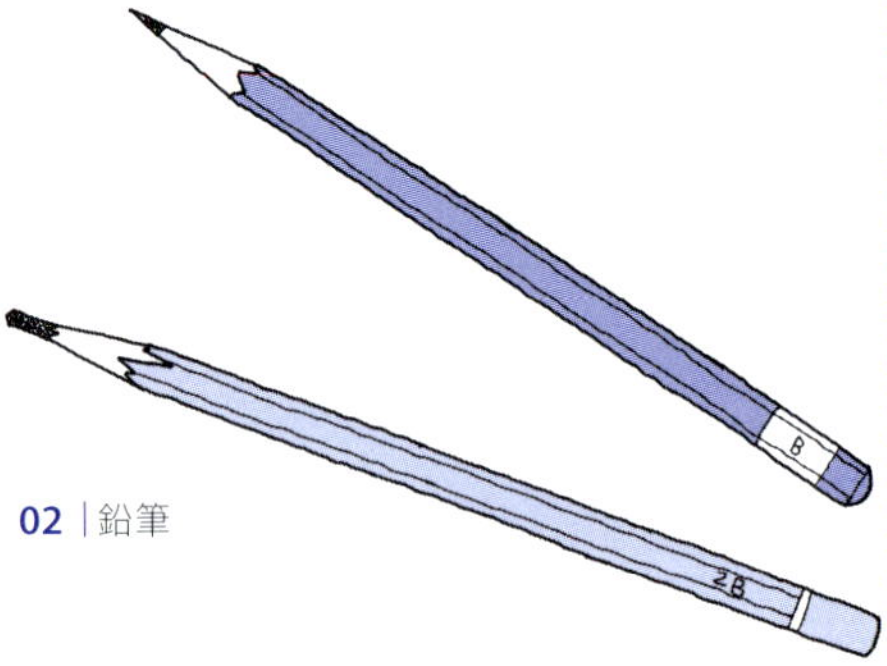


02｜鉛筆

03｜赤青鉛筆

**図面を描く道具**

それぞれの役割に応じた製図道具の使い分けを覚えよう

**スケッチを描く道具**

紙と鉛筆さえあれば、いつでもどこでもスケッチは始められる。

1-1

# ドローイングに使う道具

**スケッチを描く道具**

01―クロッキー帳
スケッチブックと違い、薄手の紙がたくさん綴じてある。だから気負わずスピーディに、たくさん描こう。

02―鉛筆
自分の筆圧に適した硬さを探して、好みのタッチを見つけよう。

03―赤青鉛筆
赤でおおまかな〝アタリ〟をとり、青でラインを決定する描き方に挑戦しよう。

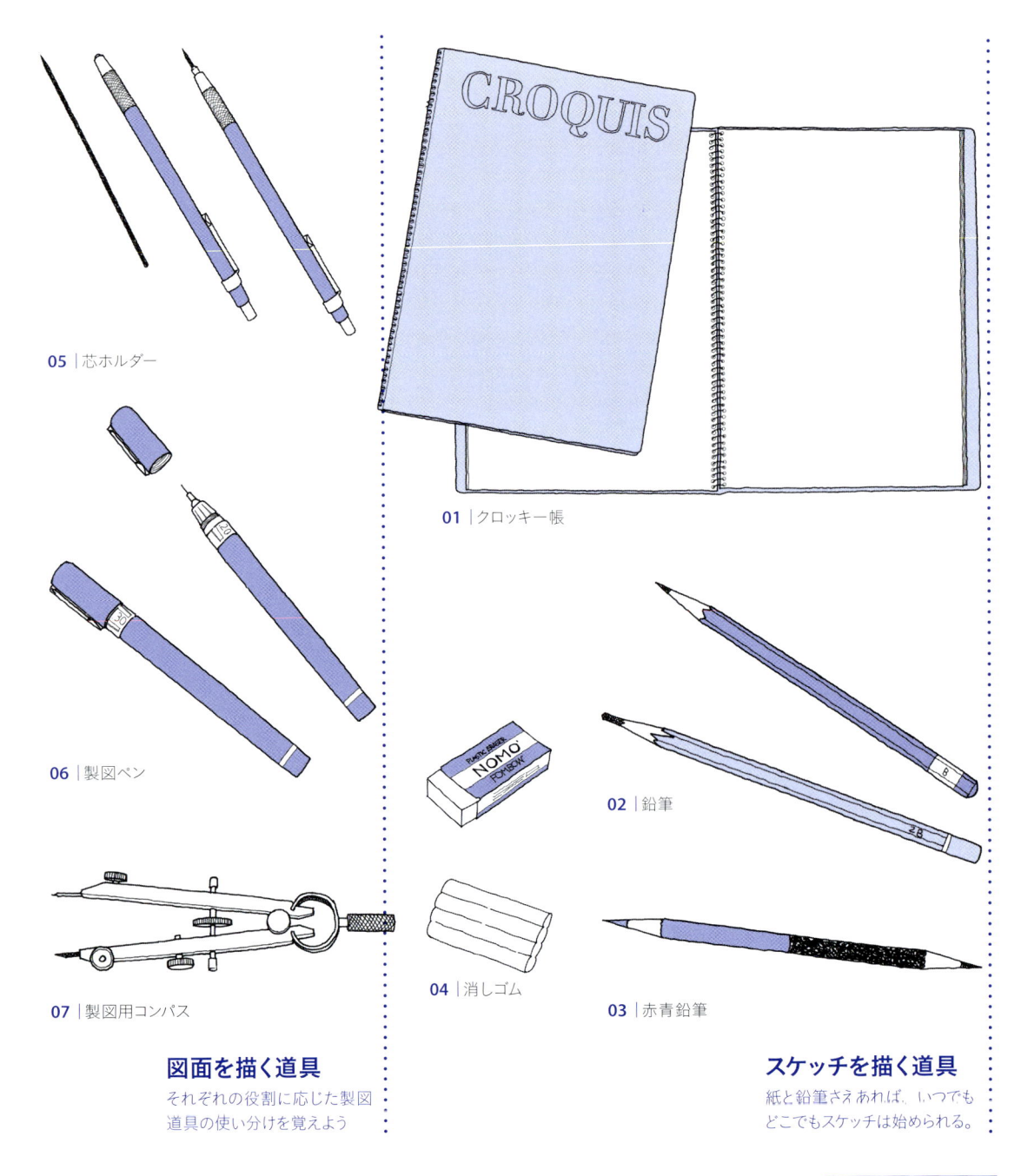

04―消しゴム
どこでも手に入るプラスチック消しゴムのほか、練り消しゴムもあると便利。

**図面を描く道具**

05―芯ホルダー
直径2㎜の芯を削って描く、製図用の筆記具。鉛筆同様、硬さも色々選べる。

06―製図ペン
サインペンと違い、極めて精度の高い線が描けるが、くれぐれもメンテは慎

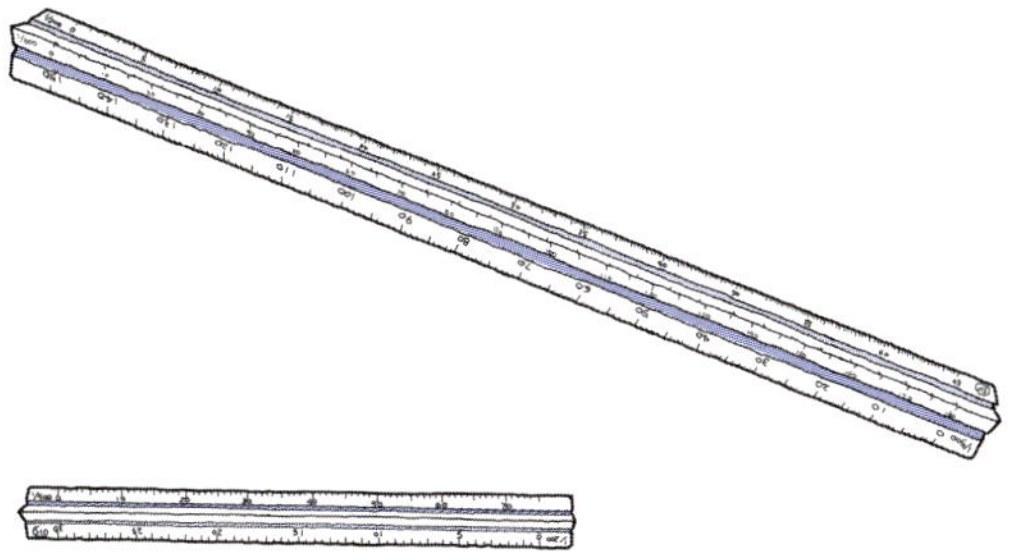

**11**｜三角スケール

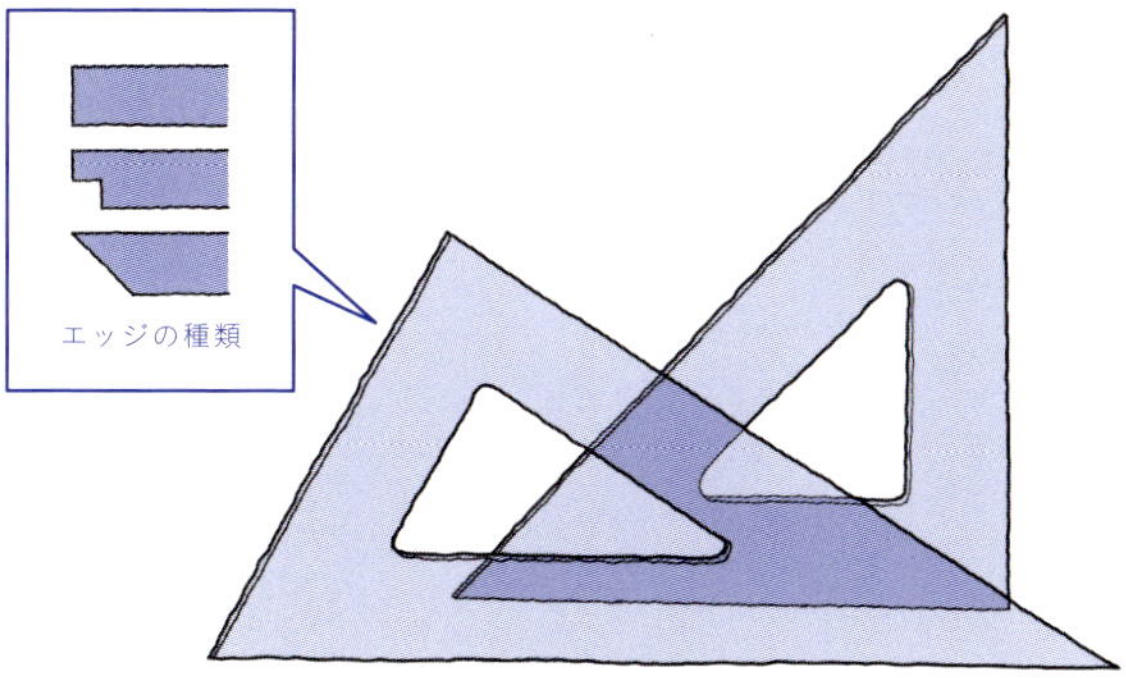


**08**｜三角定規

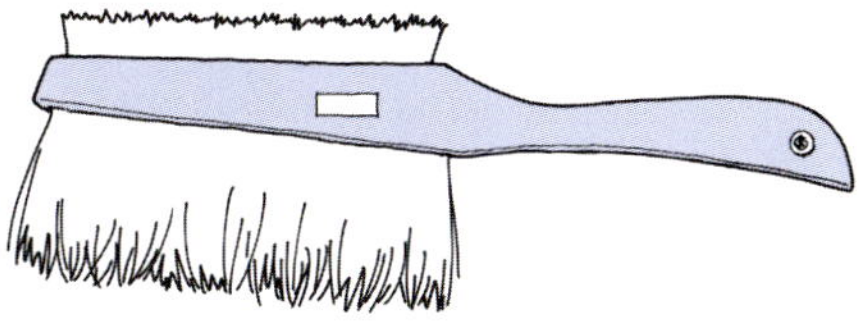

**12**｜製図用ブラシ

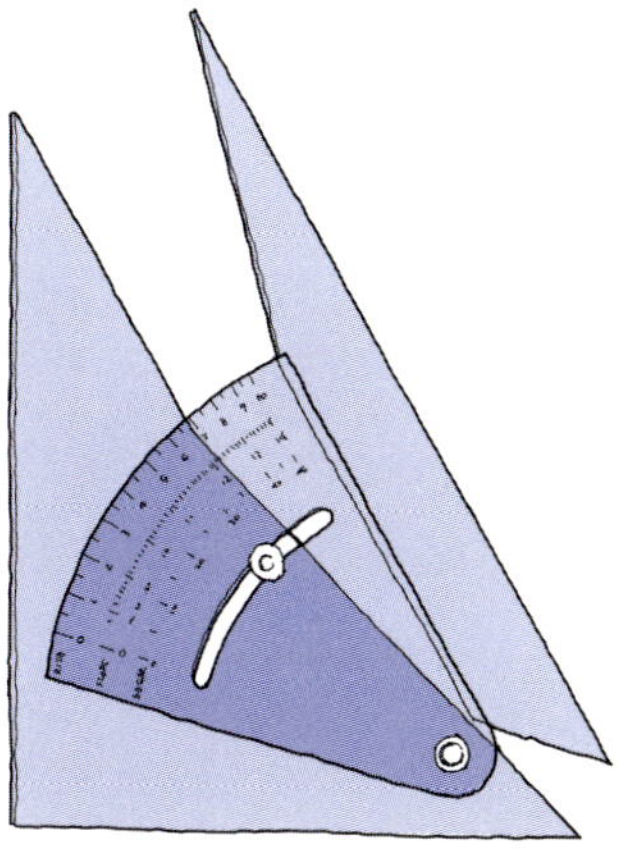

**09**｜勾配定規

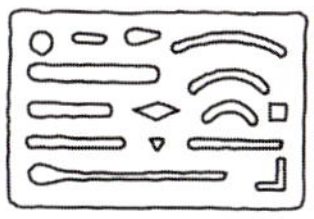

**13**｜字消し板

**14**｜研芯器

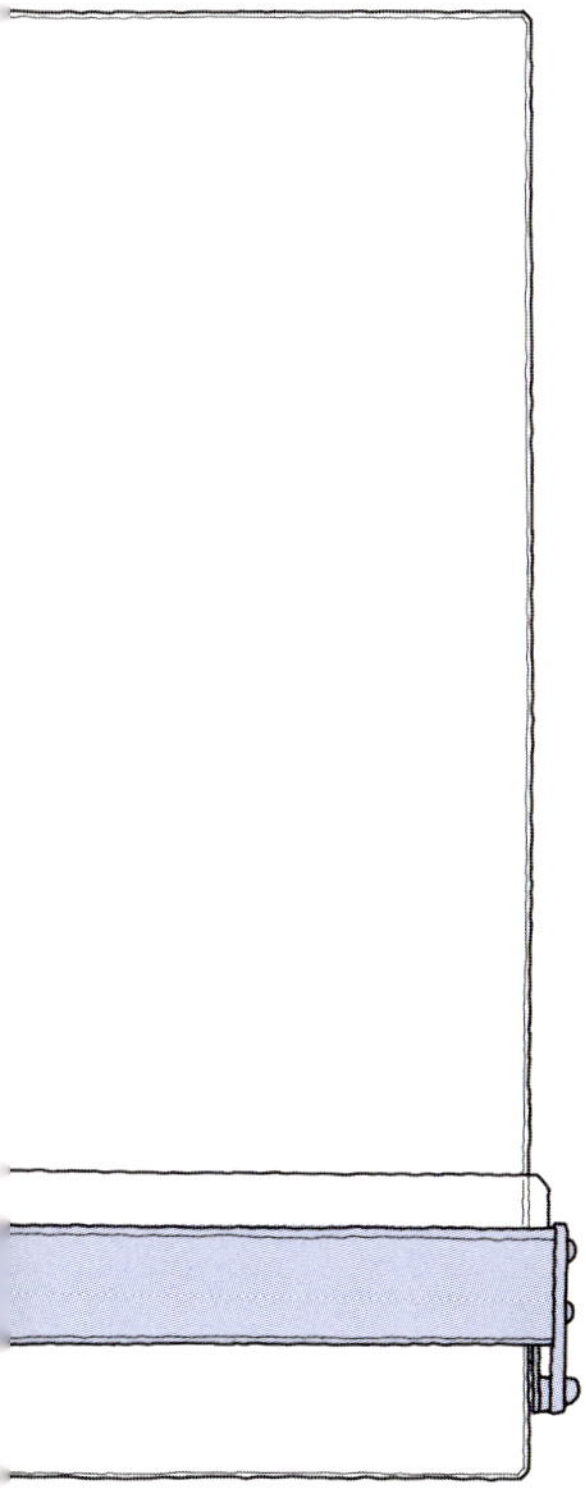

**16**｜平行定規

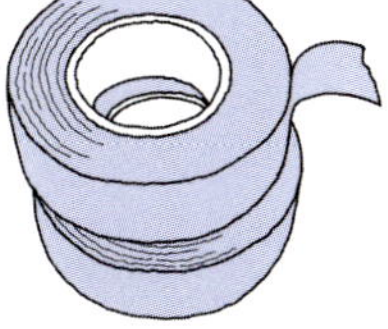

**15**｜ドラフティングテープ

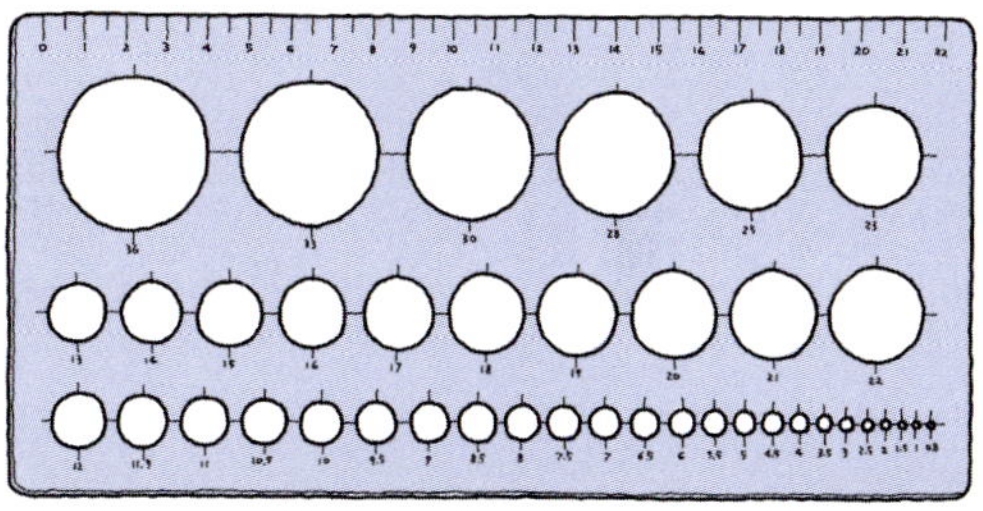

**10**｜テンプレート

重に。

07—製図用コンパス
大きな直径に対応したり、製図ペンをセットできるなど拡張性も高い。

08—三角定規
製図用には厚みと精度の高さが大事。またエッジの種類が選べる。

09—勾配定規
自由に角度を設定することで、屋根勾配やスロープを描き分けられる。

10—テンプレート
いろいろな図形の組合せがある。なかでも円形は一番使用頻度が高い。

11—三角スケール
6種類に刻まれた目盛りを使って、様々な縮尺の寸法が測れる。

12—製図用ブラシ
図面を汚さずに消しカス等をはらえる。

13—字消し板
描き間違いに穴の形を合わせて、ピンポイントで修正可能。

14—研芯器
芯ホルダーの芯を削るための道具。

15—ドラフティングテープ
粘着力や剥がしやすさで選ぼう。

16—平行定規
建築の図面に特有な、任意の平行線を描きやすい定規付きの製図板。

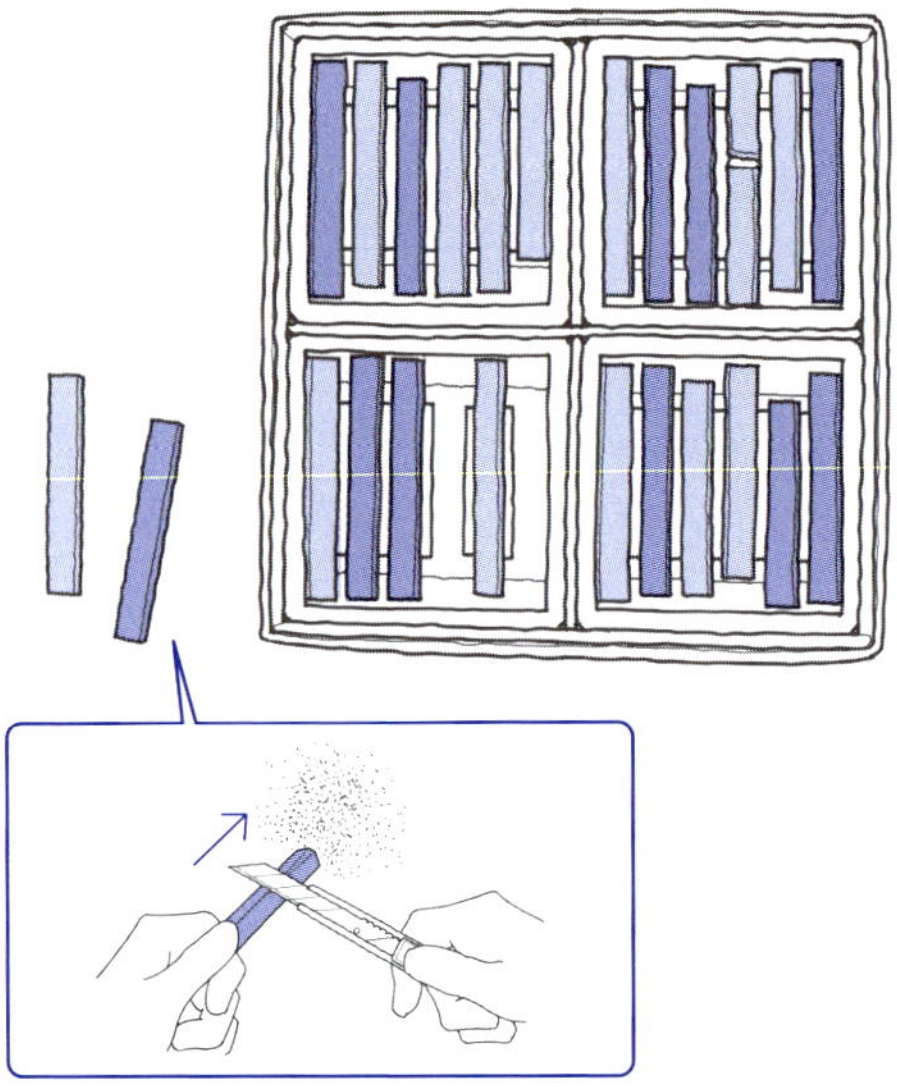

18｜パステル

17｜色鉛筆

21｜パレット

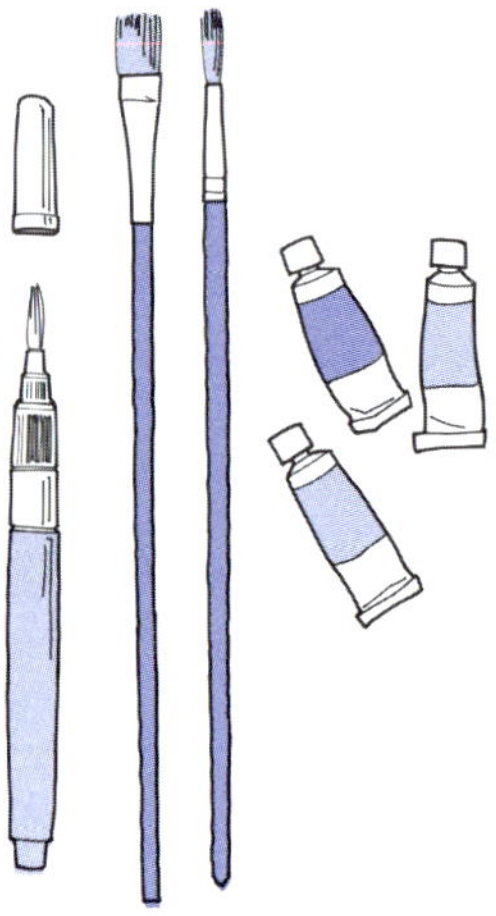

20｜筆

19｜水彩絵の具

## 着彩する道具

手軽さや仕上がりのテイストなどニーズに合わせて使い分けたい

**着彩する道具**

17—色鉛筆
もっとも身近で手軽な着彩道具であるけれど、芯が硬質なものや軟質なもの、水溶性のもの、自然な彩りを集めたものなど、こだわると奥が深い。フリーハンドのタッチを活かすだけでなく、定規を使ってハッチング状に塗ったり、水溶性なら水を含ませた筆でなぞることで、ぼかし塗りも可能。

18—パステル
チョークのように、顔料をスティック状に固めた画材。建築などのショードローイングでは、カッターの刃を立て、粉末状に削って使うことが多い。ティッシュで擦り込むことで、広い面を塗り広げられ、柔らかな仕上がりが得られる。一方、ピントがボケた印象になるため、マスキングしたり、色鉛筆との併用でメリハリをつけるといい。

19—水彩絵の具

20—筆

21—パレット
とりわけ透明水彩なら、鮮やかな発色や、にじみを活かした表現が魅力。慣れるとスピーディな着彩も可能。固形絵の具と水筆をセットで持ち歩けば、いつでも気軽に塗りはじめられる。

One Point

# ペンの種類と自分好みの描き味を確かめてみる

ドローイング用の道具は、描く目的や目指す表現方法に応じて使い分ける。たとえば、建築のドローイングには、メモをとるように描きとめたスケッチや、定規を使いつつもスピード重視でラフに描きあげたもの、定規を用いて細密に硬質に仕上げたもの、あえてプレゼンテーション用でもフリーハンドで柔らかな雰囲気に描いたものなど、多様な表現方法がある。それらはおおむね、描く場のシチュエーションや、計画のプロセス、プレゼンテーションの方向性などによる。

だからこそ、いざという時に、適切な表現方法の使い分けができるよう、道具選びを再考したり、描き心地を確かめてみるなど、ふだんからの手慣らしが大切である。

初学者のみなさんは、まずはあなたが素敵だと感じたドローイングをよく観察し、それを実現するのに相応しい道具選びや使い方、技法などを想像してみることからはじめてみよう。

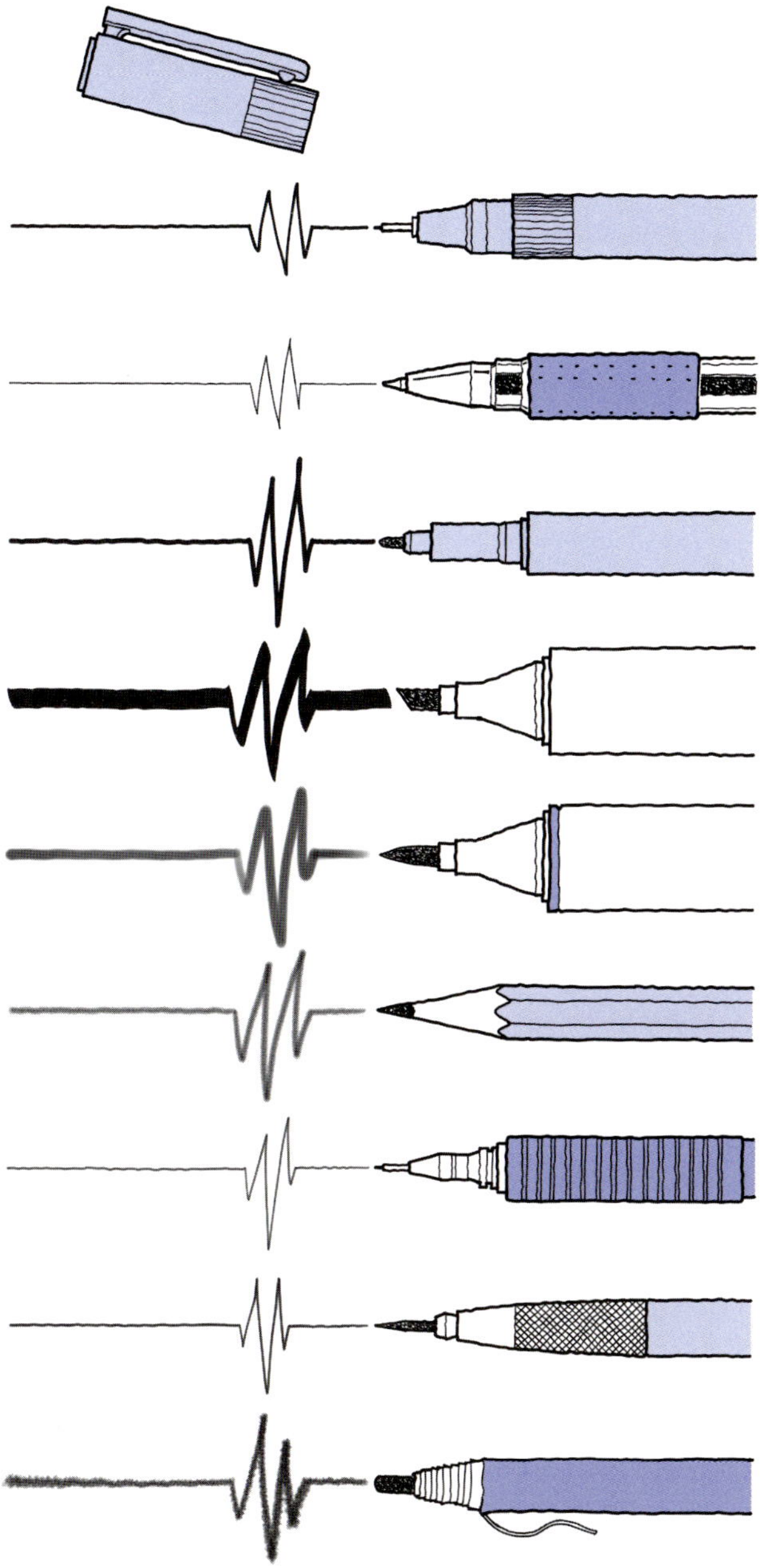

**ミリペン**｜
製図ペンと比べて線幅の精度は低いけれど、安価で入手しやすく、ラフなフリーハンドタッチの描写に最適

**ボールペン**｜
滑らかな描き心地を活かして、スケッチやメモ書きなどを、ノートやクロッキー帳にどんどん描き連ねていこう

**サインペン**｜
豊富な色数とラフなタッチを活かしたり、太めのペン先で強調したい部分を図示するのに適している

**マーカー**｜
幅広のチップで、大胆な描写が可能。ただし、広い面積をムラなく塗るには慣れが必要

**マーカー（ブラシ）**｜
いわゆる「筆ペン」のとりまわしやすさによって、ポイント塗りなら誰でも手軽に、素早くできる

**鉛筆**｜
もっとも原始的な筆記具であるが、非常に幅広いタッチの表現を1本で使い分けることができる

**シャープペンシル**｜
細幅のものを「製図」に使うだけでなく、0.7～0.9mm幅なら、鉛筆感覚のスケッチができる

**芯ホルダー**｜
芯の硬さや先端の尖らせ具合を調整することで、細密な製図から、ラフなタッチのスケッチまで、自在に対応可能

**紙巻き色鉛筆**｜
たとえるならば、クレヨンを鉛筆仕立てにしたような道具。細かく描けない分、素早く要点のみを描き出すことができる

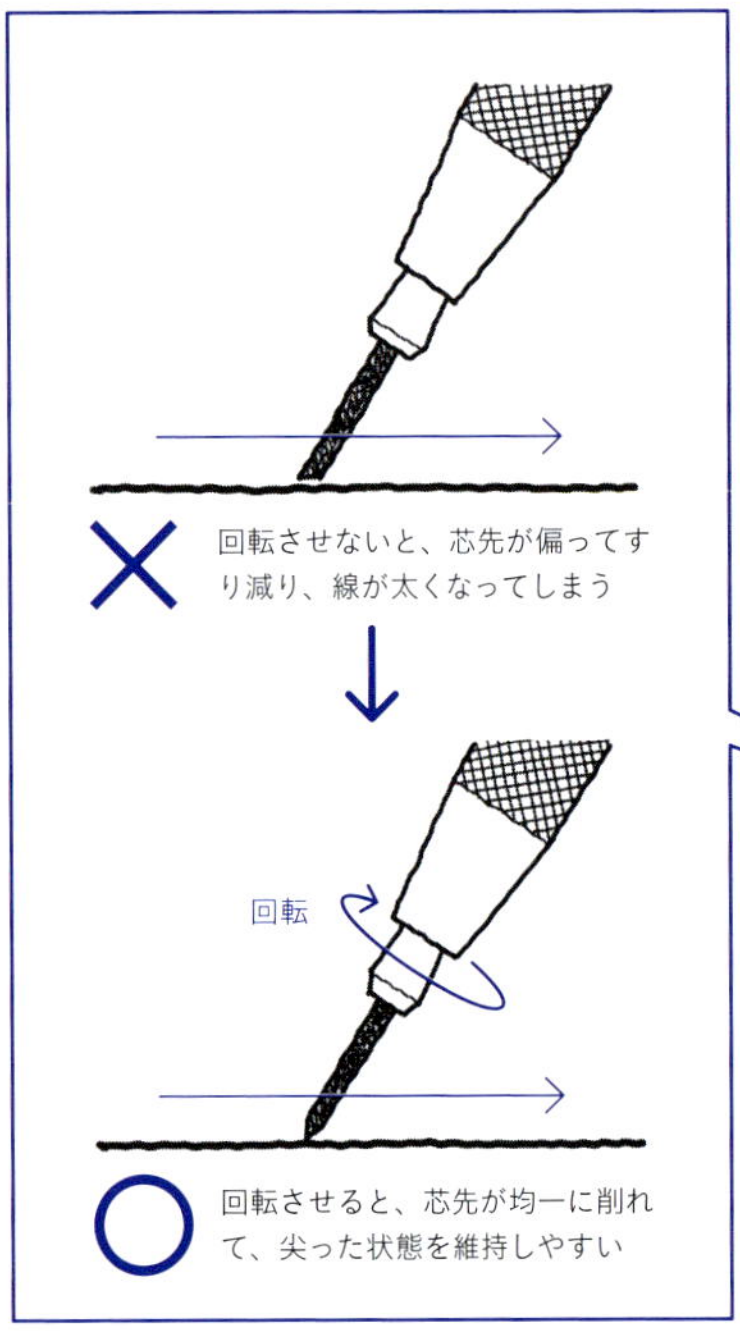
回転させないと、芯先が偏ってすり減り、線が太くなってしまう
回転
回転させると、芯先が均一に削れて、尖った状態を維持しやすい

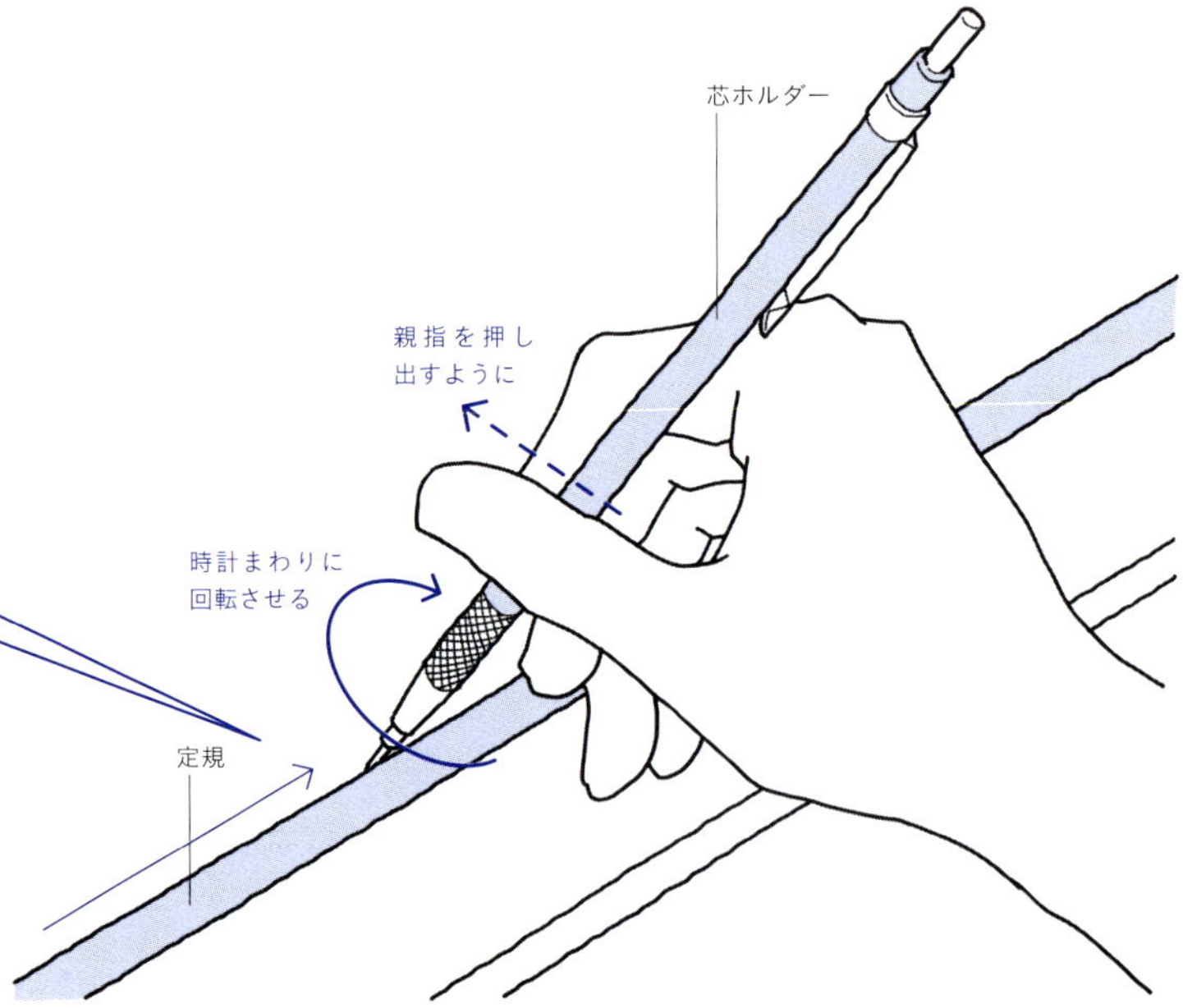
芯ホルダー
親指を押し出すように
時計まわりに回転させる
定規

線を引くときは、芯ホルダーを回転させる。それは、常に均一な線を描きやすいよう、芯先が尖った状態で削れていくようにするためである。親指を押し出すのがコツ

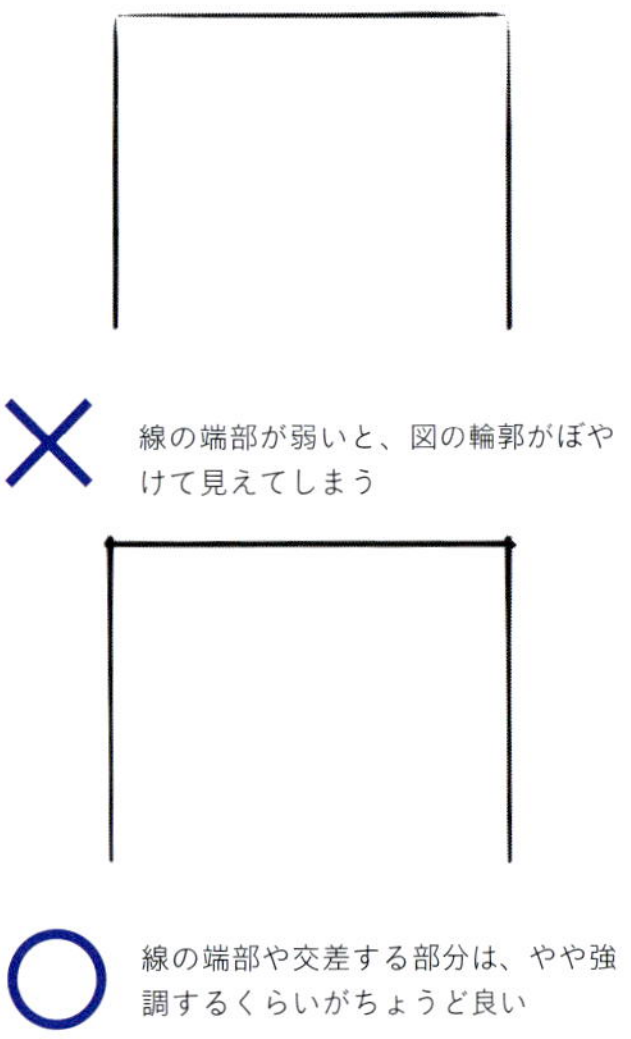
線の端部が弱いと、図の輪郭がぼやけて見えてしまう
線の端部や交差する部分は、やや強調するくらいがちょうど良い

**線のはじめと終わり**

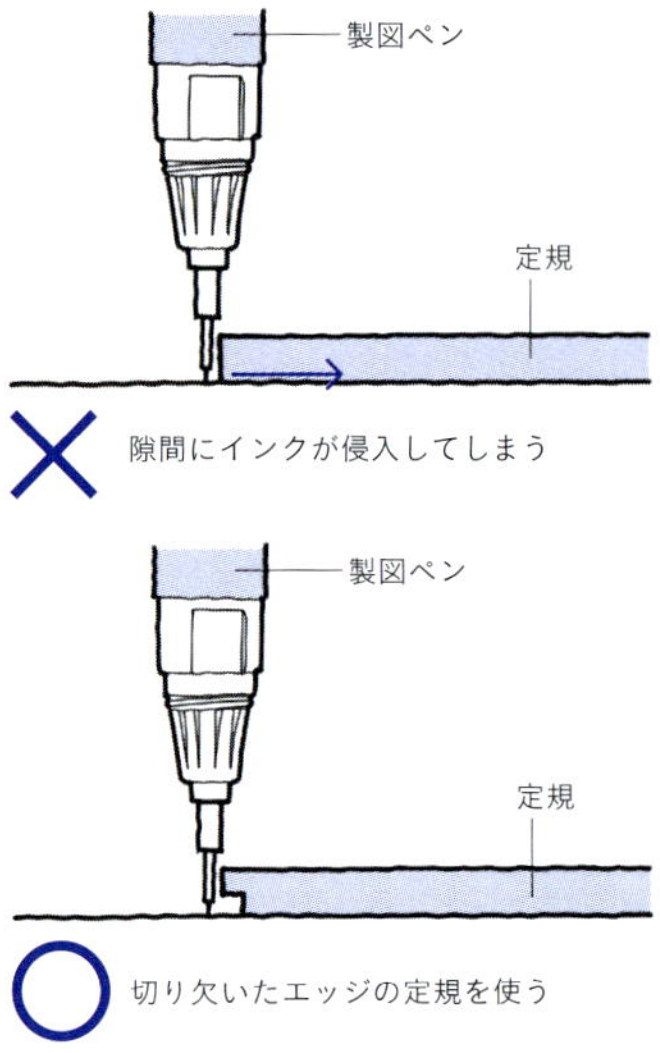
製図ペン
定規
隙間にインクが侵入してしまう
製図ペン
定規
切り欠いたエッジの定規を使う

**製図ペンの場合**

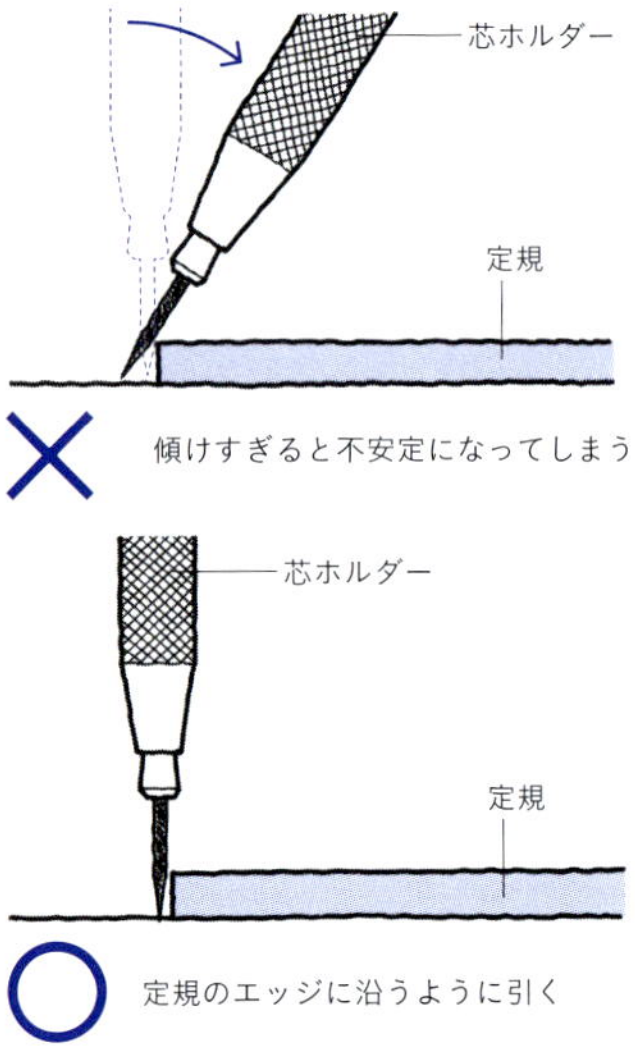
芯ホルダー
定規
傾けすぎると不安定になってしまう
芯ホルダー
定規
定規のエッジに沿うように引く

**芯ホルダーの場合**

## 1-2 線の引き方

### 製図用の鉛筆やペン

絵画やイラスト、図面などは、ともにイメージを伝えるためのビジュアル表現である。これらのうち、絵画やイラストは、作者自身による自由な方法で描かれる。一方、プロダクトやインテリア、建築の図面には、誰が見ても正確で客観的な情報を伝達するために、作図上の明確なルールが定められている。なかでも「線」は、もっとも基本的で重要な作図要素である。同じような1本の「線」であっても、図面の中では、太さに応じて異なる役割を担う。また、点線と破線のように、日常ではほとんど区別しない線種にも、それぞれの意味がある。(20-21頁下図参照)ここでは、道具たちの試運転も兼ねて、線を引くトレーニングをはじめてみよう。正しい線を引くために、線種の知識だけでなく、ペンを回転させたり、定規のあて方、運び方など、頭と身体の両方で身につけていこう。

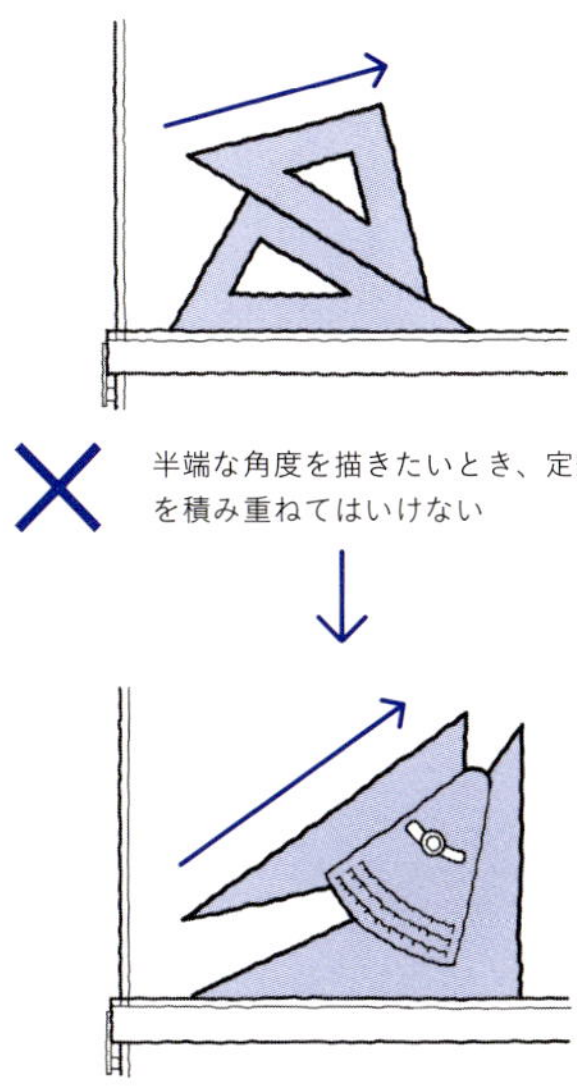

半端な角度を描きたいとき、定規を積み重ねてはいけない

そんなときは、勾配定規で任意の角度に合わせればいい

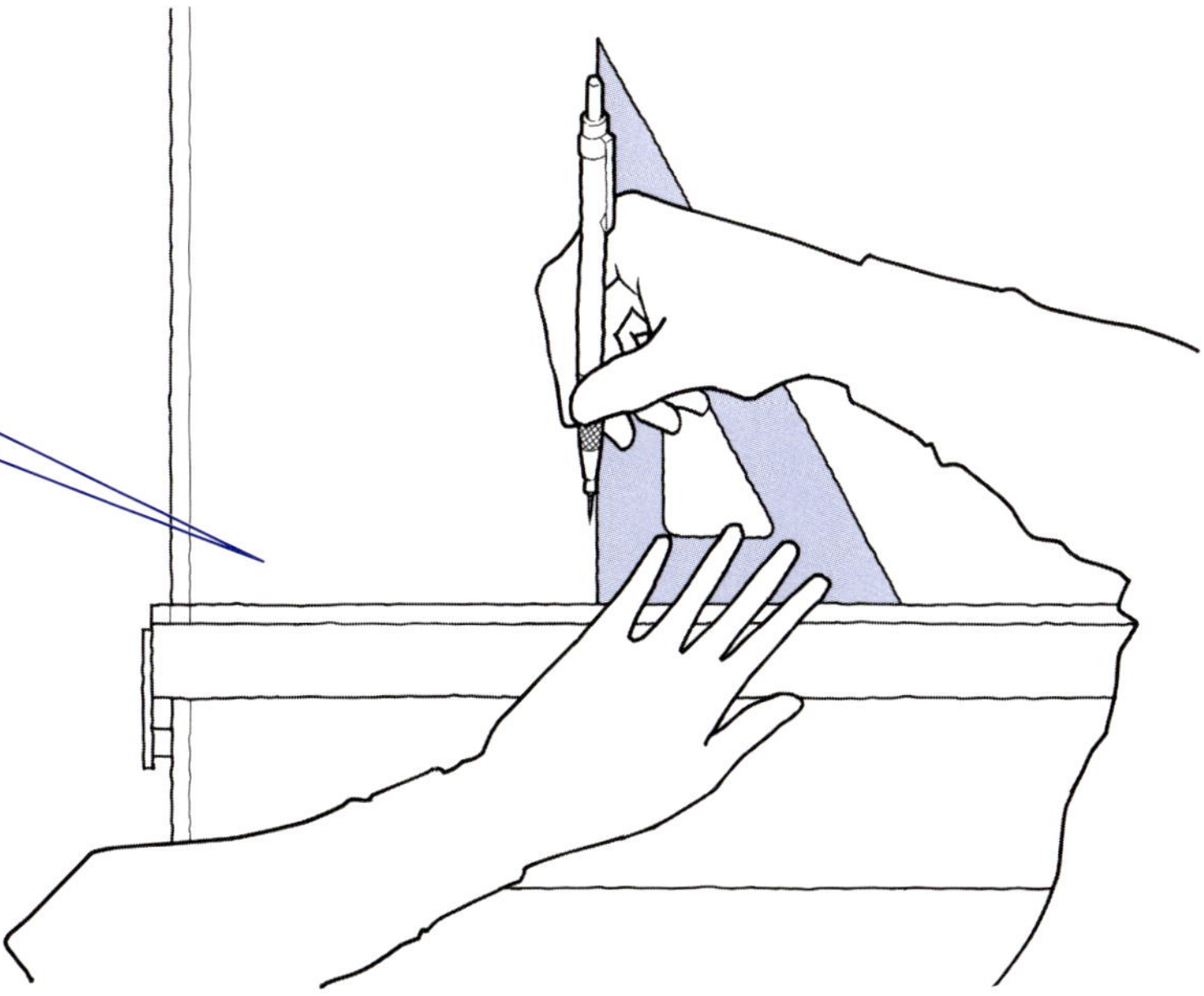

上図は、線を引くときの基本的な姿勢である。左手は平行定規と三角定規とがズレないように押さえている。一見、無理な姿勢のようだが、繰り返すことですぐに慣れる

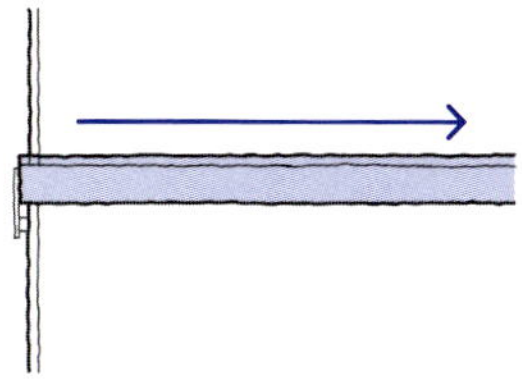

水平線は、左から右に向けて引く

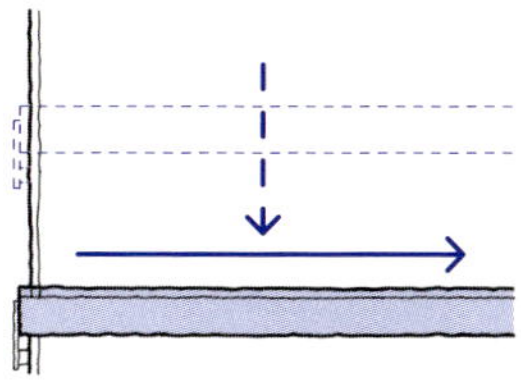

上から下へ逃がすように定規を運ぶ

**水平線の引き方**

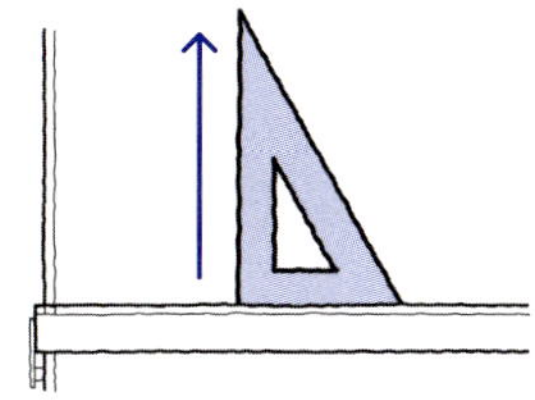

垂直線は、下から上に向けて引く

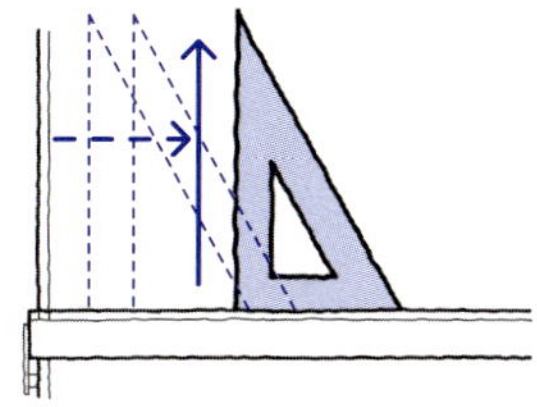

左から右へ逃がすように定規を運ぶ

**垂直線の引き方**

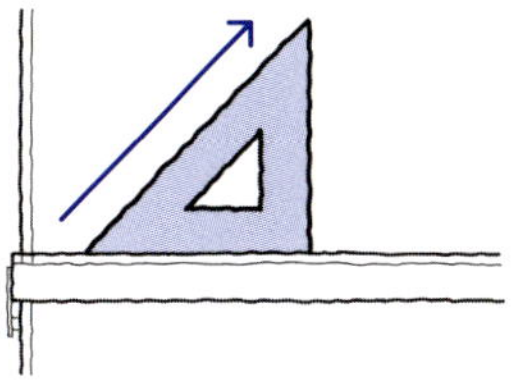

斜め線も、左から右へ向けて引く

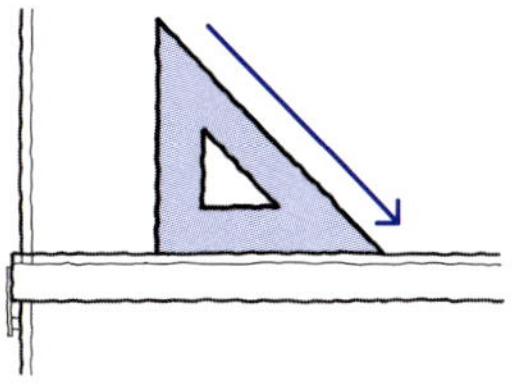

右下がりも同様に、左から右へ

**斜め線の引き方**

## 定規の使い方

狙い澄ましたように、いつでも均一な線を引くために、基本的な定規の使い方を体得しよう。

上図に示したのは、右利きの場合の、定規の使い方の例である。(左利きのひとは、左右反転になる)イメージとしては、「押して描く」よりも「引いて描く」こと。そして、さきに描いた部分をこすらないよう「逃がすように描く」こと。とくに画面の右端に「縦線」を描くときは、不自然な姿勢になりがちだ。けれど、そんなときは立ち上がって、自分が動けばいい。

## ハッチングで技術から表現へ

手慣らしが済んだら、次頁に掲載した「コエ・タロのレンガ割演習」を題材として、ハッチングに挑戦してみよう。同じ線の調子で、図面全体を統一することは勿論、1本の線の中でも「はじめ」と「おわり」を意識することが大切だ。

また、作図の技術的なスキルばかりでなく、「線」を用いたさまざまな表現方法に視野をひろげて、他人の作品を観察してみることをおすすめする。

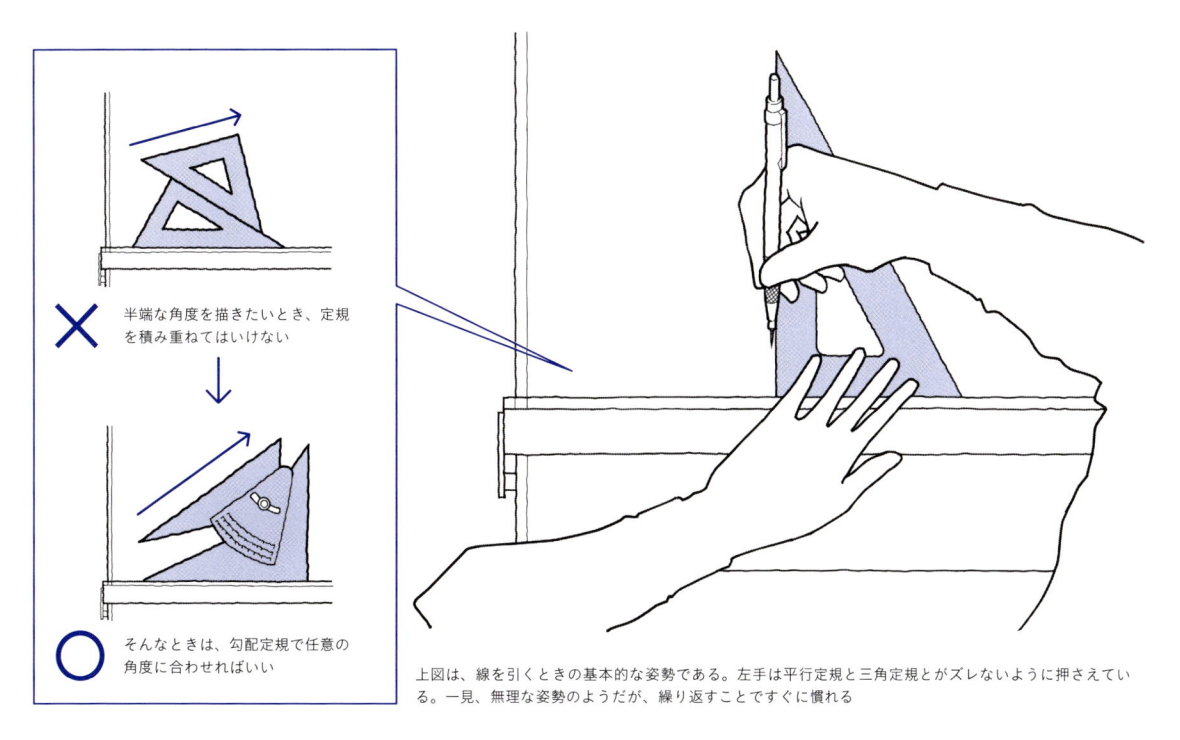

## コエタロのレンガ割演習

線を引くトレーニングとして、「コエタロ」の中庭にみられるレンガ割目地を描いてみる。

「コエタロ＝実験住宅」の名の通り、中庭の床・壁面には、さまざまなレンガ割のパタンや、それらの組合せが実践されている。

右の割付け図を参考に、下の展開図の白ヌキ部分をハッチングで埋めてみよう。

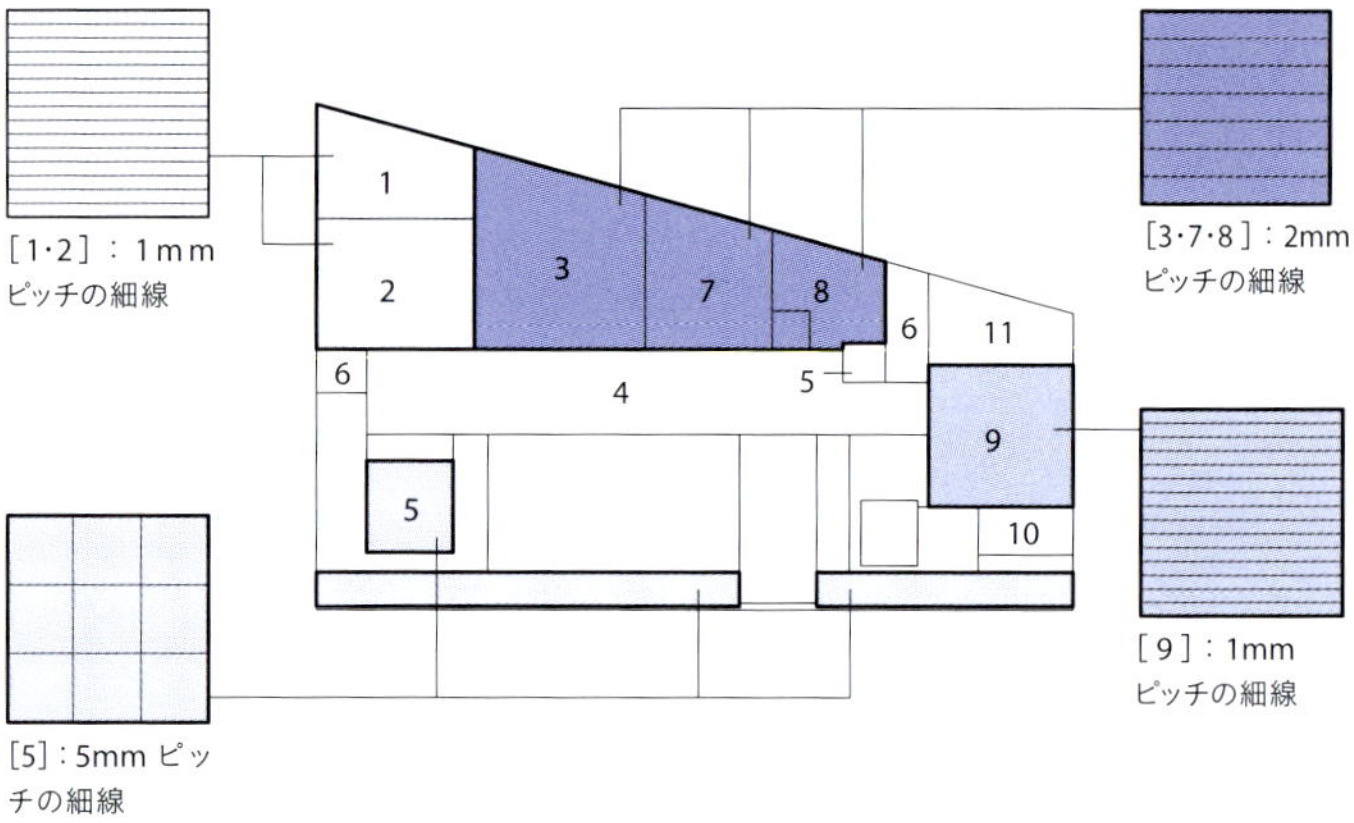


**ハッチングパタンの割付け**

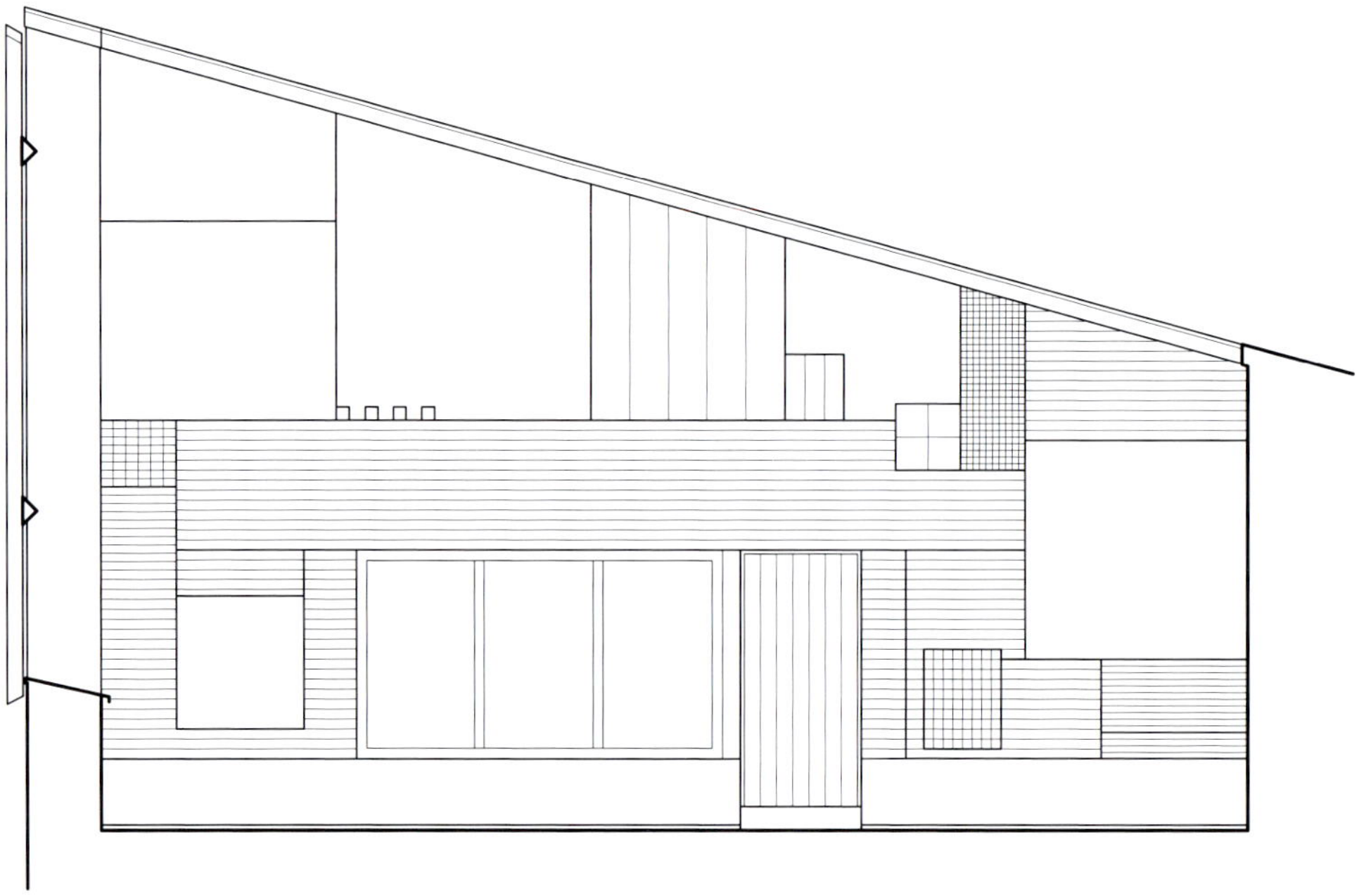

**コエタロ中庭展開図 S=1:80（一部の目地が未記入な状態）**

＊上図を 160% に拡大して、S=1:50 にて作図することを想定している

### 線の「太さ」を使い分ける

**1 極細線**（目安：0.1mm 以下）　下描きのための補助線

**2 細線**（目安：0.1mm）　基準線（通り芯・高さの基準線など）、寸法線、目地線など

**3 中線**（目安：0.2mm）　見えがかり線など

**4 太線**（目安：0.3 〜 0.8mm）　断面線

## ハッチング表現

図面の中でのハッチングは、多くの場合、目地や表面の質感を表すテクスチャとして用いることが多い。

また、立体感を表現するための陰影として描いたり、断面図の切断部分を表すこともある。

その他、色鉛筆と定規を用いたハッチングは、フリーハンドのタッチによる着彩と比べて、誰でもきれいに仕上げることができる。

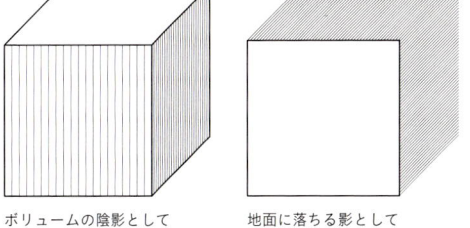

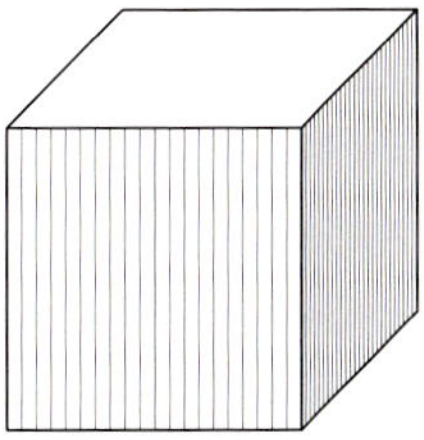

ボリュームの陰影として

地面に落ちる影として

水面の表現として

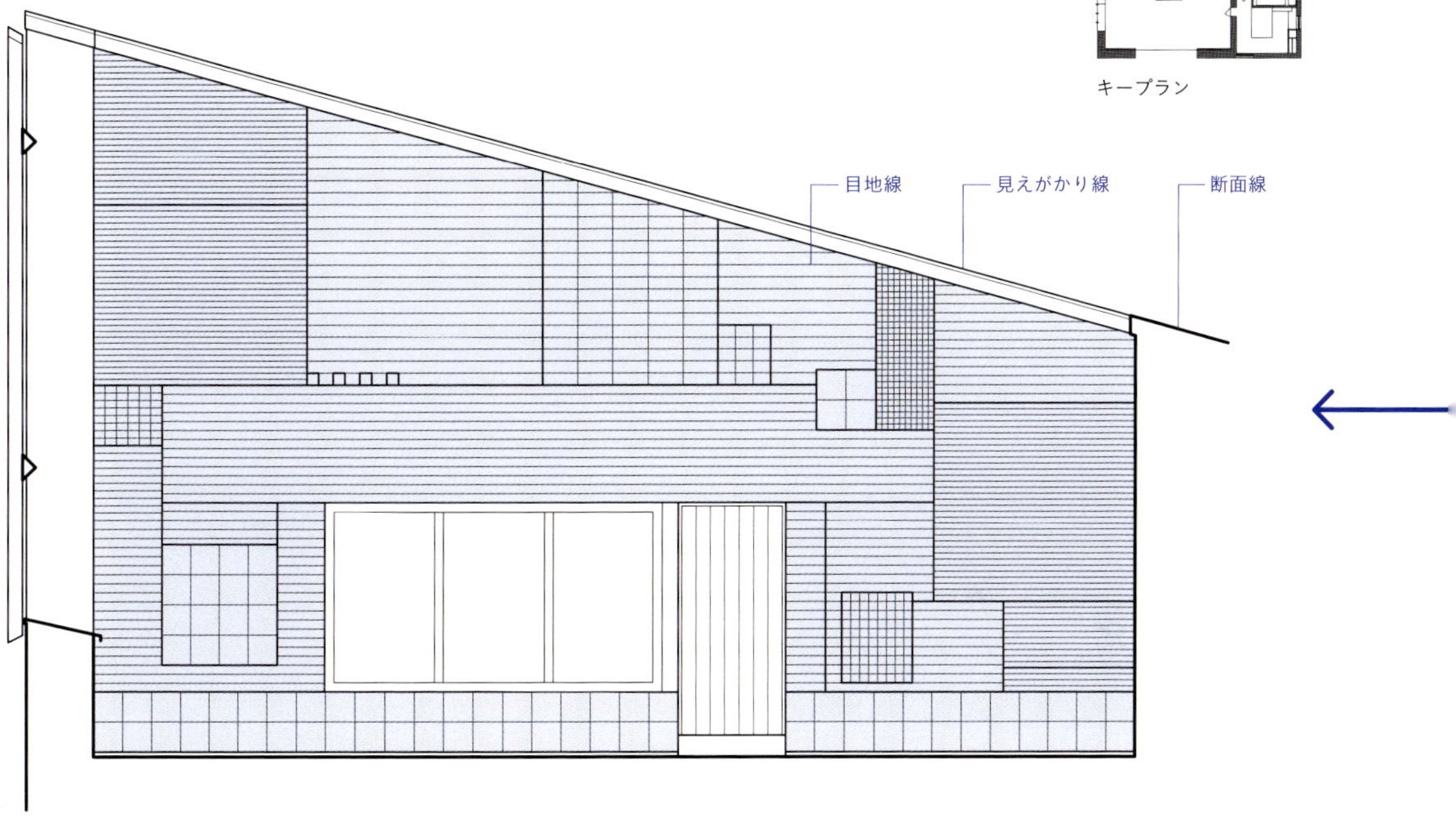


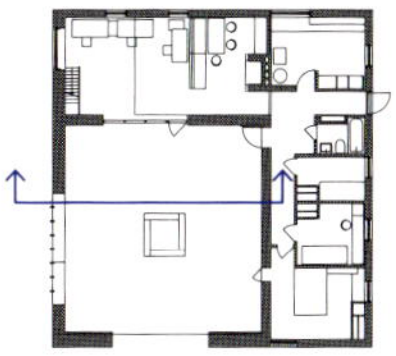

キープラン

**コエタロ中庭展開図 S=1:80（完成状態）**

＊本図は「線の練習」用に、パタンや寸法を一部アレンジしている

## 線の「種類」を使い分ける

**1 実線** ―――――――――
断面線、見えがかり線、寸法線、引き出し線など
実際に見えるモノの形状をはじめ、太さを使い分けてもっとも多用する

**2 破線** － － － － － － －
隠れ線など
透過して表したり、視点の背後にあるものなど、実際には見えない輪郭を描く

**3 点線** ……………………
可動線など
引き戸などの動きの軌跡を表す。破線とは明確に使い分ける

**4 1点鎖線** ―・―・―・―
基準線（通り芯・高さの基準線など）、敷地境界線、吹抜け線など
実線部分の長さを変えることで、上記の用途が混同しないように使い分ける

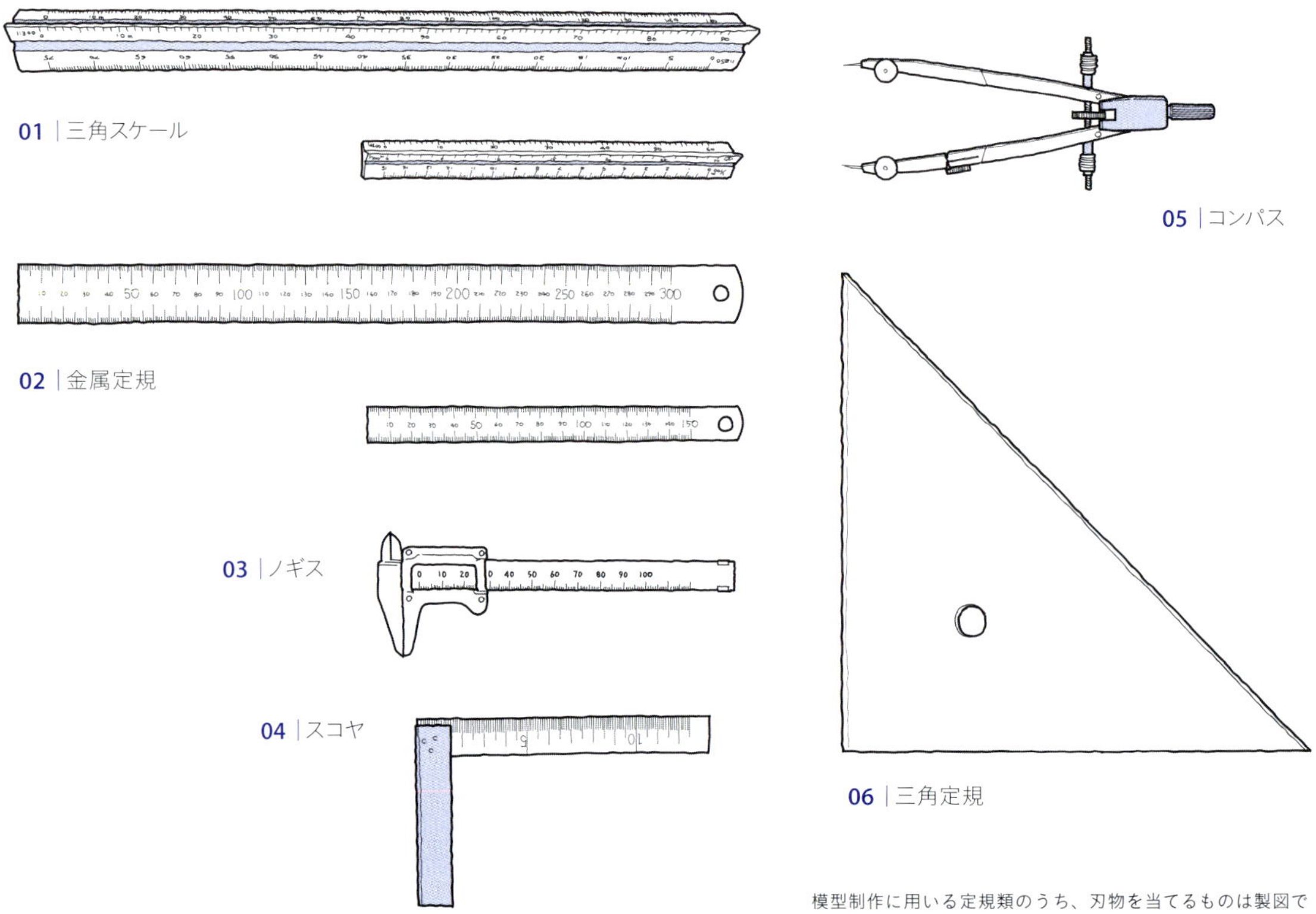


模型制作に用いる定規類のうち、刃物を当てるものは製図では用いない。エッジが欠けるなどし、直線がきれいに引けなかったり、材料の削りかすで図面を汚すからである。また金属定規も製図用紙を痛めやすい。ここに挙げたもののうち製図と共用しているのは、コンパスと三角スケールだけである。

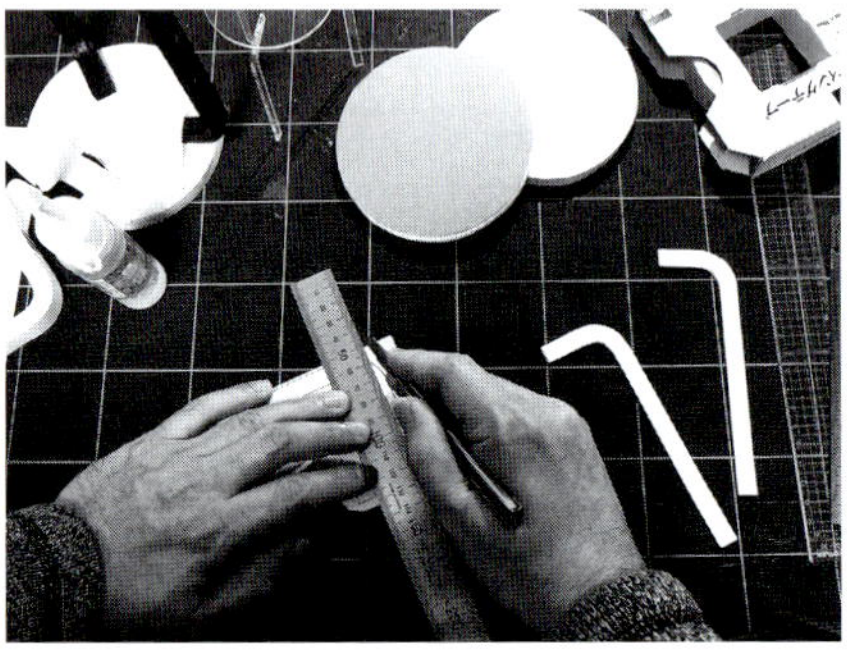

## 測る道具

**01 | 三角スケール（30cm、15cm）**
製図と同様に縮尺を考える必要があるために用いる。

**02 | 金属定規（30cm、15cm）**
測るだけでなく、カッターでの切断に用いる。

**03 | ノギス**
物の内寸、外寸、深さを 1/10mm の精度で測ることができる。

**04 | スコヤ**
直角を測る。金属製なのでカッターの刃も当てられる。特にスチレンボードの切断に便利。

**05 | コンパス**
円を描くだけでなく、二点間の距離を測るときにも用いる。

**06 | 三角定規**
透明でグリットの入ったものが便利。ただし、製図用とは別に用意する。

# 1-3 模型の道具

## まずは、体験してなれる

道具の使い方ポイントは、何よりも自ら体験することである。最初は失敗してもかまわない。道具と素材に直接触れることから、その特徴や使い方を知ることができるだろう。

本書で紹介する手法は基本的なものだが、これだけでほとんどのことが可能である。

設計者が模型をつくる目的はさまざまで、単に実物を縮小したものだけではない。たとえば次のものが挙げられる。

①プレゼンテーション模型
完成した姿、もしくは伝えたい部分の形状や色彩、素材感などを、適切な縮尺で表現し、他者に見せるためのもの。

②スタディ模型
設計の過程で、決まっていないことを検討するためのもの。立体形状や、構法、さらにはアイデアを出すための習作など、2次元の図面だけではわからないことを考える、設計者自身のため

のもの。ただし考え方を示すために他者に見せる場合もある。

ここでは建築模型の素材として一般的に用いられる、紙、スチレンボード、樹脂板、木材などを扱うために必要な基本的な道具について解説する。作例はすべて右利きであるので、左利きの場合は反転したものとして考えること。なお、作業は必ずカッティングマットの上で行うこと。

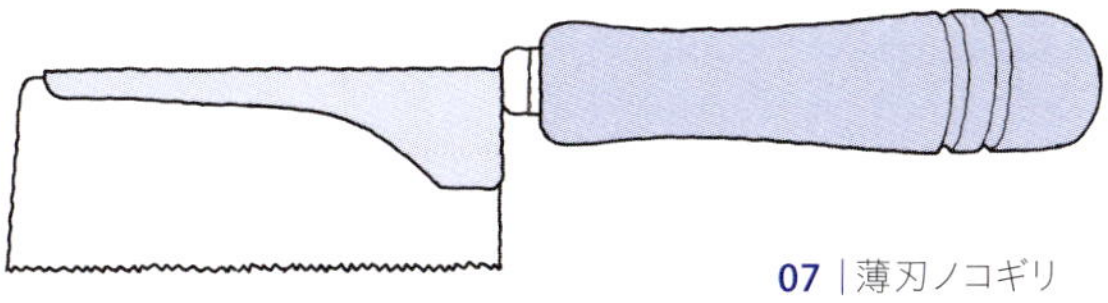

**07** | 薄刃ノコギリ

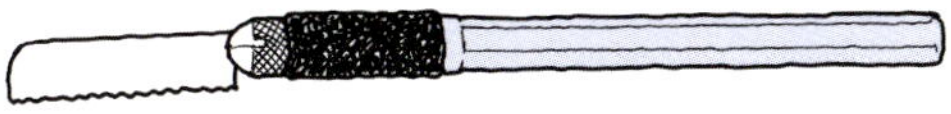

**08** | アクリルカッター

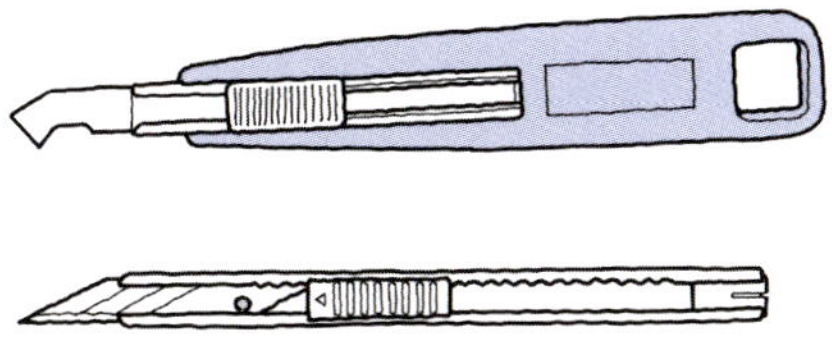

**09** | カッターナイフ
（上：30° 刃、下：45° 刃）

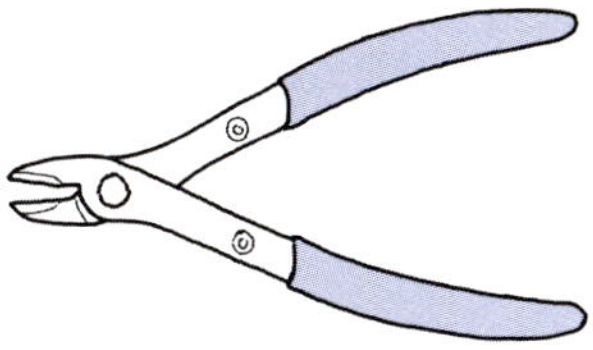

**10** | ニッパー

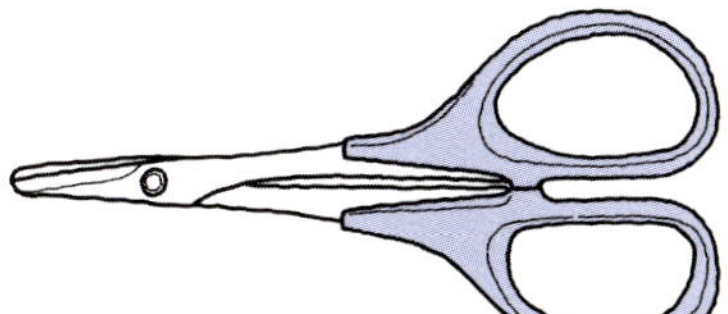

**11** | 曲げ刃ハサミ

**12** | ピンセット

**13** | へら（小）

**14** | 平ヤスリ

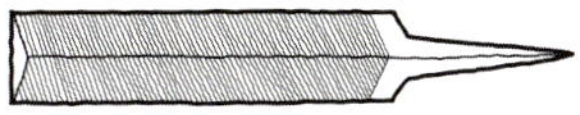

**15** | 目立てヤスリ

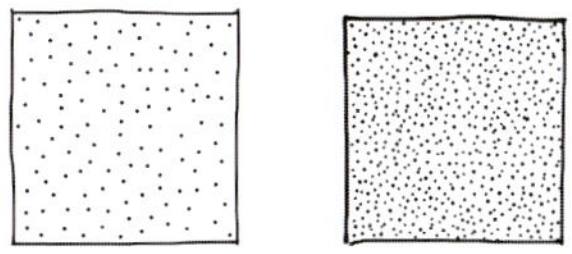

#80 ～ #120　　#200 ～ #240

**16** | 紙ヤスリ

## 削る道具

**12 ｜ピンセット**
小さな部材をつまむ。細かな作業に必要。

**13 ｜へら（小）**
小さな部材を傷がつかないように押さえる。

**14 ｜平ヤスリ**
素材の表面を整えたり、削り込んで整形する。目的に応じて目の荒さを選択する。

**15 ｜目立てヤスリ**
本来はノコギリの目立て（刃を整える）に使うものだが、素材にわずかな切れ目を入れるなど、細かな用途に使いやすい。

**16 ｜紙ヤスリ**
紙に研磨剤が塗布してあるヤスリ。本書の作例ではスチレンボードの整形に用いる。研磨剤の荒さは数字で示され、整形には #80 ～ #120 程度、仕上げには #200 ～ #240 程度が適当である。

## 切る道具

**07 ｜薄刃ノコギリ（大・小）**
木材や樹脂などの比較的大きな素材を切断する。ガイドブロックを使用して切断面の精度を高めることができる。

**08 ｜アクリルカッター**
アクリル板専用。表面を傷つけ、折るようにして切断する。

**09 ｜カッターナイフ（30° 刃、60° 刃）**
模型づくりでもっとも手にする時間が長い道具だろう。刃先の角度が 30° のタイプが、細かい加工の必要な模型製作に適している。一般的な 60° のタイプは力を入れて切りやすいので、厚く硬い素材の加工に向く。刃がもろく欠けやすいが、刃先を折って更新できる。なお、刃を裏返すことで左右両利きに対応するものがある。

**10 ｜ニッパー**
一般に電線コードを切断する工具。刃先が厚く硬いタイプはピアノ線も切断できる。

**11 ｜曲げ刃ハサミ**
刃先が小さく、僅かに曲がっている。細かい加工に適している。

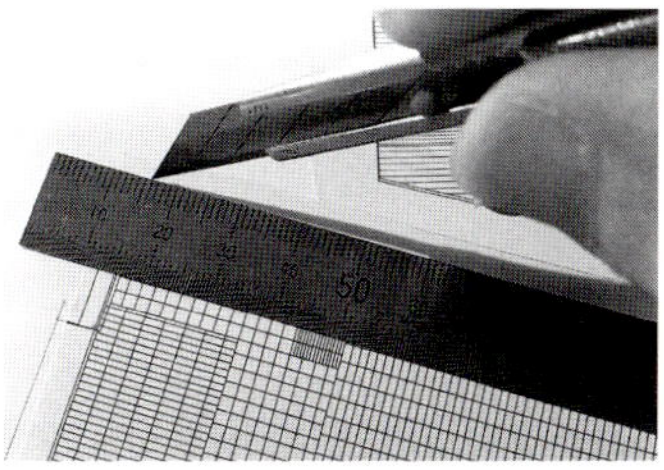

## 貼る・塗る用道具

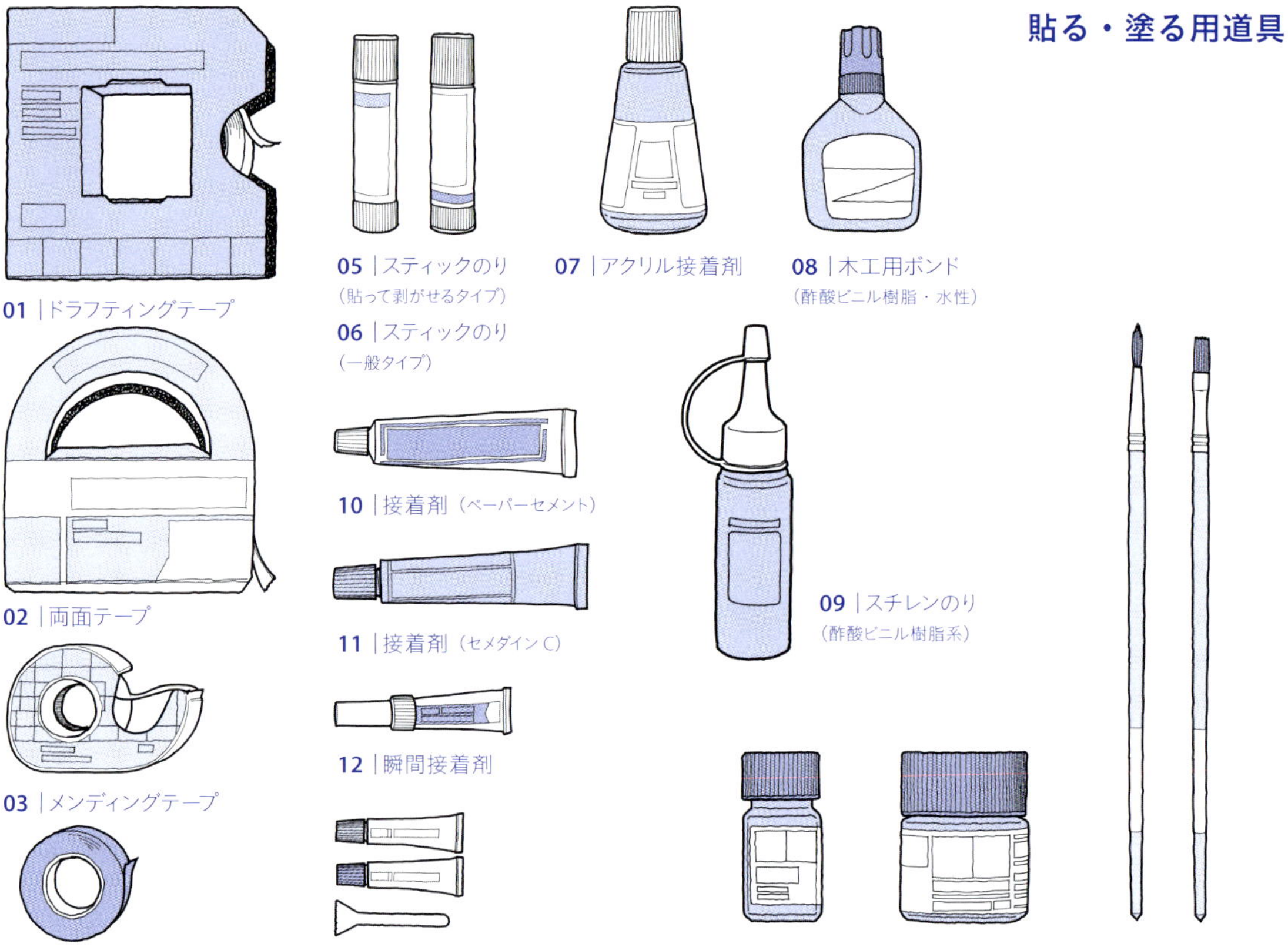

01 | ドラフティングテープ
02 | 両面テープ
03 | メンディングテープ
04 | マスキングテープ
05 | スティックのり（貼って剥がせるタイプ）
06 | スティックのり（一般タイプ）
07 | アクリル接着剤
08 | 木工用ボンド（酢酸ビニル樹脂・水性）
09 | スチレンのり（酢酸ビニル樹脂系）
10 | 接着剤（ペーパーセメント）
11 | 接着剤（セメダインC）
12 | 瞬間接着剤
13 | エポキシ接着剤（二液混合）（チューブ2つと“へら”）
14 | エナメル塗料
15 | アクリル塗料
16 | 筆（面相筆、平筆）

本書の作例では、次の種類を主に用いる。
**仮止め**（01 ～ 06）
ドラフティングテープ、メンディングテープ、マスキングテープ、スプレーのり（55 タイプ）、スティックのり（貼って剥がせるタイプ）
**部材接着**（07 ～ 13）
スチレンのり（酢酸ビニル樹脂系）、木工用ボンド（酢酸ビニル樹脂・水性）、エポキシ接着剤（二液混合）、アクリル接着剤、瞬間接着剤、両面テープ

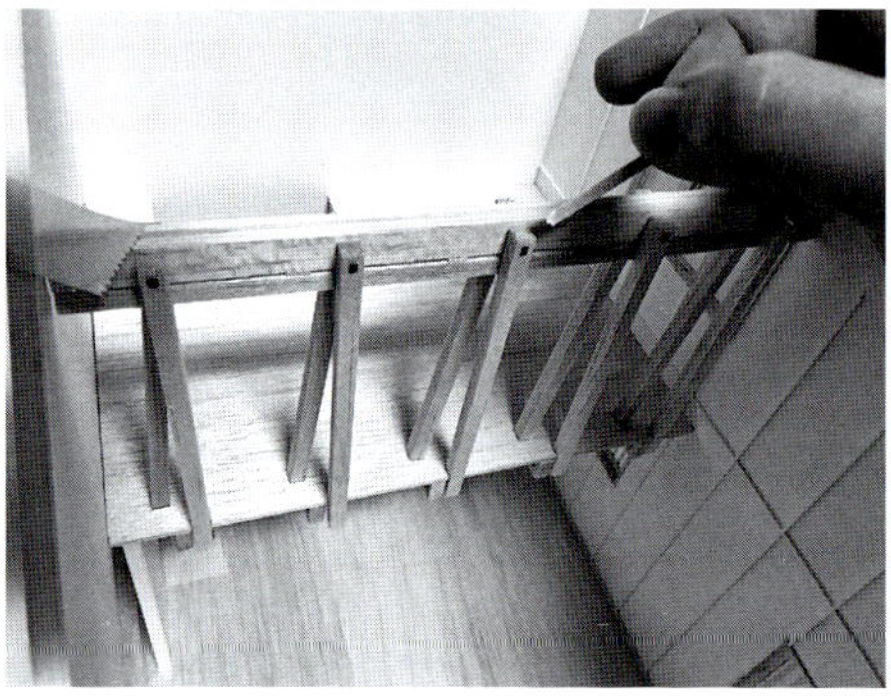

### 貼る・塗る

建築模型では、接合は主に接着による。素材は紙、木材、プラスティック、ゴム、金属などを扱うが、条件に適した接着剤を選ぶため、いくつか確認すべきことがある。

①何を接着するか
同じ素材同士だけでなく、紙と木材、プラスティックと金属など、異素材の場合は説明書きをチェックする。

②接着する目的
一時的な仮止めか、強固に接着するか、あるいは貼り替える必要があるなど。作業後に荷重がかかったり、柔軟性が必要な場合なども考慮しておく。

③作業性
塗布の方法（チューブから直接塗布、ハケ塗り、スプレー、テープ類のドライな接合）、硬化速度（すぐに固まる、ゆっくり固まる）、安全性（揮発性溶剤に注意）、周辺への配慮（臭い、飛散）など。

模型を塗装する場合にも、やはり素材を確認してから方法を選択する。本書の作例では主に色紙を貼り付けることで色彩を表現している。インテリア模型の照明器具のプラスティックにはアクリル塗料、金属にはエナメル塗料を用いた。

# One Point

# 手で考える

## 建築を考えるときにつくる模型

設計者にとって模型は考えるための道具である。漠然とした思いつきをかたちにしてみることもあれば、さまざまな条件を整理したうえで、具体的な寸法を意識して取り掛かることもある。手を動かしながら次第に立ち現れる立体は、設計者にさまざまなことを教えてくれる。これをスタディ模型と呼ぶ。設計の実務ばかりでなく学校の課題においても、与条件をまとめるだけでは先に進めない。まだ何も決まっていない方向に向かって、アイデアのタネを放り投げてみることが、建築をつくる第一歩である。飛距離はわずかでもよい。そのアイデアに応じて、模型の材料やつくり方を選択してゆくのである。出来上がった模型を観察し自分の考えを整理し、仲間の意見を聞くことで、何かを発見し設計に反映する。このプロセスを繰り返すことで、漠然としたアイデアがひとつの設計にまとまっていく。

**例 1 ｜ある仮設パヴィリオンのためのスタディ**
空間イメージと構法（実際のつくり方）、影の落ち方を検討するモデル。
素材：ダンボール、リップルボード（凹凸のある紙）、虫ピン

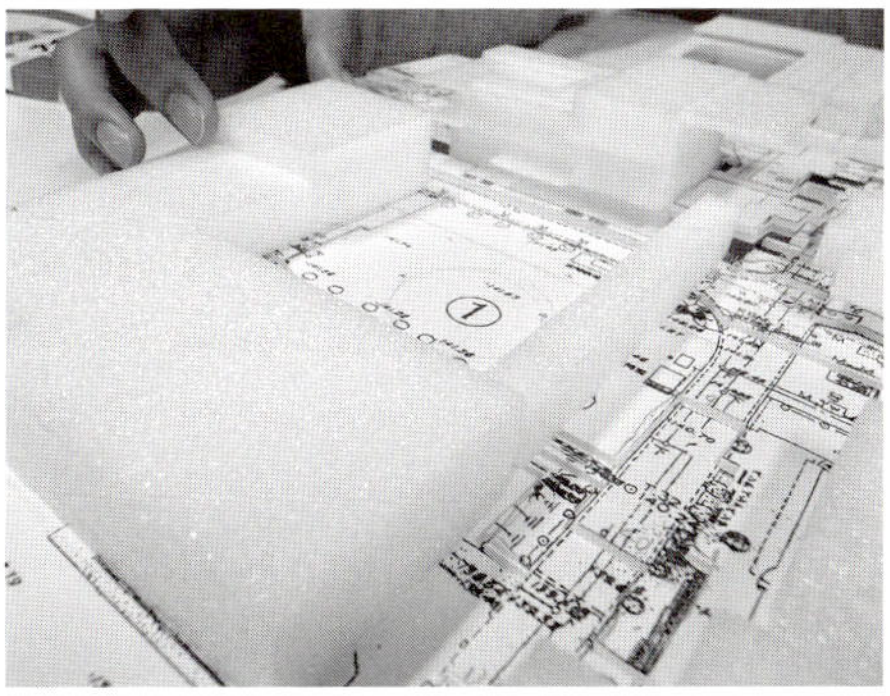

**例 2 ｜ある大学キャンパスのためのスタディ**
計画案の配置とボリューム、既存建築物との関係を検討するモデル。
素材：スチレンボード、発泡ウレタン

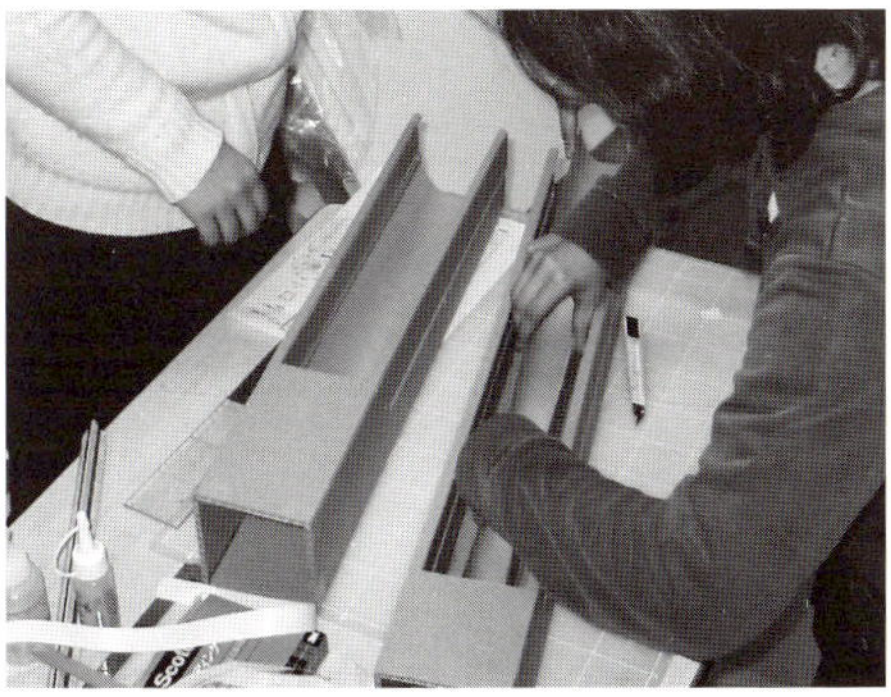

**例 3 ｜ある照明器具のためのスタディ**
器具の形と大きさ、光源の取り付け位置を検討するモデル。
素材：ダンボール

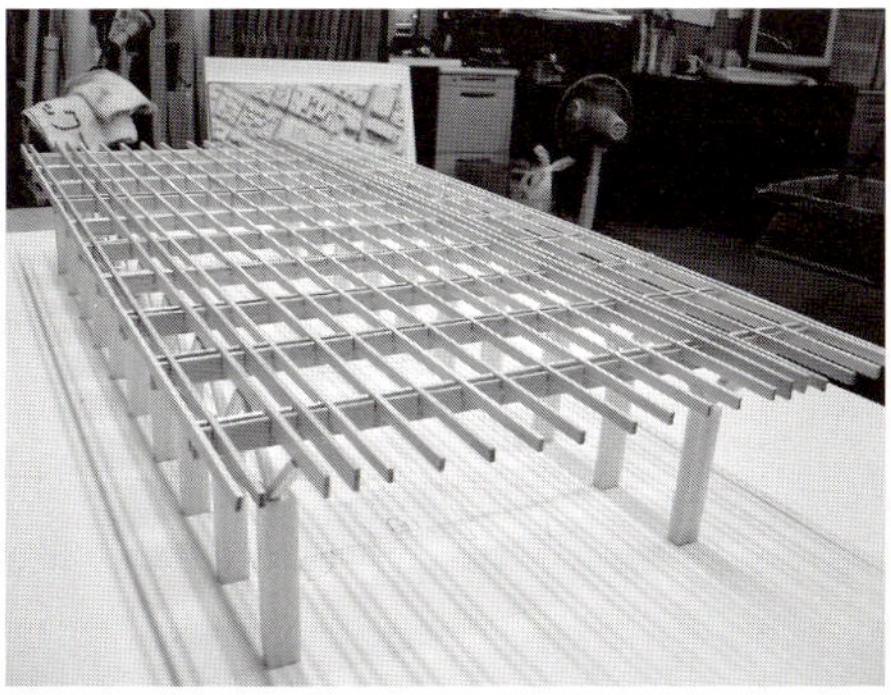

**例 4 ｜ある駅舎のためのスタディ**
屋根架構、部材の取り合い、柱の高さと内部空間を検討するモデル。
素材:バルサ（木材)、スタイロフォーム、スチレンボード

**スチレンボードをカッターナイフで切る**
スチレンボードは、高密度の発泡スチロールの両面に上質紙を貼った複合素材である。扱いやすい材料あり、ていねいに作業すれば誰もがきれいな模型をつくることができる。

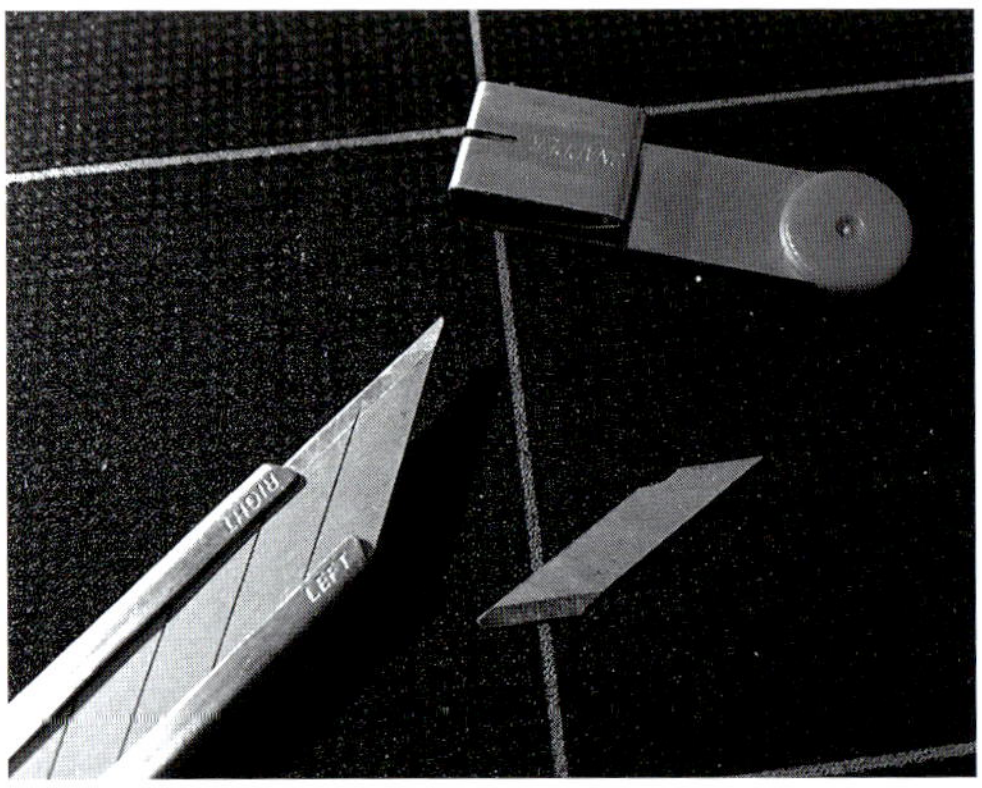

**カッターナイフの刃先を折る**（45°刃）

## 1-4 カッターの使い方

### 手前に引くようにして切る

カッターナイフは模型をつくるための基本的な道具であり、もっともよく使う素材はスチレンボードである。スチレンボードをきれいに切ることができれば加工精度も上がり、模型全体の印象もよくなる。

親指、人差し指、中指の3本でカッターナイフを持つ。小指と薬指はボードに軽く置き、カッターの動きを安定させる。刃は筋1、2枚の出し幅が適当である。

体の正面にスチレンボードを置き、金属定規をしっかりと押さえながら、手前に引くようにして切る。一定のスピードで、目線はカッターの先端より少し先を見るとよい。切断面が一定の角度（90°）になるよう意識する。9㎜ボードなどの厚い材料の場合は一度に切ろうとせず、数回刃を入れて切る。切断面の精度を上げるには、カッターナイフの切れ味を保つことが重要であ

①下面の紙を一枚残して切り、刃先でスチレン部分を除去する

②金属定規の角を利用して接合面を整える

③仕上がり

ボード同士が接合する出隅（ですみ）を上のように加工して、断面が見えないようにする。これにより、シンプルな四角い箱の表現ができる。

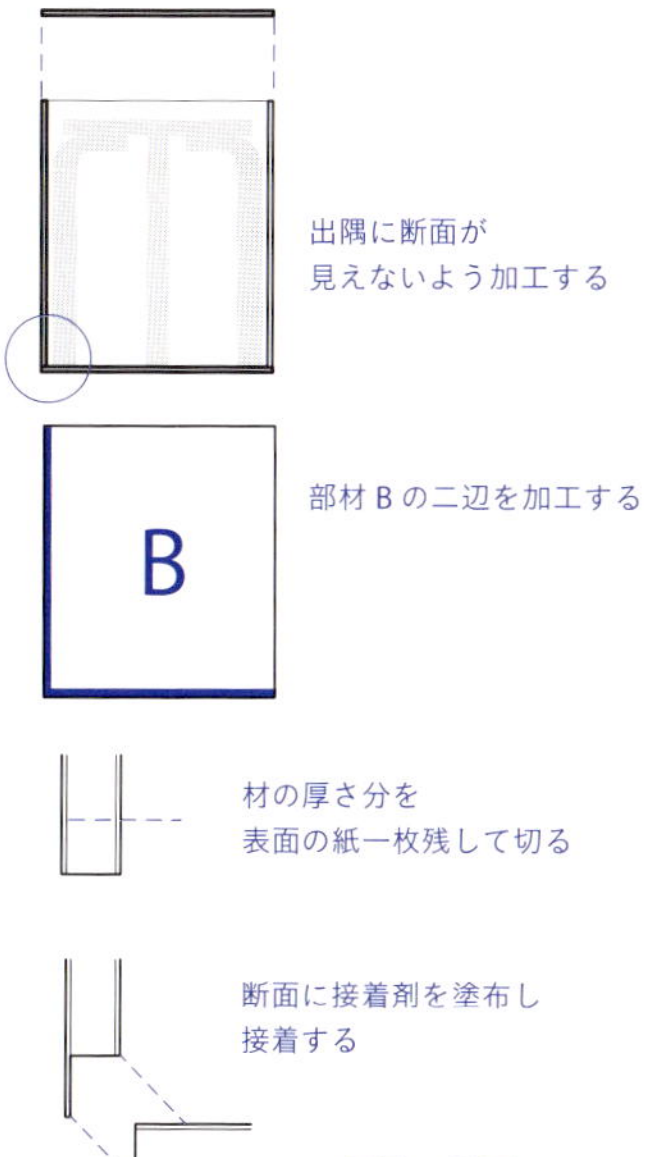


出隅の処理

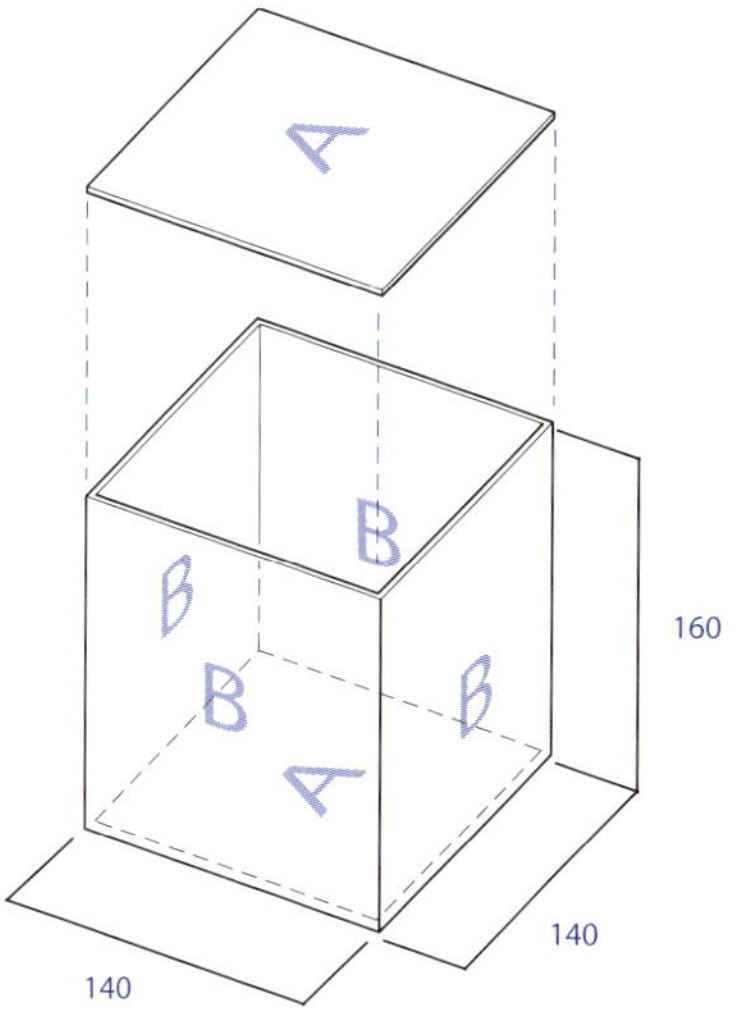


スツール 60 模型が収納できる箱

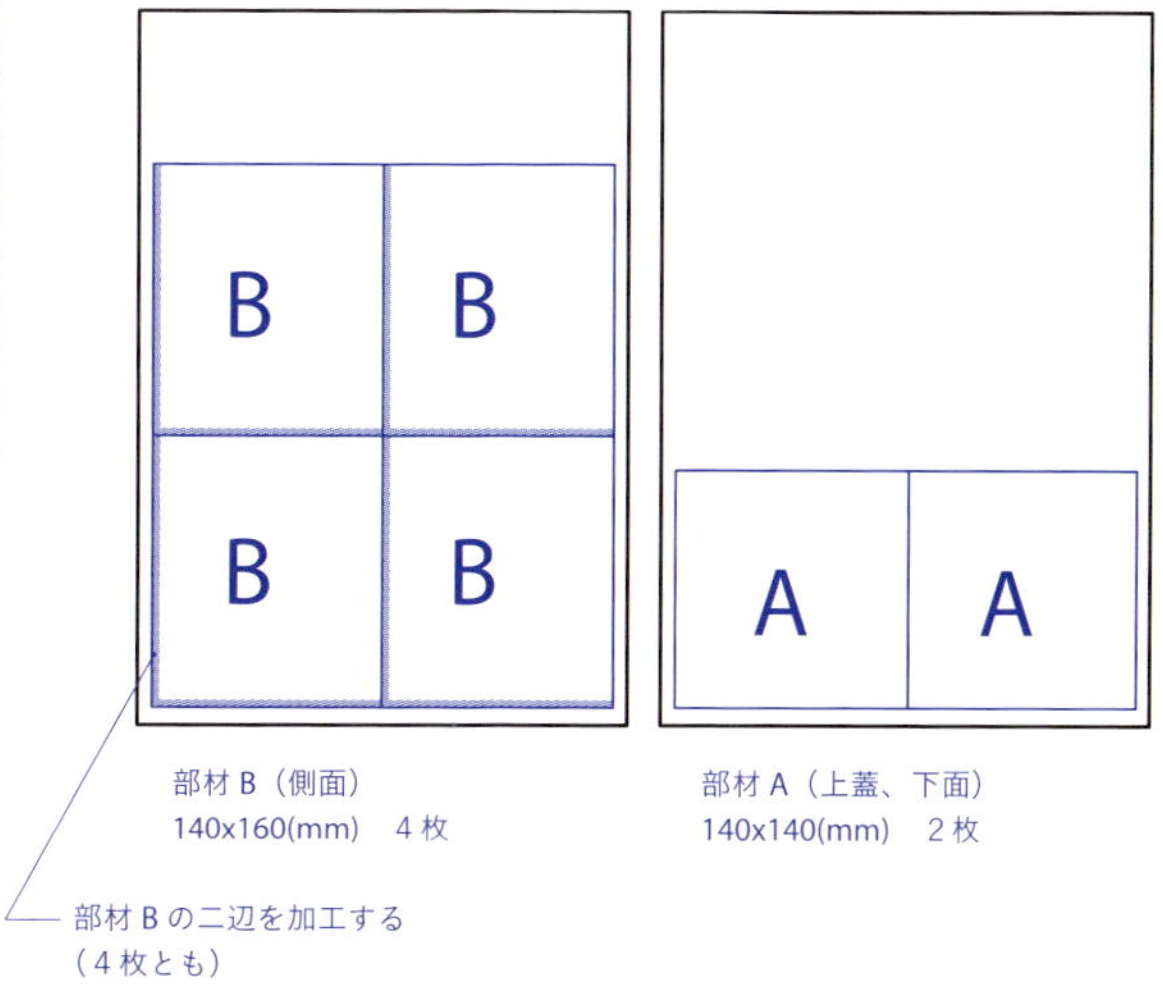


部材 A および B を、A3 サイズ 2 枚にレイアウトし、スチレンボードに直接作図する。

る。鈍ったと感じたら直ちに刃先を折る。なお、その扱いや管理には十分に注意すること。折った刃はケース等に入れ、処分方法も確認しておく。

**スチレンボードで箱をつくる**

スチレンボード（3㎜）を使って箱をつくってみよう。2種類の大きさの四角形を組み合わせた直方体で、それぞれの角度は90°である。作例は本書で取り上げている「スツール60」1／3模型が収まる寸法になっている。

箱型は建築模型でもっとも使うタイプであり応用範囲が広い。作例では、部材Bの二辺について（4枚とも）出隅加工を施すことで、スチレンボードの断面を見せずに納めている。上蓋については、それぞれ工夫してみよう。

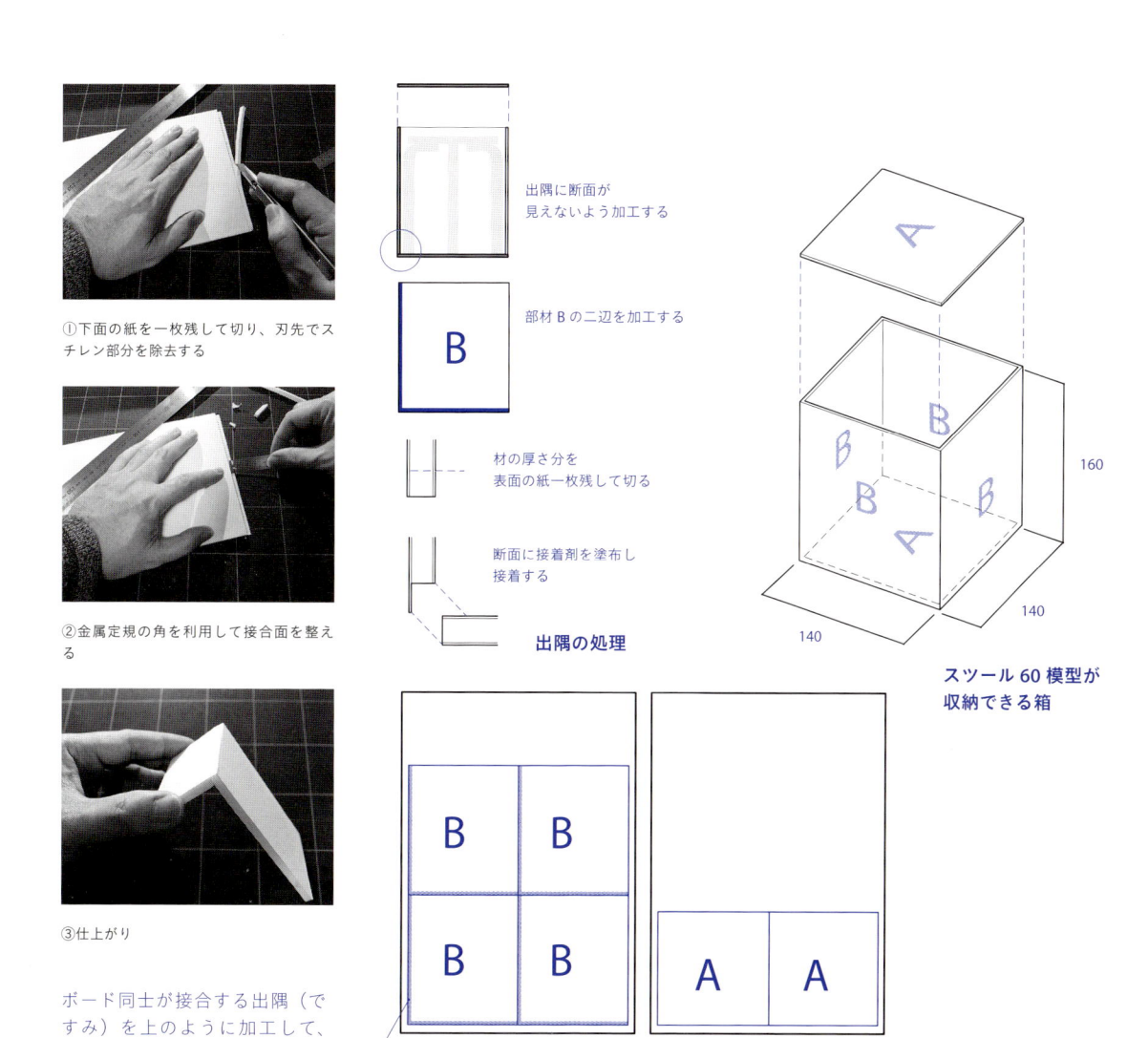

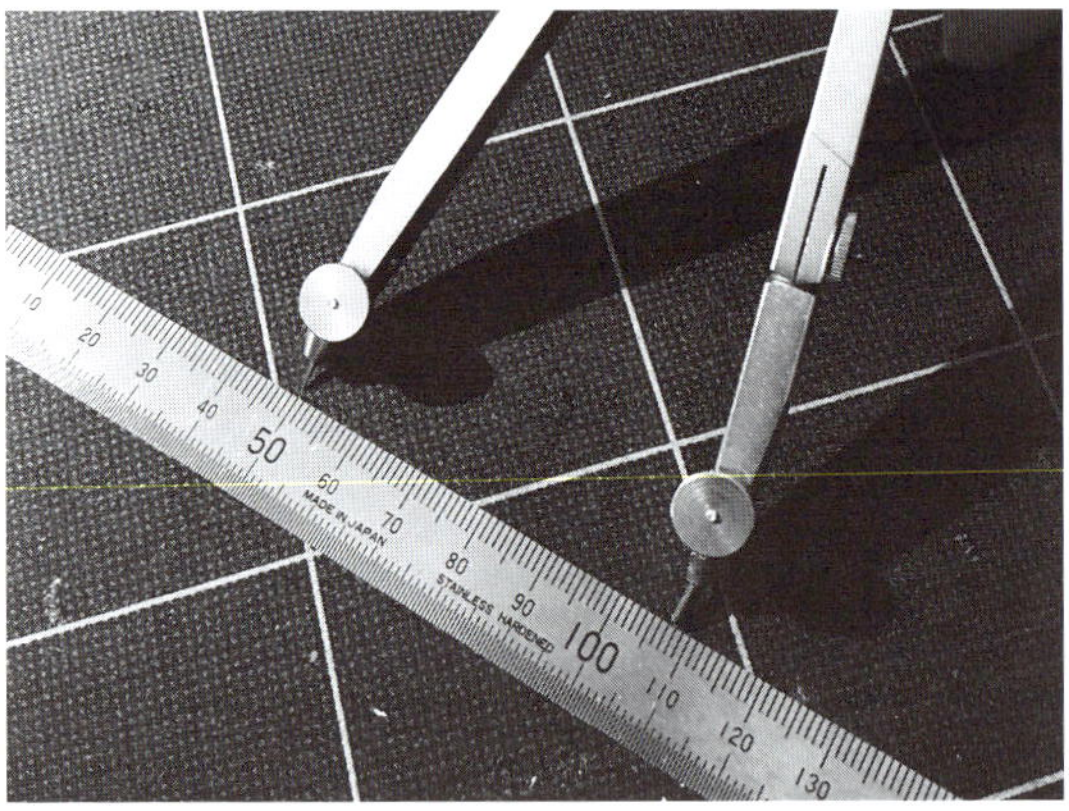


①

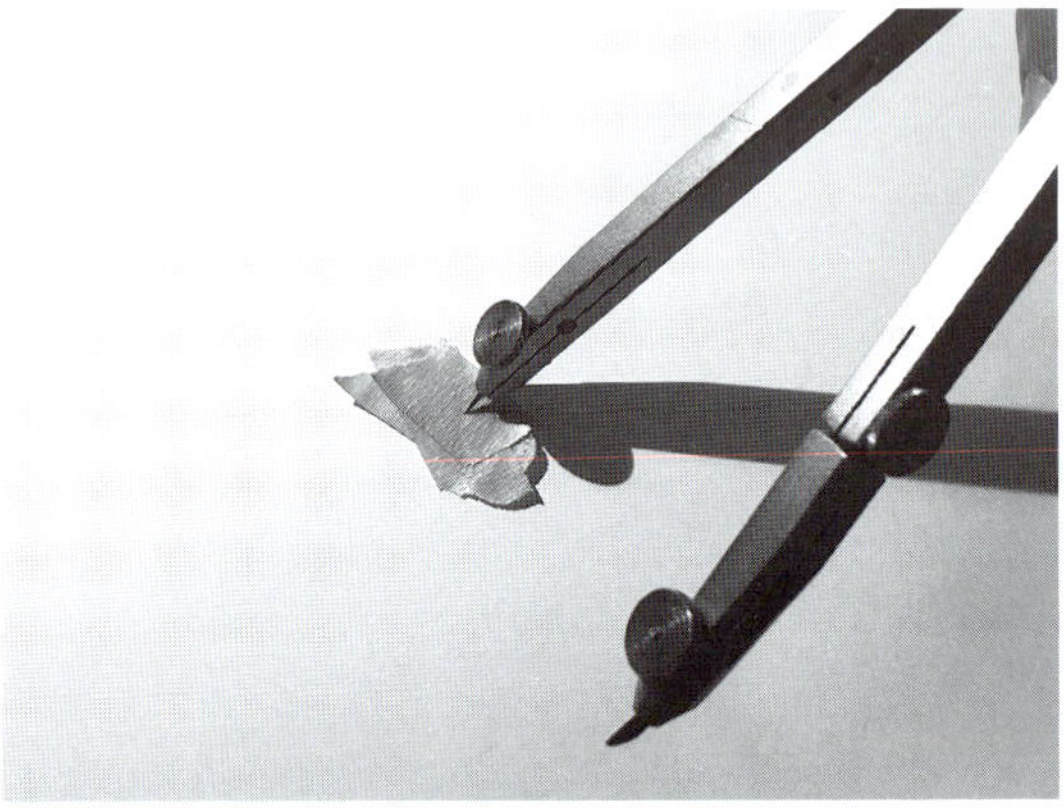

②

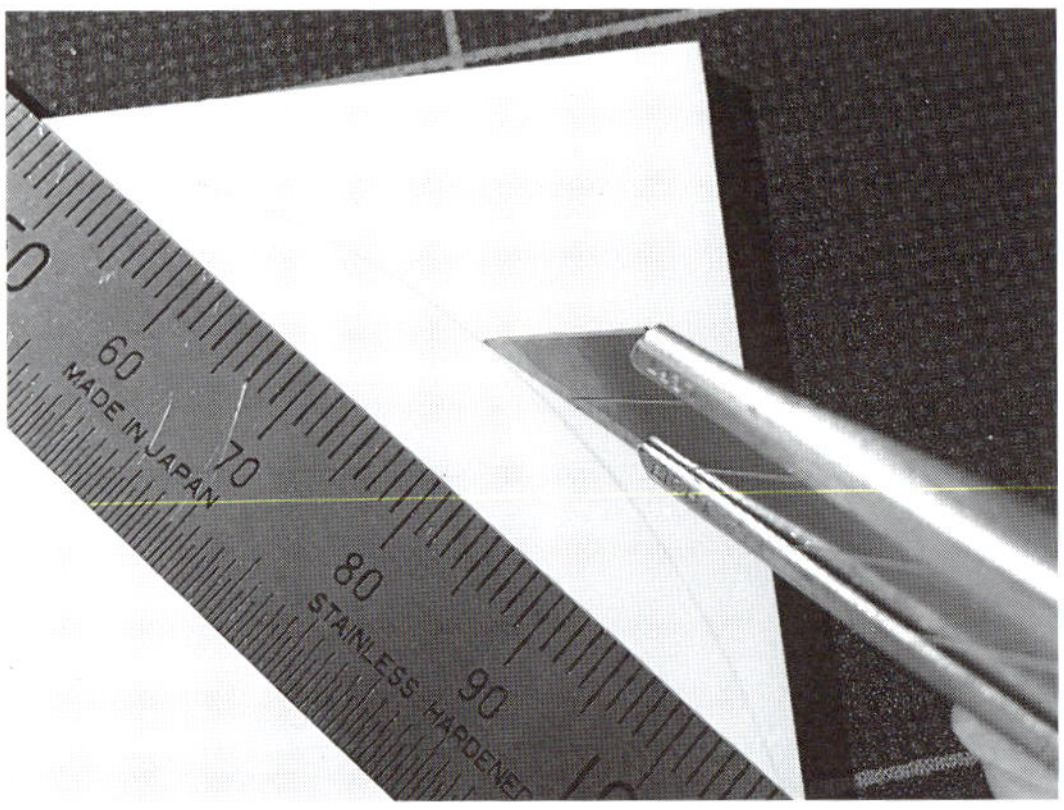


③

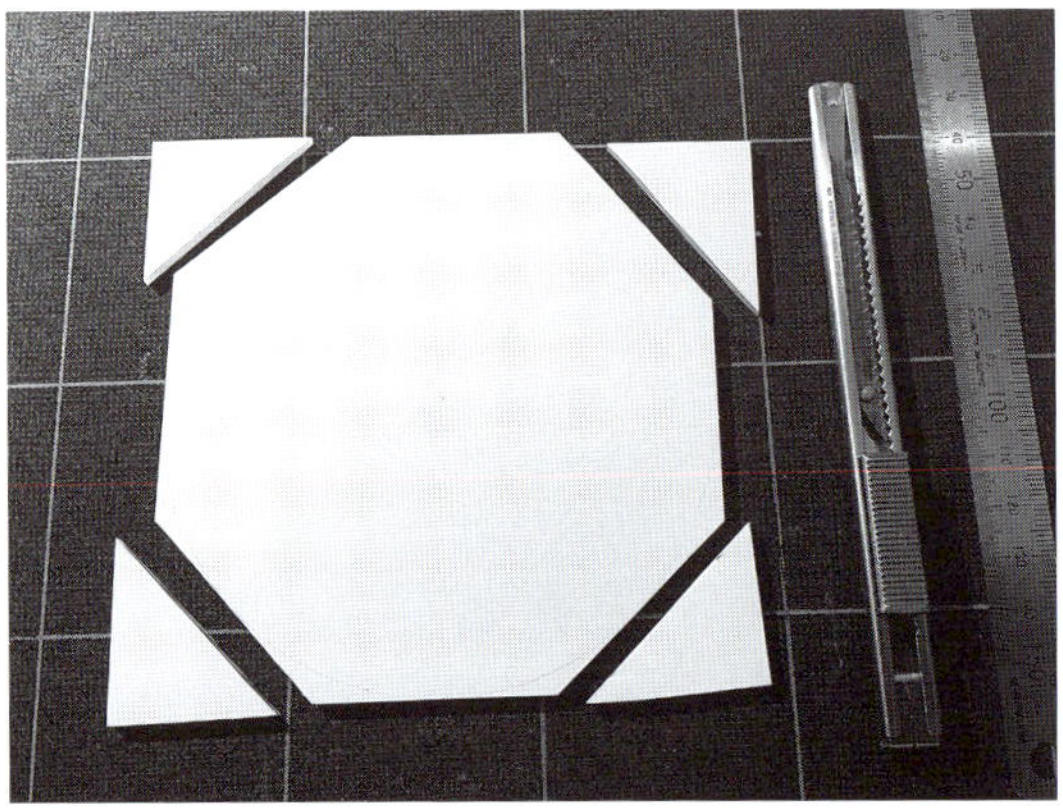

④

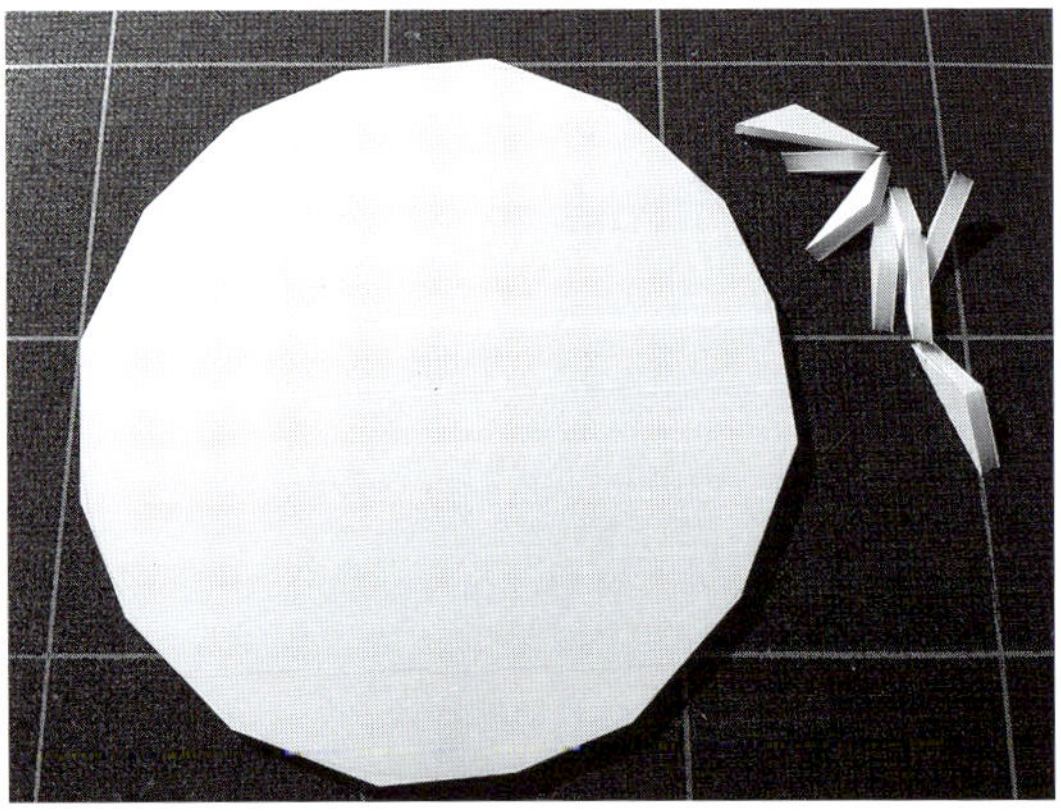

⑤

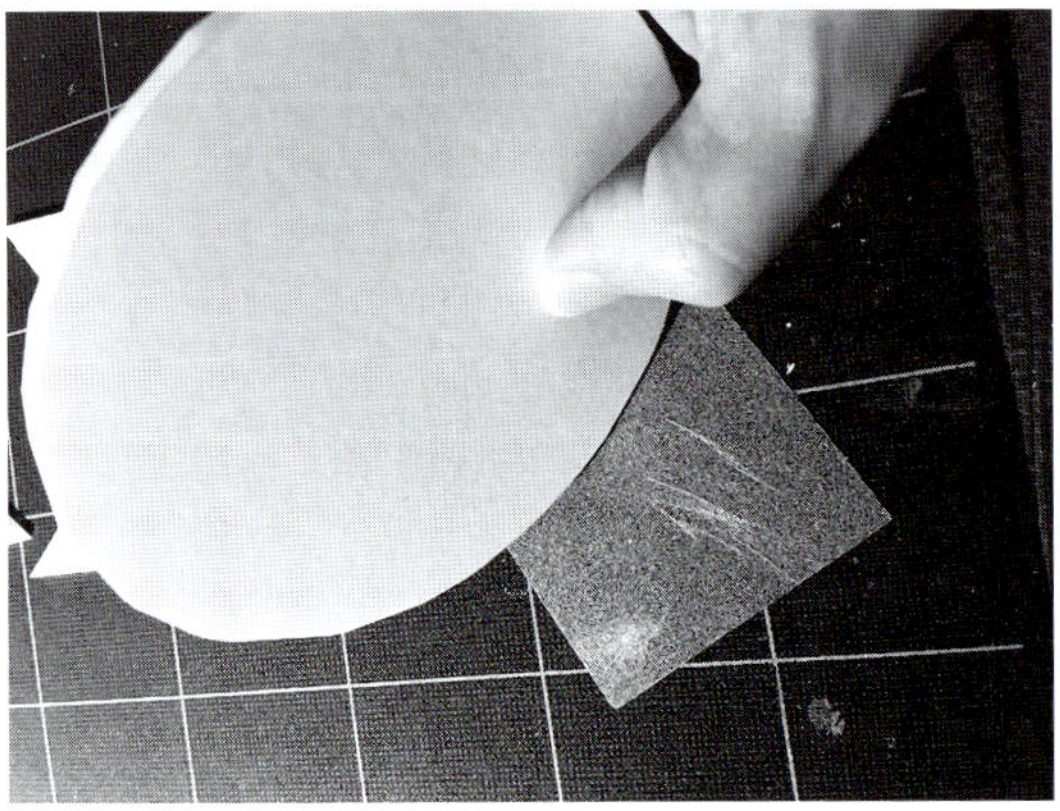

⑥

①コンパスを定規にあて、必要な半径に合わせる
②スチレンボードに円を描く。針穴が空かないよう、中心点をドラフティングテープ等で保護しておく
③円が内接する正方形を切り出し、円の接線から角を切り落とす
④角を順番に切り落とす
⑤角を切り落とす（この時点で16角形）
⑥ある程度円に近くなってきたら、紙ヤスリ（#80～#120程度）の上で回しながら形を整える

## スチレンボードで円板をつくる

円を切る専用の工具もあるが、ここでは一般的な道具だけを用いて、精度の高い円板をつくる方法を紹介する。本書の「スツール60」1／3模型をつくるときに、この方法で挑戦してほしい。

**One Point**

# デジタルデータと模型

建築図面がＣＡＤ（computer-aided design）化されて以来、設計者にとってデジタルデータは必要不可欠なものになった。近年はＢＩＭ（Building Information Modeling）の登場により、データは形だけでなく素材特性やコストなど、より多くの情報を内包するものになった。模型をつくる場合にも、それを活用できるデジタルツールが普及し始めている。３Ｄプリンターやレーザー加工機などであり、手でつくるのが難しかった形を手軽に出力できる。さらには模型だけでなく、日常生活で必要な小物や建築部材そのものを自らつくることさえ可能である。つまり〝ものづくり〟は、デジタル化によってより身近になったのである。

本書ではインテリア模型（１／20）の作例において、椅子をパーツ別に３Ｄプリンターで出力して組み立てた。アールトの設計した椅子の３Ｄデータはartek社が公開しており、それに手を加えて使用した。（模型制作協力：at.Fab）

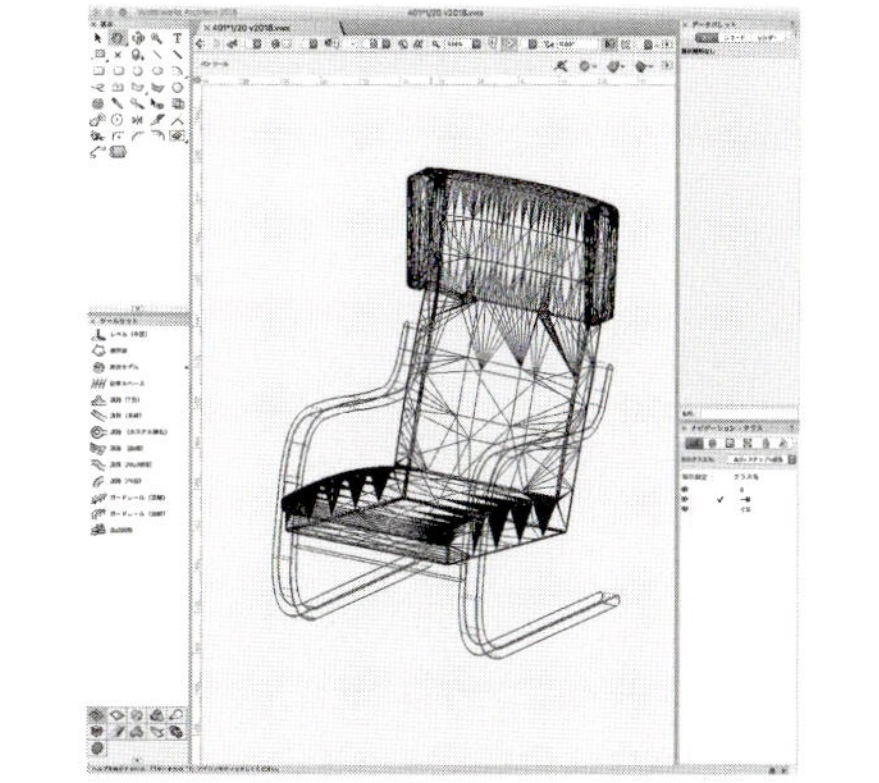
①シングルソファの 3D データ

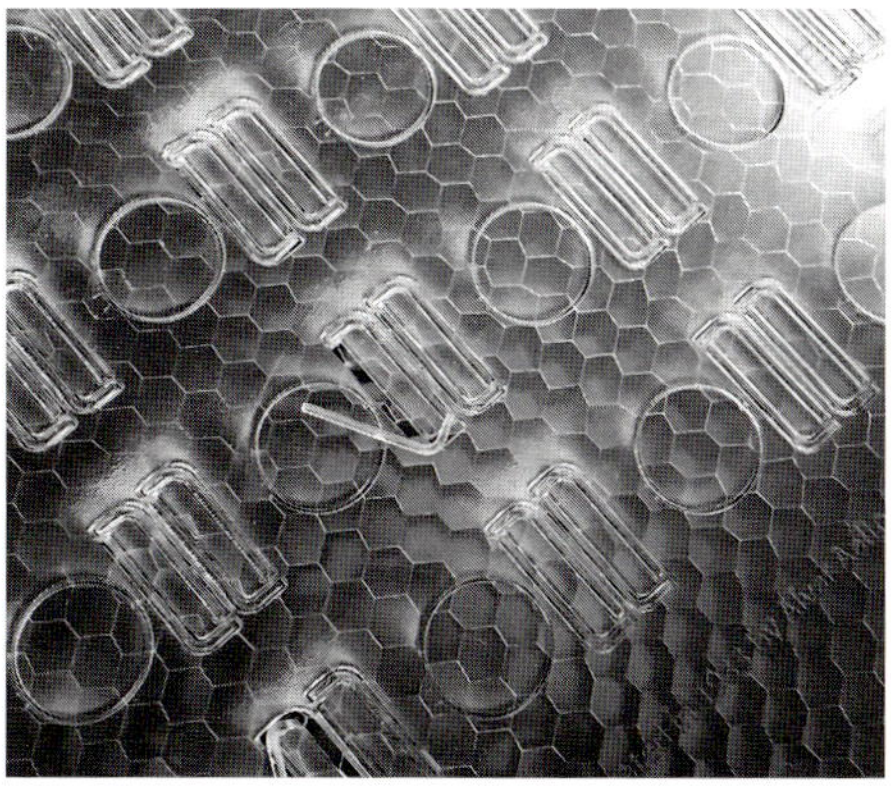
④レーザー加工機で部材を切り出した例

② 3D プリンタによる出力

⑤ 1/20 家具模型を組み立てた例

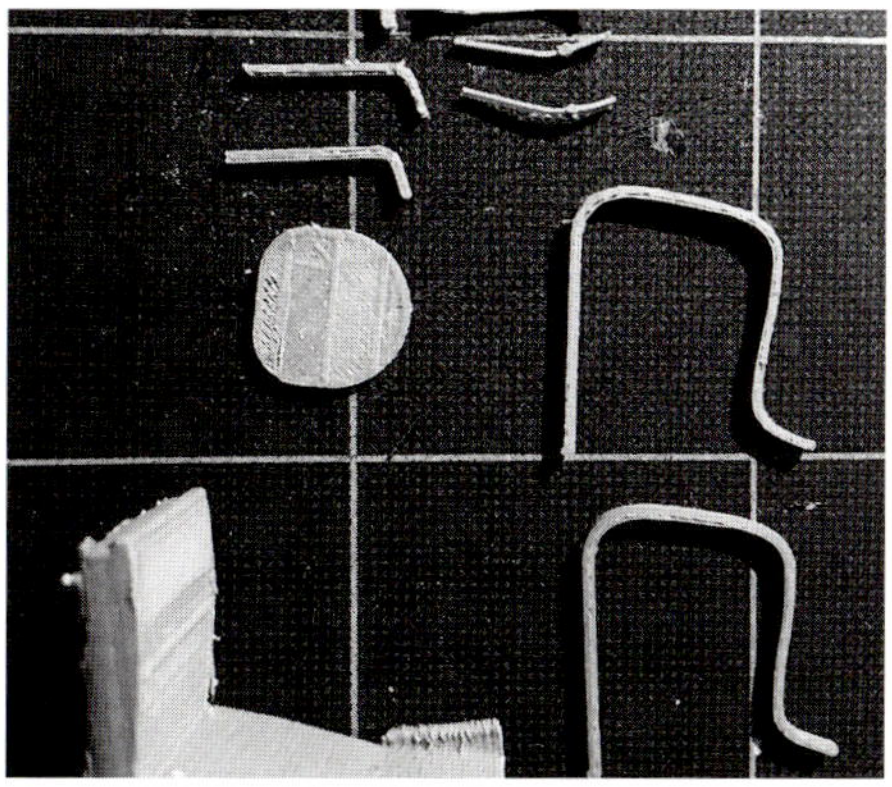
③ 1/20 家具模型パーツの出力例

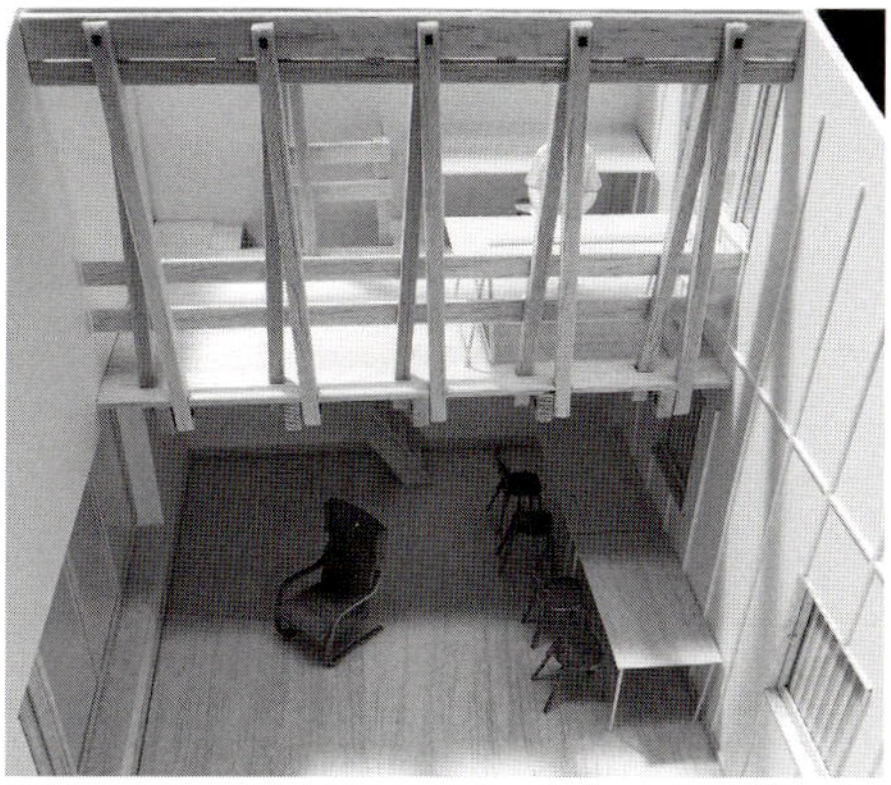
⑥ 1/20 インテリア模型に家具を配置した例

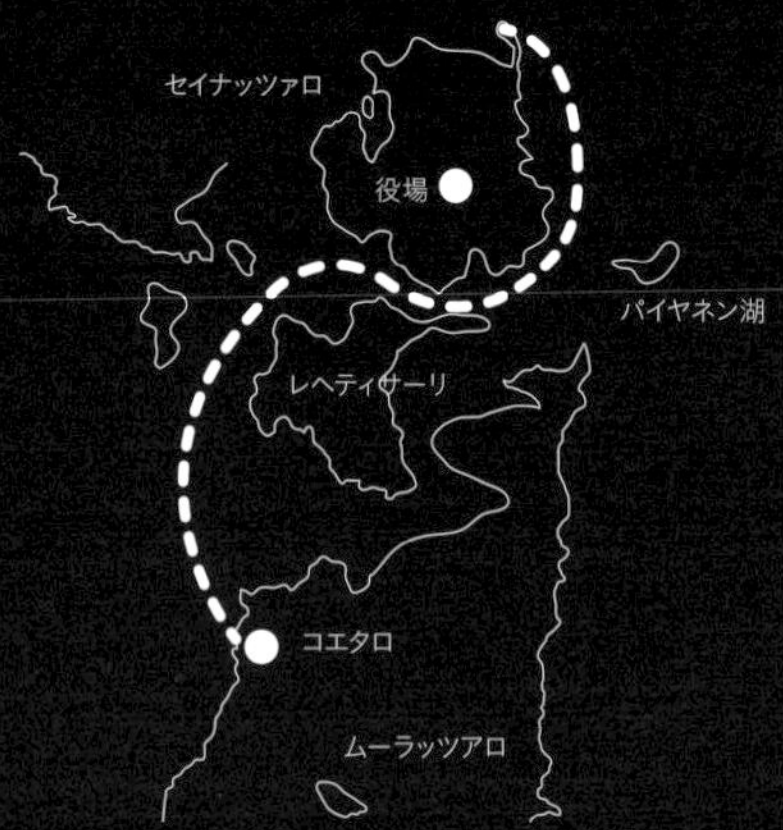


## セイナッツァロとムーラッツアロ

アールトは最愛の妻であり設計のパートナーであったアイノを 1949 年に亡くし、客員教授を務めていたマサチューセッツ工科大学を辞して帰国した。その後の最初の仕事が「セイナッツァロの役場」であった。現場はアールト事務所の建築家のエリッサ・マキニエミが担当し、竣工の年にアールトは 23 歳年下のエリッサと再婚する。「セイナッツァロの役場」にはアールトとエリッサが過ごした部屋があり、今でも宿泊が可能だ。「コエタロ」（1953 年）は、役場の建設期間中にエリッサが見つけた土地に建てられた。その場所は、セイナッツァロ島の南に位置するムーラッツアロ島である。当時、この２つの島をつなぐ道はなく、ボートで行き来するしかなかった。そこでアールトはボートも自分でデザインすることを決意する。大きさは全長 10.2m、全幅 2.6m。陸揚げを容易にするために平底の形状とした。内装はオークとマホガニーで仕上げた。96 馬力のエンジンと 150 リッターの燃料タンクを 2 基搭載し、当時パイヤネン湖でもっとも速いボートとなった。このボートは国際学生コンペによって選ばれた設計案によって敷地内に建てられた小屋に保管されていたが、今後はトゥルクのマリン・ミュージアムに移設され永久展示品となる予定である。アールトはこのボートを「自らの国の預言者にはだれもなれない」という意の「NEMO PROPHETA IN PATRIA」 と命名した。アメリカでの名声に比べ、母国での扱いを憂いたのか。本意は定かではないが、建築家は常に批判にさらされる仕事だということだけは確かだ。

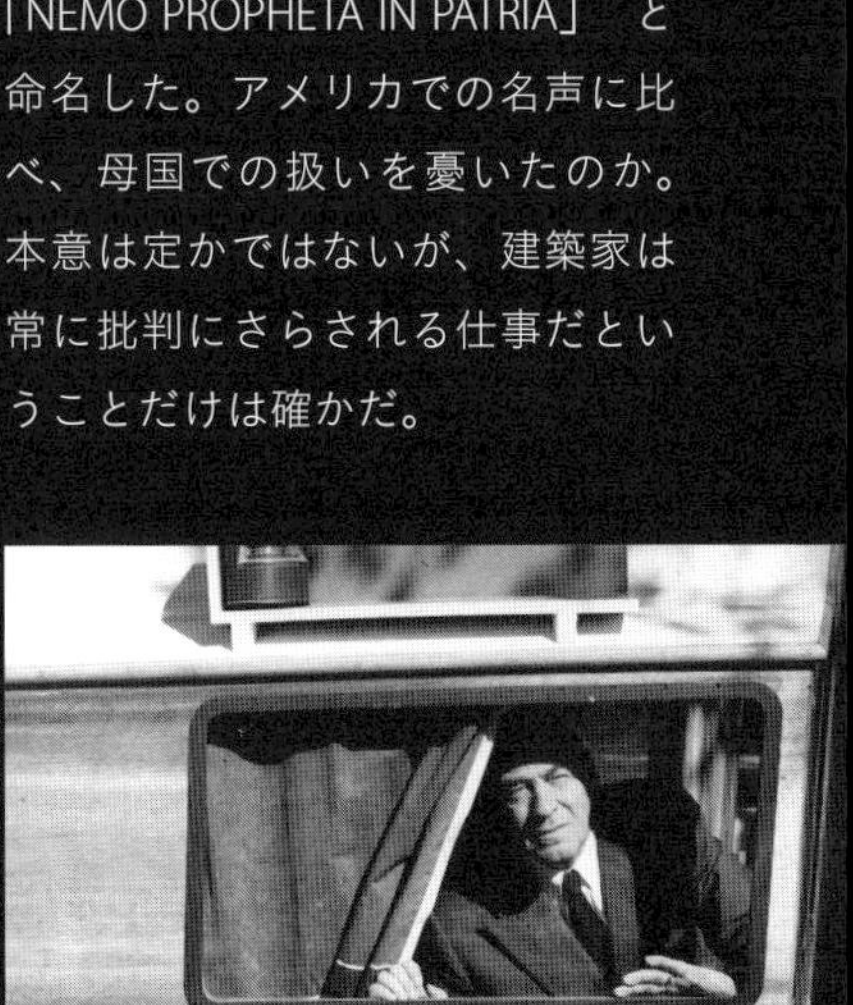

# 2
# 家具の表現技法とは

# 「スツール60」に学ぶ

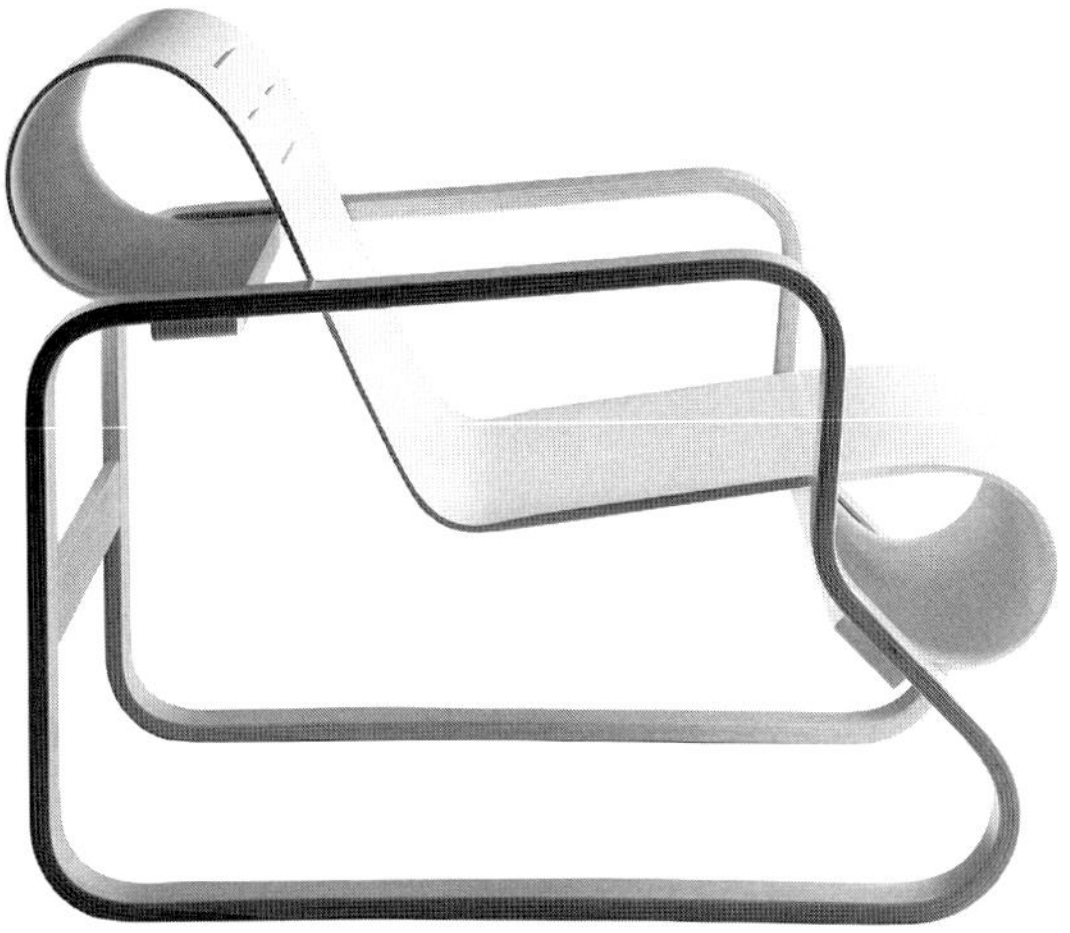

41 Armchair “Paimio”

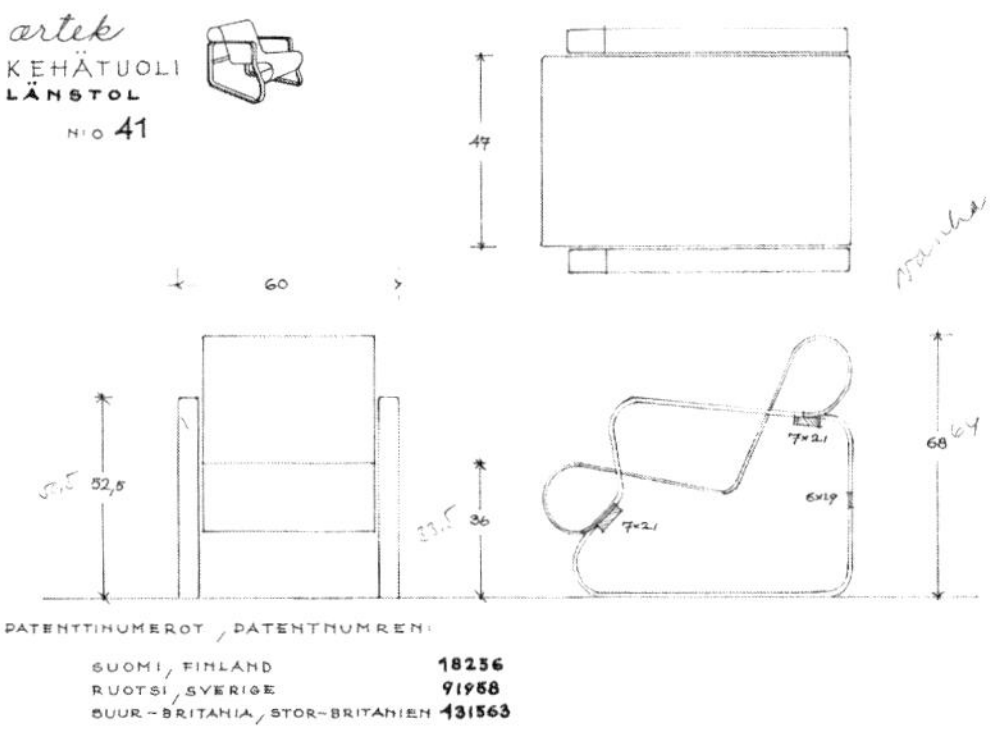


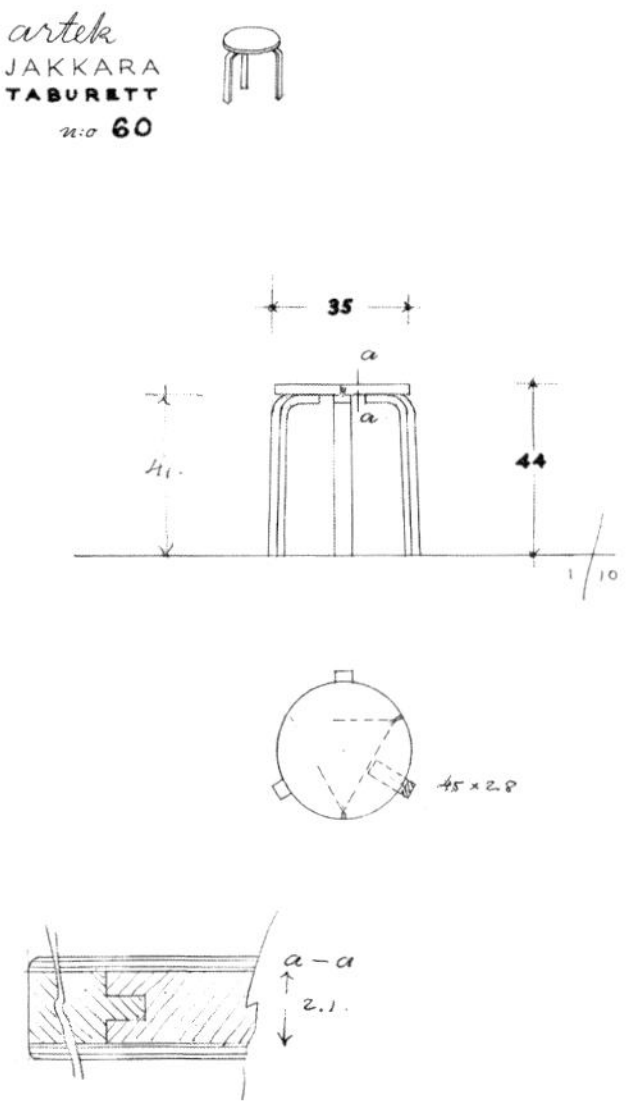


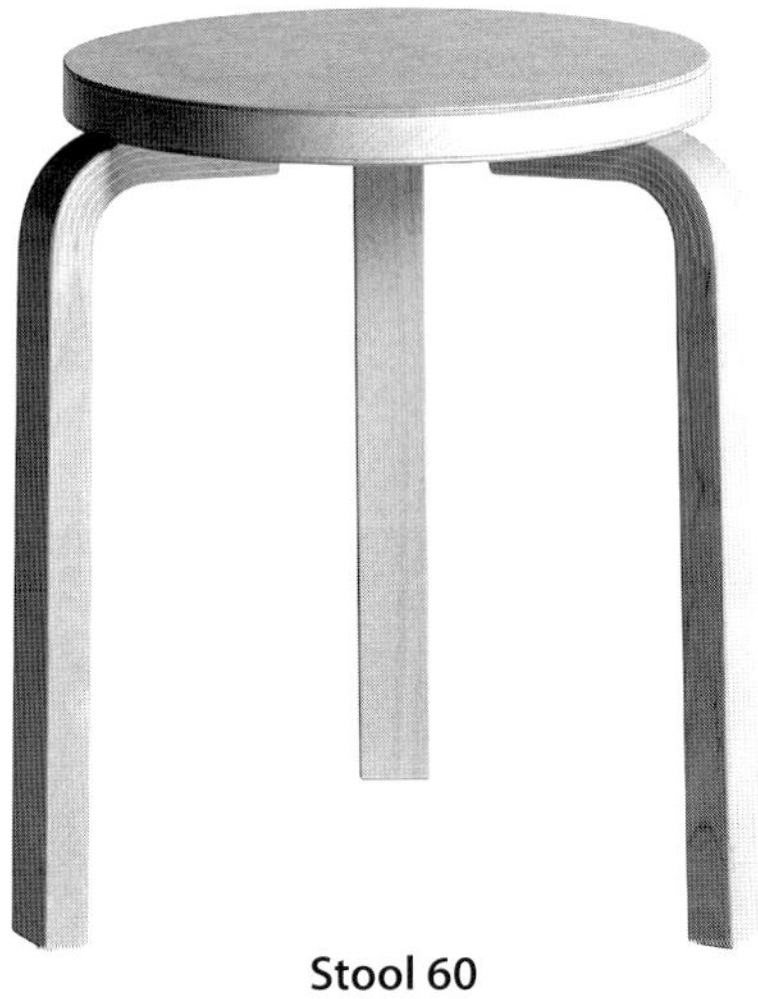

Stool 60

アールトは一九三三年一一月にロンドンのフォートナム&メイソン百貨店で開催された展覧会「ウッドオンリー」にて初めて「スツール60」を発表し、大評判を呼んだ。一九三五年にヴィープリの図書館に設置してから現在に至るまで、数百万脚以上がつくられている。その背景を振り返ってみよう。

産業革命を機に手工芸から量産へと移行するモダニズムの中で、一九二五年にバウハウスでマルセル・ブロイヤーがスチールパイプの椅子を生み出した。自転車のハンドルのパイプを曲げる技術にヒントを得てつくった「ワシリーチェア」である。刺激を受けたコルビュジエやミースなど多くの建築家がスチールパイプの椅子をデザインする中、アールトはそれに代わる素材として母国フィンランドの森の木を選んだ。北欧の暮らしを考えれば、金属製の肘掛けはあまりにも冷たいからだ。

展覧会「ウッドオンリー」、1933 年、イギリス、ロンドン、フォートナム & メイソン百貨店
前列左3脚が「パイミオ・チェア」（CHAIR 41、1932 年）、奥にスタッキングされているのが「スツール 60」（STOOL60、1933 年）

ヴィープリ図書館（1933 年）の講義室。

手前が「STOOL 60」（1933 年）、奥に置かれているのが「CHAIR 68」（1935 年）

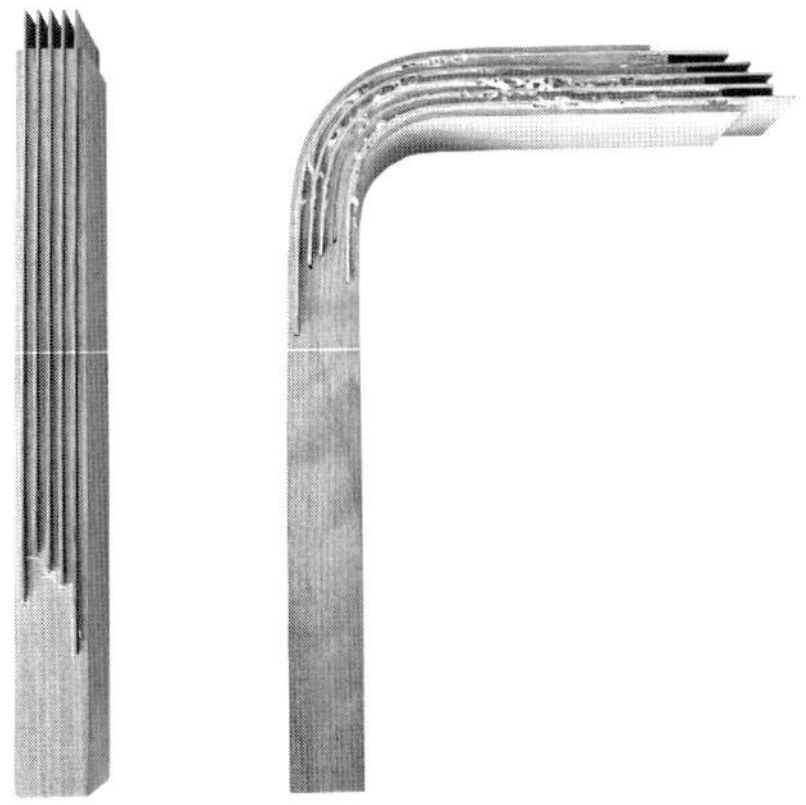

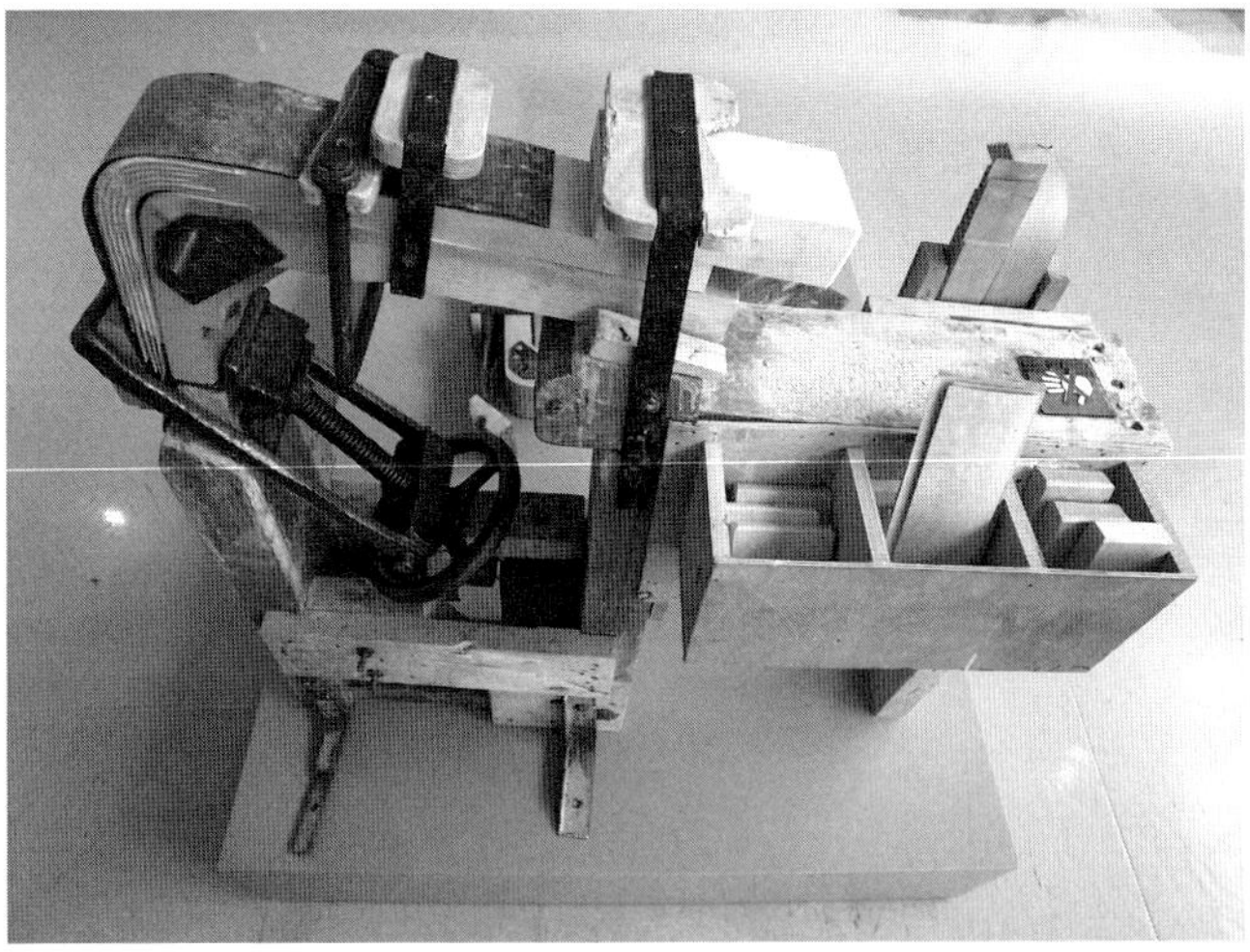

「アルヴァ・アールト美術館」（1974 年）に展示されている成形治具

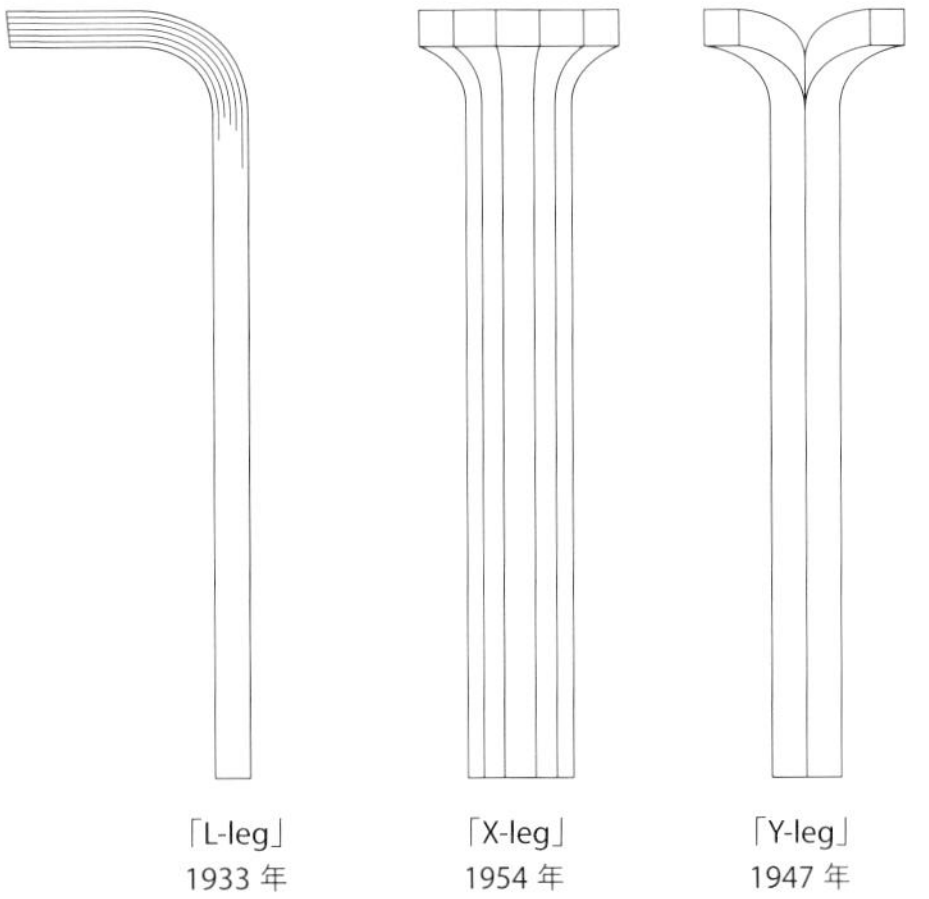



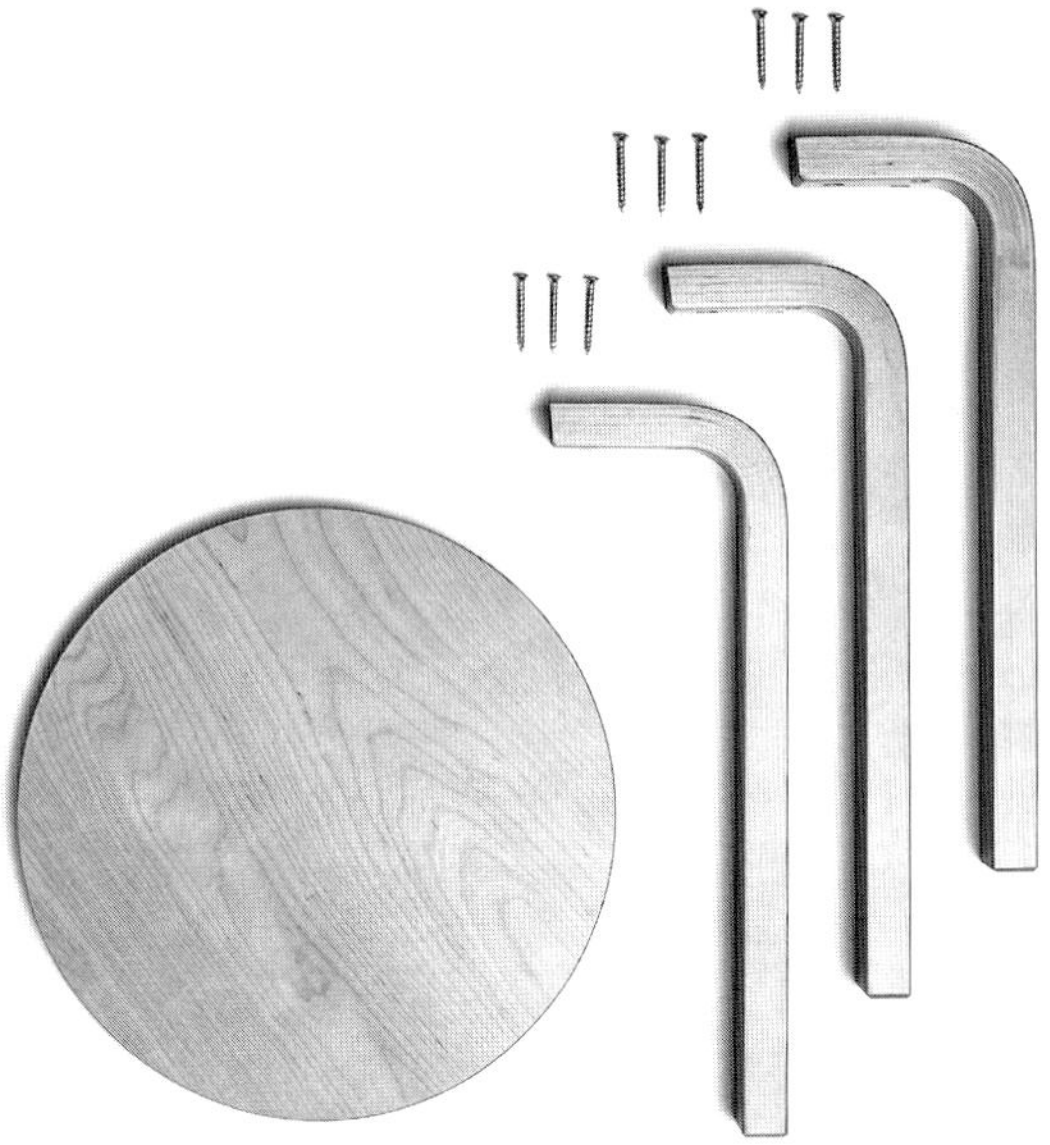

「スツール 60」は、「L-leg 」と座面をビスでとめるだけの構造。

アールトは家具職人のオットー・コルホーネンと材料実験を繰り返した。開発は難航したが、まず一九三二年に積層の曲げ木のフレームによる「パイミオ・チェア」(41 Armchair)が完成した。その翌年、フィンランド伝統の「挽き曲げ」の技法をもとに、やがてアールトレッグと呼ばれる独特の曲げ技法による脚、「L-leg」の開発に成功した。まず、脚に用いる無垢材の曲げたい部分に鋸目を等間隔に入れ、次に接着剤をつけた薄い板を木目と直交方向に差し込む。最後に、必要な角度に曲げて治具で肯定して乾燥させて固める技法である。こうして3本脚の「スツール60」が誕生した。

アールトとコルホーネンはヨーロッパ各地で特許を取得した。これは「Y-leg」(一九四七年)、「X-leg」(一九五四年)の開発につながっていく。

機能主義を突き詰めたコルビュジエとは対照的に、アールトは自然と融合する建築を木の素材特性を活かしながら自由な造形でつくりはじめる。家具の構造の材料実験がアールトに建築設計のインスピレーションを与えたのだ。

20脚スタッキングされた「スツール 60」

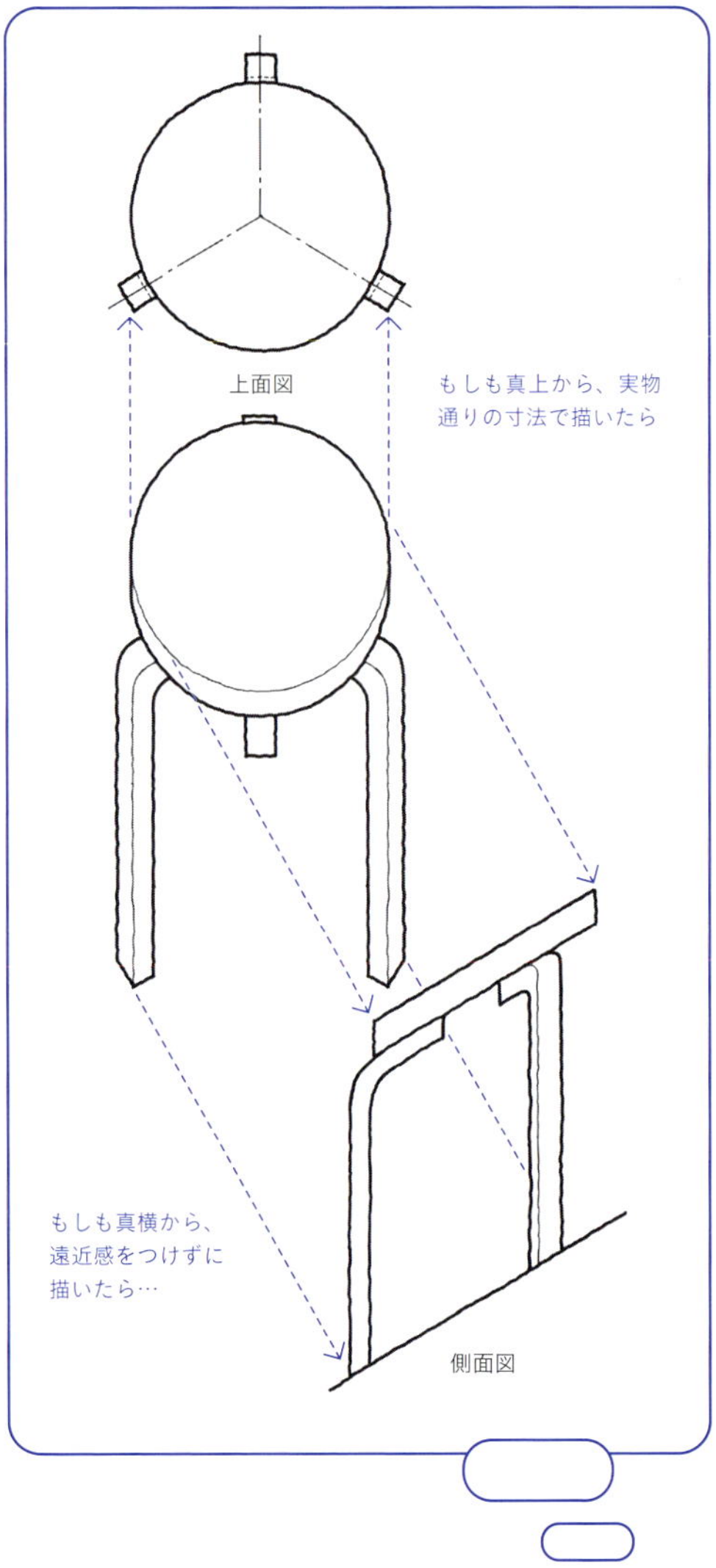
上面図
もしも真上から、実物
通りの寸法で描いたら
もしも真横から、
遠近感をつけずに
描いたら…
側面図

## 1 見たままに描く「スケッチ」

自分の目で見たままに対象を表現するスケッチは、
全体的なフォルムや印象などを描写することに優れる

→［2-2 スケッチでかたちを捉える］へ go!

↔

## 2 想像で姿を構築する「正投影図」

本来は見えない、無限遠からの視点で表現する正投影図は、
対象の正確な形状と寸法などを描写することに優れる

→［2-3 実測して作図する］へ go!

# 2-1 家具の図法とは

### スケッチと正投影図

ここでは、家具を表現することを通して、スケッチと正投影図それぞれの特徴や違いについて学ぶ。

ふだん、スケッチを描くときには、自分の目で見たままに描こうとするひとが多いだろう。その見え方は、多かれ少なかれ、遠くのものが小さく見えるはず。この遠近感がついた見え方は、「透視図」に通じる表現方法であり、家具の全体的なフォルムや印象を、他者に自然に伝えられるだろう。

一方、目で見たままに描いたスケッチには、客観的な寸法や形状を記述しにくい欠点がある。そこで活用されるのが、「3面図」に代表される「正投影図」という表現方法である。

「正投影図」は、一見すると硬い表現ではあるけれど、すべての寸法を実寸のまま描くため、観察する視点によって作図サイズが変化せず、客観的な情報を伝達できる表現方法である。

One Point

# 伝えたい特徴と図法

たとえば、自分がデザインした家具をプレゼンテーションすることを想定してみる（もちろん、著名なデザイナーの椅子をリサーチするなど、自分のデザインでなくてもかまわない）。

まずは、その家具の特徴を列挙してみよう。たいていの場合、全体のフォルムや、部材の構成、使われている材料、各部のディテールなど、いくつかの段階的な視点から説明できそうだ。あるいは、「いつ・誰が・どんな場所」で使うのかといったシチュエーションと関連する特徴もある。

そして、それらの特徴ごとに、適切な表現方法があるはず。そのとき、目で見たままに描くスケッチが、いつも説明に有利であるとは限らない。

あなたがピックアップした家具の特徴は、どんなビジュアル表現で説明できるだろうか？　また、それらの表現方法は、「目で見たままのスケッチ」と「正投影図」のどちらに属する図法であるべきかを、想像してみよう。

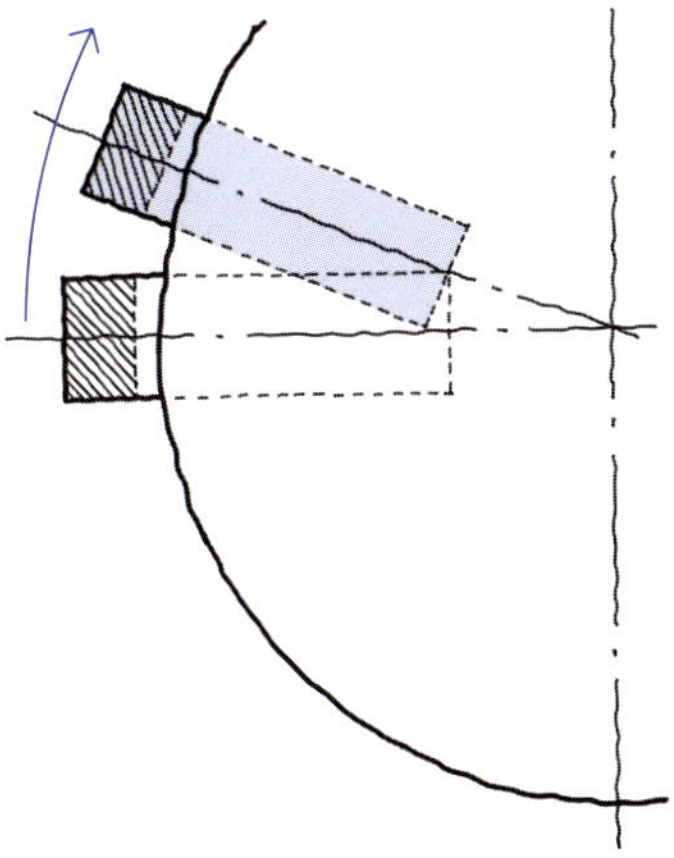

**回転させてスタッキング** → 2

椅子同士が中心を共有しつつ、脚の位置を回転させ、いくらでも積み上げていける

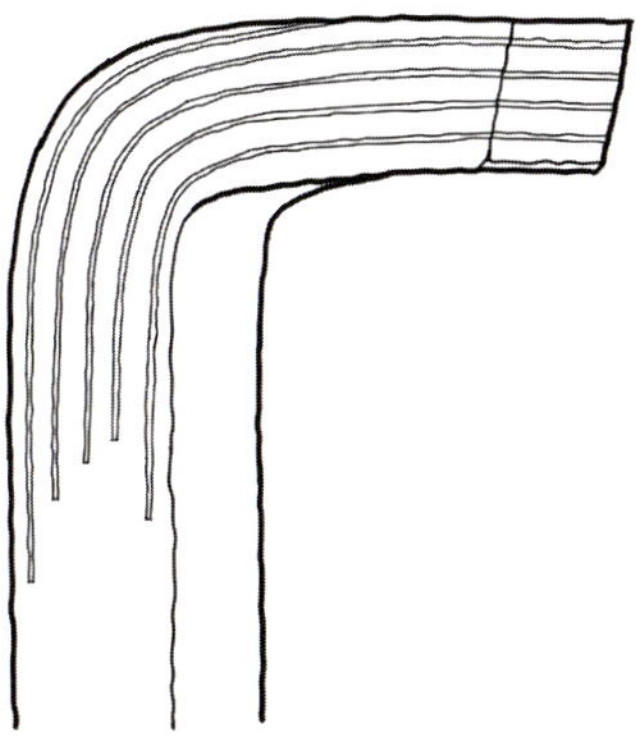

**脚部の曲げ加工部分** → 2

櫛状に入れた切り込みに、接着剤を塗布した薄板を差し込み、曲げ加工されている

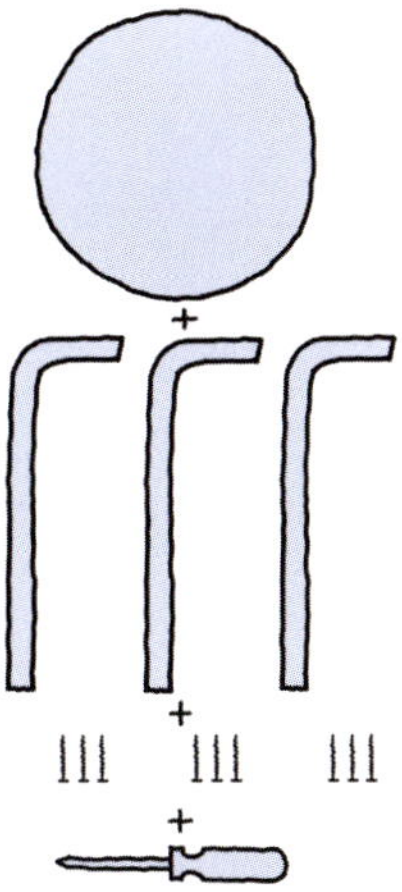

**最小な部材構成** → 2

座面と３本の脚だけのミニマムな部材構成で、ドライバー１本で組み立て可能

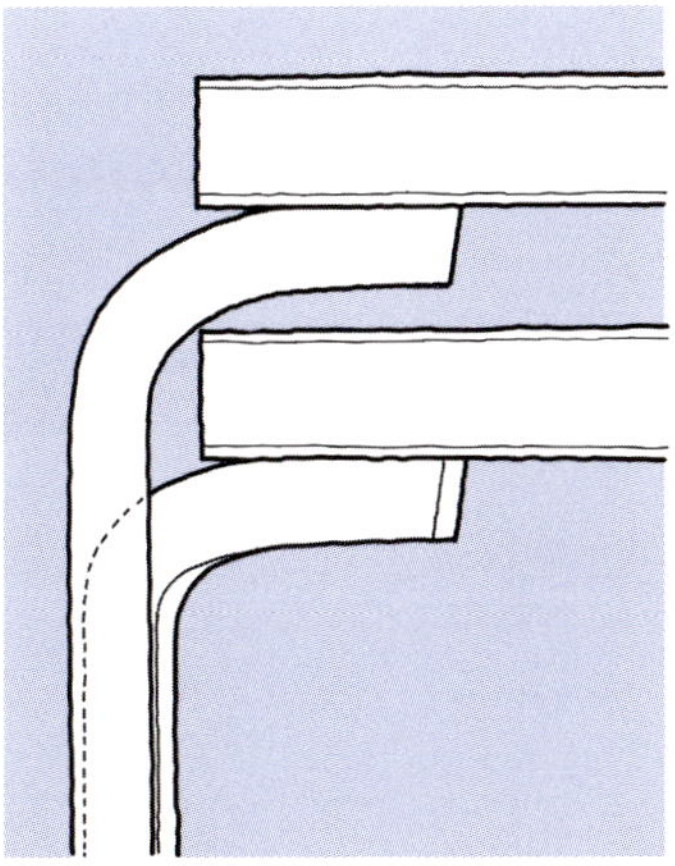

**座面と脚部のクリアランス** → 2

積み重ねた上下の椅子同士は、座面の縁でのみ接触するため、座面自体を傷めにくい

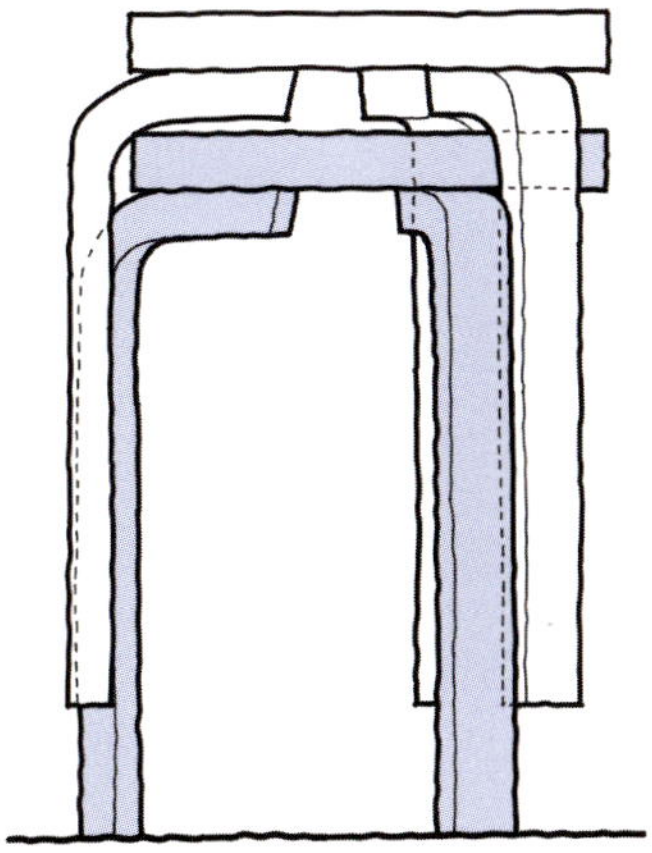

**スタッキングしてみると …** → 2

120 度に開いた３本の脚は、見る角度によってさまざまに表情を変える

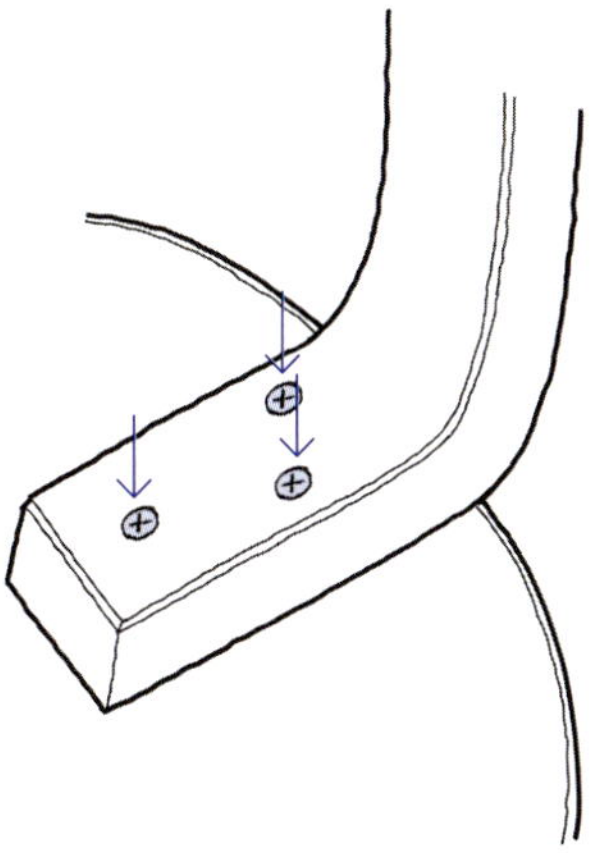

**脚部と座面の接合部分** → 1

脚の接合方法は、座面裏側へ３本のビスを締め付けて固定する

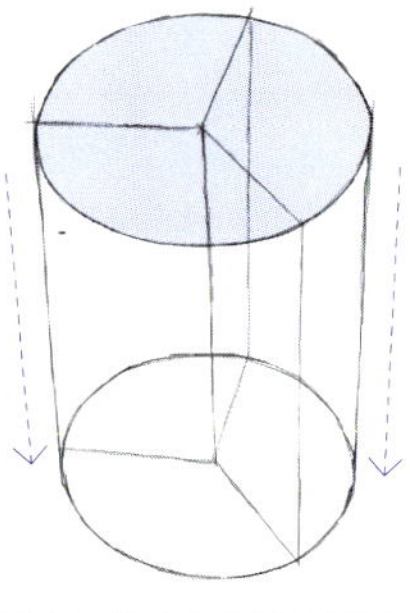

**1 基本的な輪郭を描く**

座面を円柱に置き換えた輪郭を基準にして、3方に広がる脚の角度を決める

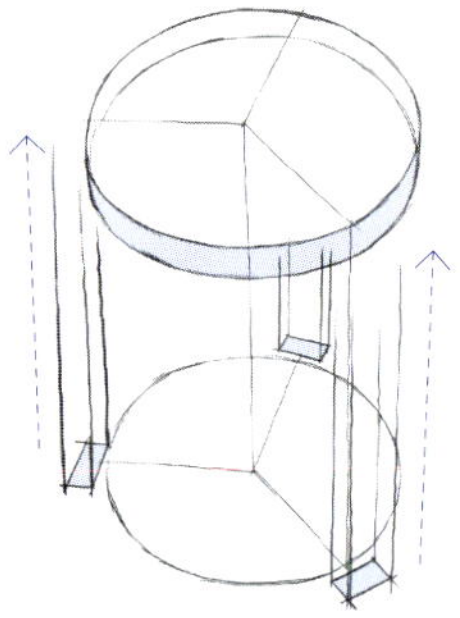

**2 細部のかたちを描く**

座面の厚みや、外側に張り出した脚の位置を決める

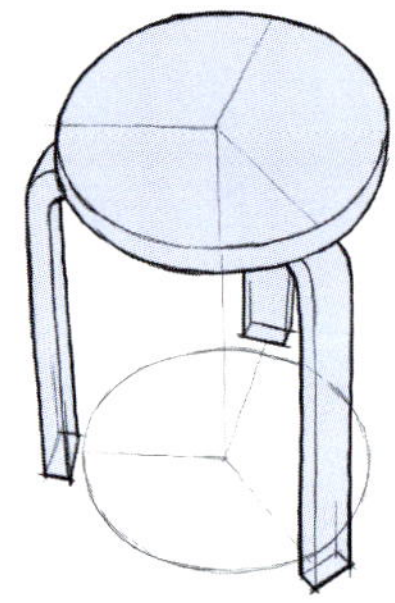

**3 線を整理して完成**

座面の裏側へとまわり込む脚の形に注意しながら描いて完成

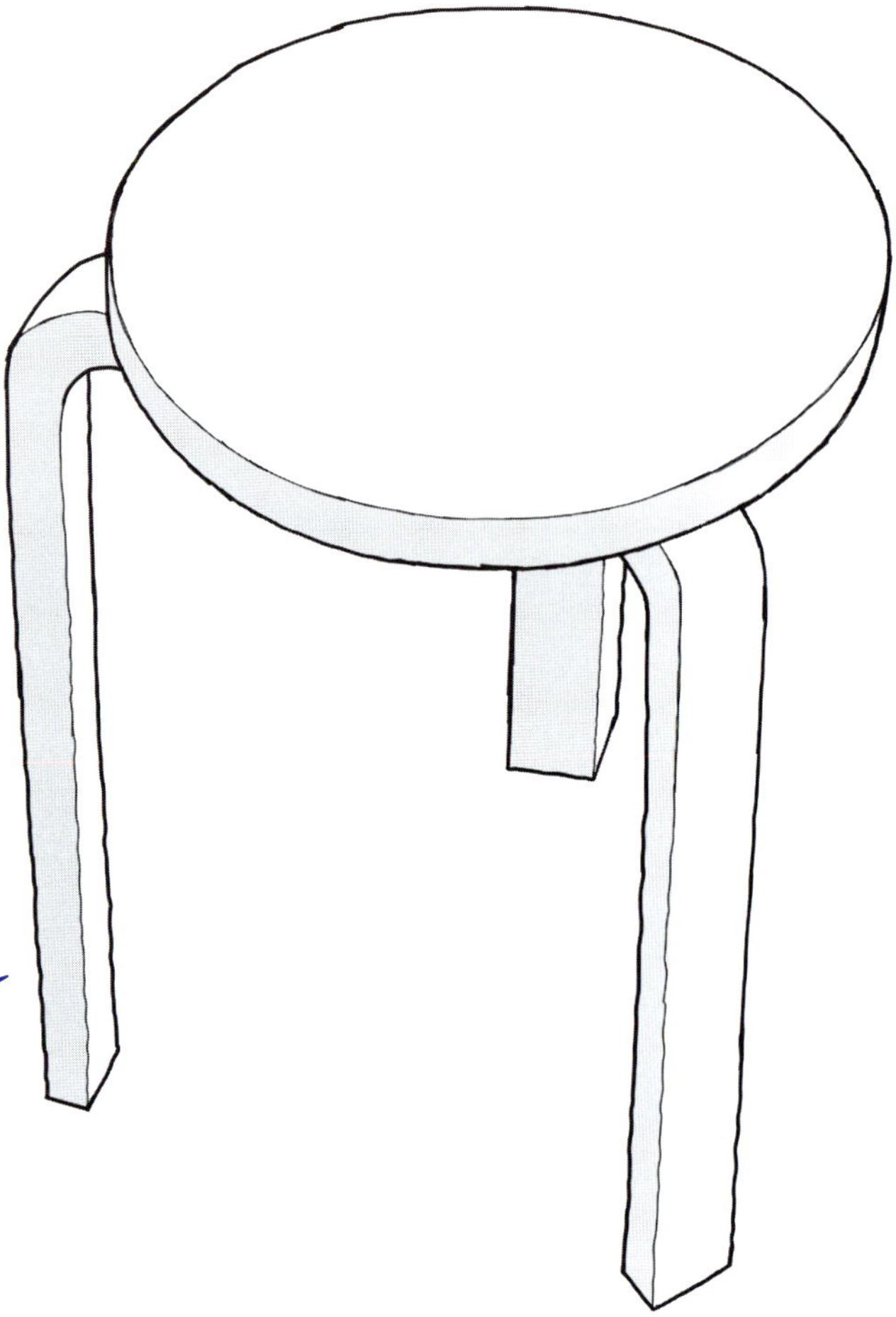

### スツール 60 を描いてみる

一見すると、極めて単純な形に見えるだろう。
しかし、全体のフォルムをシンプルな輪郭に置き換えることや、見えない部分の整合性をとることなど、
モノの形を捉えるスキルについて、学びはじめに最適なモチーフといえる

# 2-2 スケッチでかたちを捉える

## スケッチの目的は技術の向上だけじゃない

目で見たままの視点で、フリーハンドで描くスケッチ。建築やインテリアなどを学ぶ人たちのなかには、「スケッチがもっと上手くなりたい」と感じている人が少なくないだろう。たしかに、スケッチを自在に描ければ、それだけ表現の幅は広がる。

けれど、それ以上に大切なのは、スケッチすることを通して、対象をつぶさに観察することだ。

漠然と眺めているだけでは見えてこない、幾何学的なまとまりや、部材配置の規則性、それらからアレンジした形状、組み立てる際の手順、スタッキングやフォールディングといったコンパクトに収納するための工夫など。

このような「つくり手の視点」と「使い手の視点」から読み取った情報の蓄積は、これからのあなたが、一からデザインを考えていくときに、発想を支

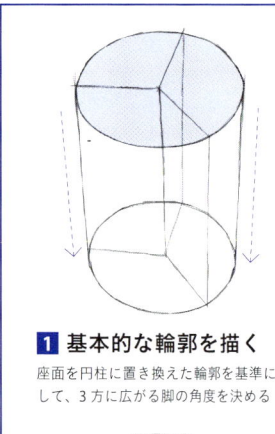

### 円柱から描く

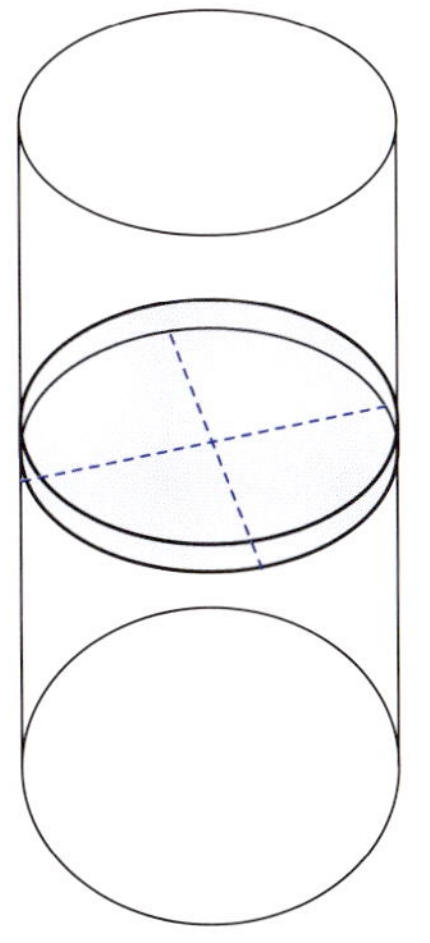

座面を基準にした円柱から、座面の高さと厚みを決める

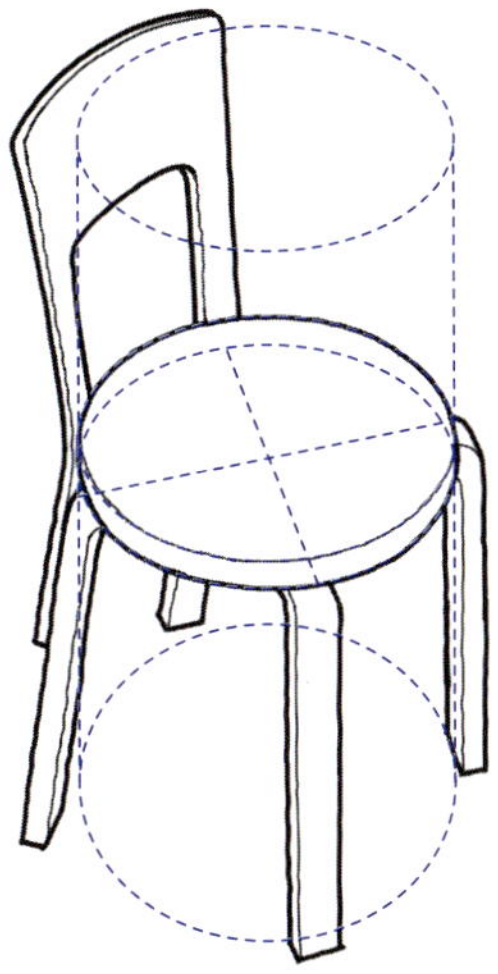

**CHAIR 66（1935）**

背もたれや脚の位置は、十字に揃えて円柱の外側に配置する

### ボリュームを削る

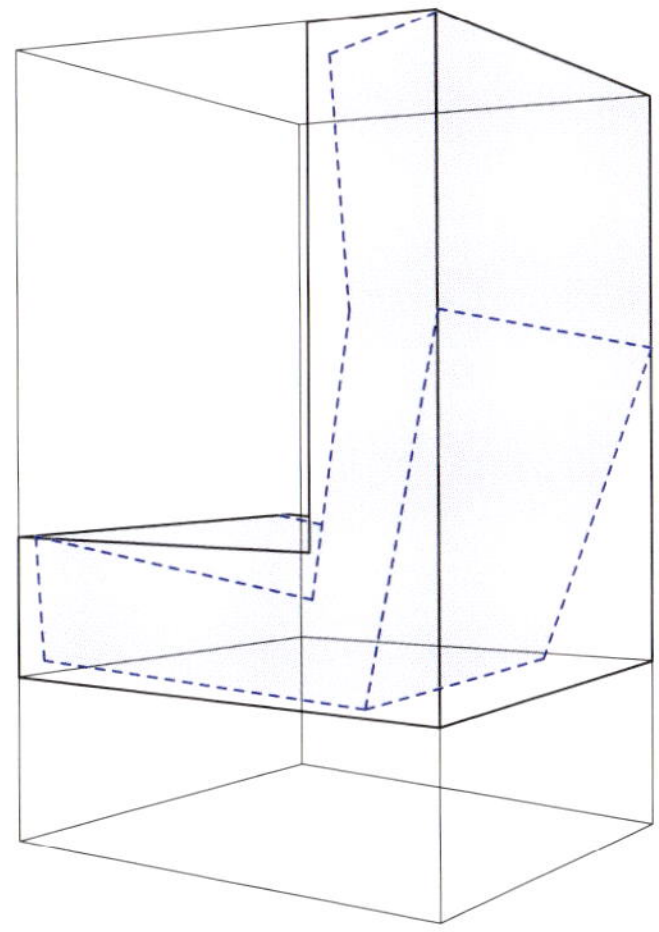

座面〜背もたれの形を単純化したボリュームを想定し、削り出すように形を描く

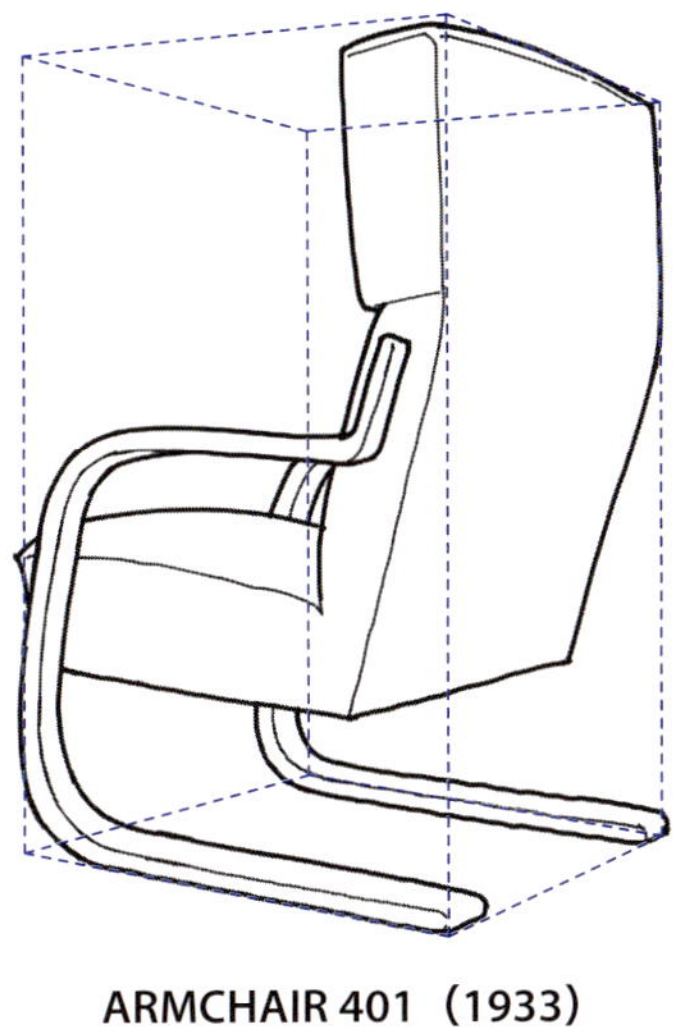

**ARMCHAIR 401（1933）**

クッションの丸みをつけたら、肘掛け〜脚の位置を、左右で揃えるように配置する

### 直方体から描く

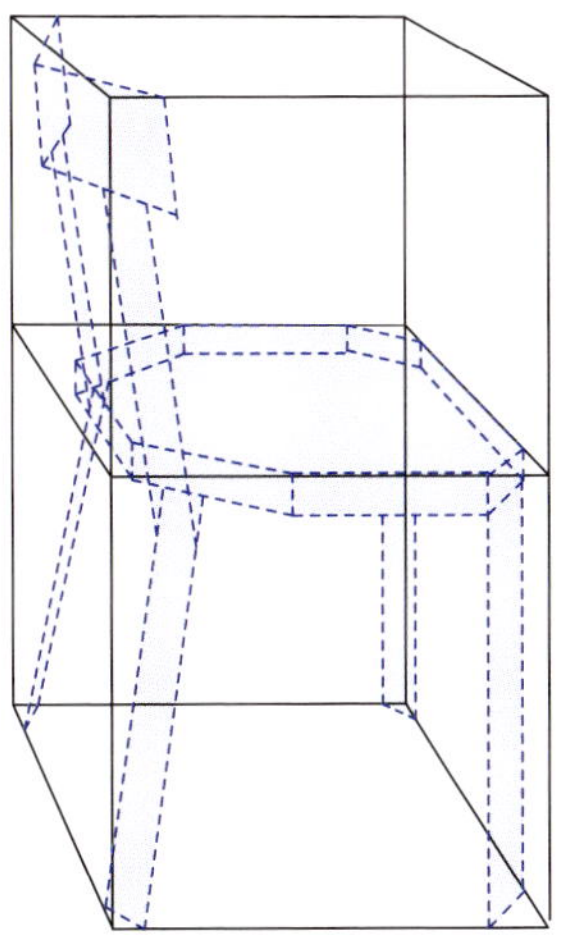

背もたれのある椅子は、箱を２段積みにしたイメージからスタートする

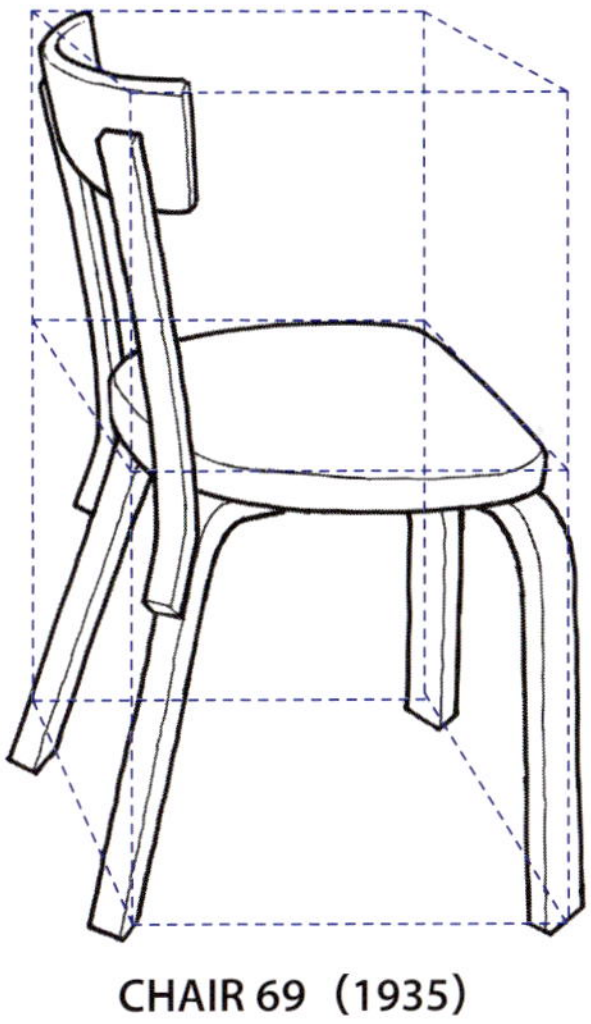

**CHAIR 69（1935）**

直方体の輪郭から、それぞれのズレを意識して細部を描き進めるといい

えるボキャブラリーとなるだろう。

**単純なフォルムに置き換えてみる**

そうはいっても、デザイン関係のプロを目指す以上、それなりに上手く描くコツも掴んでおきたい。そのひとつは、家具の外形を「単純なフォルムに置き換える」ことだ。

椅子やソファ、テーブルなどは、一見するとシンプルに見えるが、よくよく眺めてみると、意外に複雑なかたちをしている。それら細部の形状に捕らわれて、端から描き進めてしまうと、よほどのバランス感覚の持ち主でない限り、絵が歪んだり、紙からはみ出てしまうだろう。

だから、はじめに考えてほしいのは、上図のような「直方体」や「円柱」など、対象全体をすっぽり包み込んだり、各部の位置を出すときの基準になる輪郭を見つけることである。

このような、基準の輪郭に肉付けする描き方のトレーニングには、14頁で紹介した「赤青鉛筆」が最適である。最初に、赤のラインでざっくり下描きした上に、青のラインで形状を確定していく。下描きで多いに迷ったり、間違ったとしても、赤い線ならいちいち消さなくても気にならない。

## 隠れた部分を想像する

目に見えている範囲だけでなく、隠れた部分を観察し、自分なりに、なんらかの仕組みとして理解することが大切である。それは、スケッチの完成度を上げるだけでなく、デザインの成り立ちにアプローチすることでもある

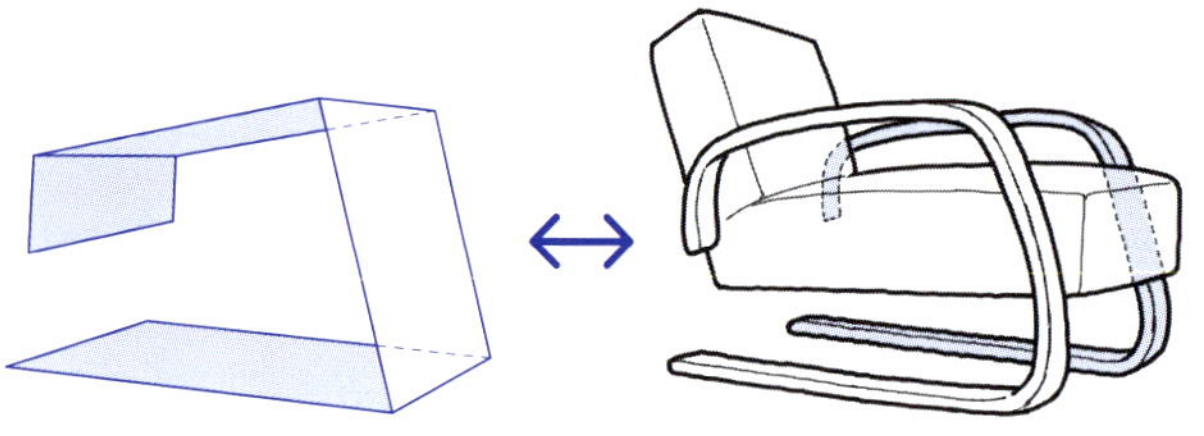

**ARMCHAIR 400（1936）**
曲げ木による片持ち構造の肘掛け〜脚が特徴的である。
それらはいったん、ひとつながりの折り曲げた面に置き換えると形状を捉えやすい

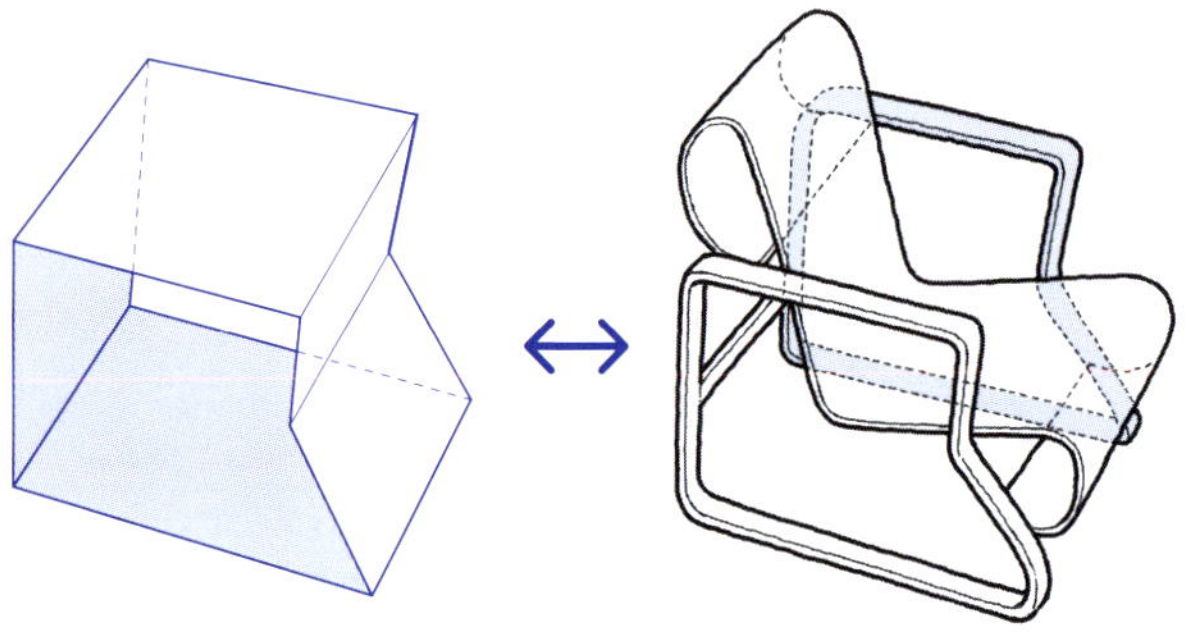

**ARMCHAIR 41（1932）**
曲面を成した成形合板の座面に目を奪われがちであるが、それに隠れた部分で、
曲げ木の肘掛け〜脚がまわり込み、連続している様子にも注目してみよう

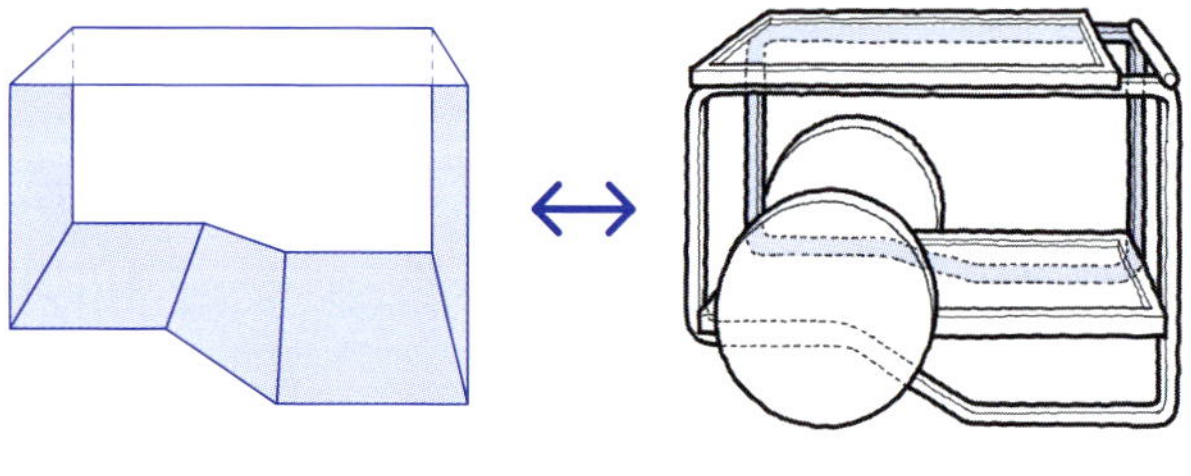

**TEA TROLLEY 901（1936）**
上下のトレーや車輪に隠れたフレームが全体の骨格を形成している。
それらは、折り目の入った筒形に置き換えてから、幅や厚みをつけていくといい

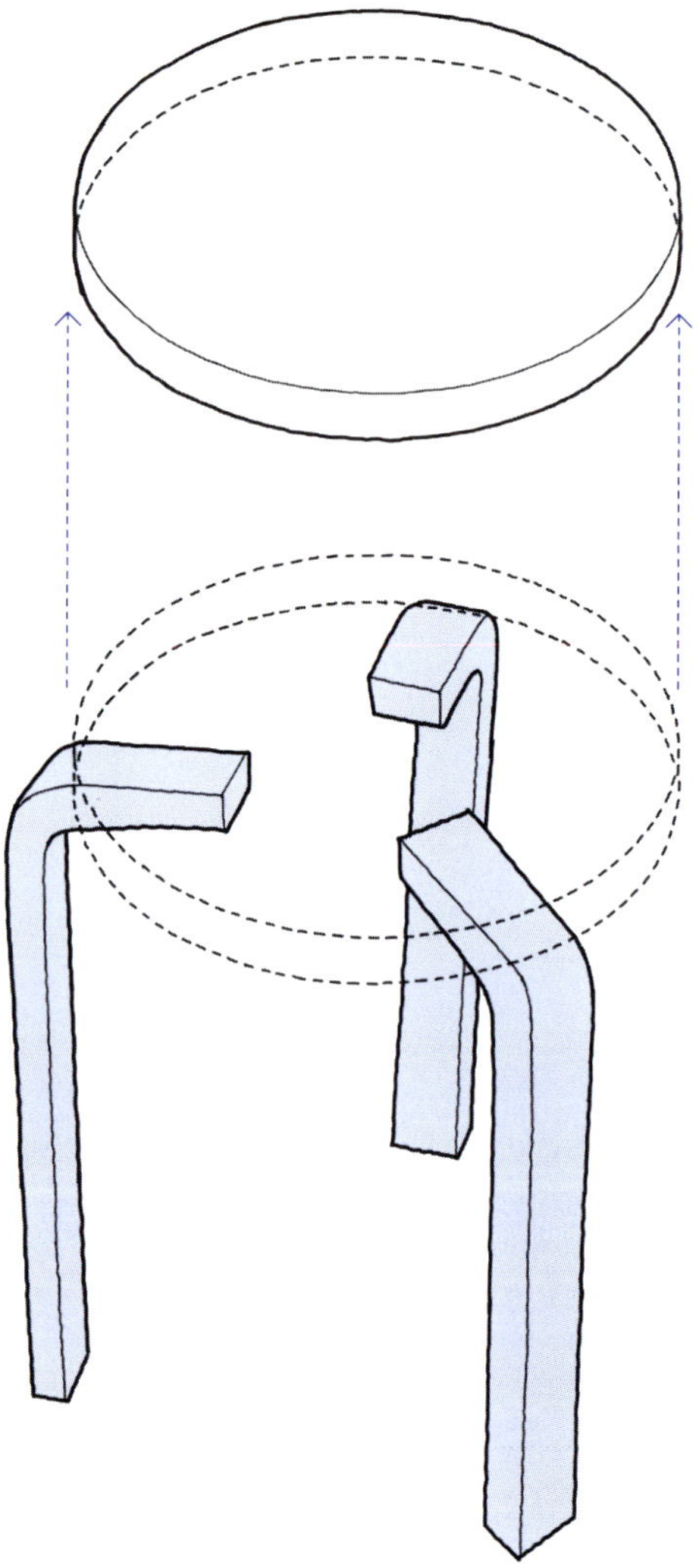

### 隠れた部分を想像し、かたちの規則性を見つける

要領よくスケッチするために知っておくべき、もうひとつのコツは、「かたちの規則性」を見つけ出すことだ。たとえば、「スツール60」の放射状に広がった脚部は、自然な印象で描くのが意外と難しい。しかし、座面に隠れた裏側で、一二〇度ごとの角度で配置されていることがわかれば、勘だけに頼らず、いくらかの確信をもって描けるだろう。

また、「ARMCHAIR 400」や「ARMCHAIR 41」のように、肘掛けから脚部へと一体化したフレームのカーブを描くのは、なかなかに厄介だ。しかし、直接見えない部分の連続性を理解し、左右に配されたフレームを、折り曲げた一枚の面に見立てるといい。すると、奥行きを与えても左右対称な形状らしい、歪みのない絵が描けるはず。

これらのコツを実践するときに大切なのは、視点を固定せず、対象をいろいろな角度から観察してみることだ。そして、これらの観察を通して「基準の輪郭」や「かたちの規則性」を読み取ることは、つくり手としての視点を養うことでもある。

One Point

# スケッチに透視図の知識を応用する

自分の目で見たままに描いたスケッチは、多かれ少なかれ、遠くのものが小さく見えるような遠近感がついたものになる。それは、図法の種類でいうと「透視図」に分類される。

「透視図」については、本書［3－6、7］に詳述されているが、「透視図」の基本的な原理を理解していれば、フリーハンドのスケッチにも応用することができる。

なかでも「消失点」と、そこへ形が集束する仕組みは知っておきたい。たとえば、直方体の物体を描くとき、どこかの面に正対して描くなら、奥行き方向の輪郭線は、すべて1つの「消失点」に集まって見える。

このような、「透視図」の見え方の仕組みを、直感的に理解するには、写真家が撮影した家具や空間の画像を、片っ端からなぞってみるといい。図法の仕組みの理解はもちろん、同時に、物や空間を魅力的に伝える構図も学びとることができる。

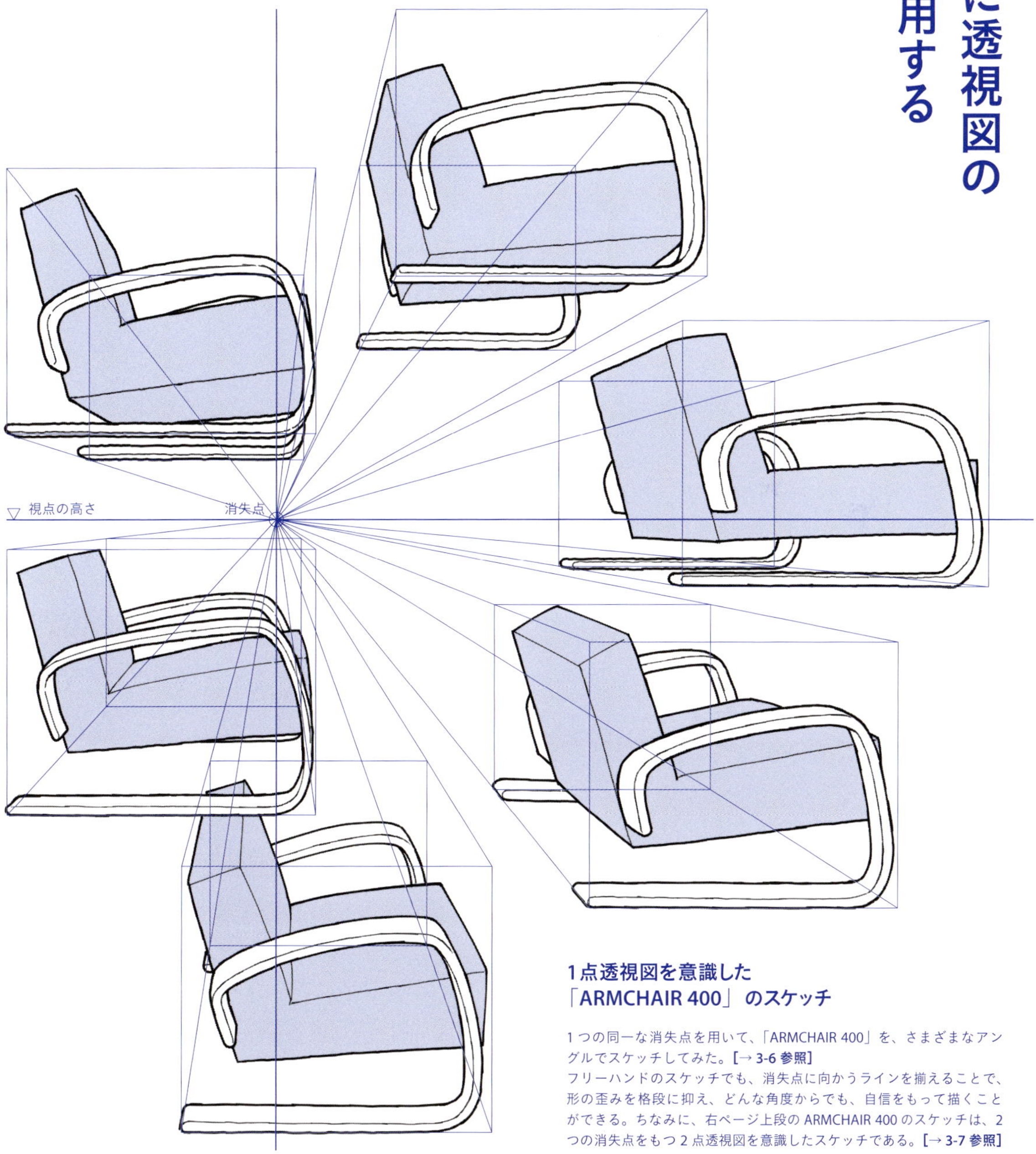


**1点透視図を意識した「ARMCHAIR 400」のスケッチ**

1つの同一な消失点を用いて、「ARMCHAIR 400」を、さまざまなアングルでスケッチしてみた。**[→ 3-6 参照]**
フリーハンドのスケッチでも、消失点に向かうラインを揃えることで、形の歪みを格段に抑え、どんな角度からでも、自信をもって描くことができる。ちなみに、右ページ上段の ARMCHAIR 400 のスケッチは、2つの消失点をもつ2点透視図を意識したスケッチである。**[→ 3-7 参照]**

# 2-3 実測して作図する「スツール60」の家具三面図

## 家具を実測する

ものづくりを志す人は、身の回りのどこにでもある物や、気になる空間などの寸法を手当たり次第に測ってみることを強くおすすめする。僕らがあえて実測する意義は、以下の3つだ。

1つ目は、「物の寸法を知る」こと。たとえば、世界にはさまざまなデザインの椅子やテーブルが溢れているが、座面や天板の高さは、それほど違わない。自分の基準になる寸法を定めることで、単なる数字の知識ではなく、実感や体験として蓄積していこう。

2つ目は、「物の仕組みを知る」こと。一見しただけではわかりにくい、部材の形状や配置、それらの接合方法などを調べ、記述することで、物のなりたちを理解できる。

3つ目は「物を観察する視点をもつ」こと。ふだんから身の回りを観察し、疑問をもったり、自分なりに解釈することがデザインスキルを向上させる。

### 1 全体形の寸法を計る

はじめに、家具全体の幅・奥行き・高さの寸法を測ってみる。背もたれのある椅子なら、全高と座面高さのそれぞれを計測する。必ずしも単純な外形に納まらないので、あくまで基準の輪郭と寸法を押さえるつもりで。

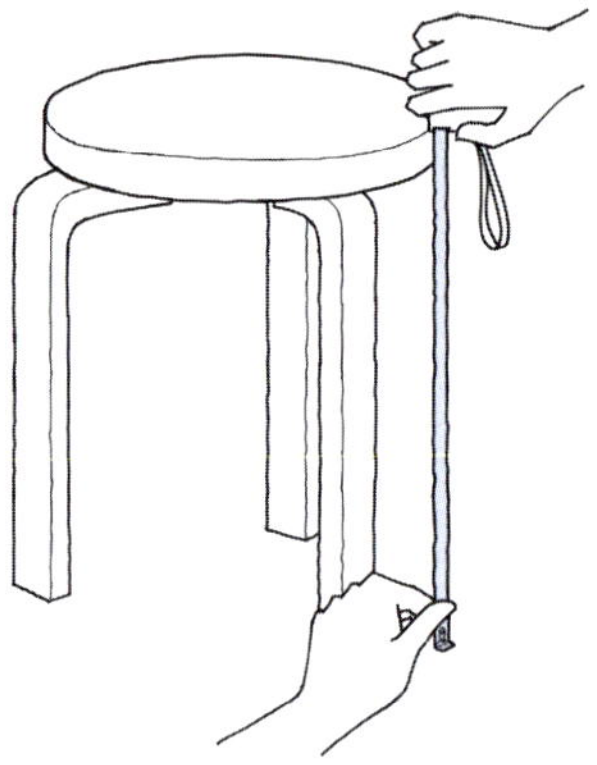
まずは、椅子にとって重要な座面高さを測ってみる。これがそのまま全高になる

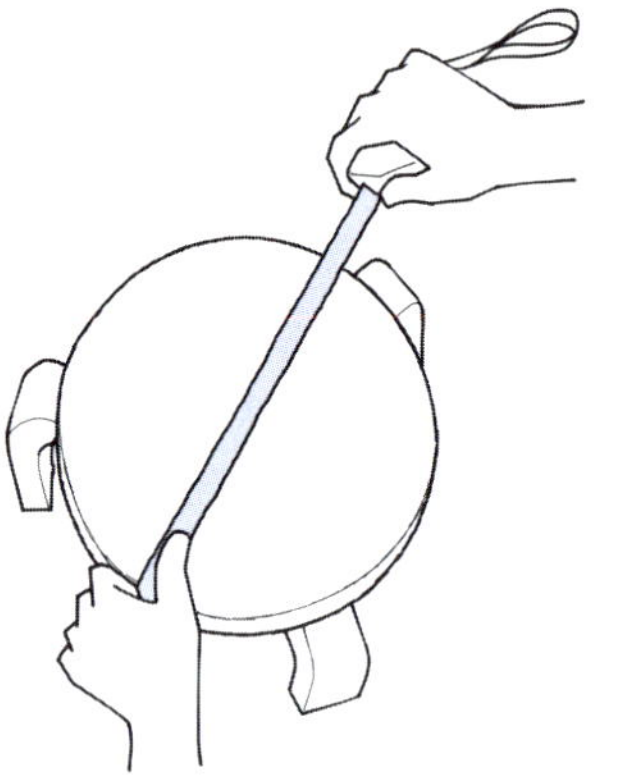
座面の直径を測ってみる。これらが、全体形を出すときの基準寸法になる

### 2 細部の寸法を計る

家具全体の寸法に対して、構成部材ごとの内訳寸法や、基準の輪郭とのズレなどを測る。もしも、格子状の部材があるならピッチ（間隔）を確認する。また、テーパーのついた部材は、両端部の太さを記録しておくこと。

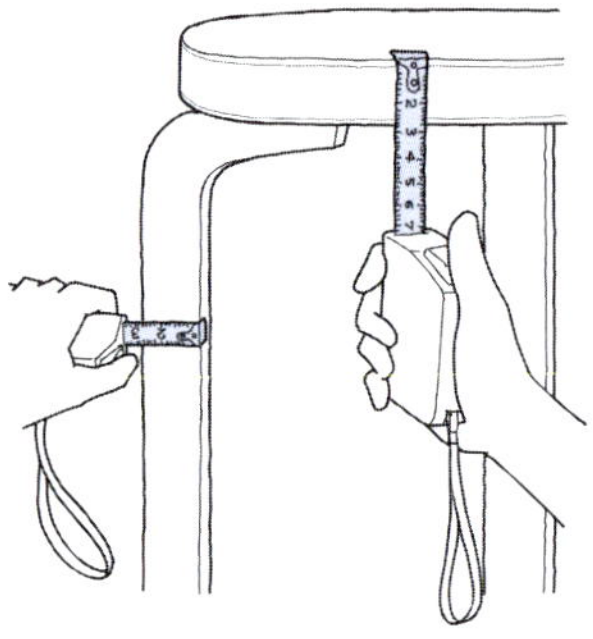
作図するときに必要と思われる各部の寸法を、可能な限り測っておく

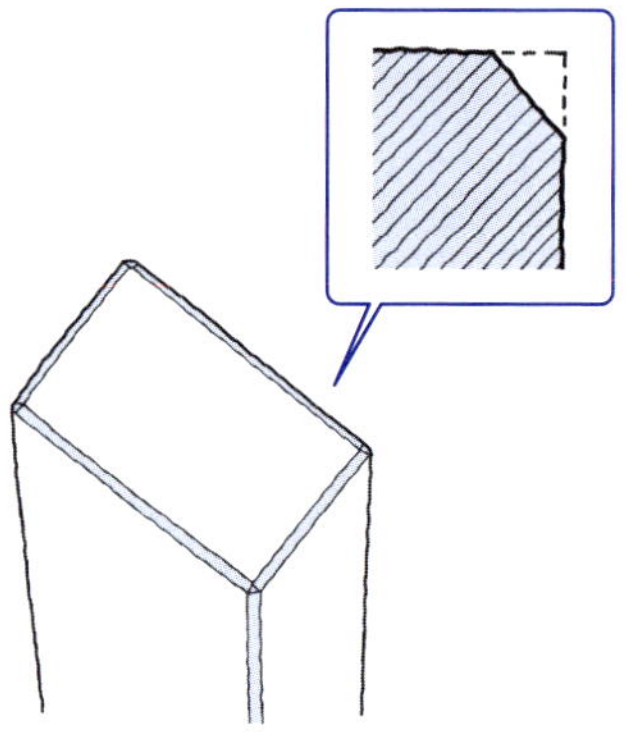
目を凝らして観察すると、脚の角は面取りされていることがわかる

### 3 仕組みを観察する

実測する際には、単に形状と寸法を記録するだけでなく、その家具の成り立ちについて考察してみること。このとき、力学的な合理性や、それぞれの部材の製作方法、部材同士の組立て方などについて想像してみるといい。

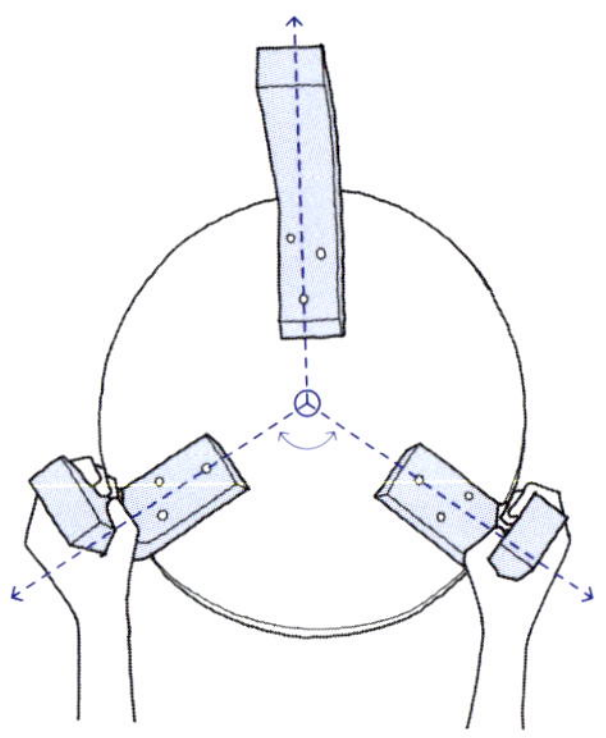
裏返して、脚の配置や角度、接合の仕組みなどを確認してみる

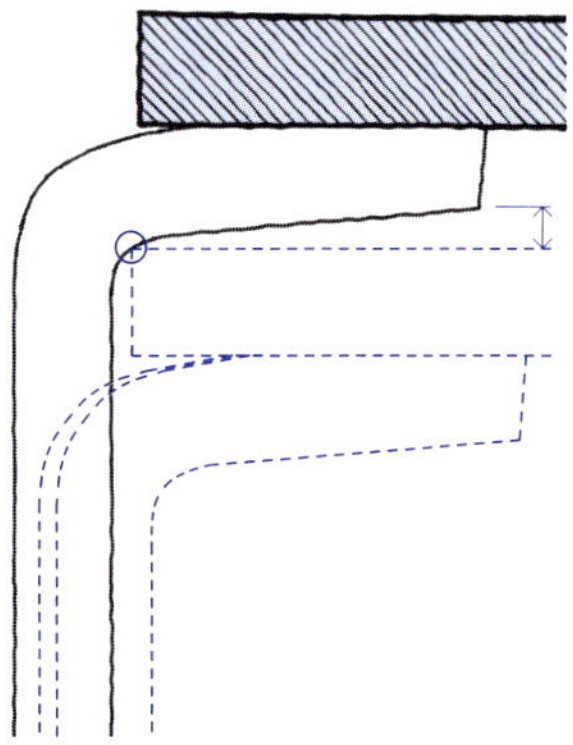
2脚のスツール60を重ねて、スタッキングしたときの様子を確認してみる

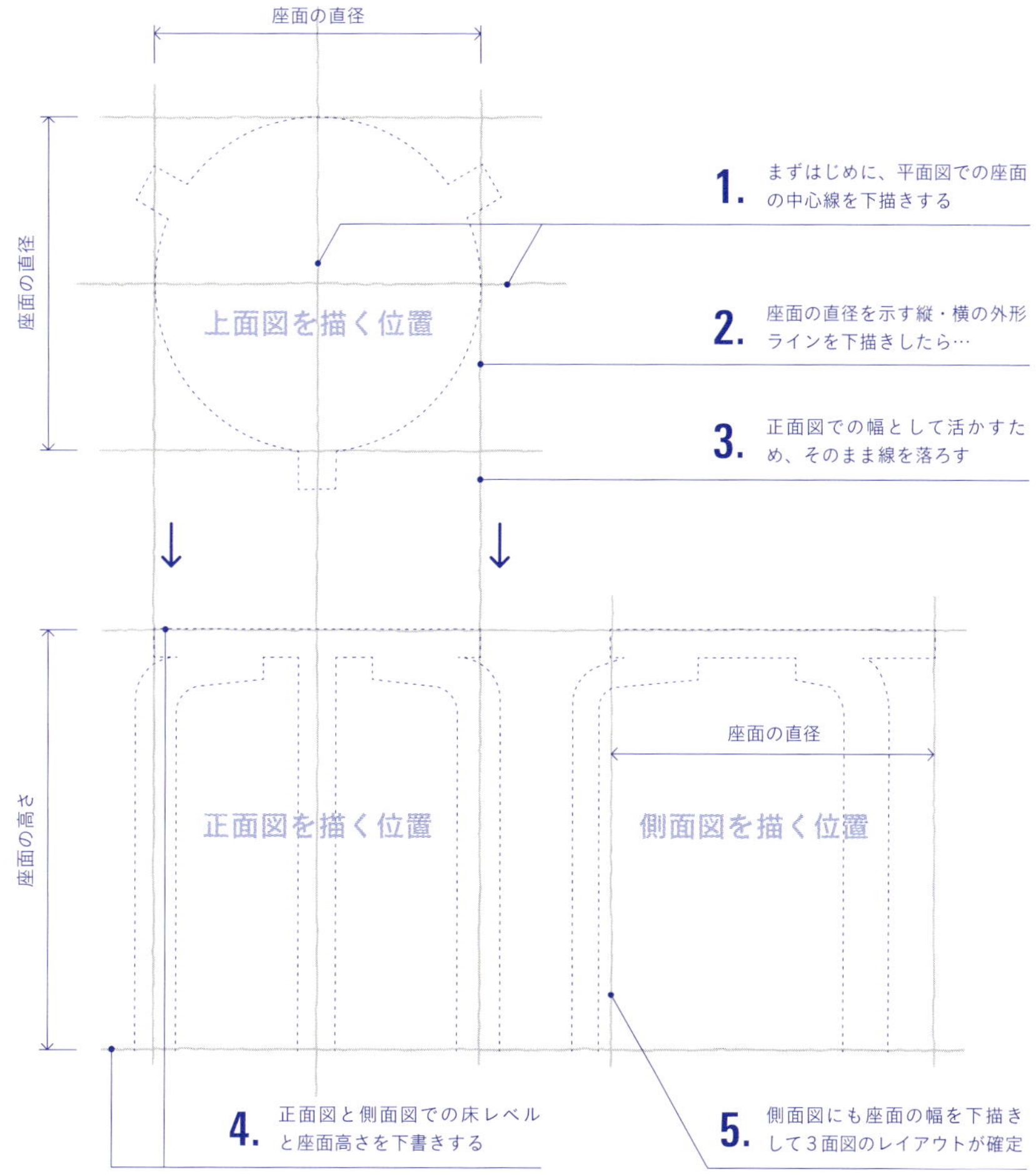
座面の直径
座面の直径
上面図を描く位置
1. まずはじめに、平面図での座面の中心線を下描きする
2. 座面の直径を示す縦・横の外形ラインを下描きしたら…
3. 正面図での幅として活かすため、そのまま線を落ろす
座面の高さ
正面図を描く位置
座面の直径
側面図を描く位置
4. 正面図と側面図での床レベルと座面高さを下書きする
5. 側面図にも座面の幅を下描きして3面図のレイアウトが確定

### 4 3面図の輪郭を下書きする

作図のはじめは、紙の中でレイアウトを決める。このとき、各図同士の関連性や、基準の輪郭からズレた箇所などを意識すること。この手順は、フリーハンドのスケッチでも、定規を用いた製図でも同様である。

### 3面図を作図する

対象の正確な形状や寸法など、客観的な情報を記録したり、他人と共有するには、目で見たままに描く透視図的なスケッチよりも、正投影図（44頁下右図参照）が適している。この図法では、遠くのものを小さく描いたりはせず、同じ幅や高さの物は、常に同じ寸法で描く。また、正面図や側面図では、水平な地面が1本の直線で表現される。そのため、椅子などの接地する脚部は、すべて地盤面のライン上に揃う。

この正投影図を用いて、対象の各面を、44下頁左図のような位置関係で描くのが、第3角法と呼ばれる作図法である。なかでも、代表的な3つの面で構成したものを「3面図」と呼ぶ。

この「3面図」でもっとも大切なポイントは、それぞれの図同士が、形状的にリンクしているため、情報を相互に補い合っている点である。

試しに、「スツール60」の3面図（45頁）を眺めてみよう。上面図は、座面の平面形や3本の脚部の配置を伝えるが、高さや部材の厚みはわからない。また、正面図と側面図は似ているが、それぞれに異なる脚部の形状や寸法などの情報が盛り込まれている。

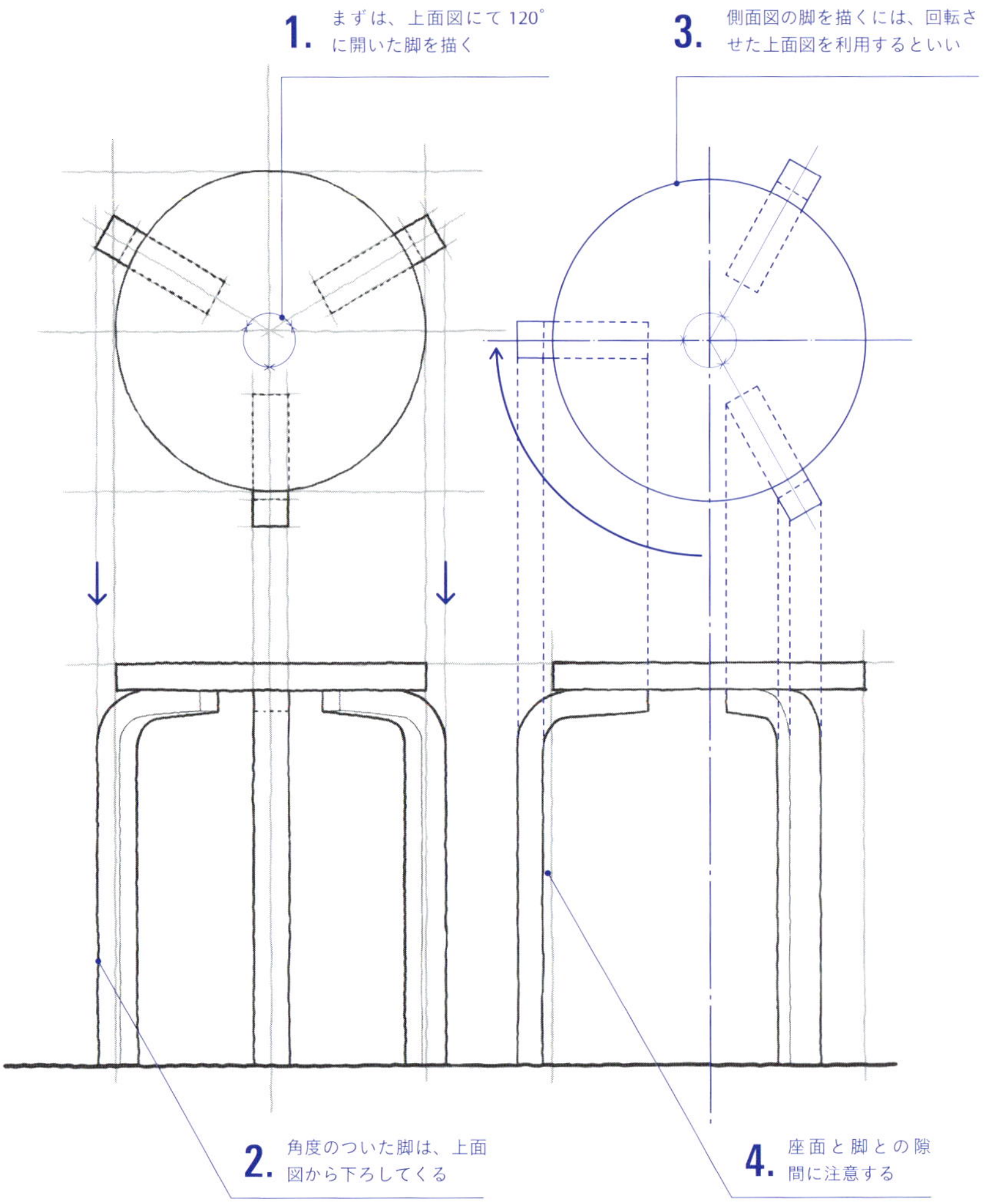


## 5 座面を基準に脚を描き込む

対象の特徴をもっともあらわしていたり、作図上、基準になる要素を含む図から描きはじめる。「スツール60」の場合、放射状に開いた脚部が、横から見た姿として描写しにくい。だから、上面図の情報をもとに各図へ展開するといい。

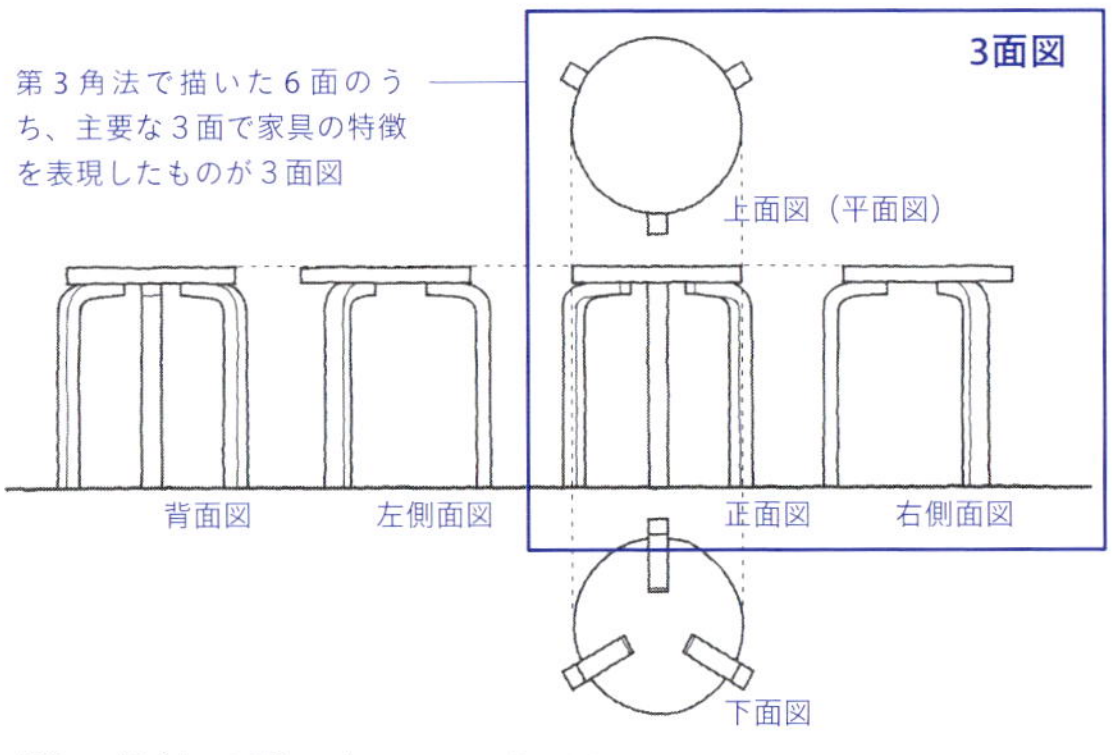


第3角法で描いたスツール60

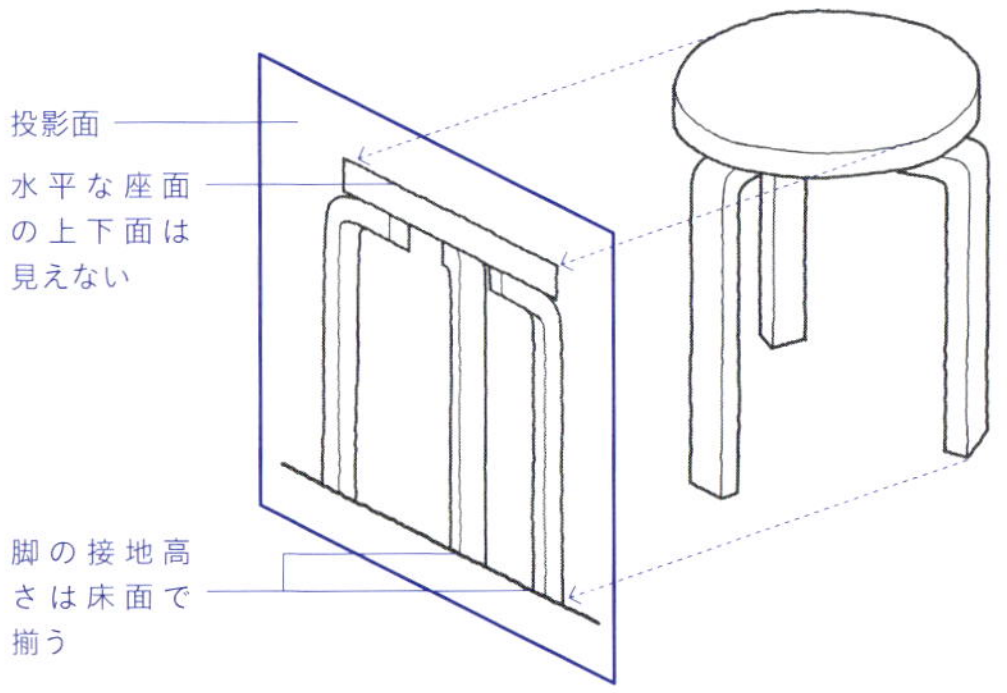


正投影図の考え方

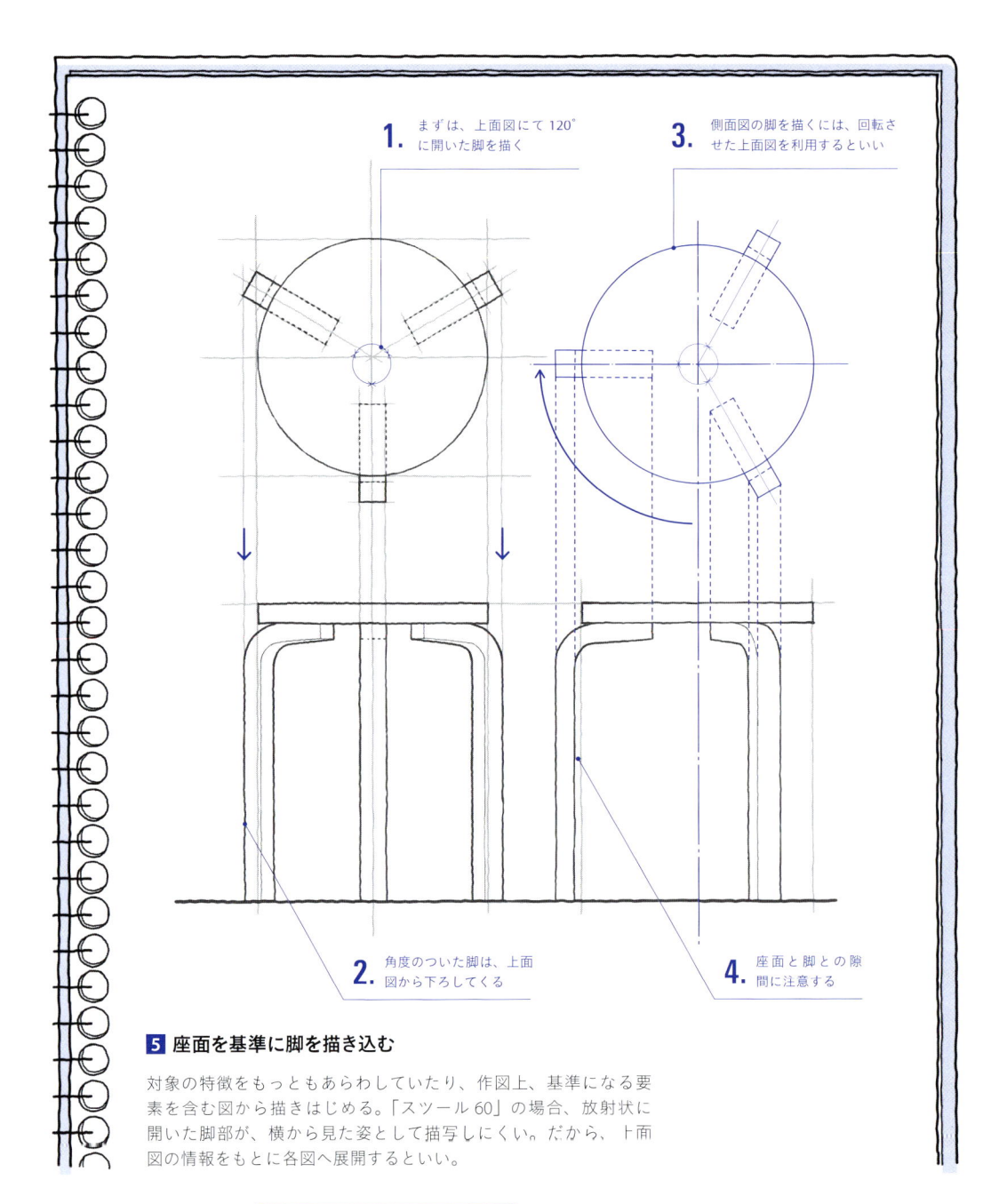

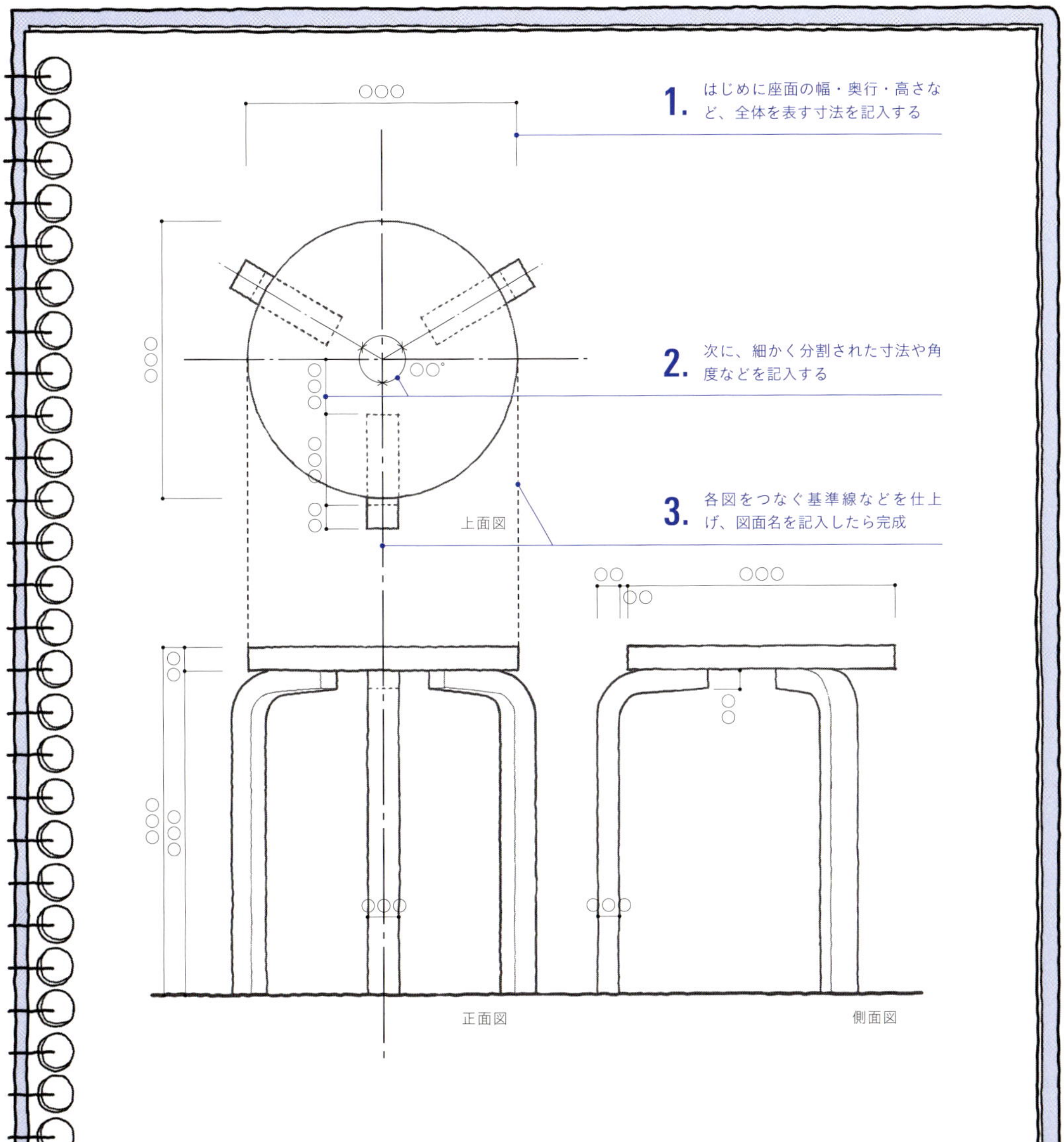


## 6 寸法や基準線などを仕上げる

中心軸などの基準線を仕上げたら、
各図に寸法線を描く。大きな寸法からはじめ、小さな内訳寸法へと描き進める。とくに、それぞれの図でしかあらわれない固有の寸法に注意すること。最後に図面名称を描き込んで完成。

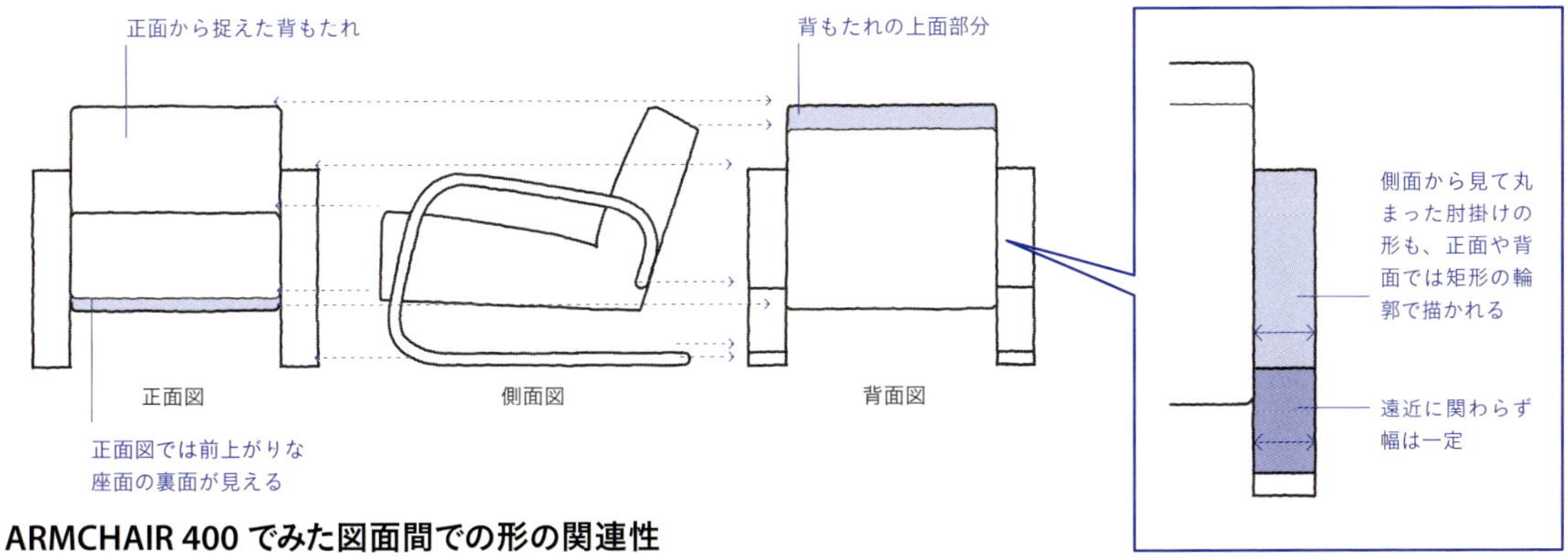


**ARMCHAIR 400 でみた図面間での形の関連性**

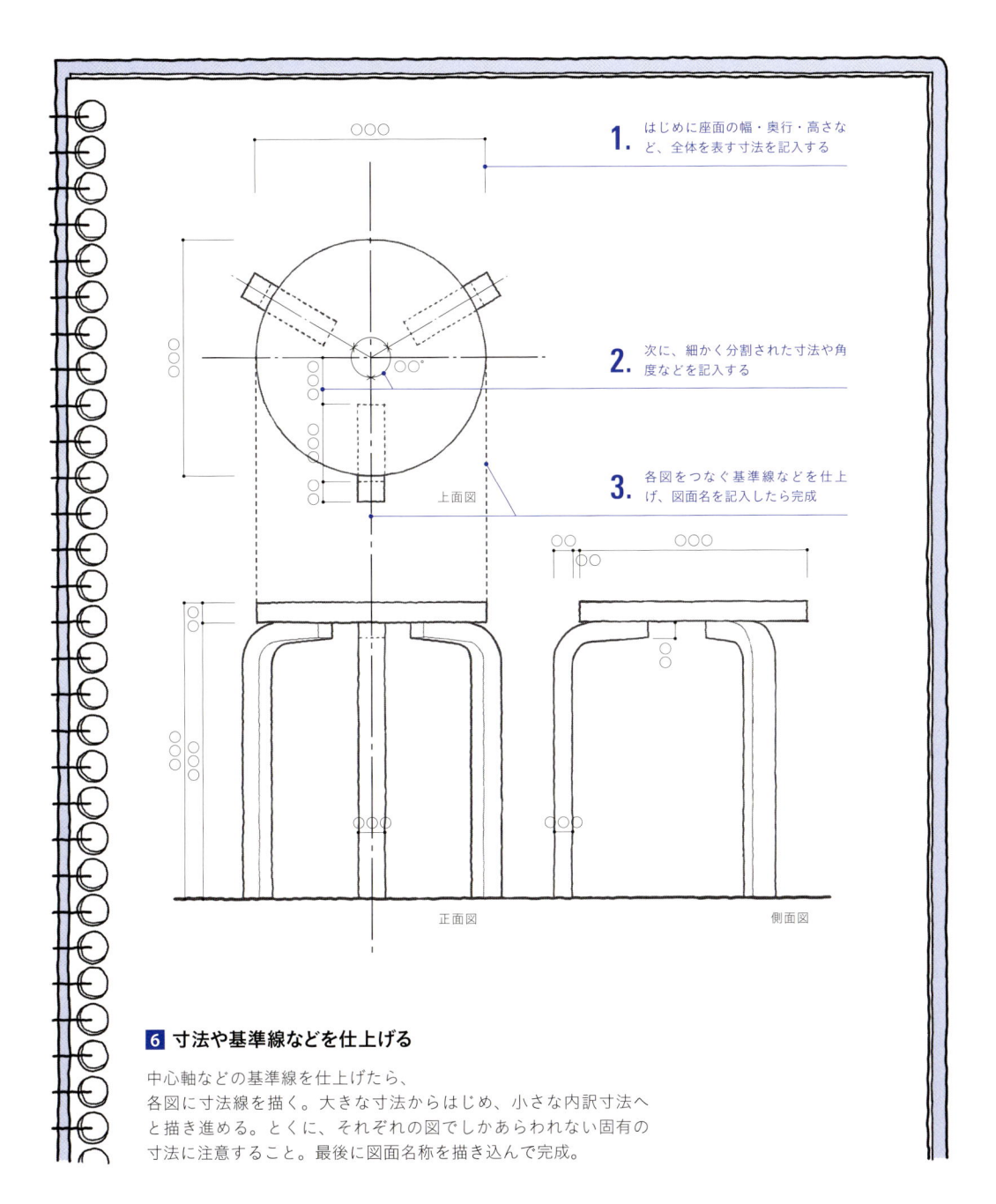

## 2-4

# 家具模型をつくる「スツール60」1／3スケール模型

アルヴァ・アールトがデザインした名作「スツール60」の模型をつくる。丸い座面と3本の脚、それを接合するビス9本がパーツのすべてである。シンプルで優雅なフォルムを持ち、スタッキング（重ねる）もできる。バーチ（白樺など）でつくられており、足の曲げ加工が特徴である。一九三二年に発表されて以来、世界中で愛されている。本書では1／3スケールの模型を、紙とスチレンボードを用いてつくる。模型の基本的なつくり方を学ぶとともに、工夫の凝らされた設計の妙を体感してほしい。本書49頁の図を拡大コピーして台紙にすること。座面の直径がわずかに小さいことに注意。

**用意するもの**

カッターナイフ、金属定規、コンパス、スチレンボード（2㎜）、厚紙（色や厚さは自分で選ぶ）、各種接着剤、紙ヤスリ（#80～#120程度）

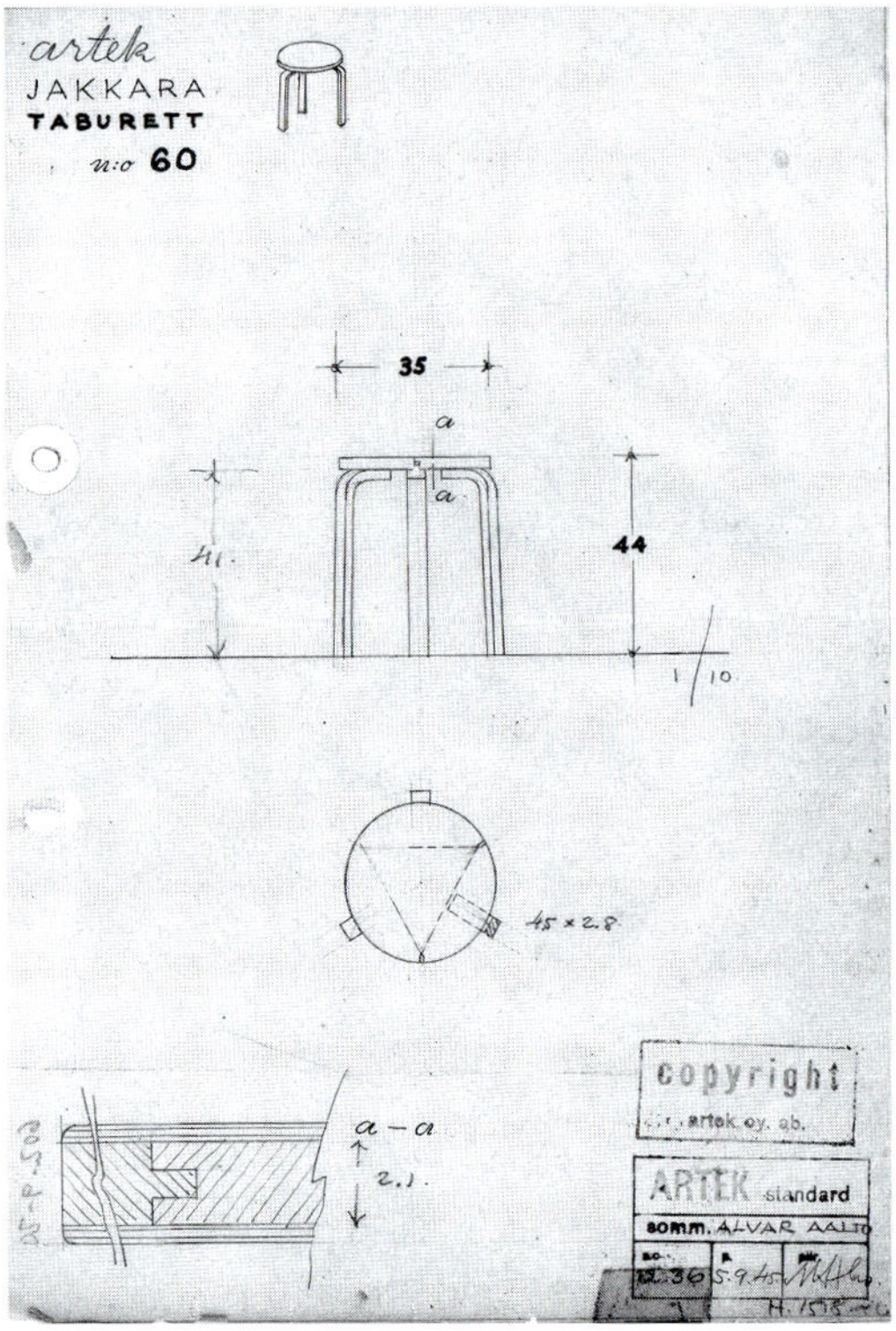


「スツール60」の原図

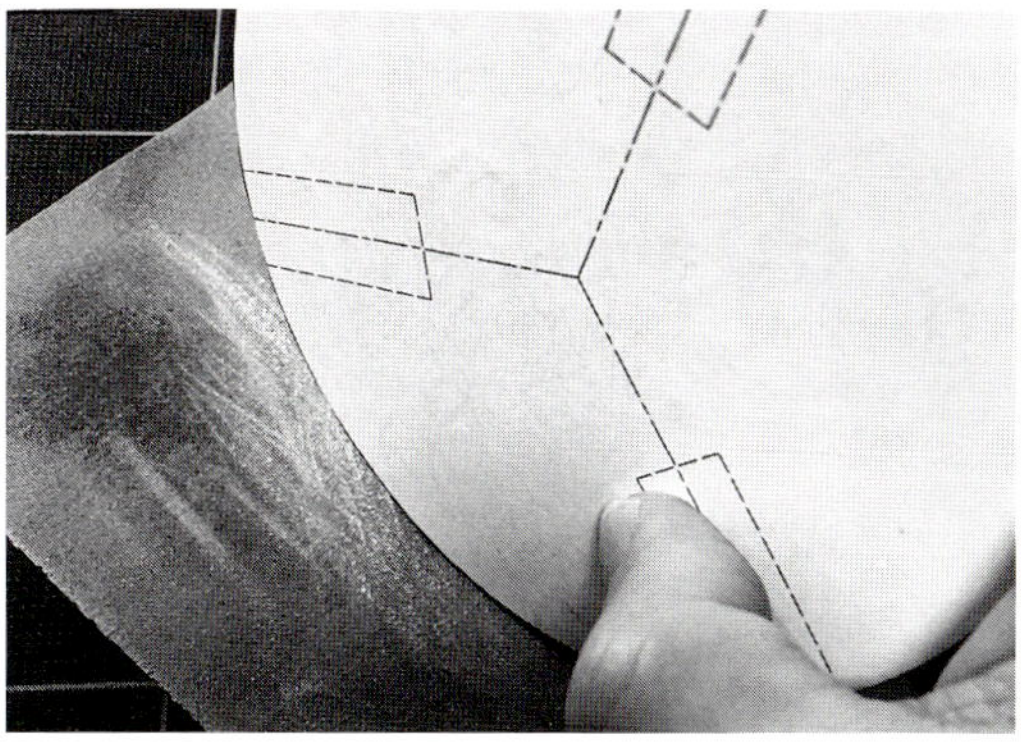

❶ 台紙をスチレンボードに貼って切り抜き、丸く加工する（28 頁参照）
色をつける場合は、あらかじめスチレンボードに色紙を貼ってから部材を切り出す

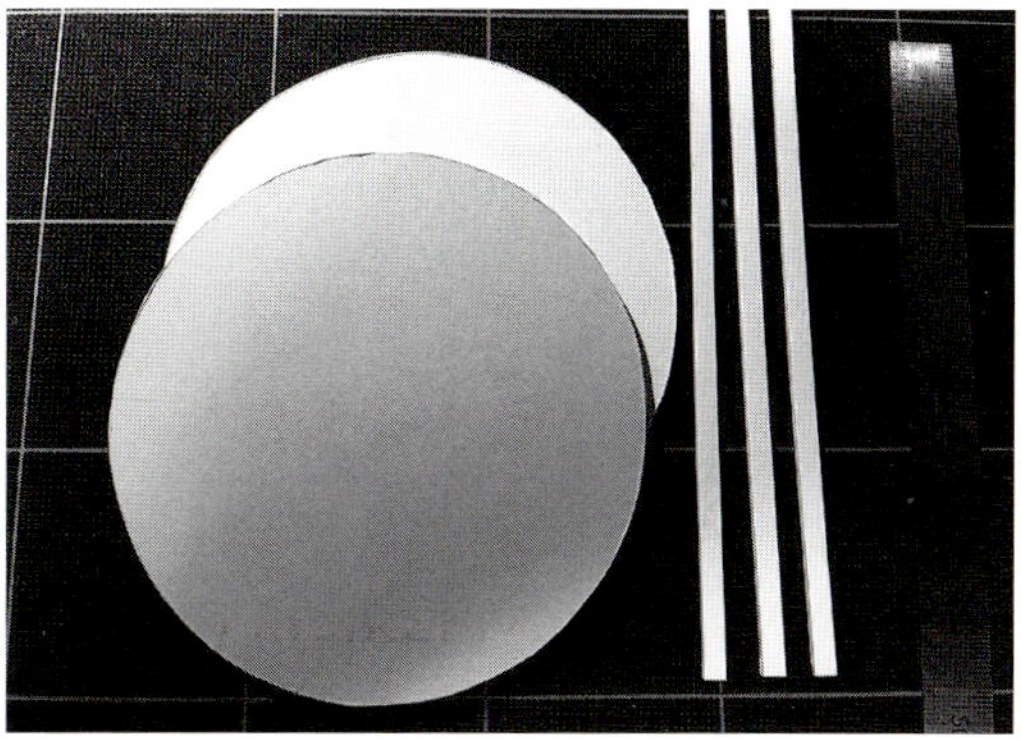

❷ 座面の上下と厚さを調整する材を切り出す

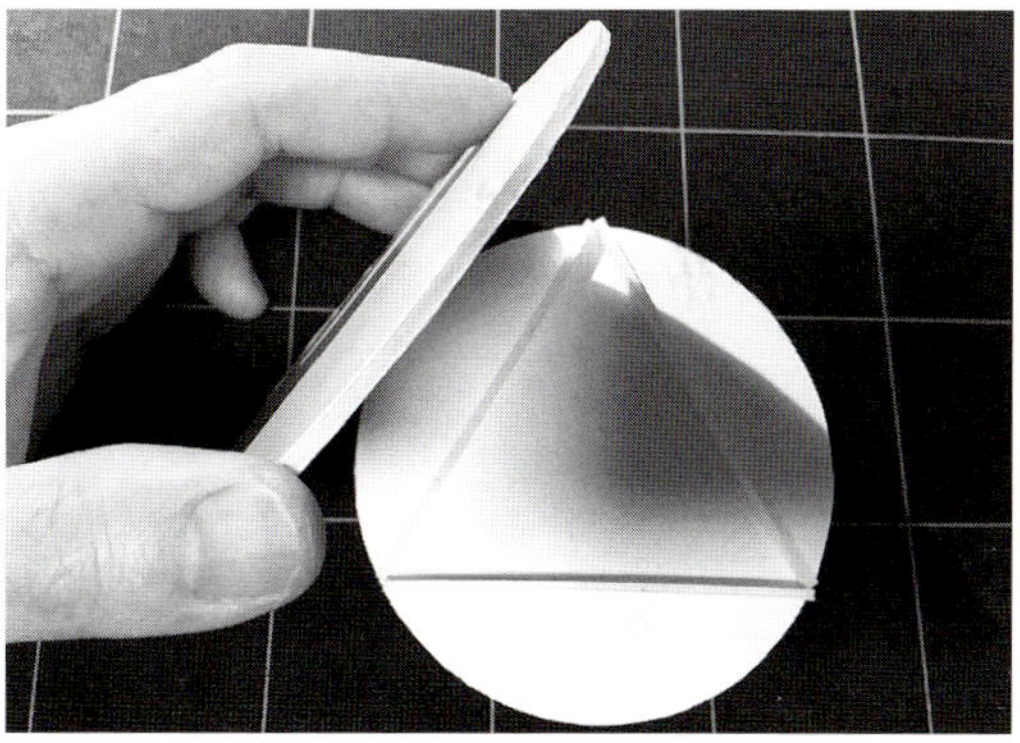

❸ 座面の上下の間に調整材を接着。作例はオリジナル図面を意識して三角形にした

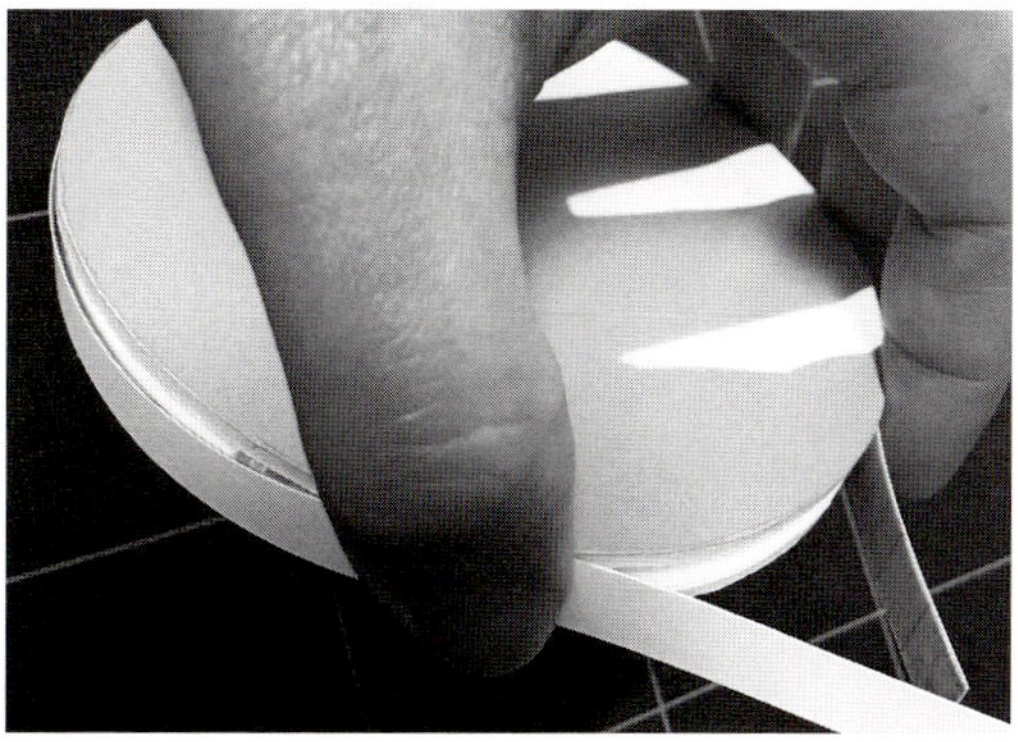

❹ 座面の上下を接着し、小口（こぐち＝側面）に紙を接着する

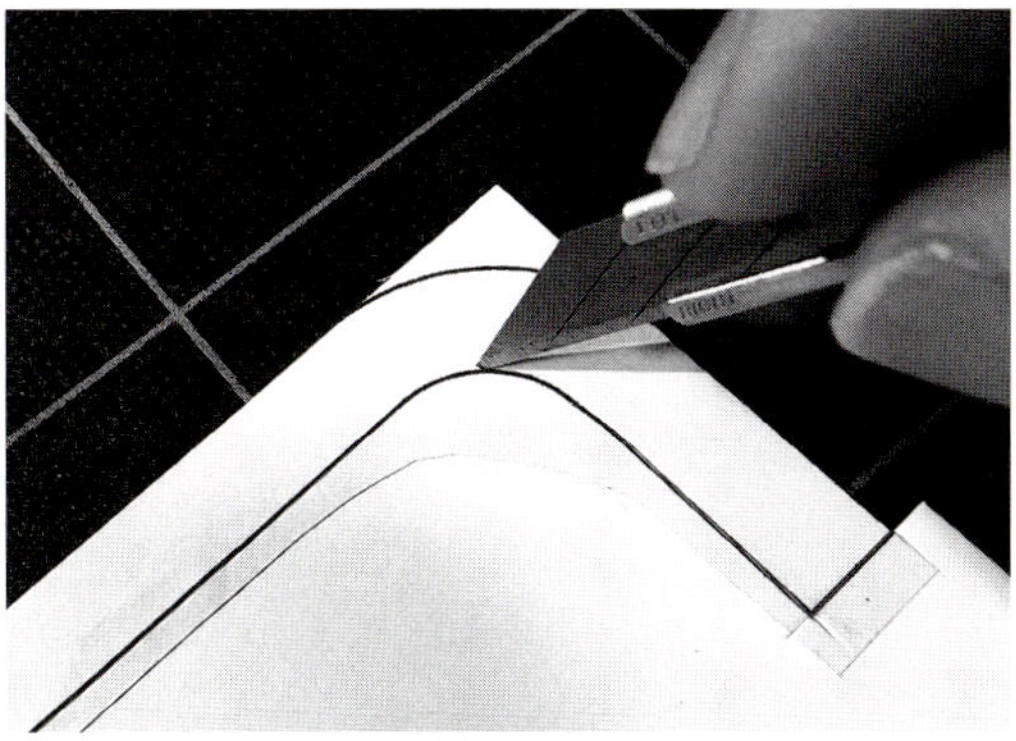

❺ 脚の台紙をスチレンボードに軽く貼り付けて切り出す（6 本）
曲線部はていねいに

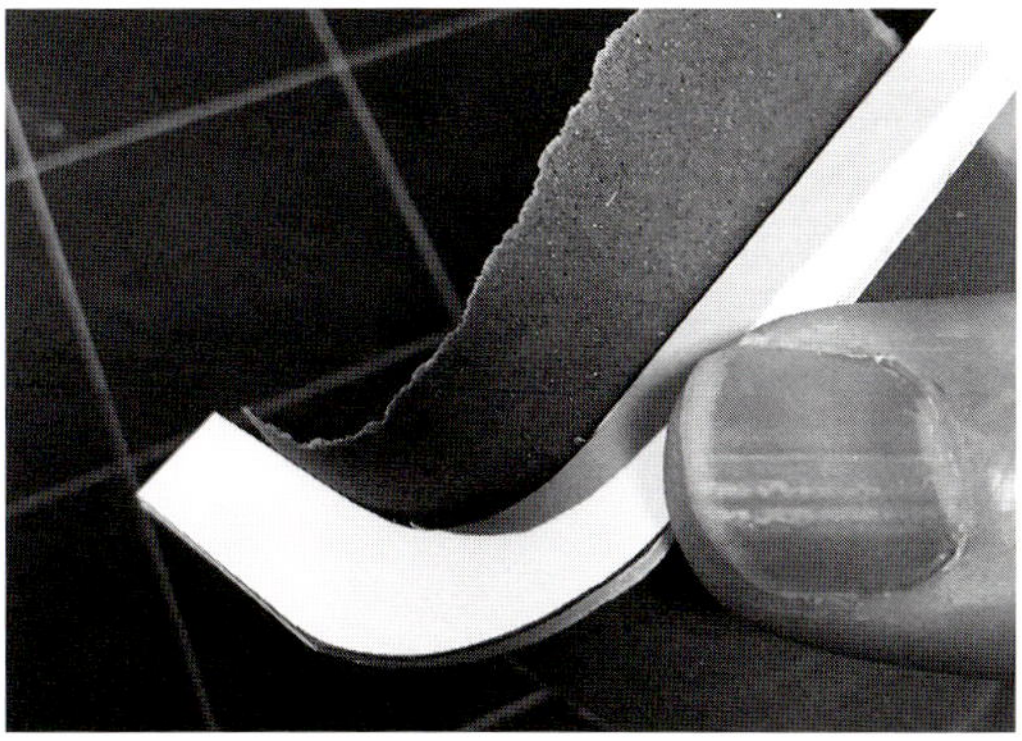

❻ 曲線部を紙ヤスリで整える

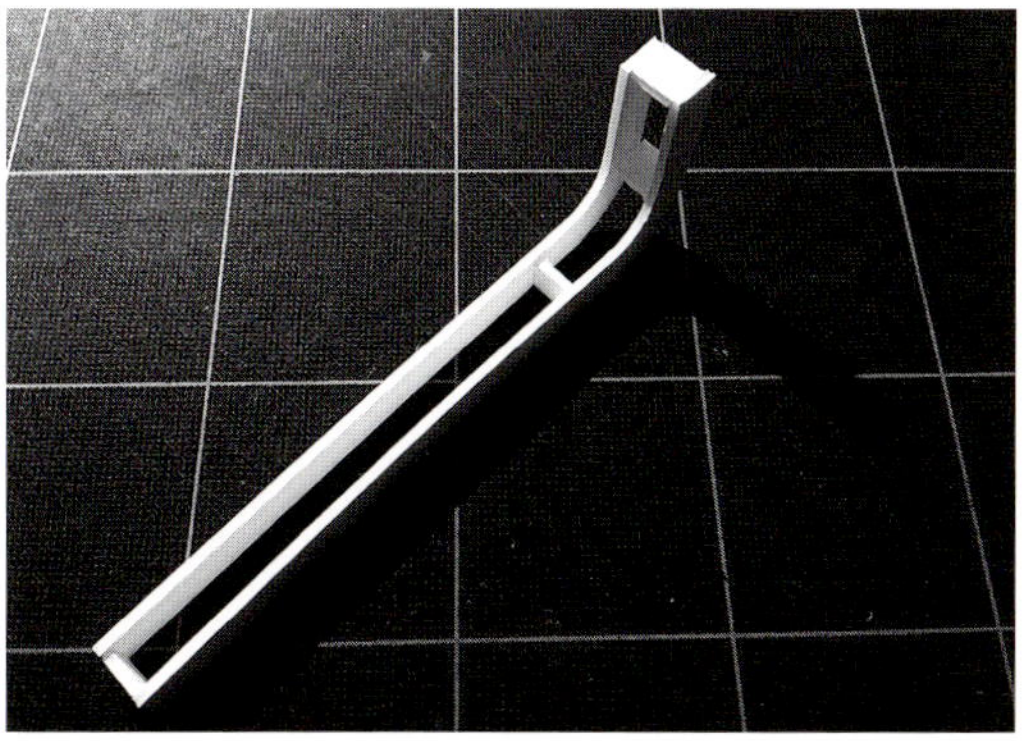

❼ 脚の幅を調整する材を挟んで接着する

❽ 脚の側面に厚紙を接着する

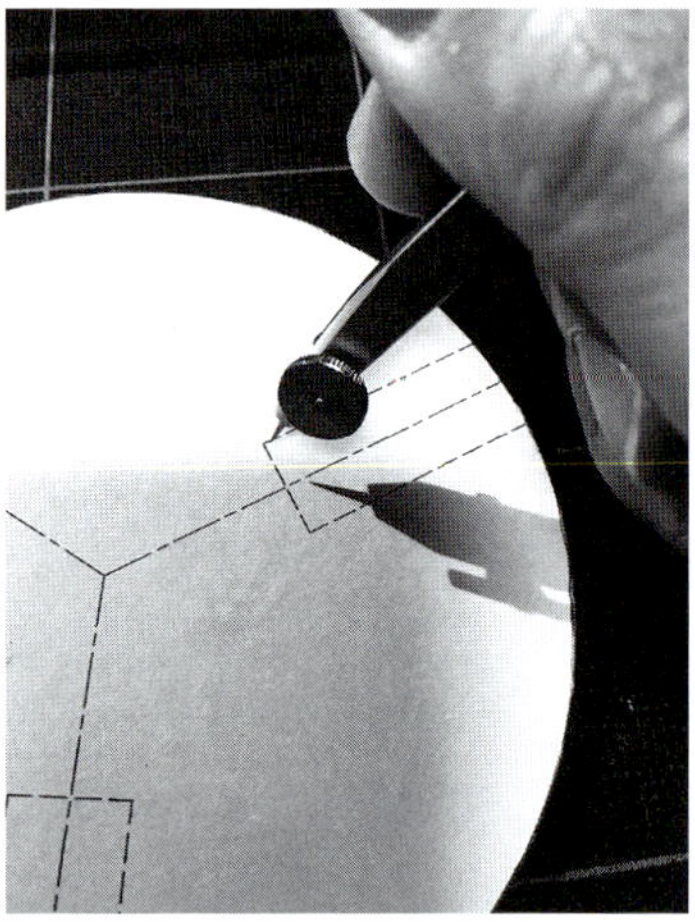

❾ 座面裏の脚を接着する場所に、コンパスの針などで目印をつけておく。台紙は剥がしておく

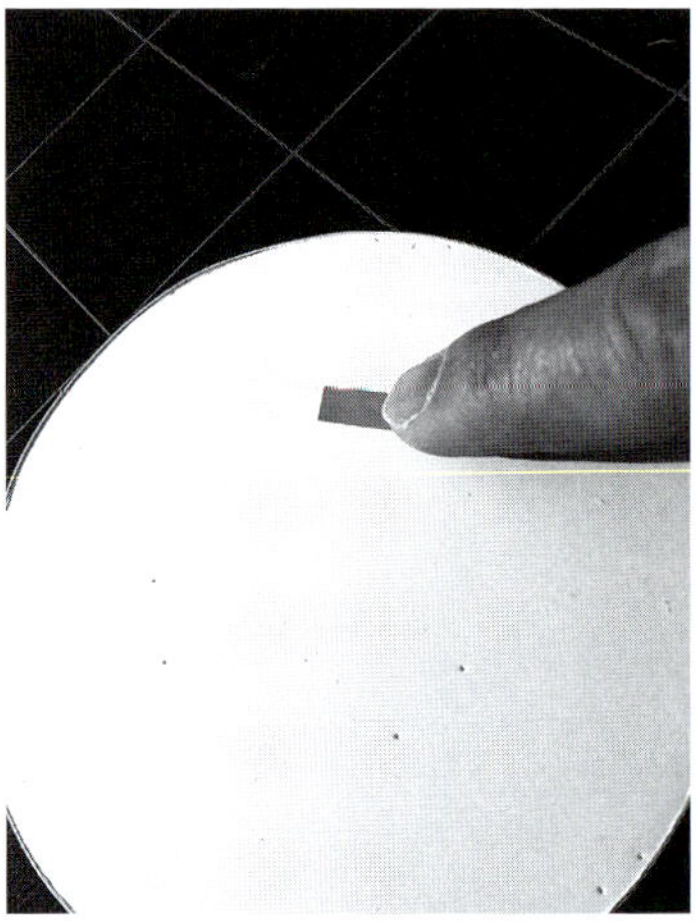

❿ 脚を接着する前に傾きを確認し、ズレている場合は厚紙（シム）などを挟み込んで傾きを調整する

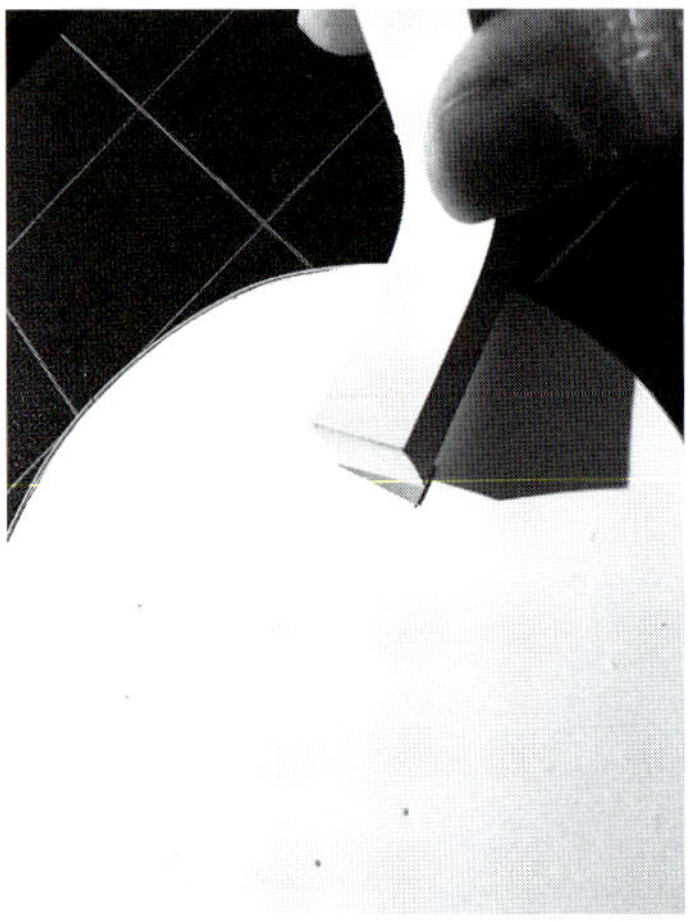

⓫ 接着するとシムが隠れるように注意する

⓬ 接着後にもスコヤや三角定規を用いて各方向から傾きをチェックする

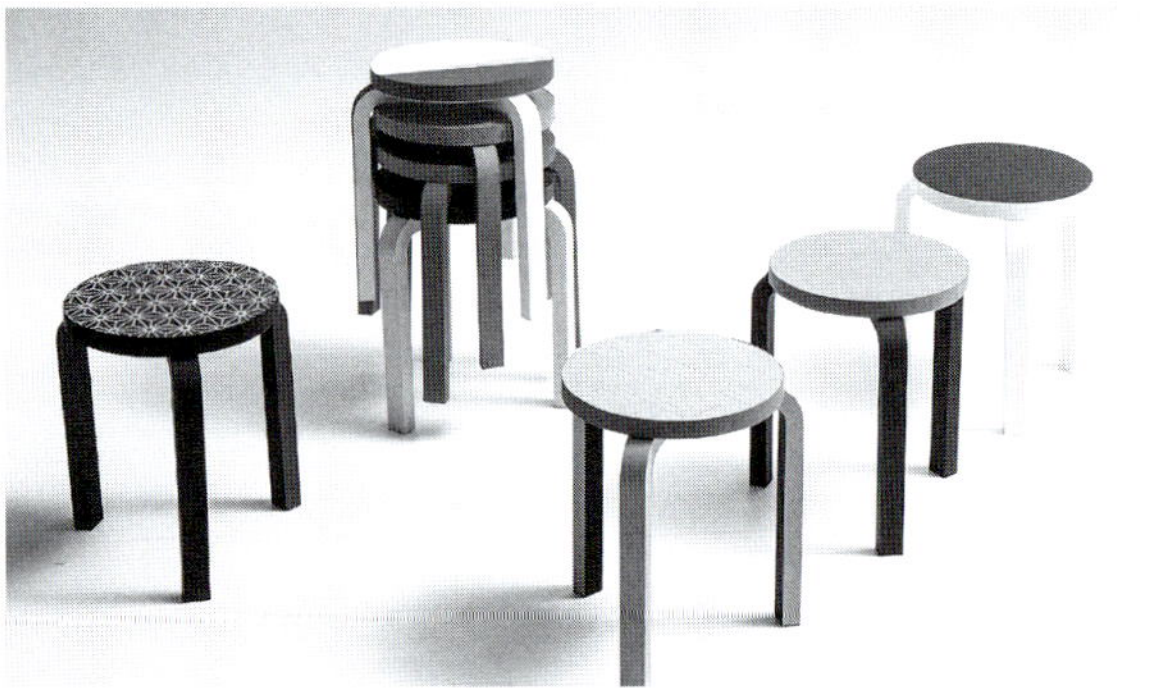

## 「スツール60」の色彩を表現する

「スツール60」の仕上げは、素材感を活かしたクリア塗装のほか、座面にリノリウムを用いたり、全体をさまざまな色彩で塗装するなど、豊富なバリエーションがある。作例のほか、Artek社のカタログや建築作品の中にある事例を調べてみよう。

1／3模型で色彩を表現する場合は、色紙を用いると作業しやすい。まずは自分のイメージにふさわしい色やテクスチャの色紙を探してみよう。模型の強度や作業性を考慮し、ある程度の厚さ（100㎏～200㎏程度が適当）の物を選ぶとよい。作例では、平らなところ（座面の上下面、脚の側面）はスチレンボードを用いるが、切り出す前に色紙を貼っておくとよい。接着はペーパーセメントか両面テープが適当。曲がったところ（座面の周囲、脚の曲面部）は色紙を直接貼るが、長手（ながて＝縦横寸法のうち長い方）を必要な寸法よりも少し長めにしておき、貼り付けた後にはみ出た部分を切るようにすると、きれいに納めることができる。

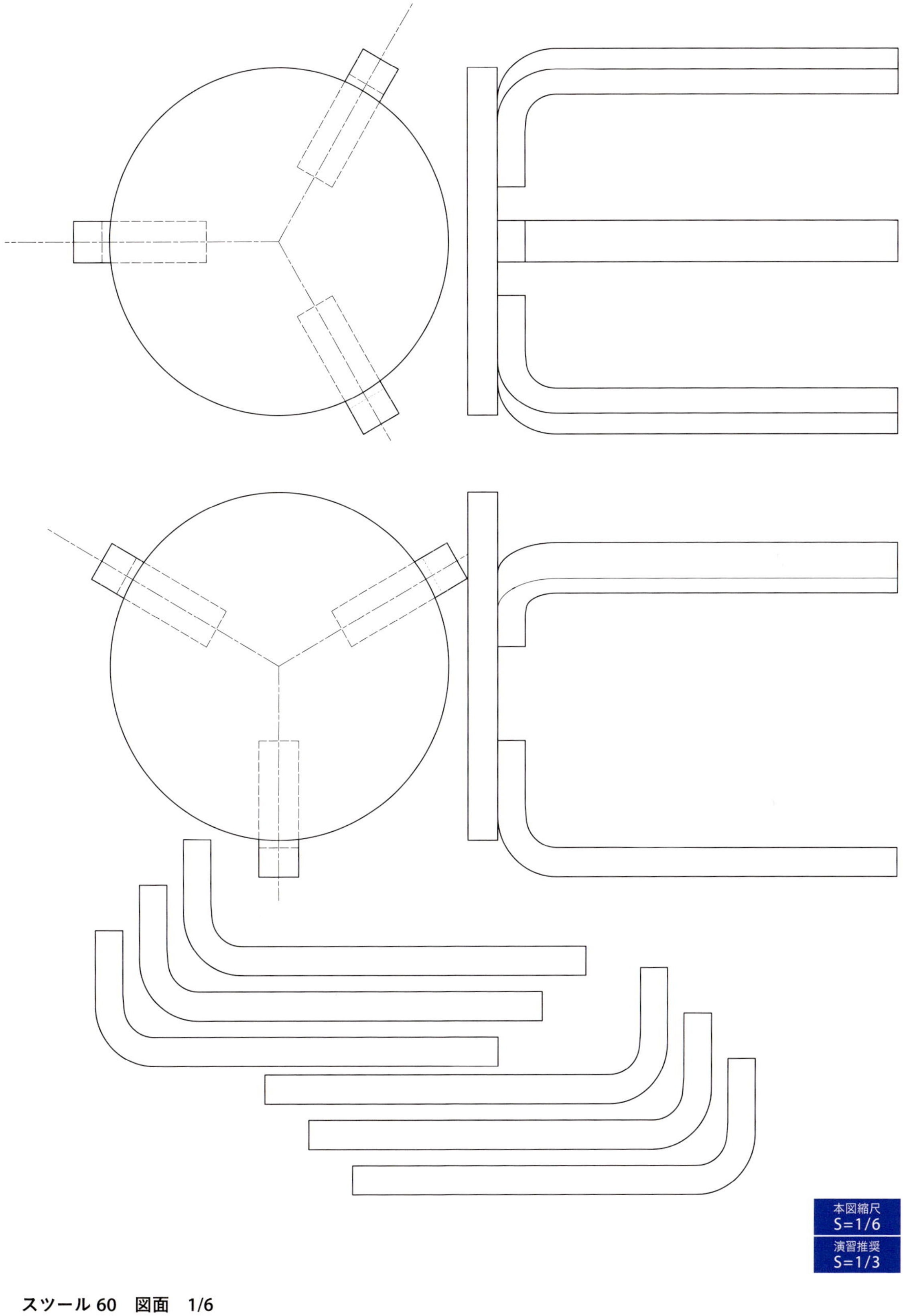



## スツール 60　図面　1/6

制作例は 1/3 です。この図面を 200％拡大して利用してください。
なお、制作精度をを考慮して座面の直径を、実物よりほんの少し小さい 115mm（1/3 模型の実寸）とした。これによって無理なくスタッキングできる

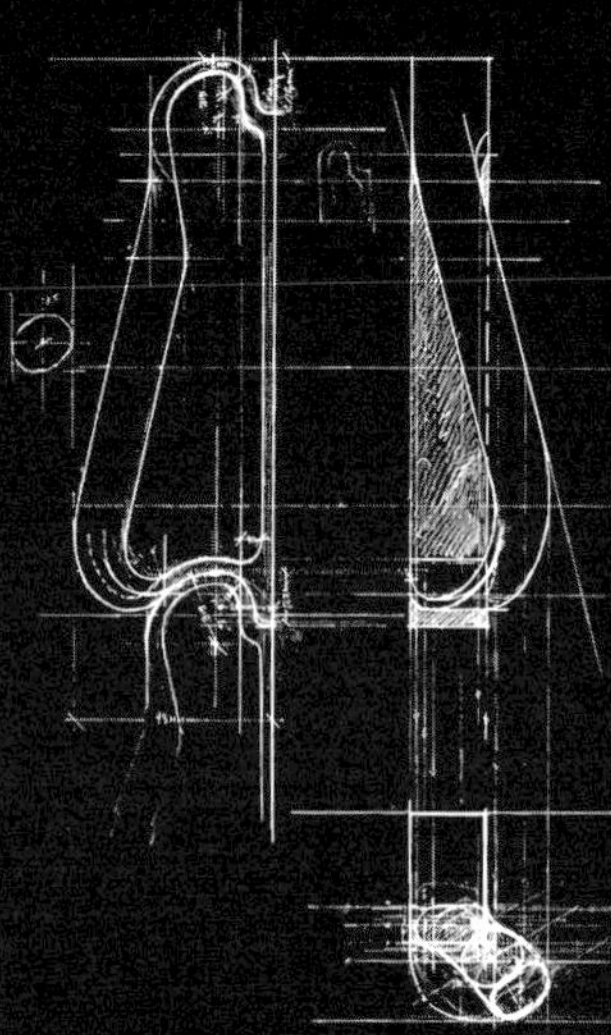

## 建築との握手

アールト大学に名前が変わる直前のヘルシンキ工科大学での１年生の最初の課題は、取っ手のデザインとその原寸模型の制作であったという。この大学を卒業したアールトもまた、すべての建築の取っ手のデザインにこだわった。

取っ手は建築と訪問者の最初の出会いを演出する。アールトも取っ手を「建築との握手」とみなしていた。取っ手がずっしりと重ければ、建築に威厳と重みを感じるだろうし、薄っぺらで掴みにくければ建築の印象が変わるだろう。

アールトは処女作「ユヴァスキュラの労働者会館」（1925年）にはじまり、すべての建築の取っ手をデザインした。中でもヘルシンキの市街の中心に建つ「ラウタタロ・オフィス・ビル」（1955年）で登場するブロンズの取っ手は、その後ヘルシンキに建ったアールト建築のすべてに使われるようになり、いわばアールトのシグネチャーとなっている。本書で紹介している「ルイ・カレ邸」（1958年）の玄関にもこの取っ手があり、独特の存在感を醸し出していた。

この取っ手の特徴は、握りやすさと上下に連結できる形状にある。たとえば「アカデミア書店」（1969年）では、三連で設置されている。これなら低い位置を子供が握り、大人が高い位置を握ることができる。

今、手元に工学院大学名誉教授の南迫哲也先生が入手したこの取っ手がある。重さ1.7kg、高さ94mm、長さ250mm、幅53mm。握る部分の胴回りは84mmでちょうど握りやすい太さだ。彫刻のような美しさと使い勝手の良さから多くの建築に使用されたのも頷ける。

# 3 建築・インテリアの表現技法

# 3-1 建築・インテリアの図法とは

## 建築・インテリアを表現する各種の図法

建築の図法は、主に建物全体の構成や、室内外との関係などの表現を目的としている。一方、インテリアの図法は、建物の中でも、特定の室内空間を表現することが目的である。

そのため、それぞれの説明に適した表現方法が用いられることが多い。しかし、建築とインテリアでは、「図面表現」に限っていえば、建物を表現する視点の違いにすぎない。そのため図法的には、共通の表現方法を習得し、必要に応じて使い分ければいい。

まず建築では、「平面図」「断面図」「立面図」が、もっとも基本的な図面である。一般的には、「平・立・断」の順で扱うことが多い。しかし、本書では、「断面図」であらわれる主な「高さレベルと壁の位置」を踏まえた上で「立面図」を学ぶ流れを重視し、この並びとした。

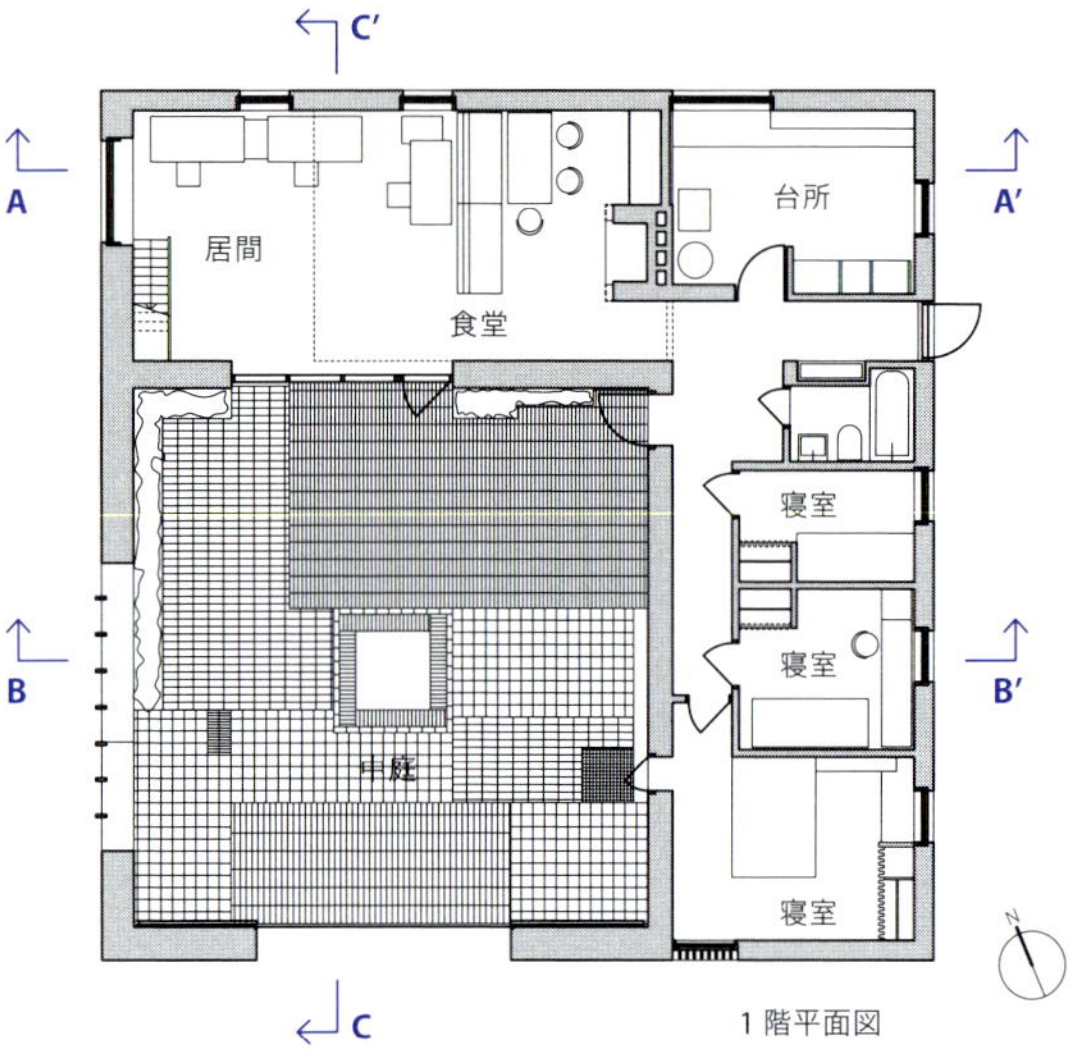


1階平面図

### 平面図

空間同士の水平方向でのつながり具合をあらわし、建築・インテリアを描写するためのもっとも基本となる図である。「正投影図」として、床からおよそ1mの高さで水平にスライスし、真上から見下ろした視点で描く。そのため、床から立ち上がる壁や窓、扉などを「切断面」として描き、その奥に、床や床上に配された家具などを「見えがかり」として描く。

→［3-2 平面図の描き方］へ go!

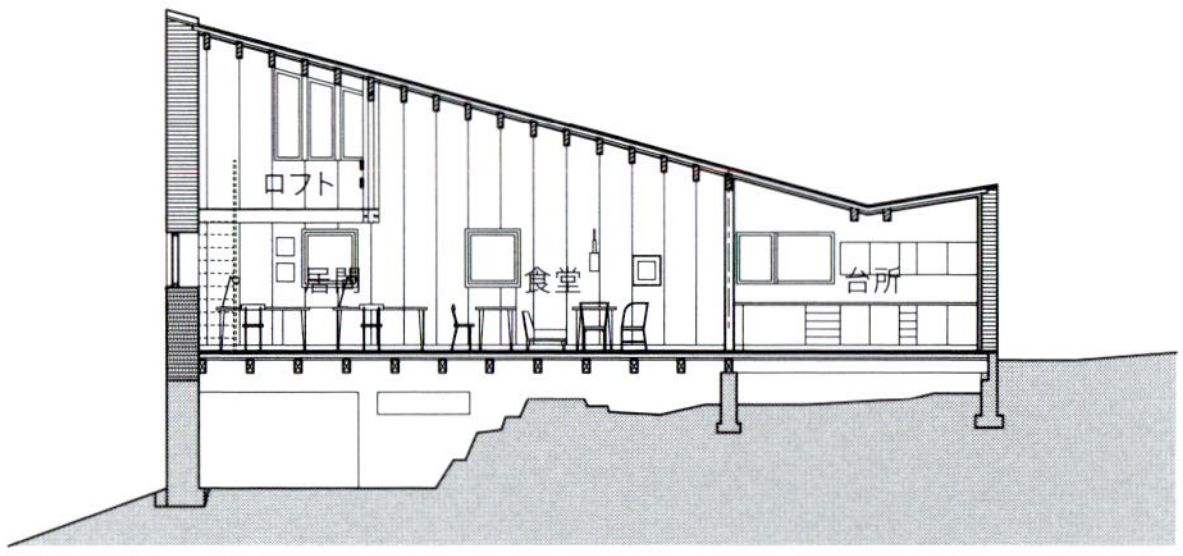


A-A' 断面図

### 断面図

建物を垂直方向にスライスし、真横から「正投影図」として描く。上下・左右の空間的なつながりを説明し、それぞれの空間の幅と高さ、それらを包む床・壁・天井（もしくは屋根）が描写される。平面上でのX軸・Y軸の2方向でスライスすることが多いが、連続的な断層写真のように、断面形の変化を表現することもある。本図も、平面図同様、「切断面」と「見えがかり」で表現される。

→［3-3 断面図の描き方］へ go!

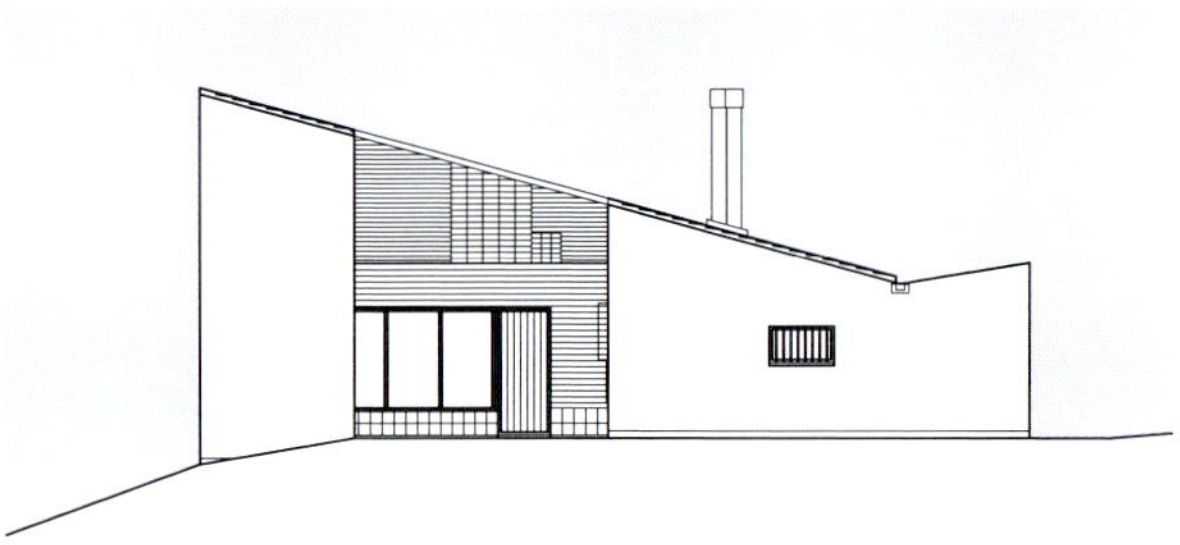

南側立面図

### 立面図

建物の外観を説明するために、多くの場合、東・西・南・北の4面で描写される。なかでも開口部は、立面図上での重要な要素である。これを決定するには、室内床との高さ関係や、平面のなかでの位置を踏まえる必要がある。そのため、立面図の作図以前に、同一方向を眺めた断面図を描いておくといい。また立面図は、地盤面のラインを除き「見えがかり」のみで表現される。

→［3-4 立面図の描き方］へ go!

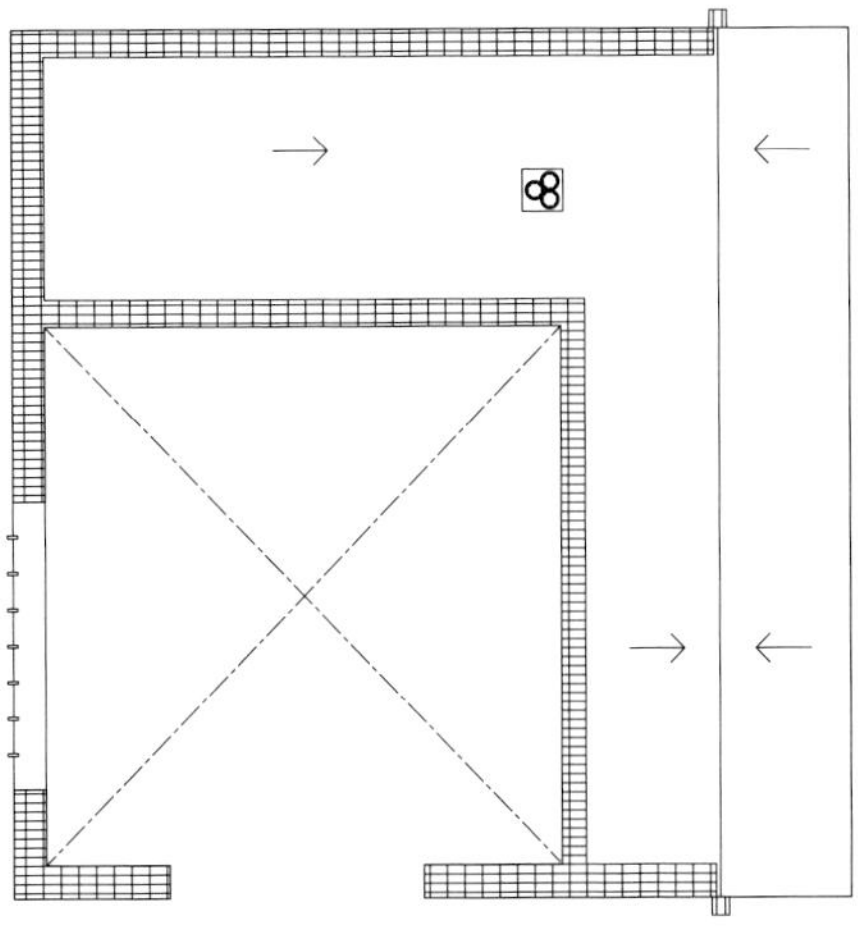

屋根伏図

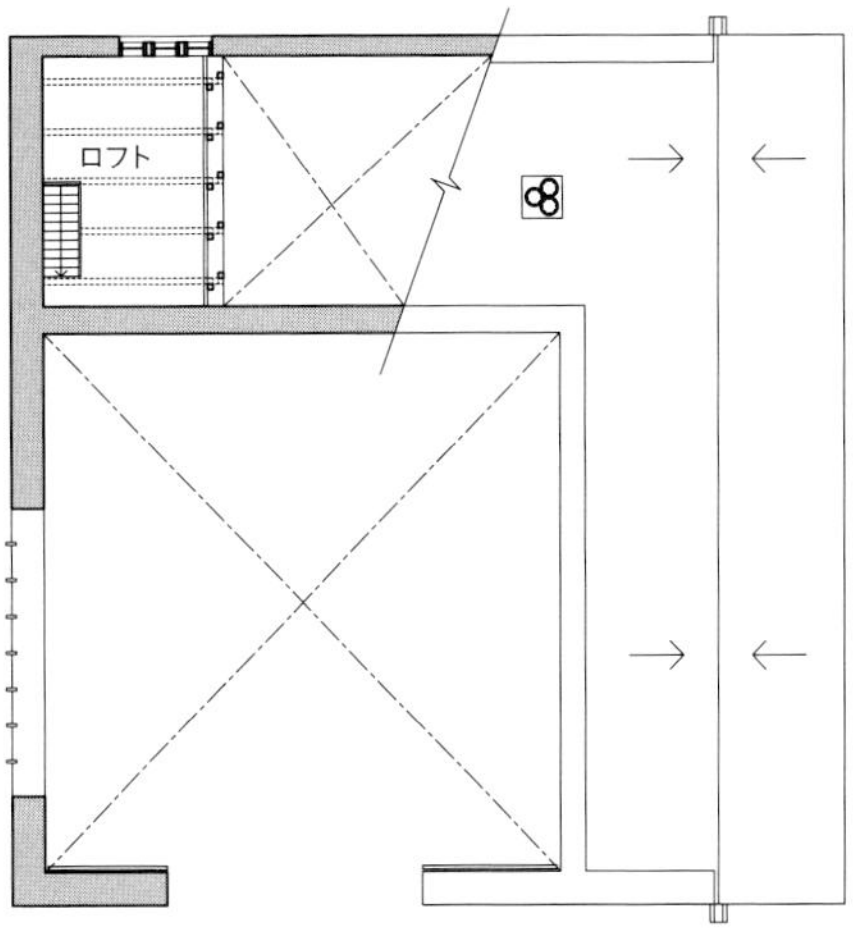


2階平面図

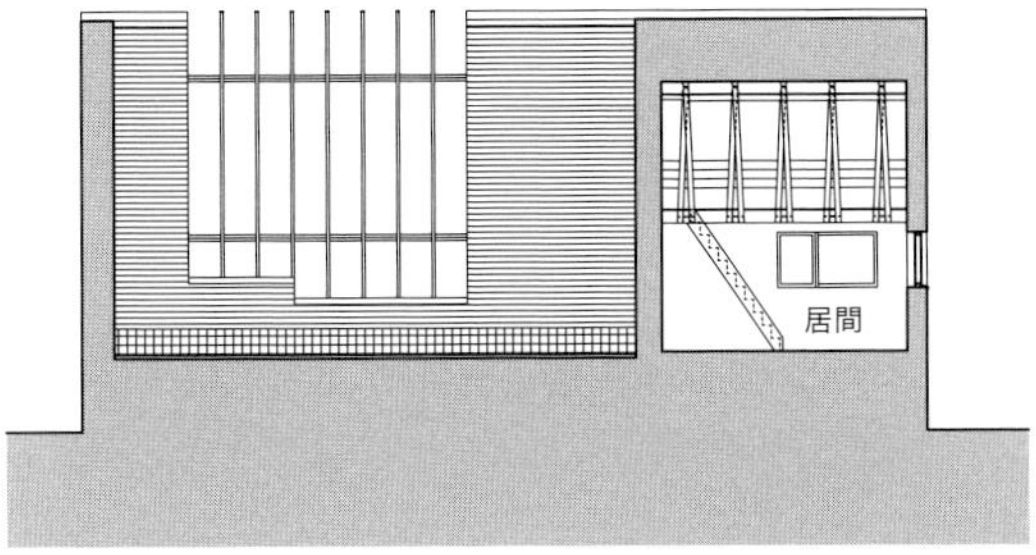


C-C' 断面図

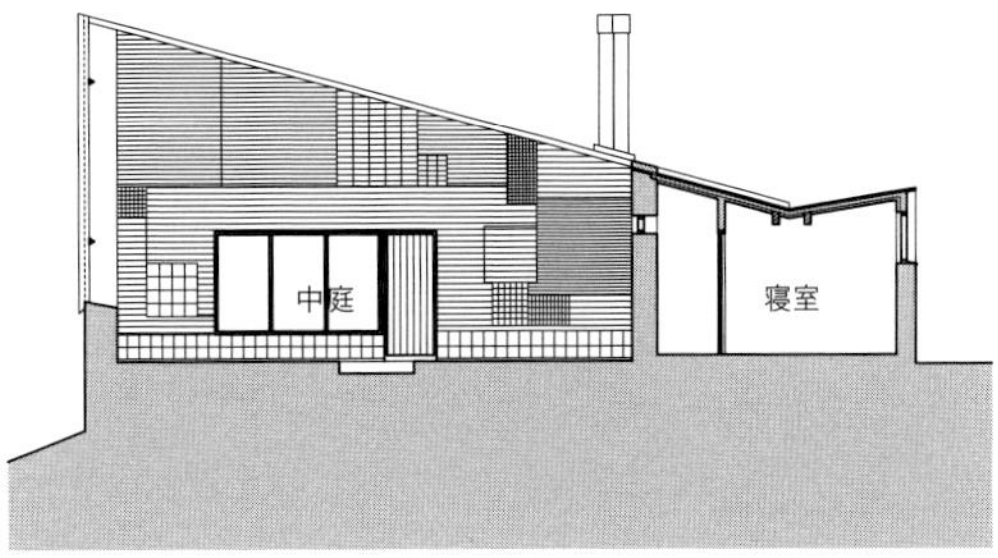


B-B' 断面図

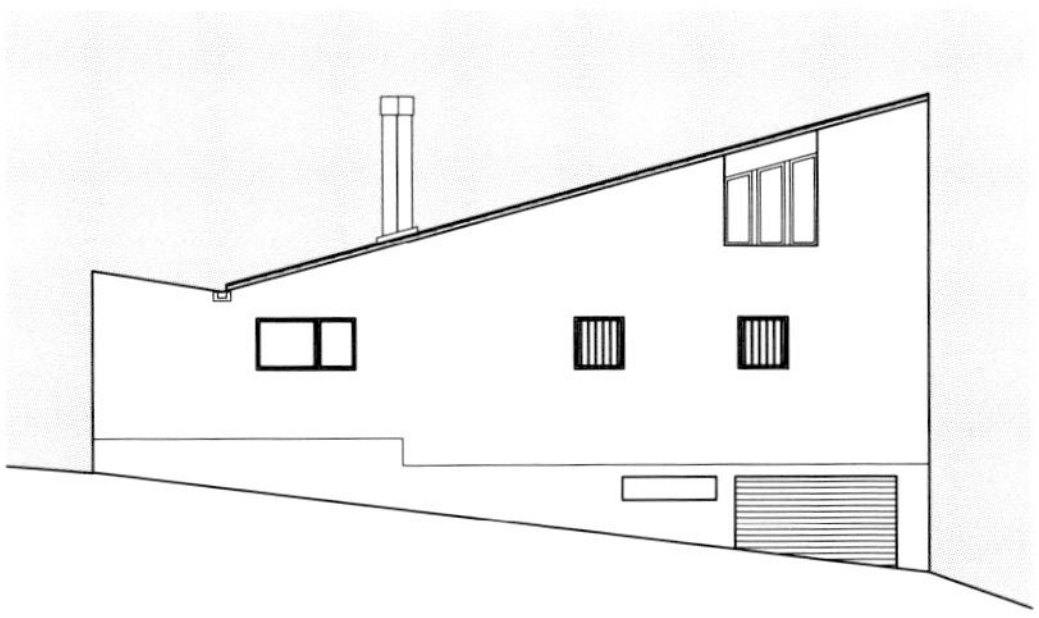

北側立面図

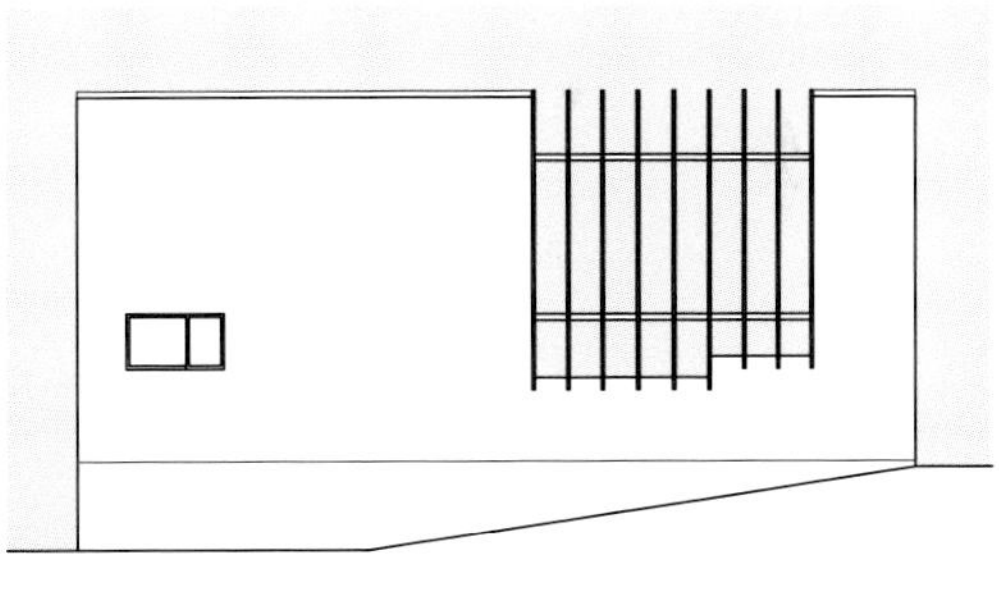

西側立面図

家具やプロダクトの「3面図」が、「上面図」「正面図」「側面図」で、互いに関係し合っていたように、建築の「平面図」「立面図」「断面図」も、相互に関連づけられる。たとえば、上図の「1階平面図」を見てほしい。これを図の下側から（つまり南側から）眺めた姿が「南側立面図」である。そして、1階平面図内に記した「A」「A'」の位置で切断し、奥へと眺めたものが「A－A'断面図」である。このように、関係する図面同士をタテ・ヨコに揃えてレイアウトすると理解しやすい。

次にインテリアでは、特定の室内のみを描いた「平面図」「展開図」が中心となる。ここで注目してほしい点は、「居間展開図B面」が、「A－A'断面図」のなかに含まれていること。建築全体での空間的なつながりを示したい断面図と、居間の壁面の情報を示したい展開図。それぞれ目的が異なるが、切断面の輪郭や、向こう側の見え方（見えがかり）など、作図上は、まったく同じものである。

そして、空間を立体的に表現する方法。本書では「1点透視図」「2点透視図」「アクソノメトリック」を中心に紹介するが、これらも、建築とインテリアそれぞれに活用できる図法といえる。

## 展開図

室内に立って、その空間を囲む4面の内壁について、「正投影図」で描く。図の輪郭は、床・壁・天井の「切断面」のうち、室内側のみを描写する。内壁面に設けた開口や造作などが、展開図の主な情報であり、これらを「見えがかり」としてあらわす。インテリアの基本的な図のひとつであるが、建築実務の設計図書でも、すべての室に対して4面ずつの展開図を描くことが多い。

→［3-5 展開図の描き方］へ go!

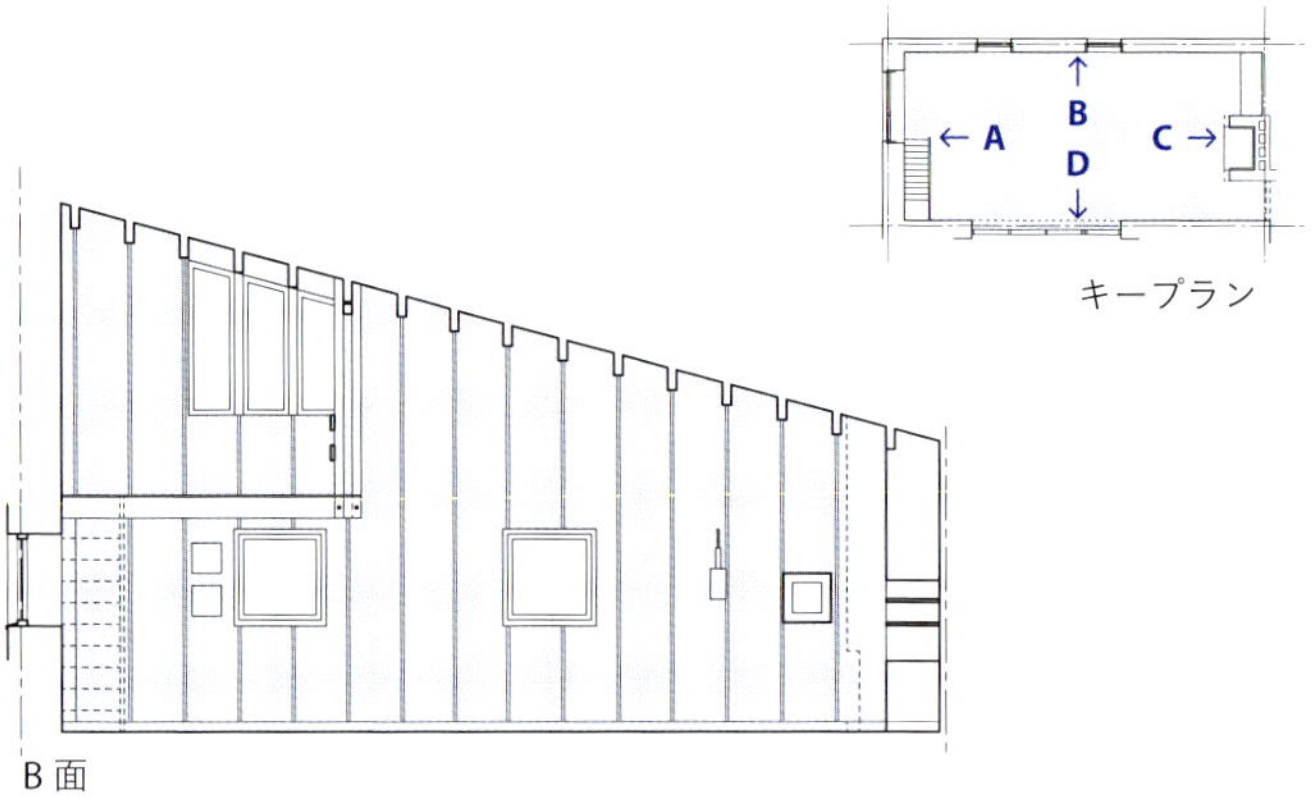

キープラン

居間・食堂展開図

## 1点透視図
## 2点透視図

「透視図」は、遠くのものを小さく描くなど、目で見たままの印象で描写するための図法である。空間の形状や寸法など、客観的な情報は正投影図が担い、「透視図」はそこで実際に立って見たときの光景など、イメージの伝達に用いることが多い。本書では、内観を「1点透視図」、外観を「2点透視図」で紹介しているが、いずれの図法も、内観・外観ともに表現可能である。

→［3-6 内観透視図の描き方］へ go!
→［3-7 外観透視図の描き方］へ go!

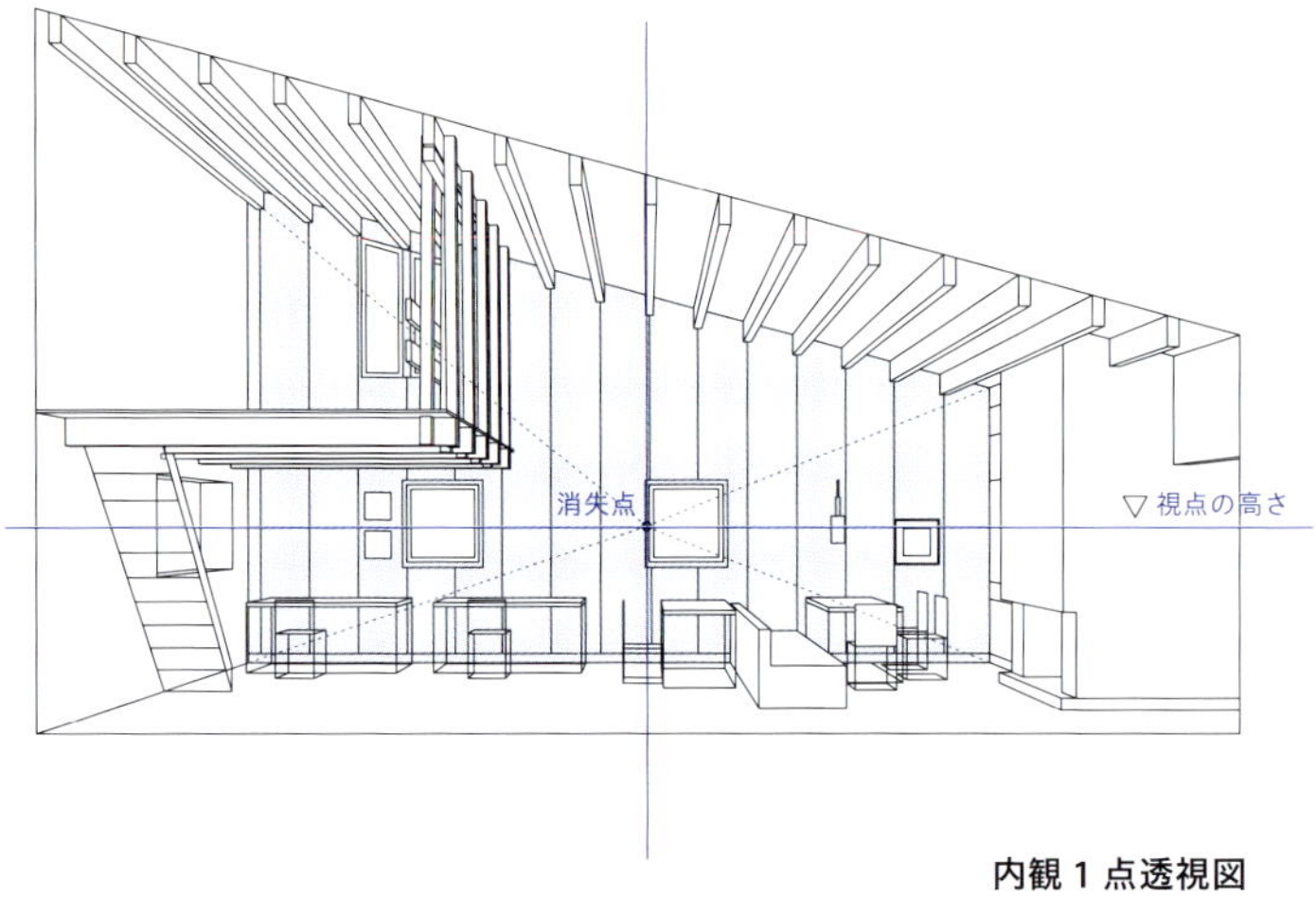

内観1点透視図

## アクソノメトリック図

幅・奥行き・高さの3面を同時に描写する図法。建築・インテリアの分野では、平面形をそのままに、角度をつけて配置し、高さをあらわす方法を「アクソノメトリック図」と呼ぶ。建築、インテリアともに表現可能である。目で見たようなシーンを描写する「透視図」に対して、「アクソノメトリック図」は、空間全体の構成など、説明的な目的で描くことが多い。

→［3-8 アクソノメトリック図の描き方］へ go!

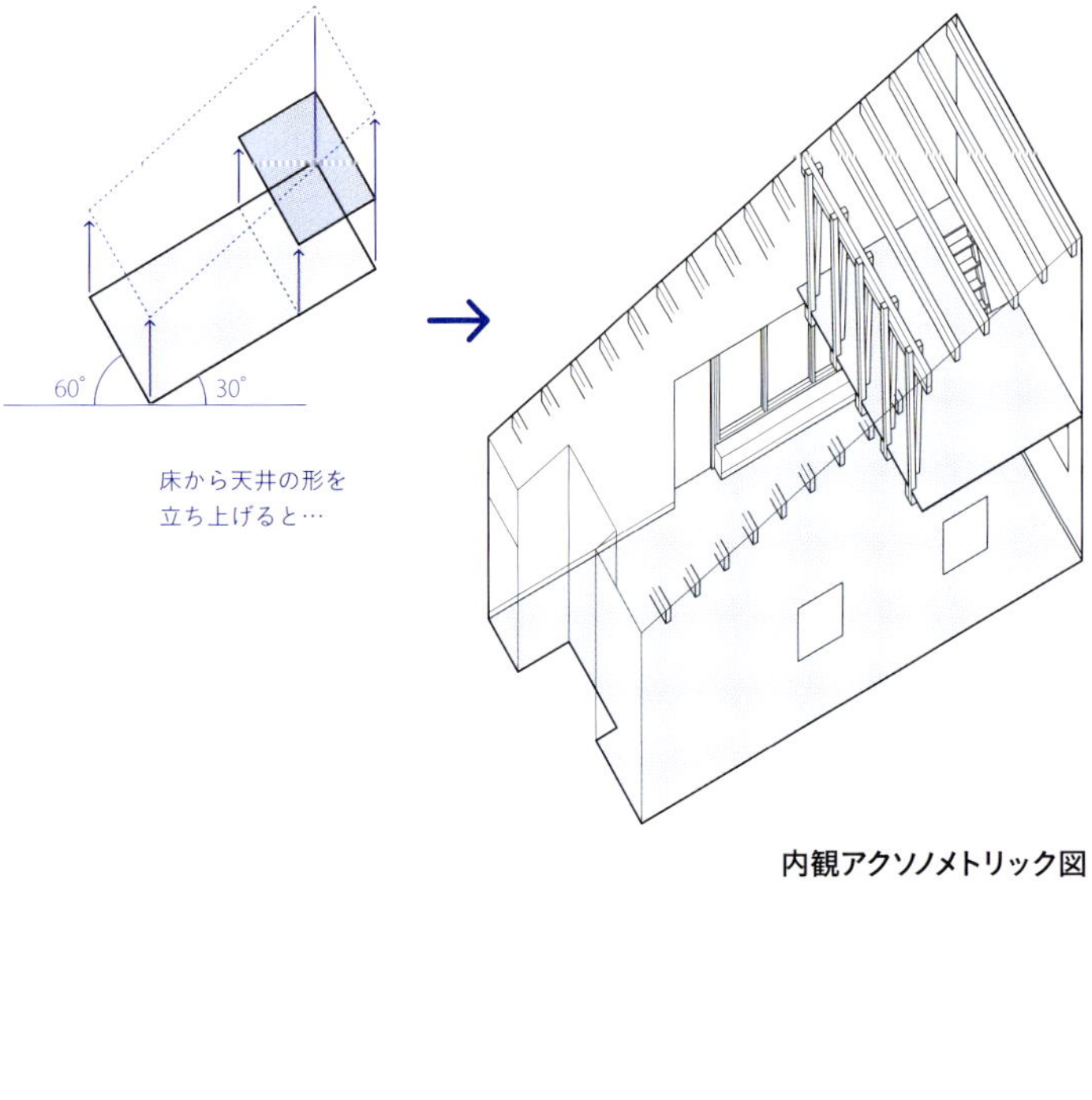

床から天井の形を
立ち上げると…

内観アクソノメトリック図

室内の壁をグルリと見渡すように、隣り合う図同士の関係に注目しながら「展開図」を描くこと。まずは、室単位の「断面図」をイメージして輪郭をとってから、内壁面の様子を描写していくといい。

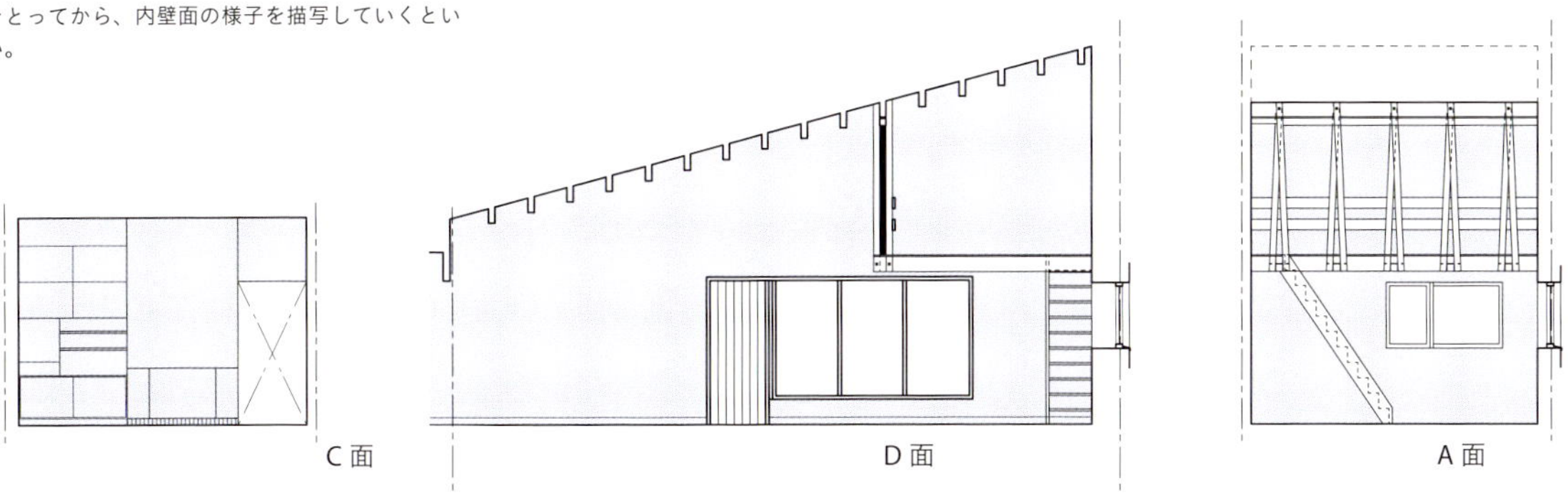


「透視図」の作図で大事なことは、はじめに描くべきアングルのイメージをもつこと、そして、それを再現するのに必要な、視点の高さや消失点の位置など、作図上のセッティングを想像できることである。

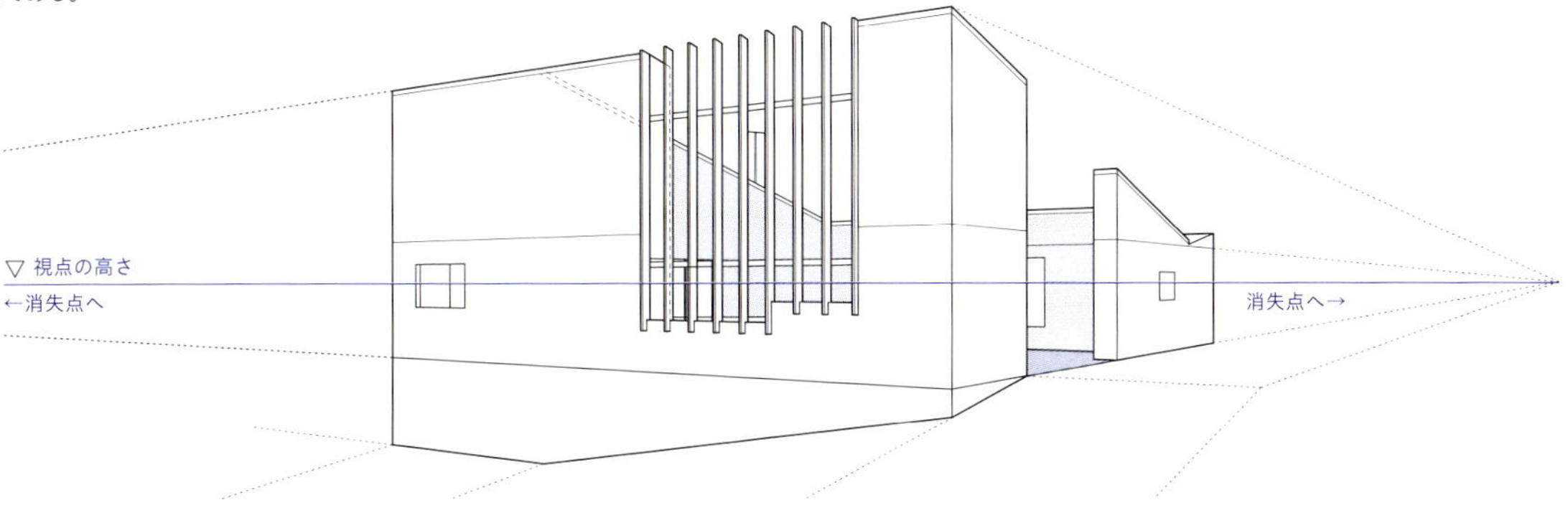


**外観 2 点透視図**

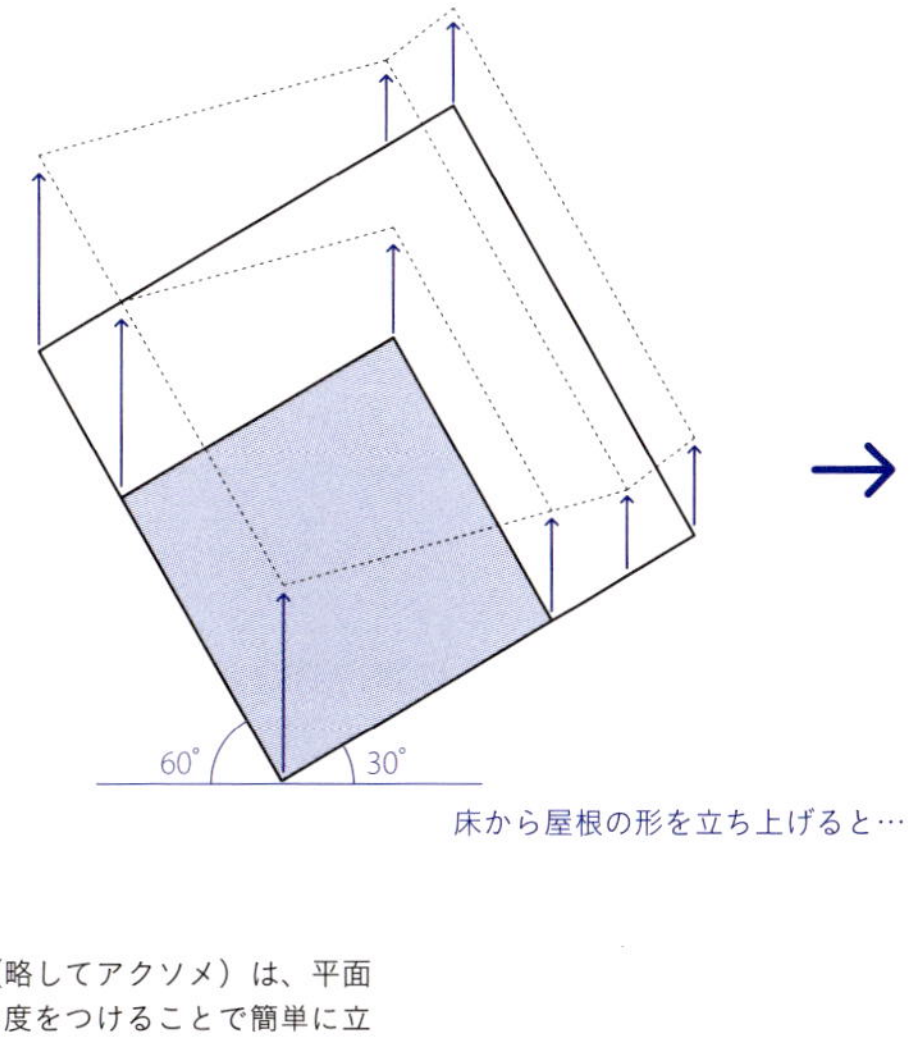


アクソノメトリック図（略してアクソメ）は、平面図を加工しないまま、角度をつけることで簡単に立体図を描くことができる。右図は「60°・30°の角度で描いたが、平面図をぐるぐるまわして、空間の魅力を一番伝えられる角度を探り出そう。

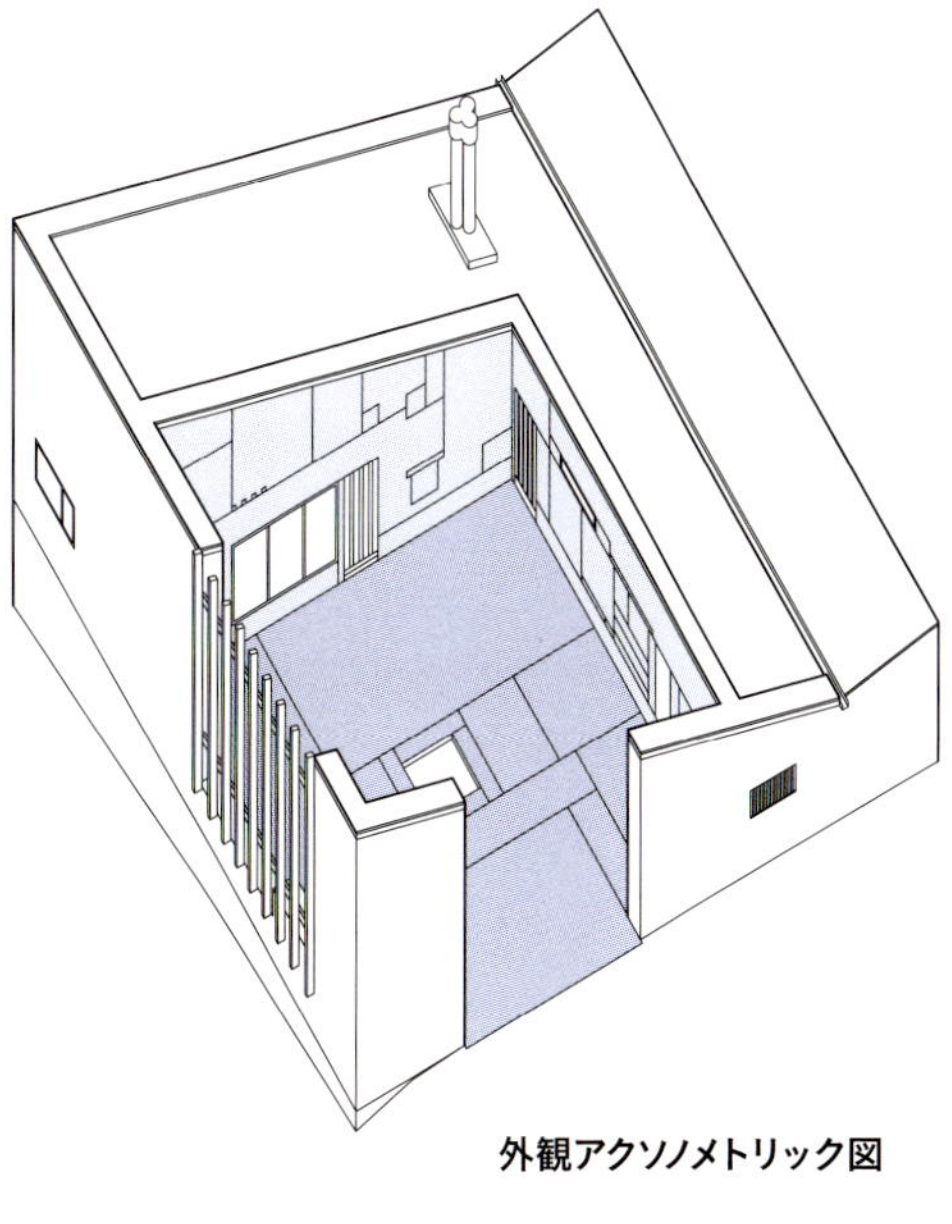

**外観アクソノメトリック図**

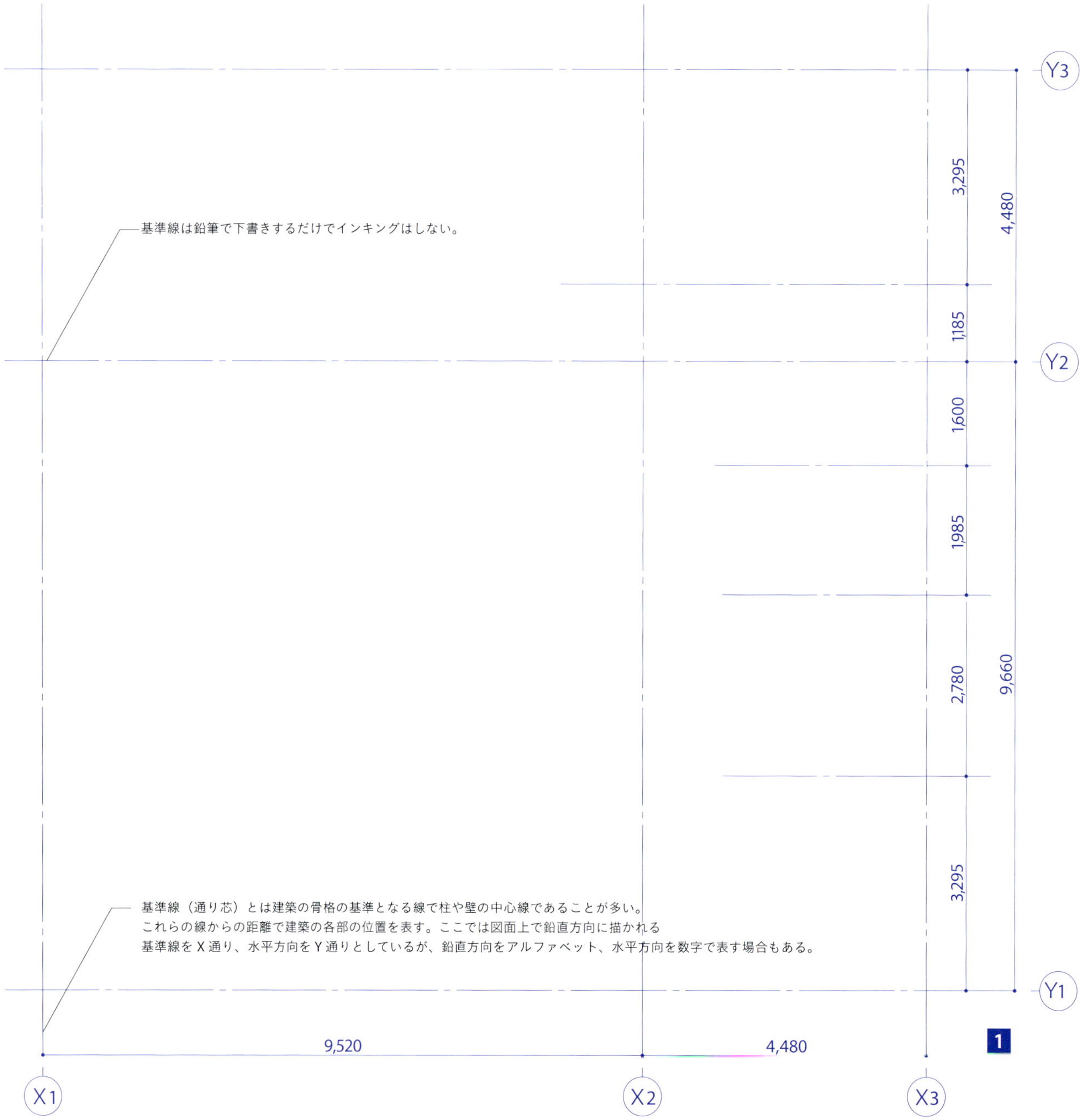


1

## 3-2 平面図の描き方

平面図とは建物を床から1mくらいの高さで水平に切断し上からの視点で見た図で、建物を表現するためのもっとも基本的な図である。切断面は面を塗りつぶしたり、太線で描き、切断面より下に見えるものは見えがかりの線として中線で描く。柱、壁などの構造部は断面線で描かれ、家具、階段などは見えがかりの線として描かれることになる。主要な開口部（ドア、窓）は通常切断面の高さに位置することが多く、切断線や見えがかりの線の組み合わせで描かれることになる。切断線と見えがかりの線のメリハリをつけることにより空間が浮かび上がって見えてくる。

壁などの構造体が表現されることにより、建物の基本的な空間構成が理解でき、開口部の表現によって内部空間相互のつながり、外部空間と内部空間のつながり、光や風の入り方が表され、家具などの表現により、空間の使われ方や人間の動きが見えてくる。

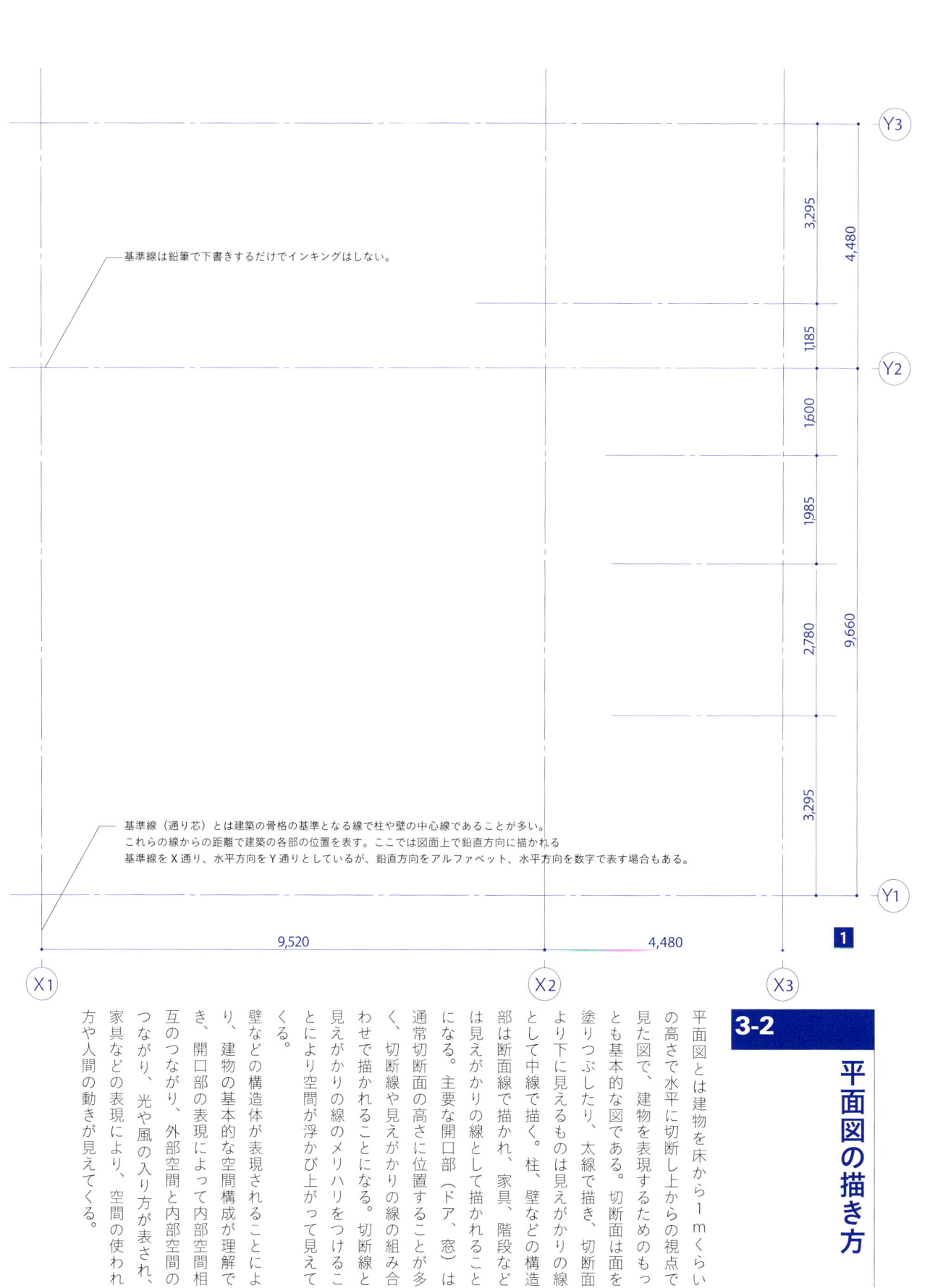

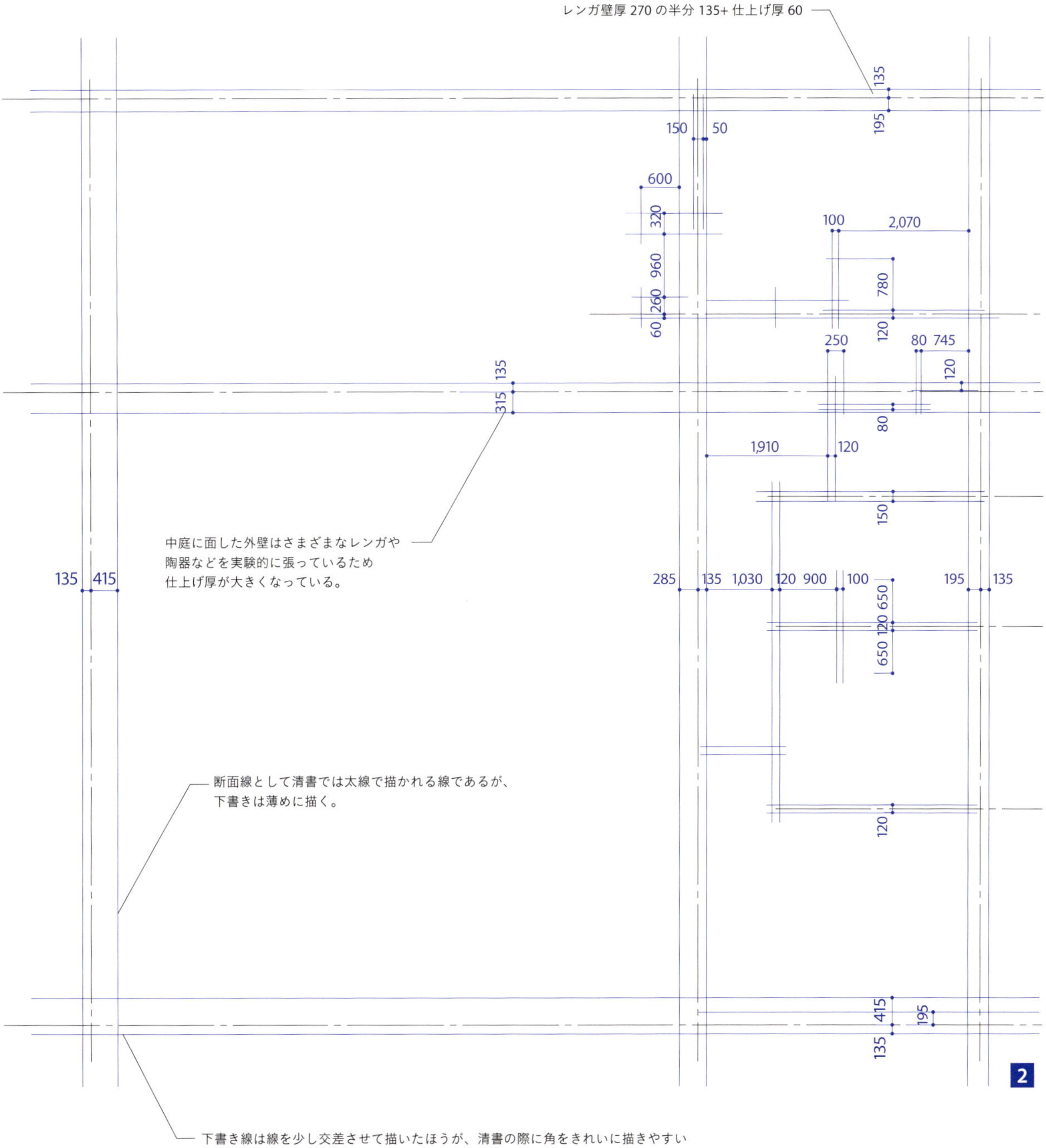
レンガ壁厚 270 の半分 135+ 仕上げ厚 60
中庭に面した外壁はさまざまなレンガや
陶器などを実験的に張っているため
仕上げ厚が大きくなっている。
断面線として清書では太線で描かれる線であるが、
下書きは薄めに描く。
下書き線は線を少し交差させて描いたほうが、清書の際に角をきれいに描きやすい
2

## 1 基準線を描く

描こうとする図面のレイアウトを考え、通り芯、壁芯などの基準線を鉛筆で一点鎖線で描く。

この線は後に壁などを描く際の補助線となり、最終的には消すので薄く描く。

(実施図では通り芯も表現されるが、プレゼンテーション図面の場合は表現しなくてよい。)

## 2 壁の下書き線を描く

1で描いた通り芯から壁厚を振り分けて下書き線を描く。

今回通り芯から外壁仕上げ線が均等に振り分けられていないのは、レンガ壁の厚さ 270mm の中心が通り芯になっており、壁の片側はレンガ壁のままの仕上げで、もう一方は仕上げ材が貼られているためである。

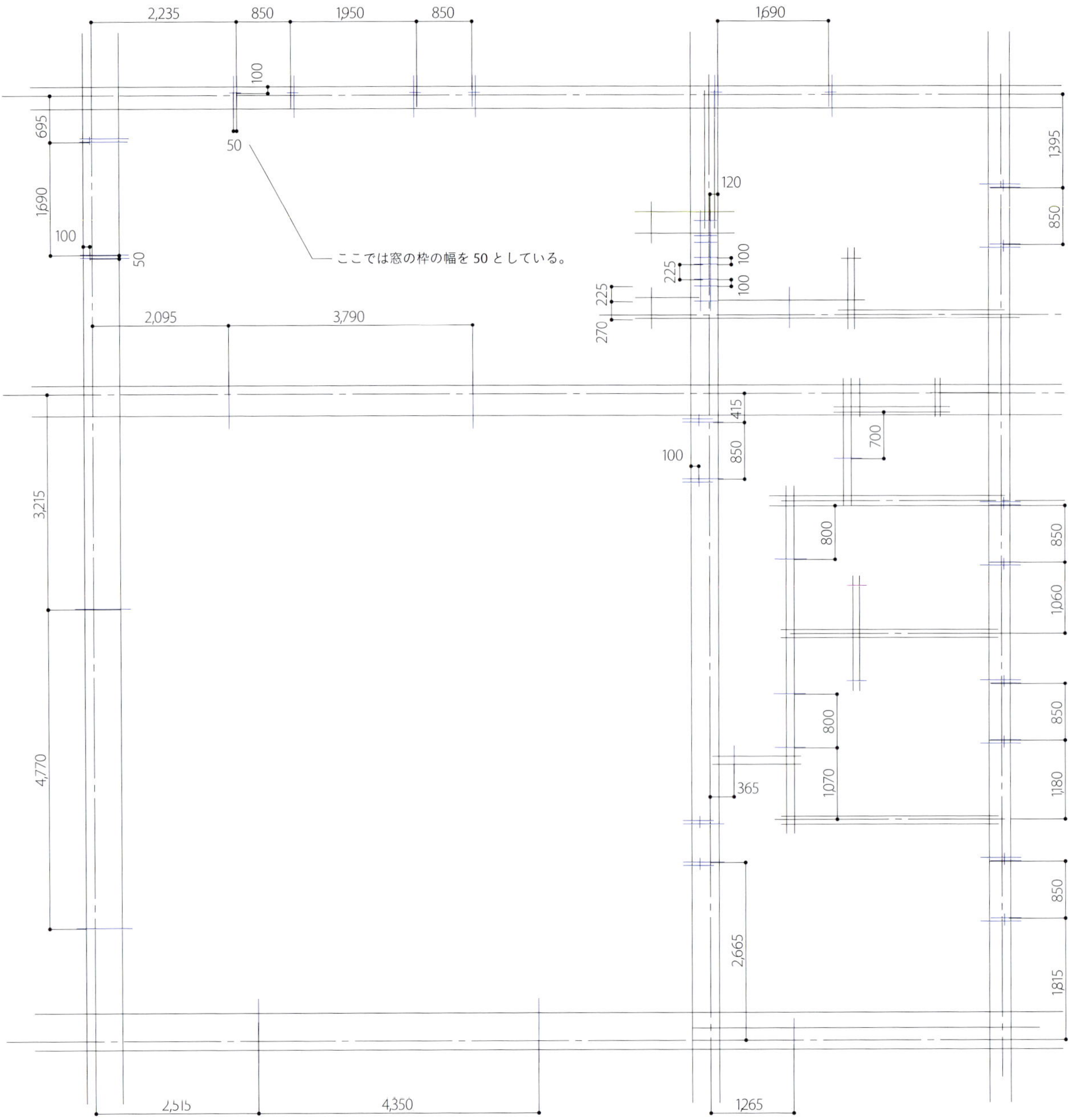


## 3 開口部の下書きを描く

2で描いた壁の下書き線の上に窓、出入り口の幅を取り、捨て線を描く。

開口部の描き方は縮尺により異なる。ここで描いた捨線は壁の断面線が見えがかりの線に切り替わる点となる。

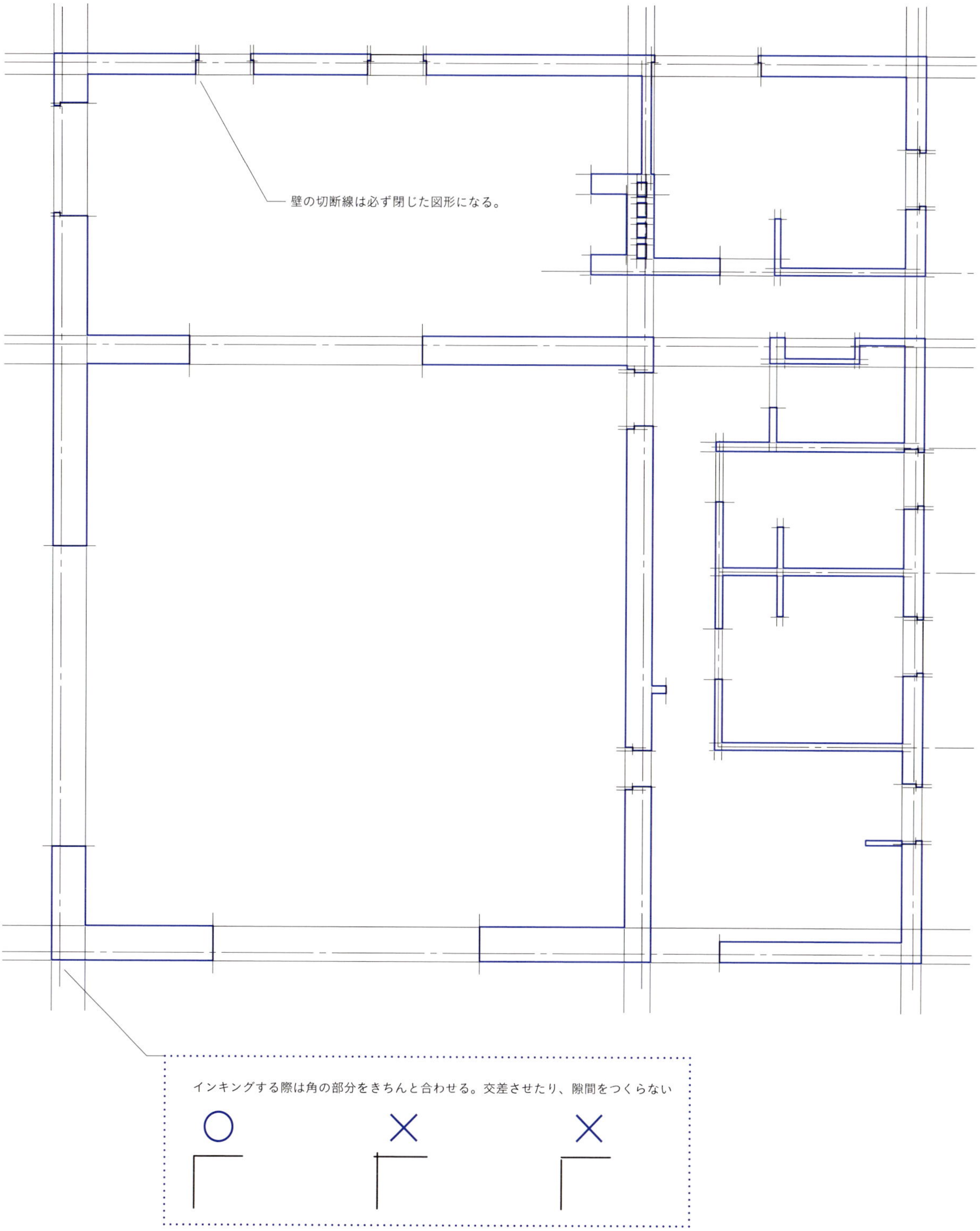
壁の切断線は必ず閉じた図形になる。
インキングする際は角の部分をきちんと合わせる。交差させたり、隙間をつくらない
○
×
×

## 4 壁の仕上げ線を描く

2、3で描いた下書き線を元に壁の断面線を清書する。
断面線なのでこの図面の中で一番太くしっかりと表現する。
ここまで書くと空間の構成が見えてくる。

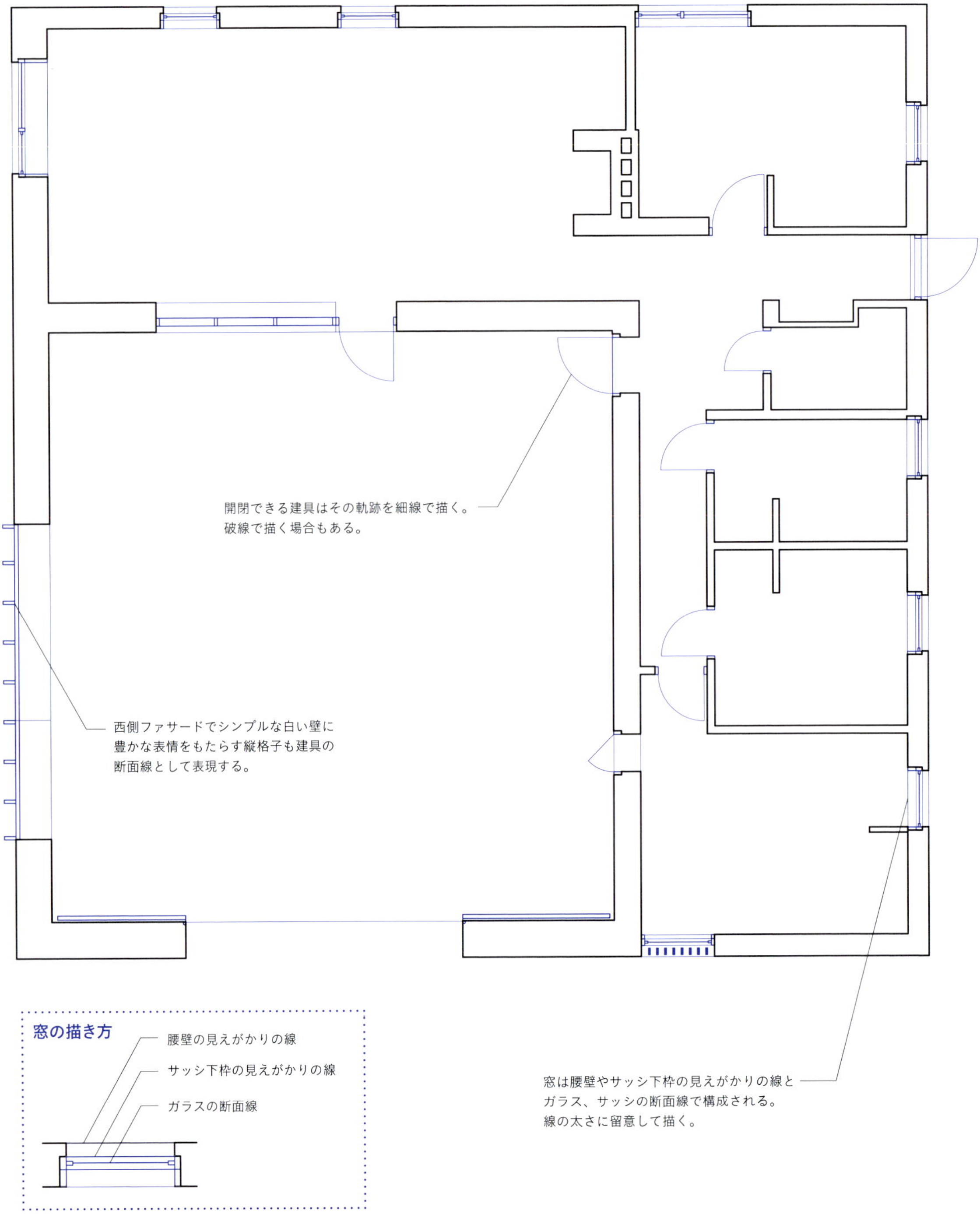
開閉できる建具はその軌跡を細線で描く。
破線で描く場合もある。
西側ファサードでシンプルな白い壁に
豊かな表情をもたらす縦格子も建具の
断面線として表現する。
窓の描き方
腰壁の見えがかりの線
サッシ下枠の見えがかりの線
ガラスの断面線
窓は腰壁やサッシ下枠の見えがかりの線と
ガラス、サッシの断面線で構成される。
線の太さに留意して描く。

## 5 建具を書き込む

外壁面上の窓、扉などの建具を下書きした後、清書する。

建具の線は細かいので断面線であっても太めの中線で描き、窓台などの見えがかりの線は中線で描く。

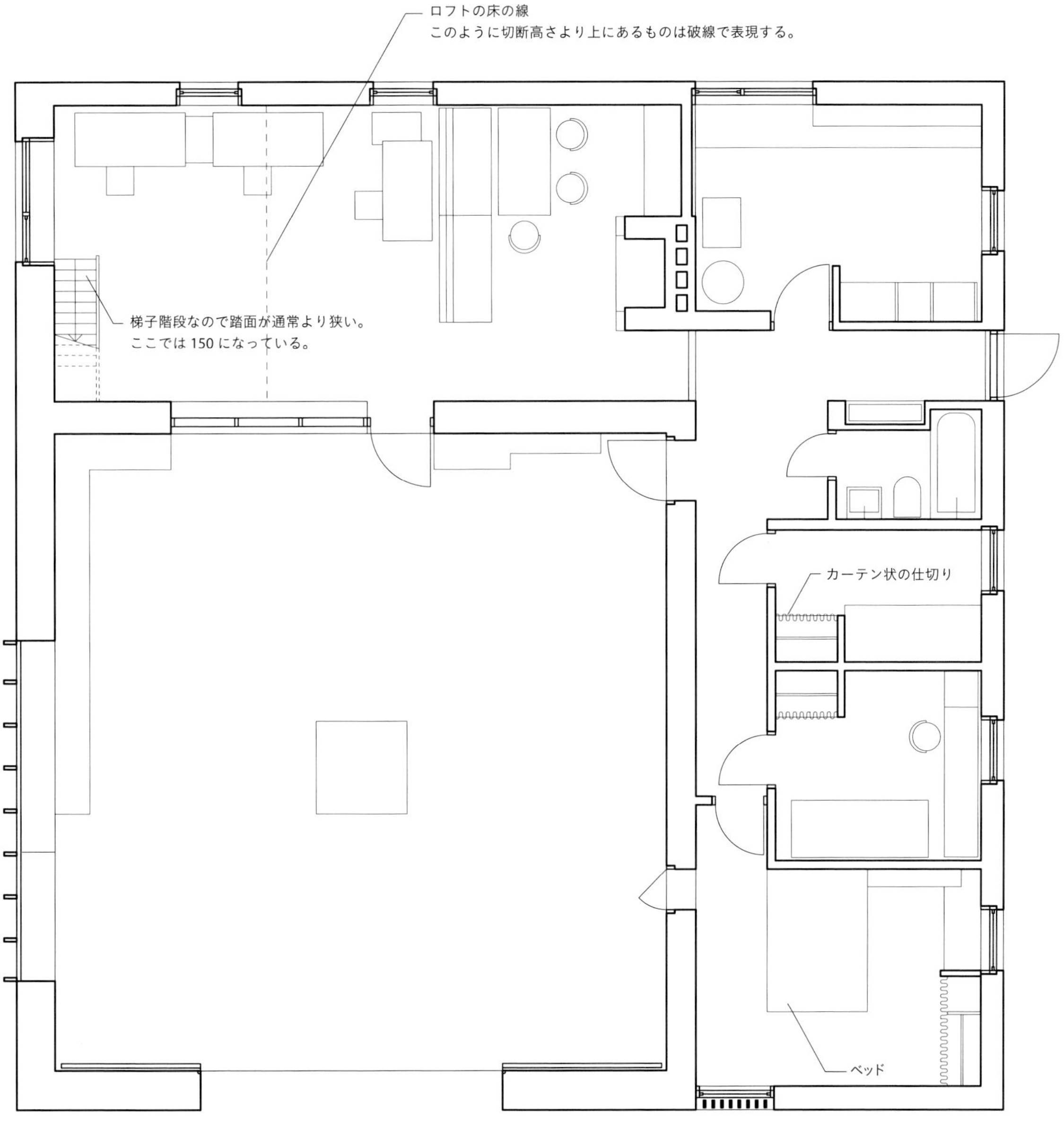
ロフトの床の線
このように切断高さより上にあるものは破線で表現する。
梯子階段なので踏面が通常より狭い。
ここでは150になっている。
カーテン状の仕切り
ベッド

## 6 階段、設備機器、家具を描く

階段、設備機器、家具を下書きした後、清書する。
階段は中線、設備機器、家具は細線で描く。
家具などを書き込むことによって空間の使われ方が見えてくる。

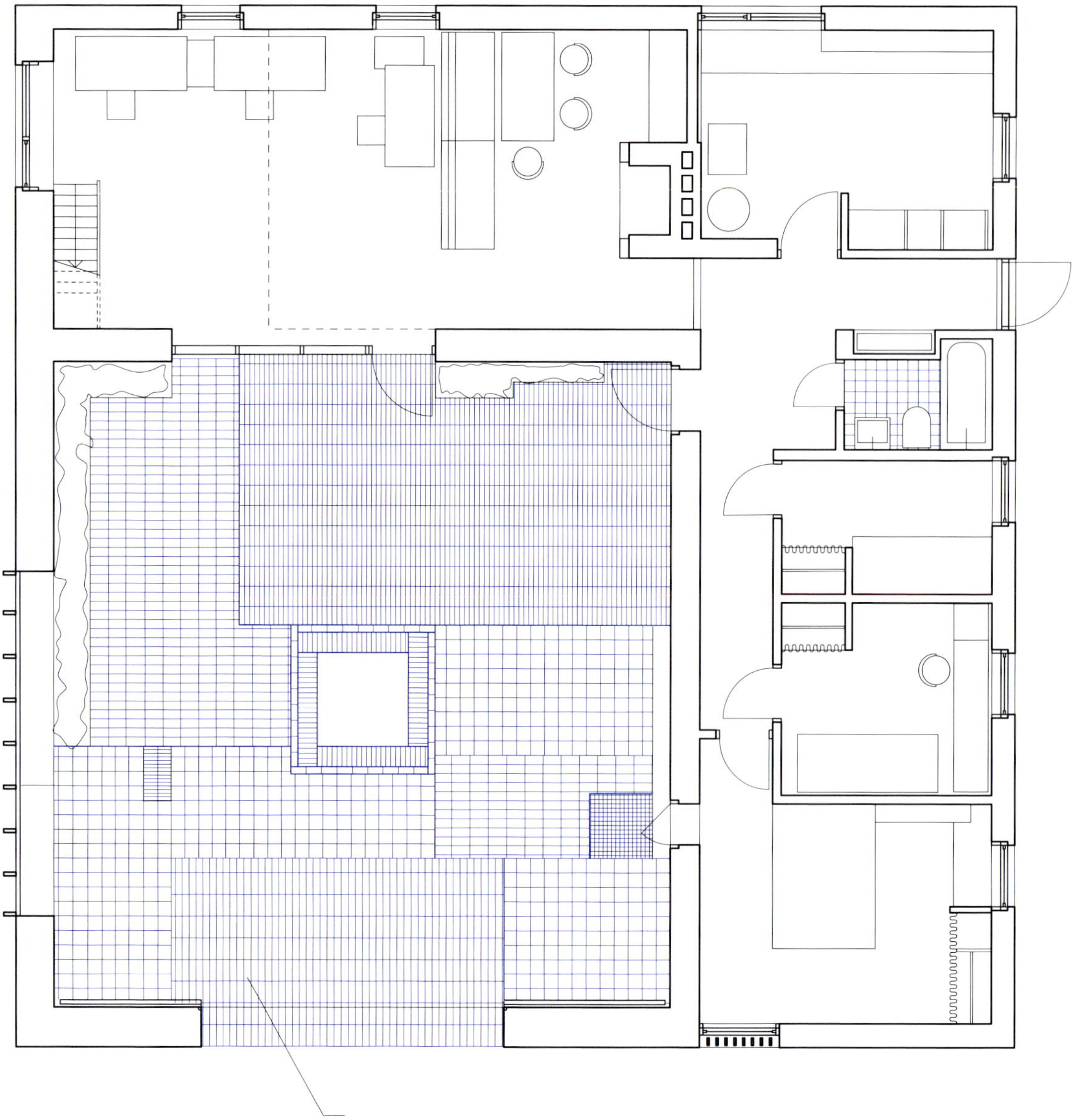
実験的にさまざまなレンガが敷き詰められている。目地は細線で描く

## 7 目地を書き込む

浴室、中庭の床の目地を細線で書き込む。
中庭の目地パターンの境界線は少し太めの線で描く。
植栽も細線で描く。

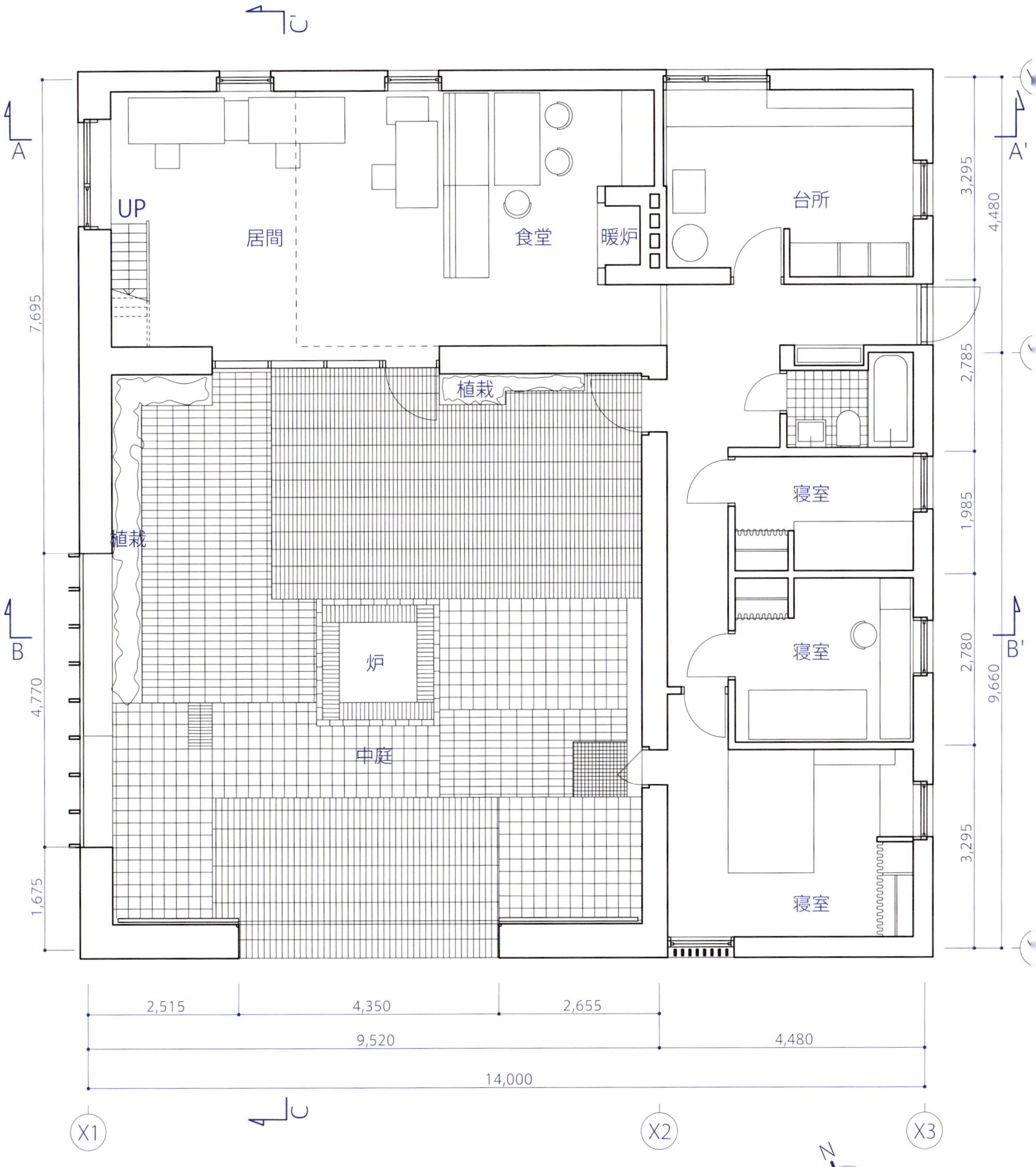


I階平面図　S=1/100

## 8 寸法、室名などを書き込む

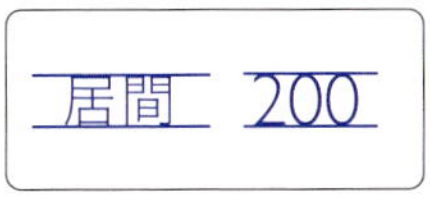


❶ 寸法線、寸法を書き込む。

❷ 断面図の切断位置を示す切断線を書き込む。

❸ 室名、方位、図面名称、縮尺を書き込むを書き込む。文字を書く際には上下に補助線を引きその線に沿わせて書く

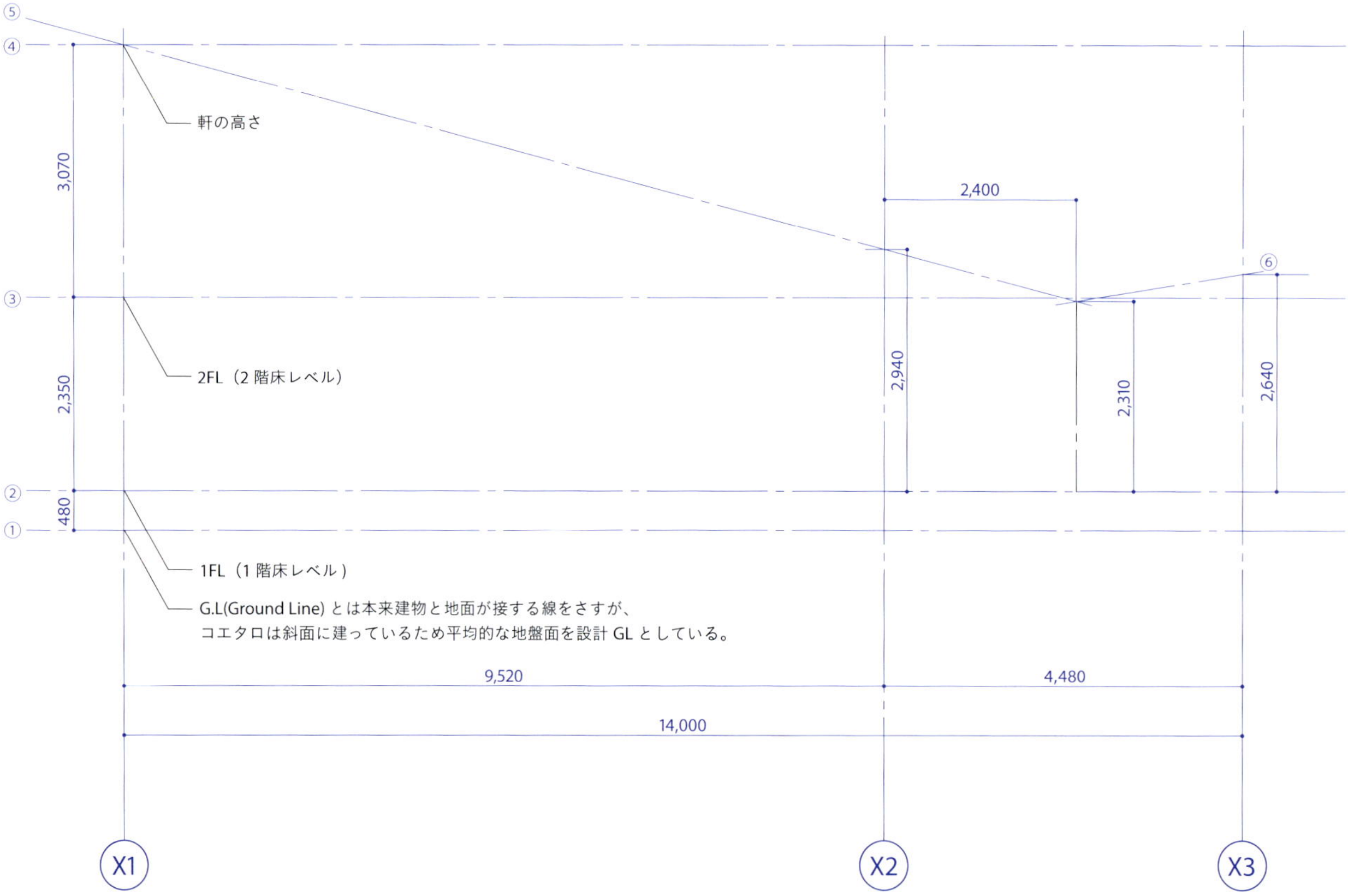


1

## 3-3 断面図の描き方

断面図とは建物を任意の点で鉛直方向に切断し、真横から見た図である。平面図が壁で囲まれた空間を表すのに対し、断面図では床、壁、天井によって囲まれた空間が描かれ、空間の高さ、幅が表現される。基本的にはどの面で切断して描くことも可能であるが、建物の空間の形状がわかりやすい面で切断するべきである。通常は直交する2面で切断して描くことが多いが、空間の形状によっては複数面を描かなければ表現できない場合もある。どこの面で切断したかは平面図などに表す。

描き方としては平面図同様、切断面を太線で描き、その奥に見える見えがかりの線を中線で描く。ここでも両者の線にメリハリをつけることで空間の形状が浮かび上がってくる。

ここではリビングとキッチンを通る東西方向の面で切断することによって、吹抜けを通して繋がるリビングとロフトとの関係性や天井の形状などコエタロの空間の特徴を表現している。

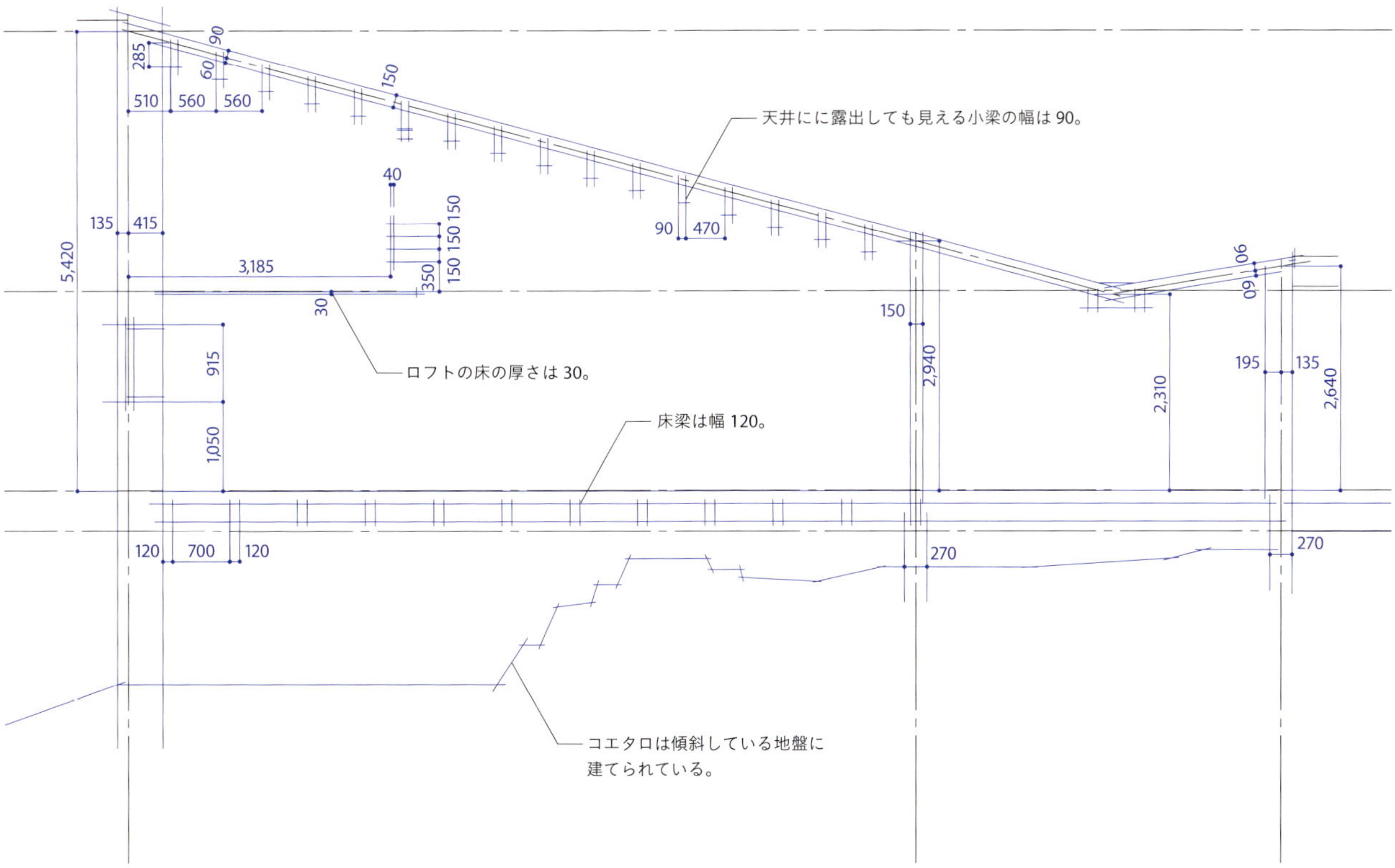


**2**

## 1 基準線を書く

❶描こうとする図面のレイアウトを考え、地盤面（G.L）を鉛筆の 1 点破線で下書きする。
この建物は傾斜地に建っているため地盤面は一定の高さではないが、東側で建物が接する地盤面を GL と設定する。
❷各階床面②、③、屋根の高さ④など高さの基準線を鉛筆で下書きする。
❸通り芯 X1、X2、X3 を下書きする。
❹屋根の勾配線⑤、⑥を下書きする。

## 2 屋根、壁、床、天井などの下書きをする

❶**1**で描いた屋根の基準線から仕上げ厚を振り分けて、屋根と天井の仕上げ線を下書きする。
❷通り芯から壁の仕上げ厚を振り分けて、壁の仕上げ線を下書きする。
❸ロフト床レベルから床板の厚みを取り、捨て線を引く。
❹天井の梁、床下の梁、基礎の下書きをする。
❺基礎、地盤面の下書きをする。
❻壁面に開口部の捨て線を引く。
❼手摺の下書きをする。

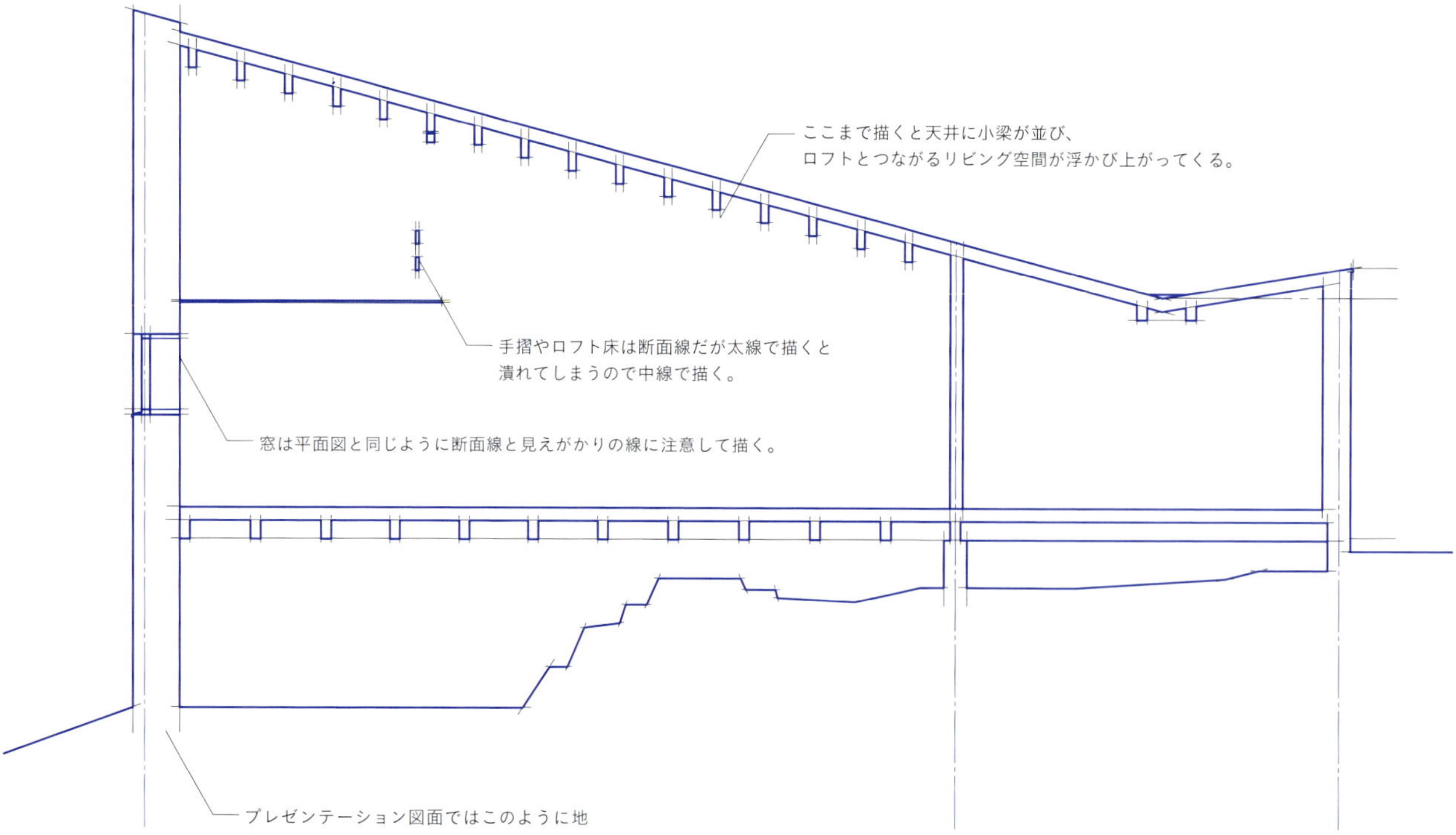
盤面したの構造は描かないことが多い。


## 3 屋根、壁、天井、床、梁などの断面線を描く

❶2で下書きした屋根、壁、天井、梁などの断面線を太線で清書する。
❷開口部、手摺などを清書する。
❸地盤面を清書する。
この段階で内部空間の形状やボリュームが明確になる。

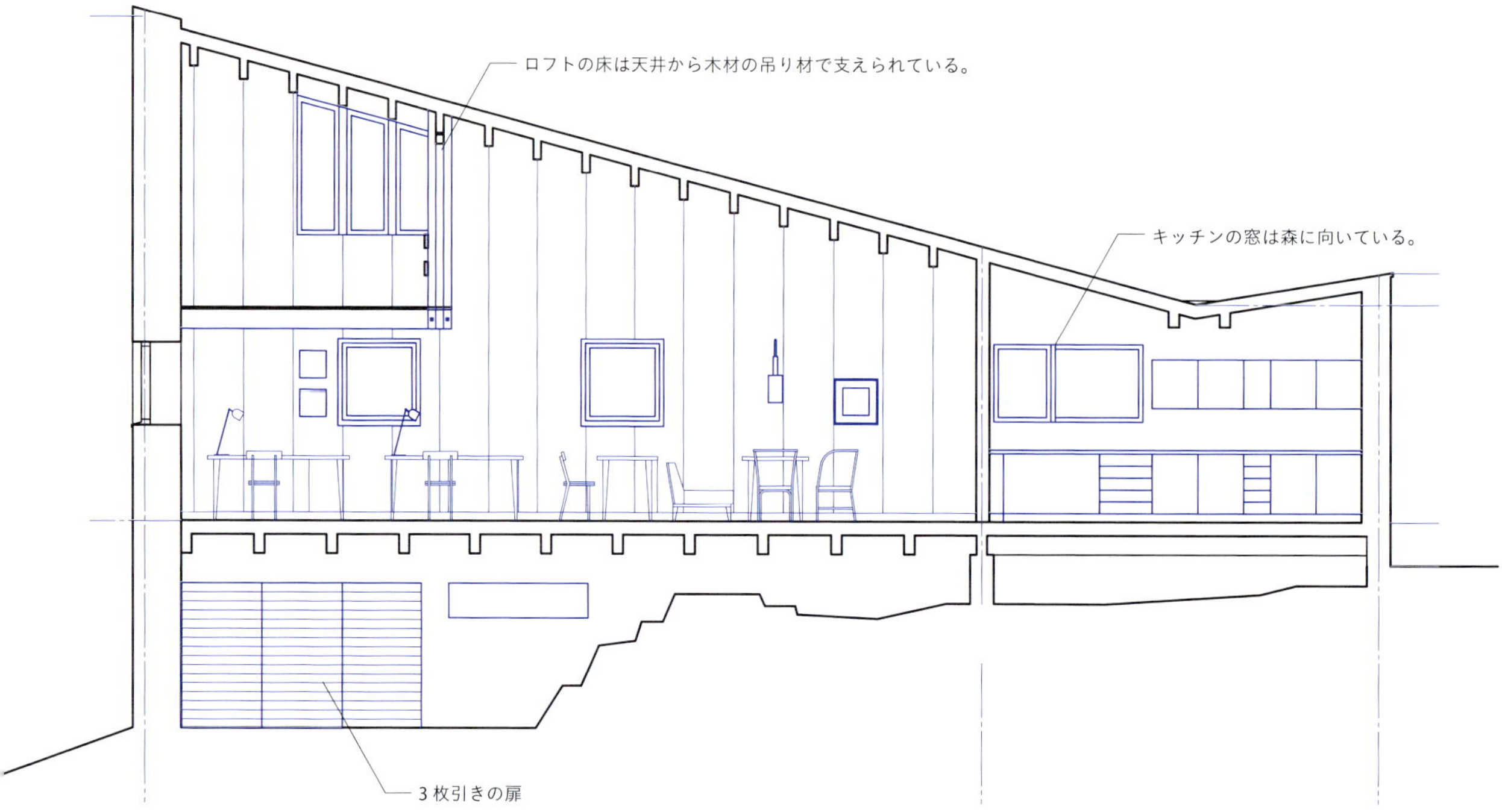


## 4 見えがかりの線を描く

❶切断面より奥にある釣り柱を下書きし、中線で仕上げる。
❷奥の壁にある窓、造り付けの家具、可動家具などを下書きし、細線で清書する。

**One Point**

# 手描きを通してわかること

現在では手描きの図面を実務の場面で見ることはかなり少なくなった。ワープロの出現によって文書の作成が格段に省力化されたのと同様にＣＡＤの台頭によって図面作成も飛躍的に効率化された。消板と消しゴムを使いトレーシング紙が皴にならないように修正箇所を消し、描き直すなどといった面倒な作業から解放され、繰り返し現れる部位は瞬間的に複製できるようになり、簡単に３Ｄ図面を作成することもできるようになった。それでも小学校で文字を習う時に一筆一筆書き順を覚えながら習得するのと同様、図面も最初は手描きから学んでいく。

ただ機械的にお手本の図面を写すのではなく、一本一本の線の意味を考えながら描く。通り芯、断面線、見えがかりの線などを線の太さによって描き分けながら、壁の描き方、開口部の描き方などを学んでいく。窓は平面図では縦枠とガラスが断面で下枠と腰壁が見えがかりの線、断面図では上枠、下枠、ガラスが断面線で縦枠と壁が見えがかりの線で表されるのだな、などと一つ一つ形を頭の中に思い描きながら描いていく。そのように手描きで図面を描くことによって図面の理解が深まると同時に、手を動かす訓練にもなる。手が動くということは、将来自分で設計をする際にさっと自分の考えをフリーハンドでスケッチしたりするのにとても役立つ。

また、図面を描きながらその空間をイメージすることも大切である。４４８０×９５２０の大きさのリビングとはどのぐらいの大きさなのだろう？　自分の家のリビングと比べるとどのぐらい？　意外に大きい？　小さい？　天井の高さが５１００ってどのぐらい？　などイメージしてみる。そのためには自分の身近な空間の大きさを把握していると役に立つ。あるいは自分が気に入った空間の大きさを調べておくのもよい。そうやってスケール感覚を身につけることも今後の設計活動に役立つ。出かける際はモノサシ（コンベックスなど）を持ち歩き、色々な空間やディテールの寸法を測ってみよう。

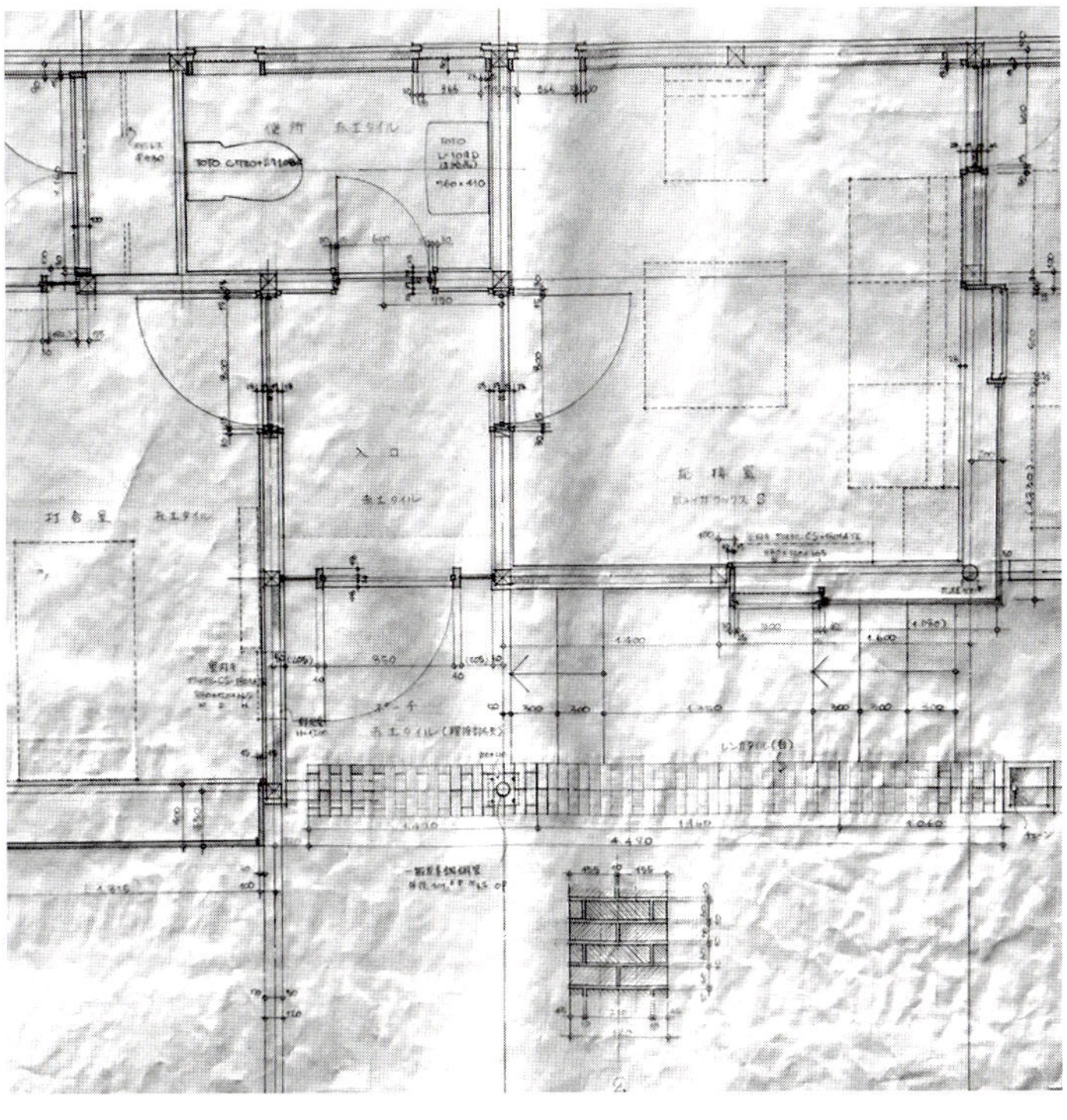

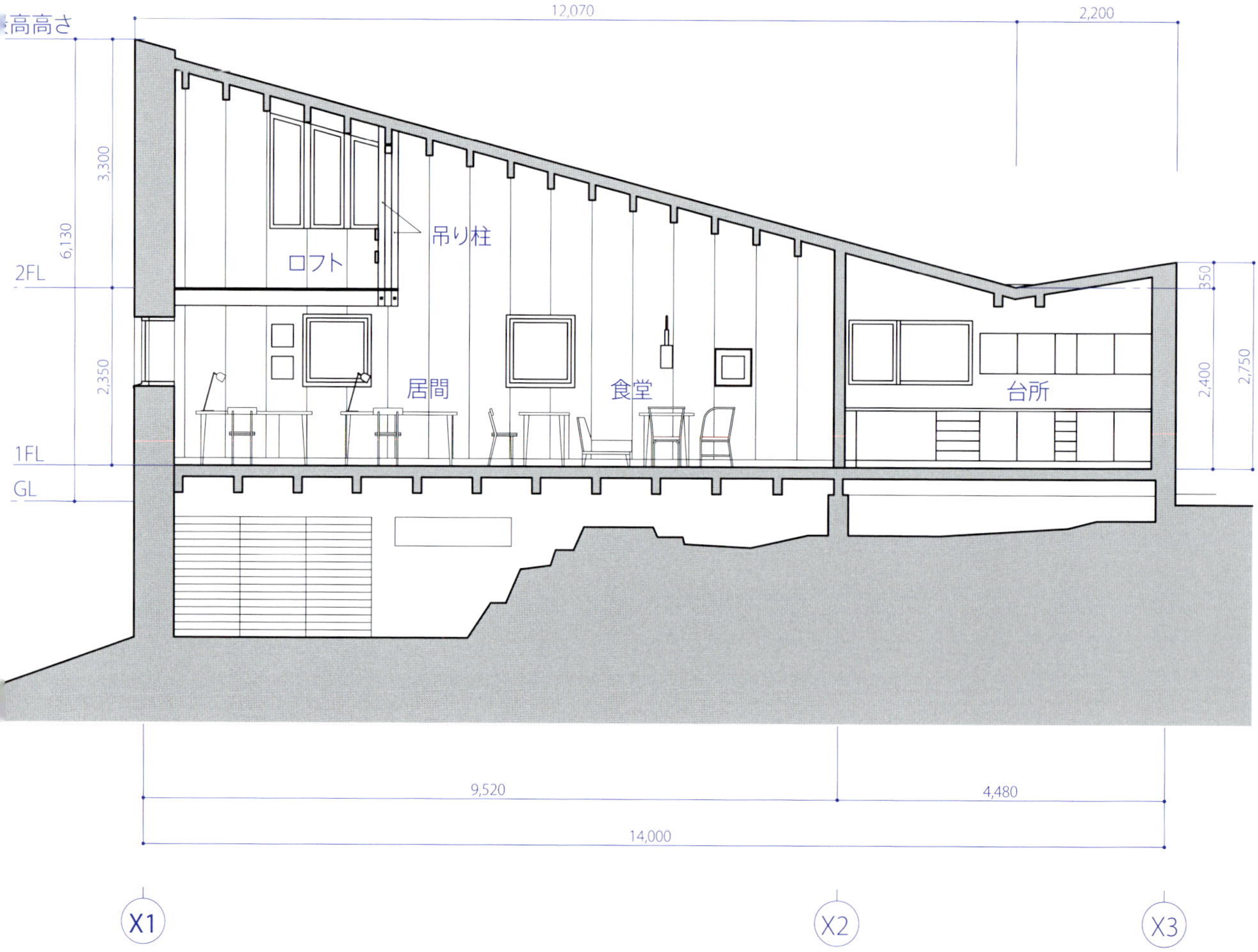


A-A'断面図　S=1/100

## 5 寸法線、室名、図面名称などを書き込み、図面を仕上げる

❶建物の断面を時盤面も含めて塗りつぶす。
　ここでは塗りつぶす表現としたが、白抜きのままの表現方法もある。断面を塗りつぶすことによって内部空間が浮き出される。
❷寸法線、寸法を書く。
❸室名、図面名称、縮尺を書く。

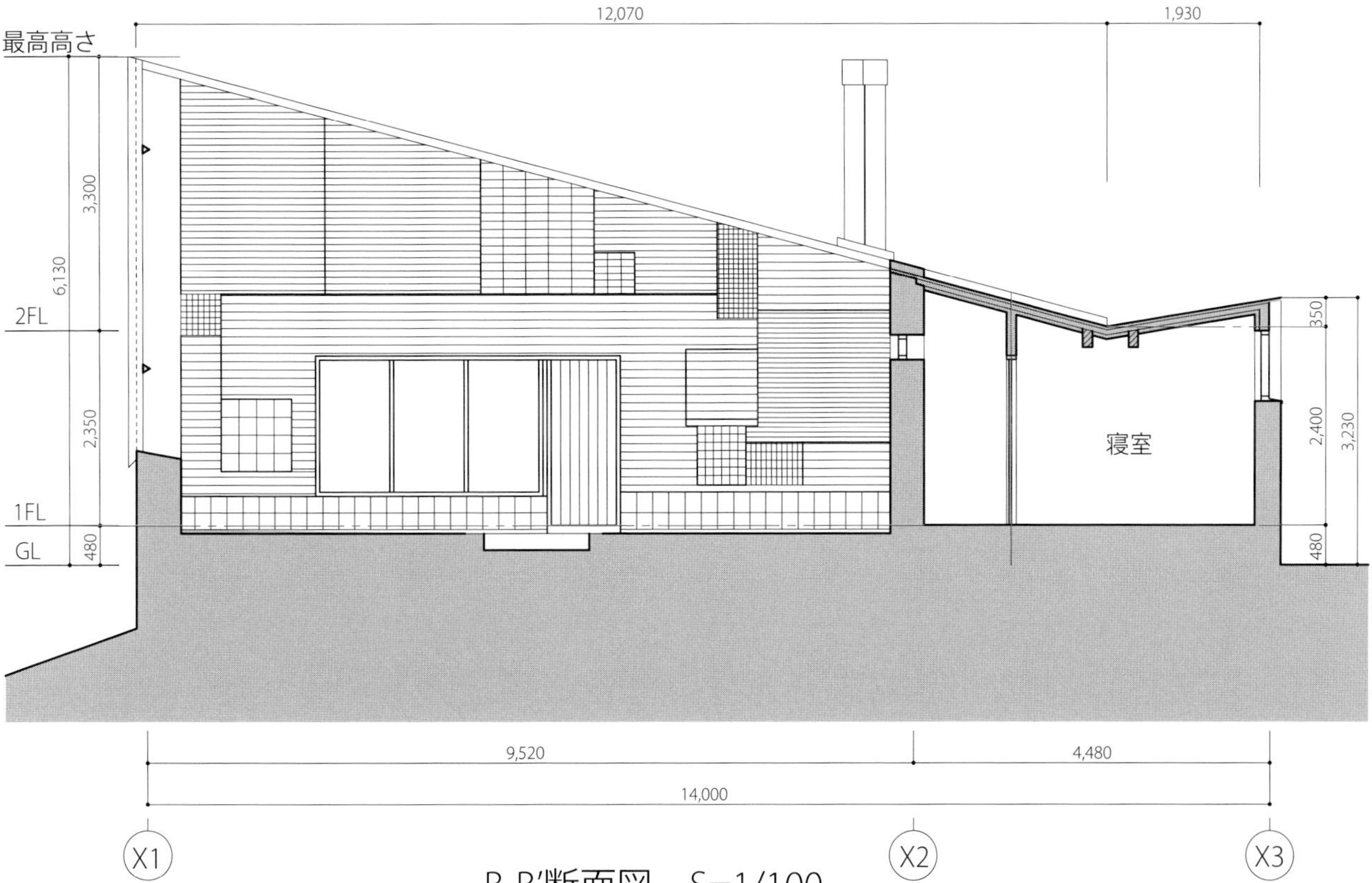


B-B'断面図　S=1/100

A-A' 断面を南側に平行移動した寝室と中庭を通る断面線で切った断面図。平面図には表れない窓が廊下にあることが見て取れる。

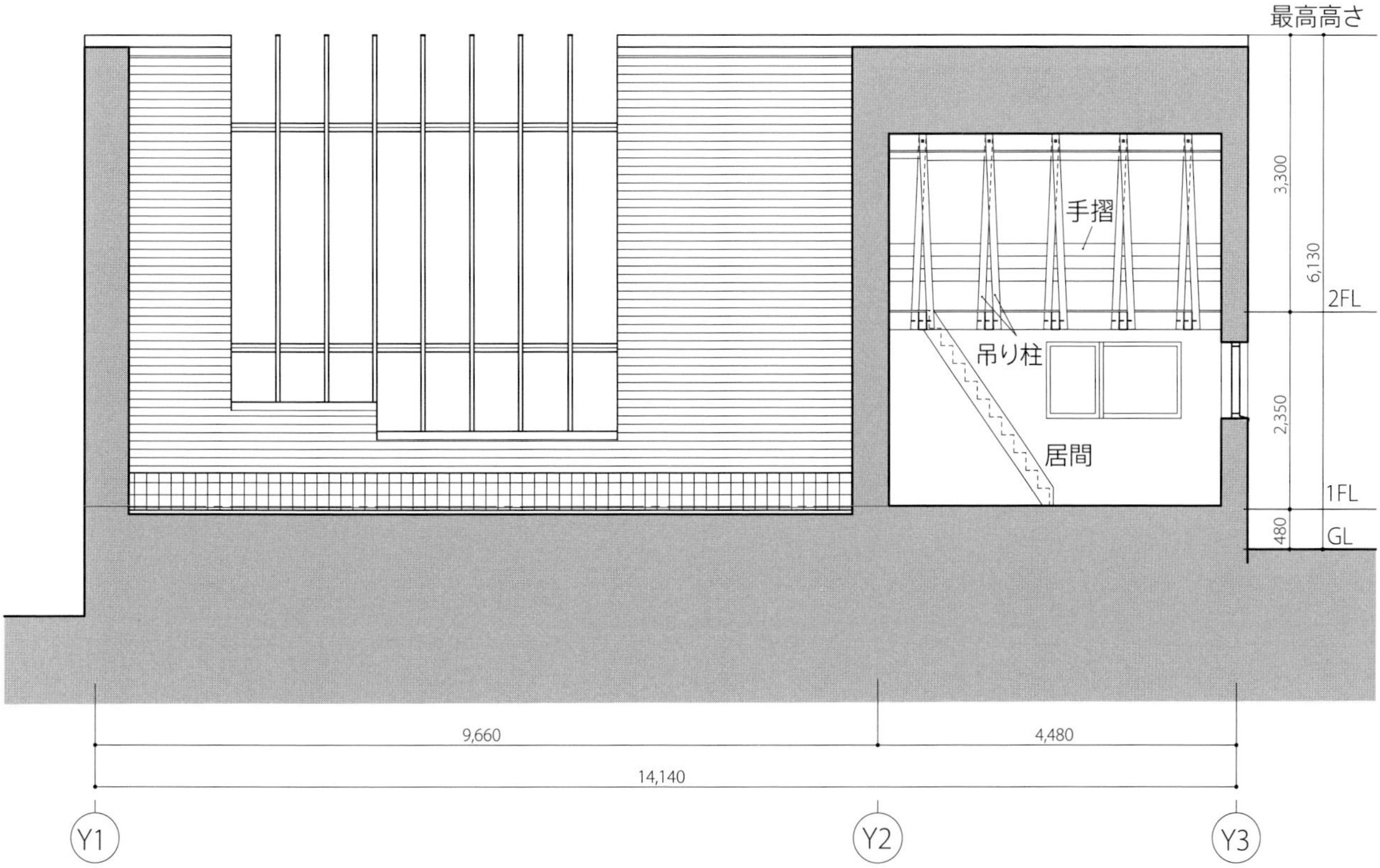


C-C'断面図　S=1/100

A-A' 断面と直交する居間と中庭を通る断面線で切った断面図。断面線の位置によって居間の天井の高さが異なる。

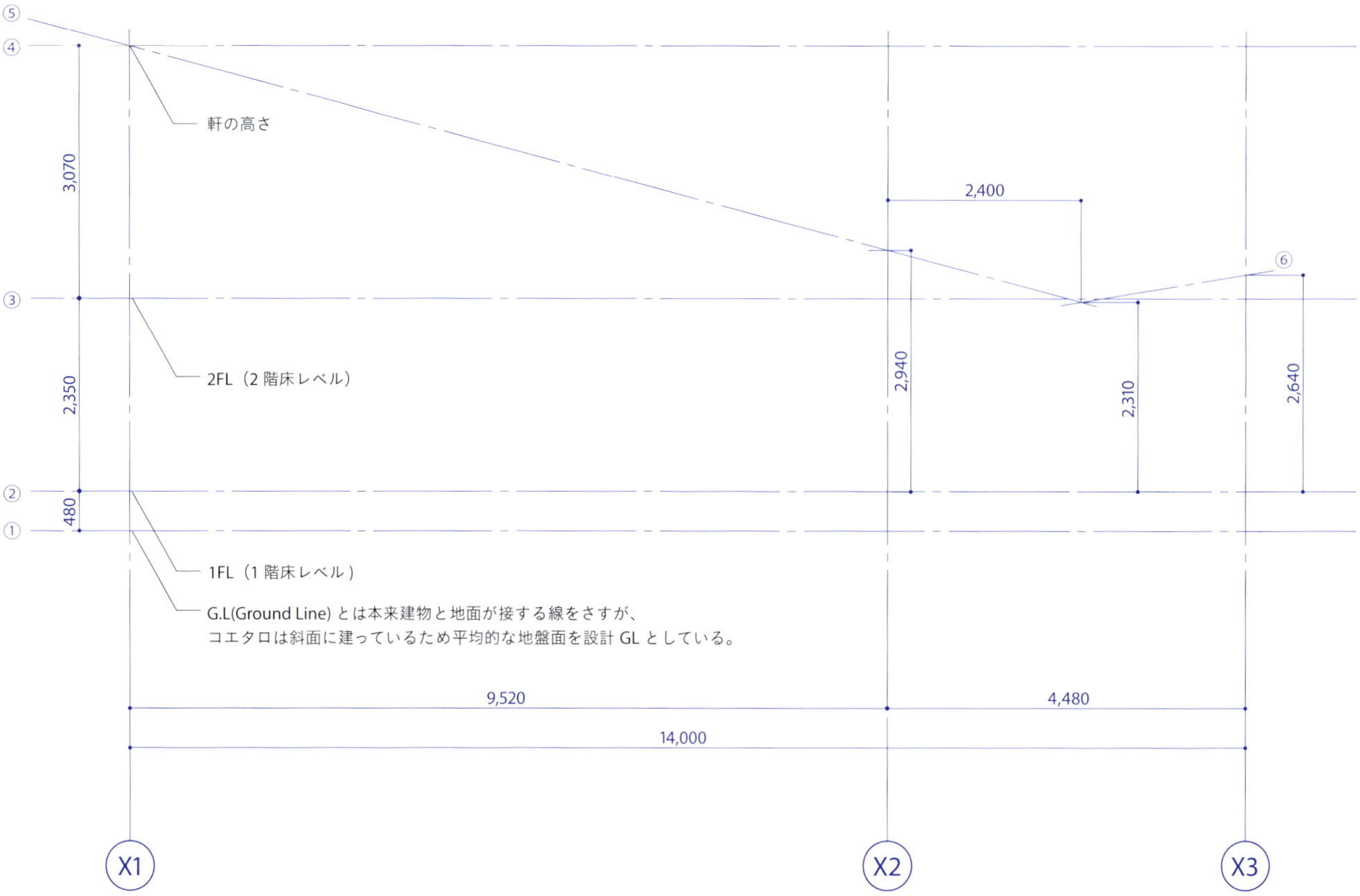


## 3-4

# 立面図の描き方

立面図とは建物の外観を表す図面であり、建物の壁を正面から捉えた正投影図である。パースと違い、遠近による大小の変化はなく水平線は水平線のまま保持される。通常、東西南北の4面が描かれ、建物の輪郭線、開口部の形状、位置などが表現される。

描く際には単に表面の外壁を捉えるだけではなく、内部空間を意識して（床、壁の位置など）描くと開口部の位置などを決めやすい。

立面図では地盤面以外の線はすべて見えがかりの線である。ここではフラットな表情になりがちな立面図に表情をつけるため、建物の輪郭線と、空間的な落差が生じている見えがかりの線を太めの中線で描いている。他には影をつけることによって表情を出す方法もある。

この南側立面図は 勾配屋根に切り取られた白い壁とその間から見える中庭のレンガが貼られた壁とのコントラストが印象的で、この建物の構成を表す立面図である。

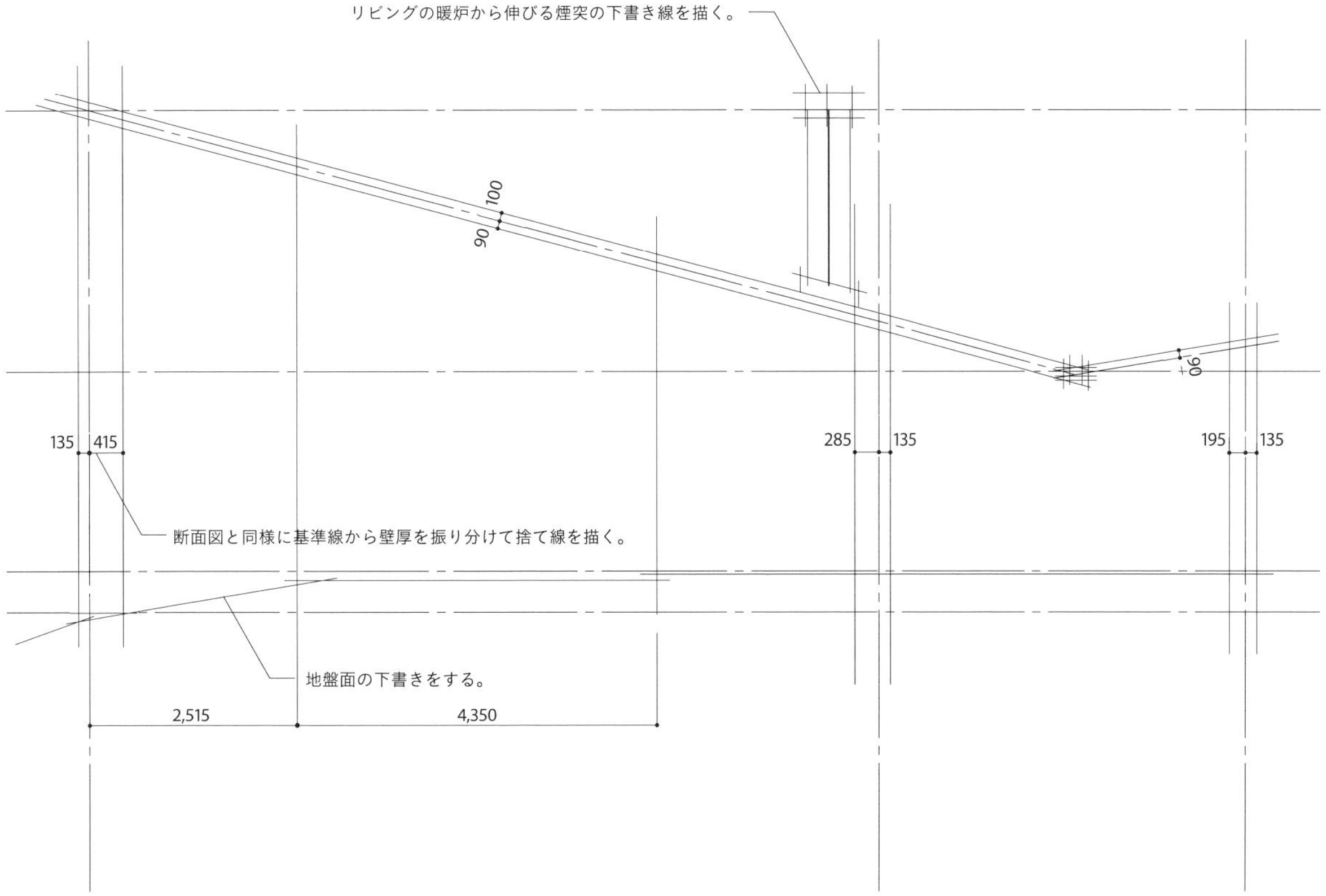
リビングの暖炉から伸びる煙突の下書き線を描く。
100
90
90
135
415
285
135
195
135
断面図と同様に基準線から壁厚を振り分けて捨て線を描く。
地盤面の下書きをする。
2,515
4,350

## 1 基準線を書く

❶描こうとする図面のレイアウトを考え、地盤面（G.L）を鉛筆の一点破線で下書きする。
この建物は傾斜地に建っているため地盤面は一定の高さではないが、東側で建物が接する地盤面を GL と設定する。
❷各階床面②、③、屋根の高さ④など高さの基準線を鉛筆で下書きする。
❸通り芯 X1、X2、X3 を下書きする。
❹屋根の勾配線⑤、⑥を下書きする。

## 2 屋根、壁、床、天井などの下書きをする

❶1で描いた屋根の基準線から仕上げ厚を振り分けて、屋根の仕上げ線を下書きする。
❷通り芯から壁の仕上げ厚を振り分けて、壁の仕上げ線を下書きする。
❸煙突を下書きする。
❹基礎、地盤面の下書きをする。

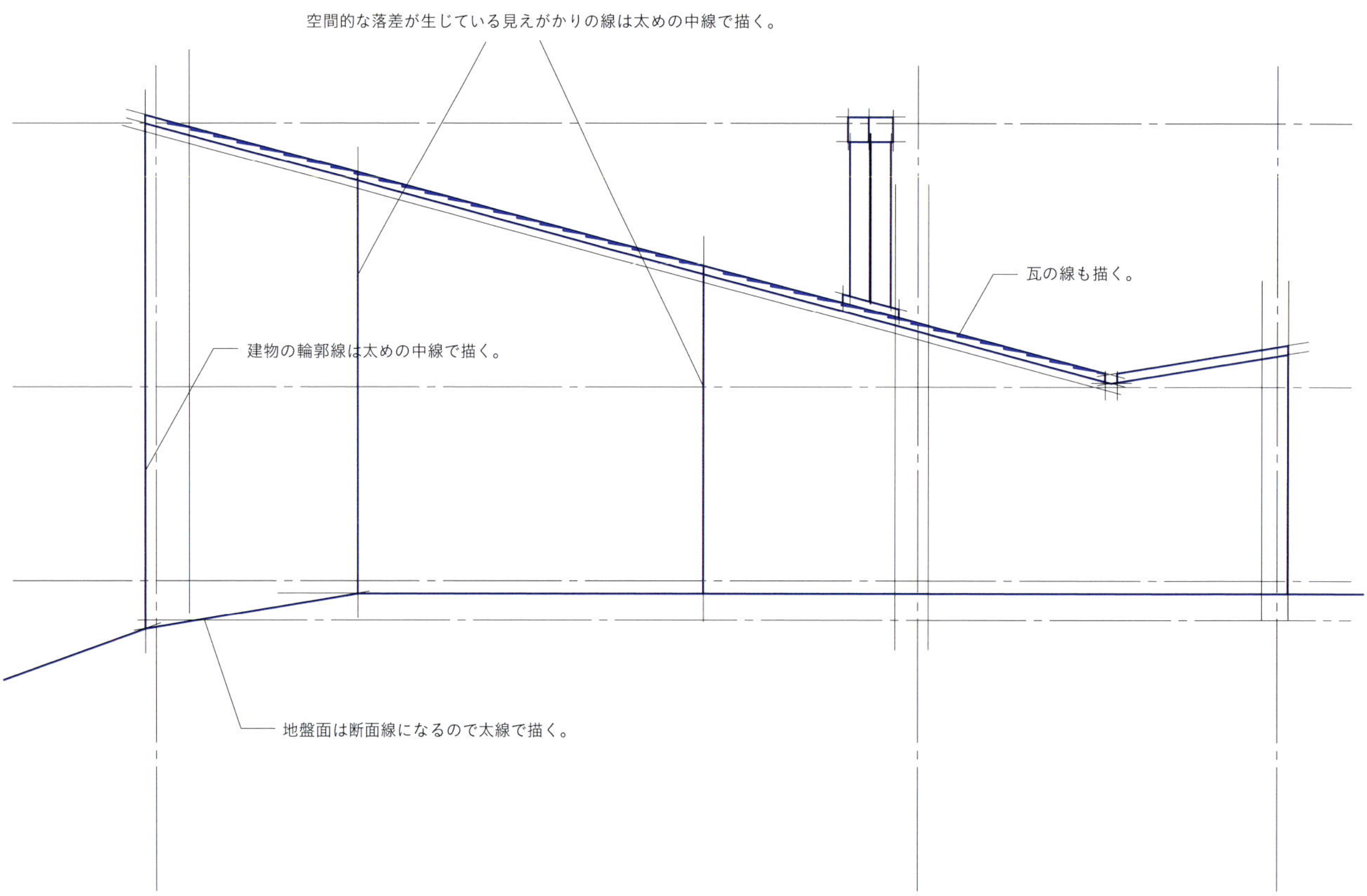
空間的な落差が生じている見えがかりの線は太めの中線で描く。
瓦の線も描く。
建物の輪郭線は太めの中線で描く。
地盤面は断面線になるので太線で描く。

## 3 屋根、壁、などの輪郭線を描く

❶❷で下書きした屋根、壁、などの輪郭線を中線で清書する。
❷煙突を清書する。
❸地盤面を太線で清書する。

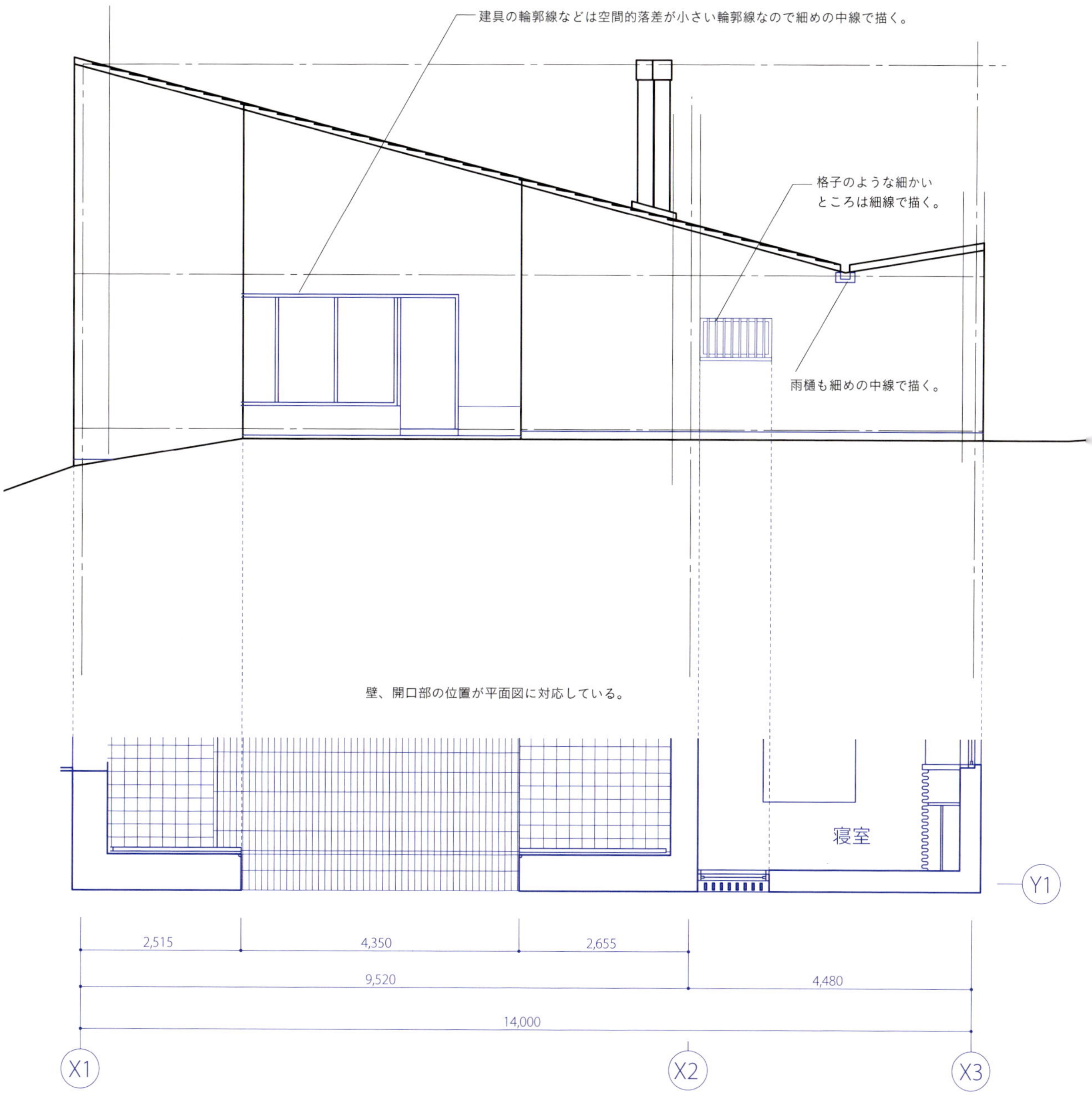
建具の輪郭線などは空間的落差が小さい輪郭線なので細めの中線で描く。
格子のような細かいところは細線で描く。
雨樋も細めの中線で描く。
壁、開口部の位置が平面図に対応している。
寝室
Y1
2,515
4,350
2,655
9,520
4,480
14,000
X1
X2
X3

## 4 建具などの見えがかりの線を描く

❶手前の壁面上の開口部、樋を下書きした後、細目の中線で描く。
❷中庭に面する開口部を下書きしたのち細めの中線で描く。

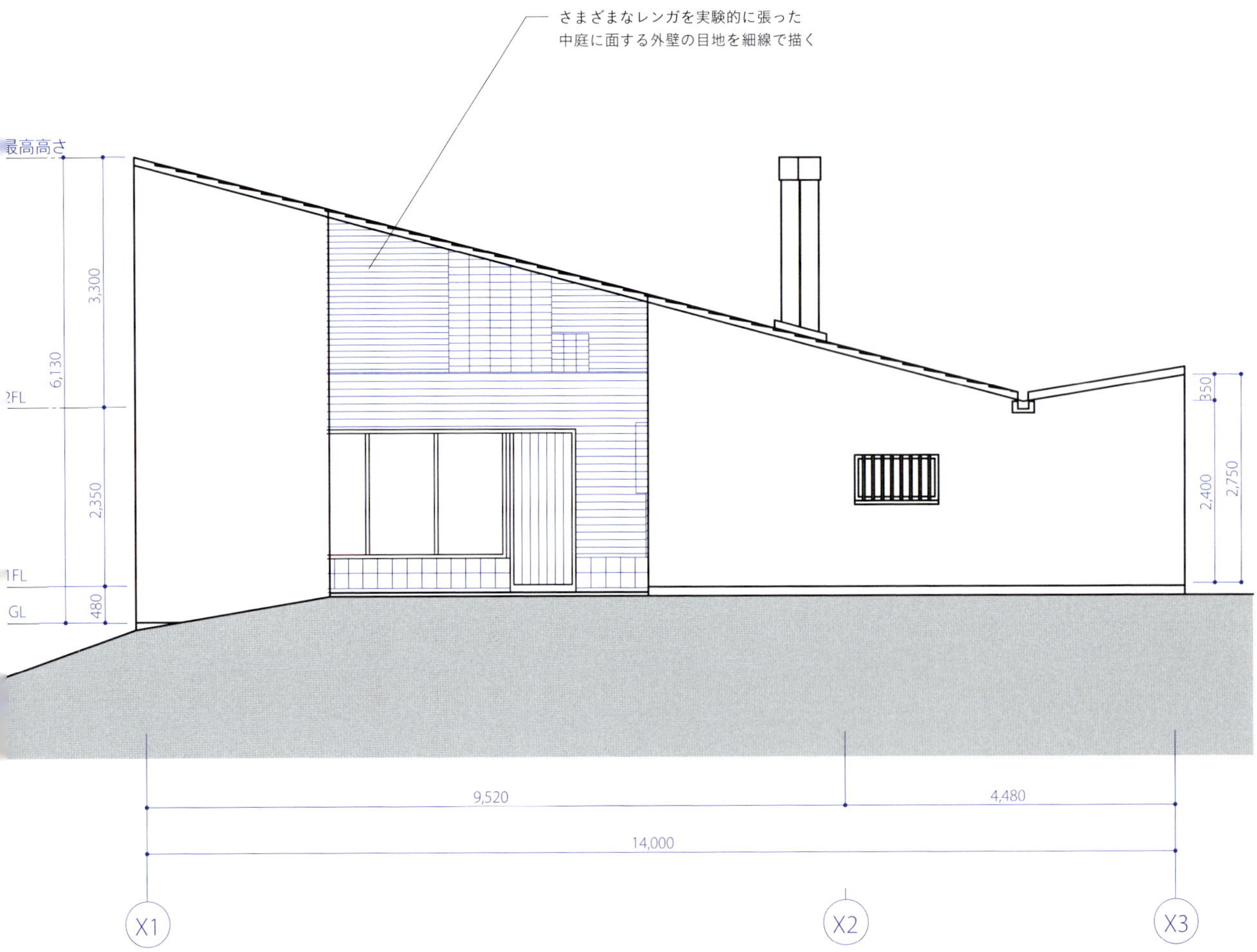


南側立面図　S=1/100

## 5 目地、寸法線、図面名称などを書き込み、図面を仕上げる

❶中庭の壁面の目地を細線で描く。
❷地盤面を塗りつぶす。ここでは塗りつぶす表現としたが、白抜きのままやハッチなどの表現方法もある。
❸寸法線、寸法を描く。
❹図面名称、縮尺を描く。

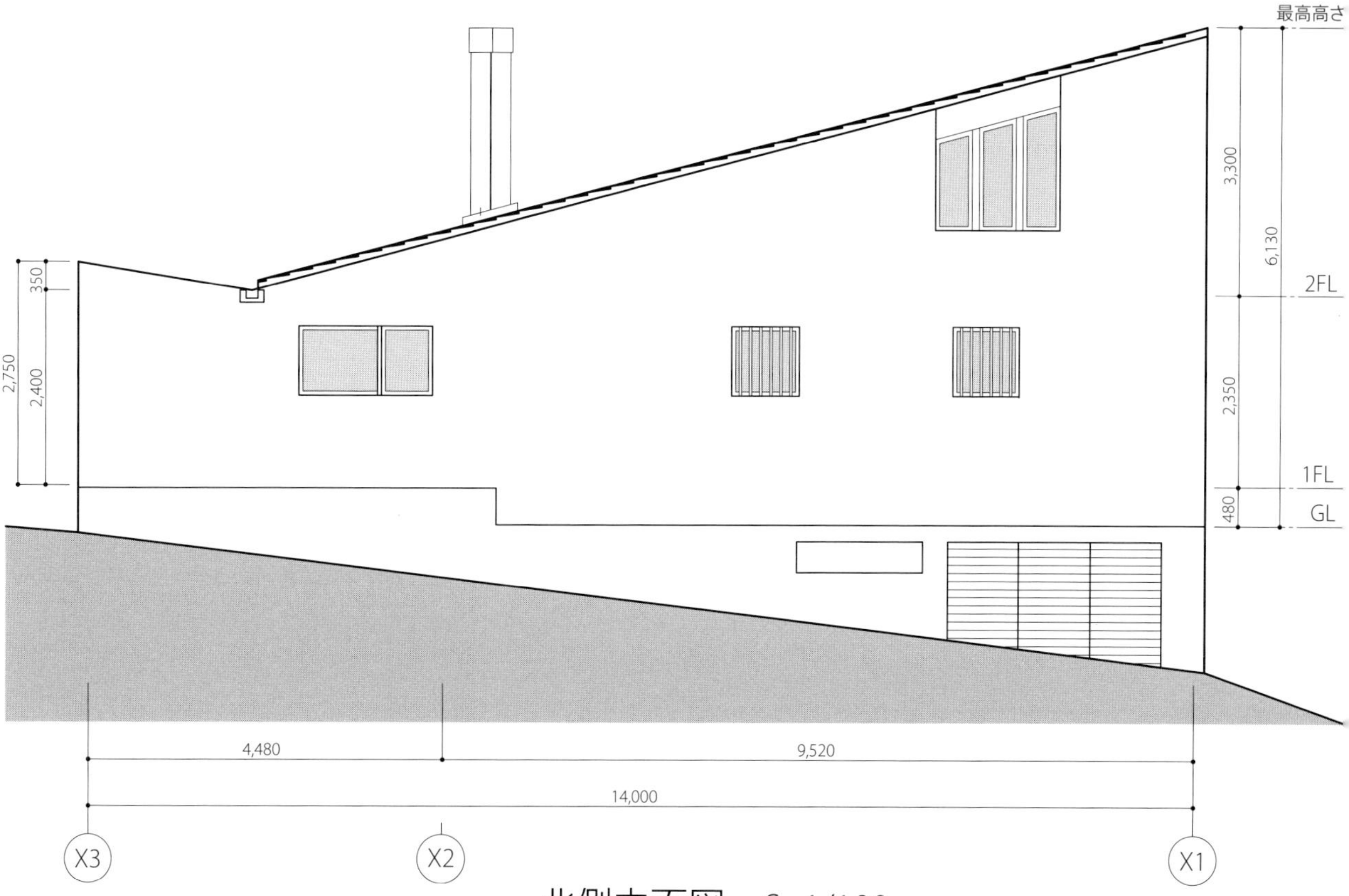


北側立面図　S=1/100

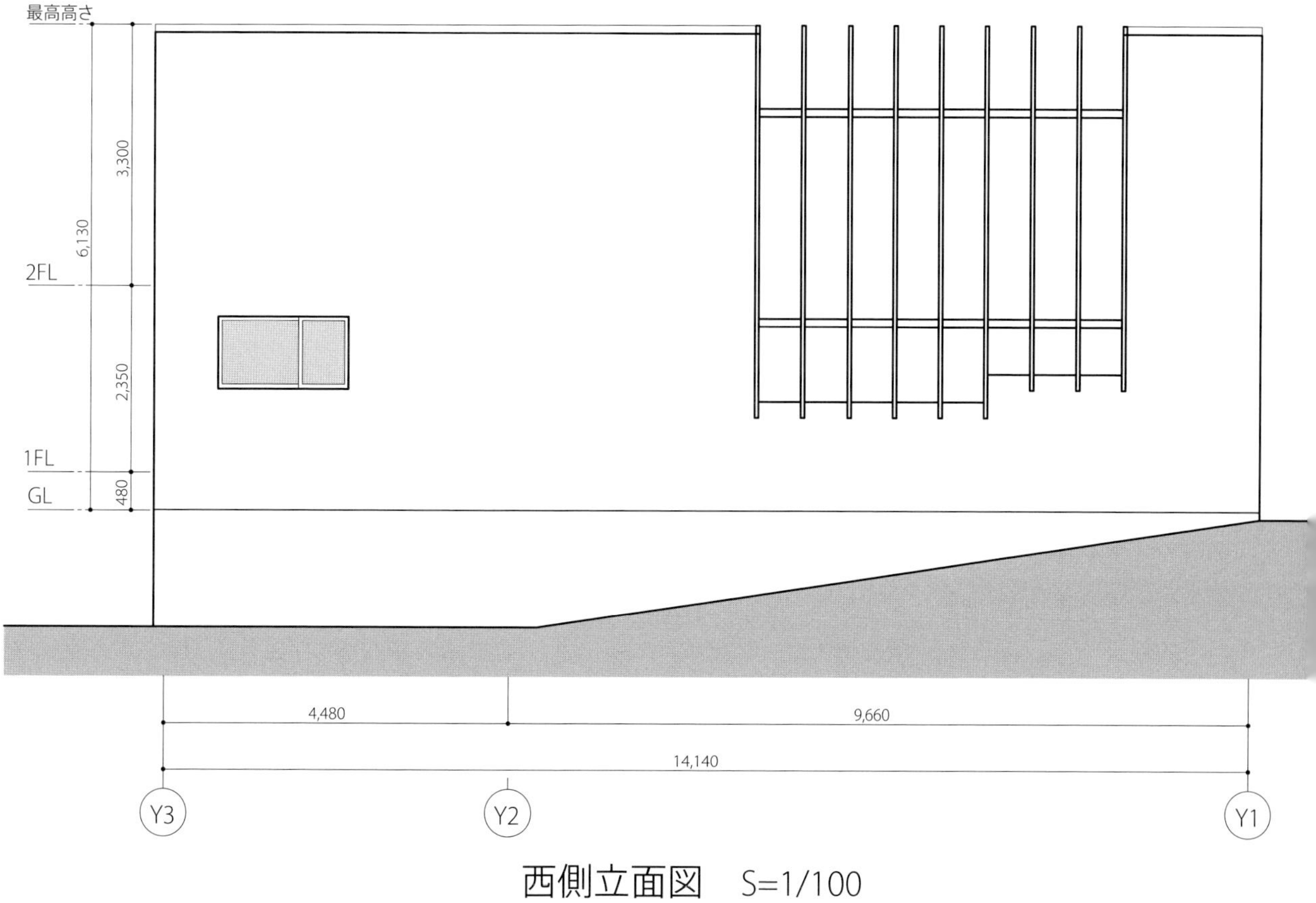


西側立面図　S=1/100

本図縮尺
S=1/100
演習推奨
S=1/50

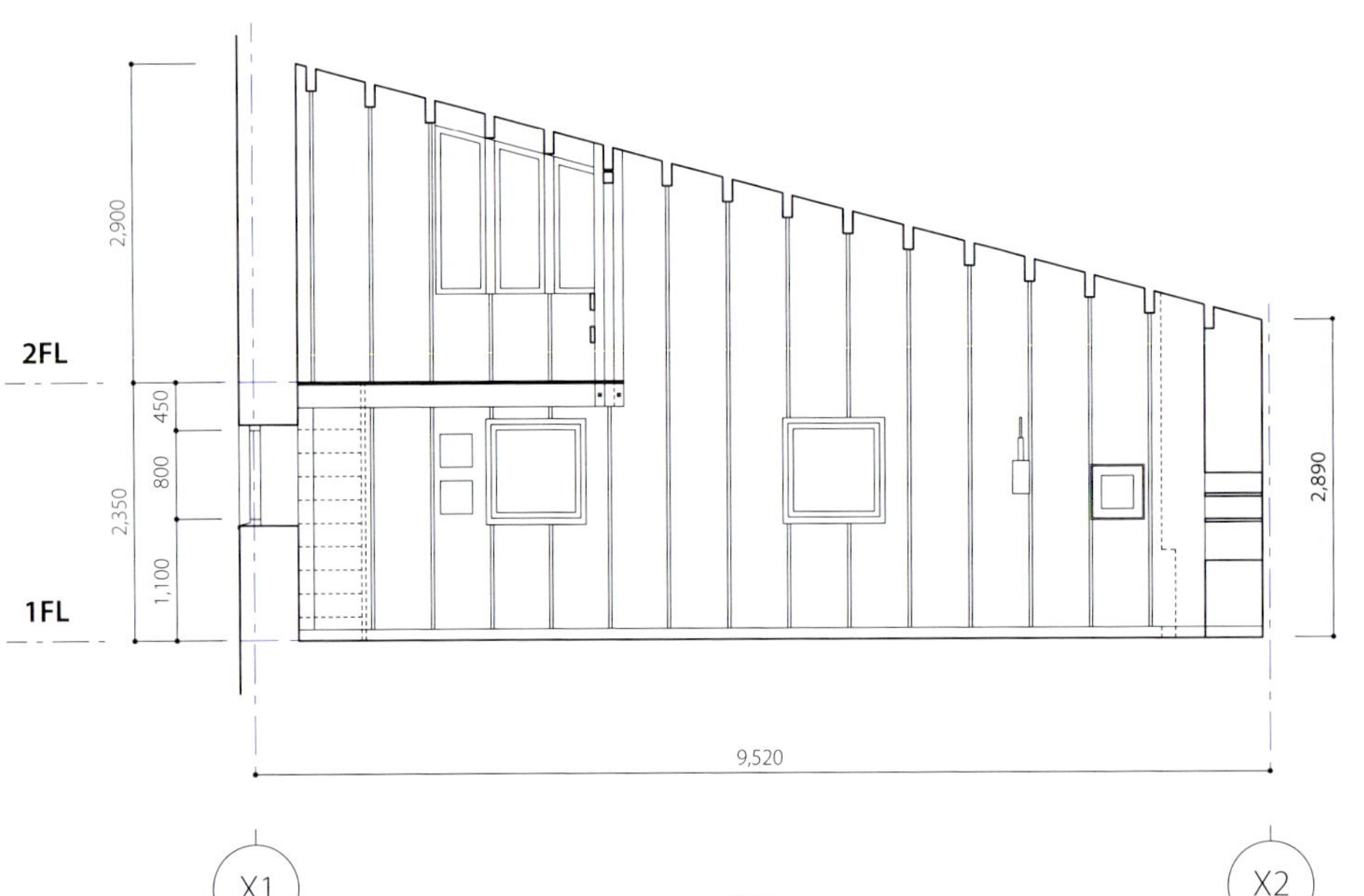


B面

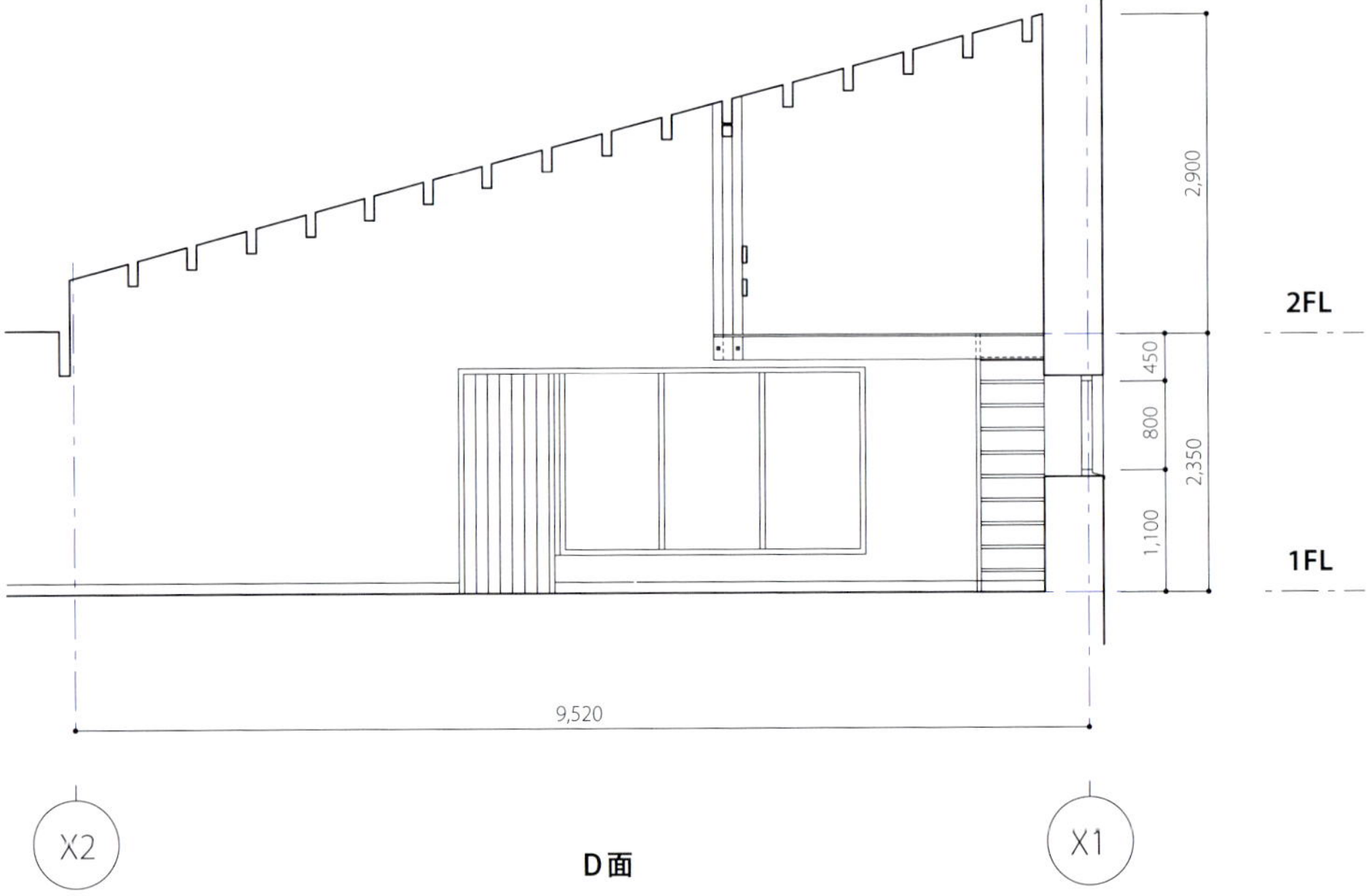


D面

# 3-5 展開図の描き方

## 建物の室内を描く

展開図とは、建築の室内を真横から四方を見た投影図である。天井の高さ、窓の位置や高さ関係、出入口の高さや位置関係、家具等の関係、仕上げの状態などインテリアデザインとしての表現をする図面である。平面図、立面図、断面図を参照し、「コエタロ」の居間、食堂部分の展開図を描いてみる。

2階のロフト部分があるが、吹抜けで空間的につながっているため、一体として表現したほうがわかりやすい。上図が完成した図面である。

通常は時計回りに配置して描く。図面を横に配置する場合床の高さを合わせることが大切である。

平面図を小さくしたものをキープランとして記入し、どの方向を描いているかを理解できるよう4面をA～Dとして表記する。

展開図は断面図と似ているが、断面図

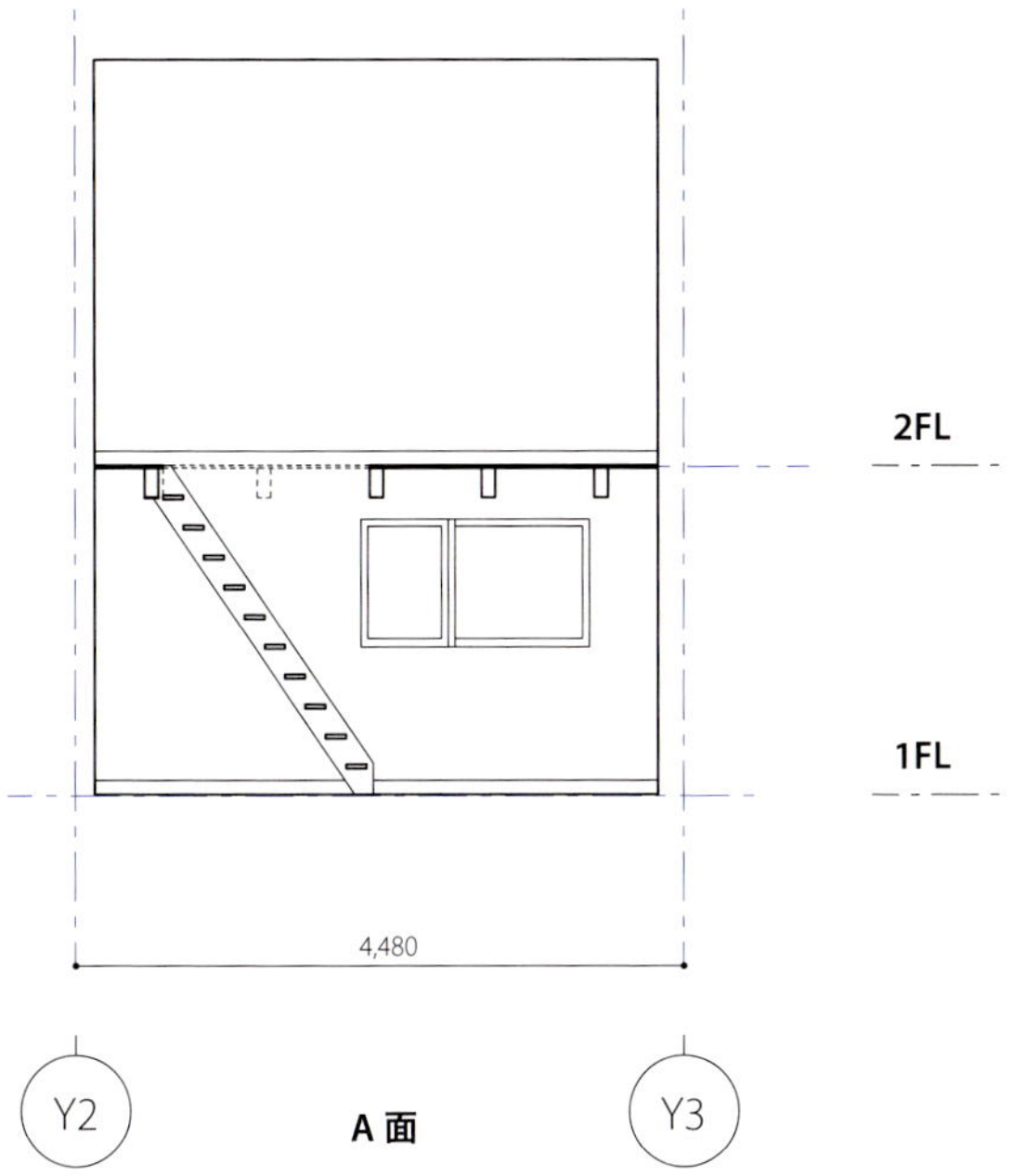

A 面

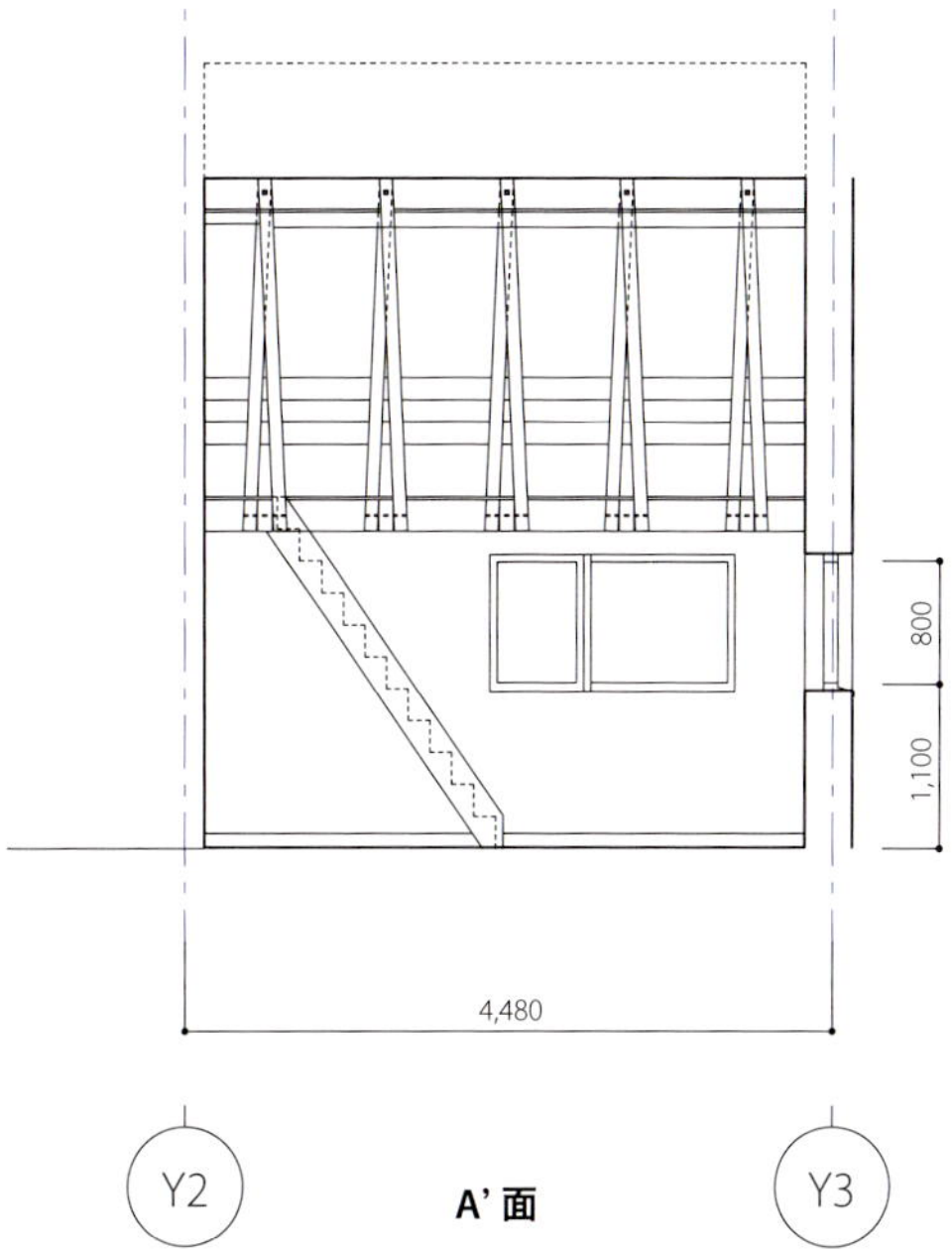

A' 面

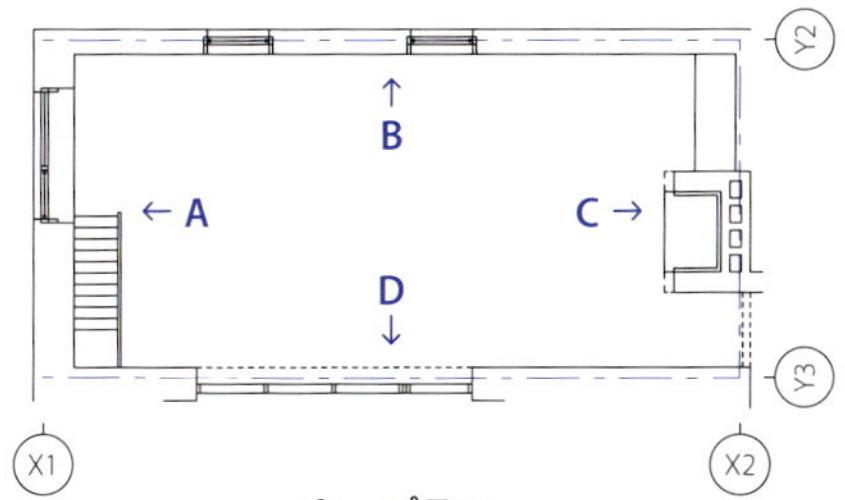

キープラン

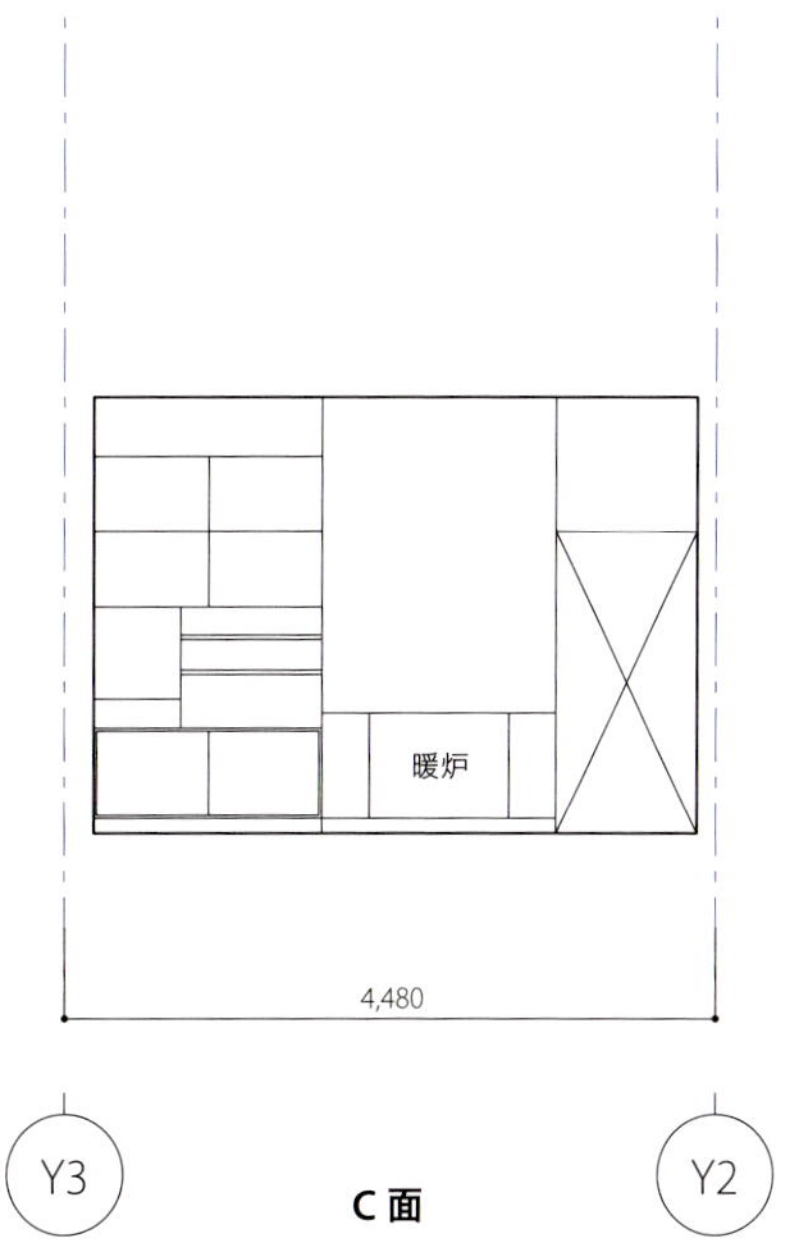

C 面

は建物を切断して屋根や床の高さ関係、敷地の段差など建築全体の関係を表現するのに対し、展開図は一部屋ごとに描き、断面部分はシルエットとして表現し、その内側に重きを置いて描く図面だと理解してほしい。

さらに仕上げの範囲を記入したり、壁に付く照明器具やコンセント、スイッチ、エアコンの位置まで記入することで総合的なインテリアを完成させることが可能である。

また、図面に着色することで色彩計画のベースとして利用することもできる。

内観透視図を描く場合も展開図をもとにして作成する。

さらに実施設計時においては、壁の面積を拾うことで積算（見積り）の数量の根拠となる重要な図面である。そのためすべての部屋の展開図が必要となってくる。

次頁から作図の方法を説明する。

## 1 基準線・中心線の下書き

❶ 1 階床線（FL）①を下書きする。
❷ 2 階床線（FL）②を下書きする。
❸ 壁芯③④を下書きする。

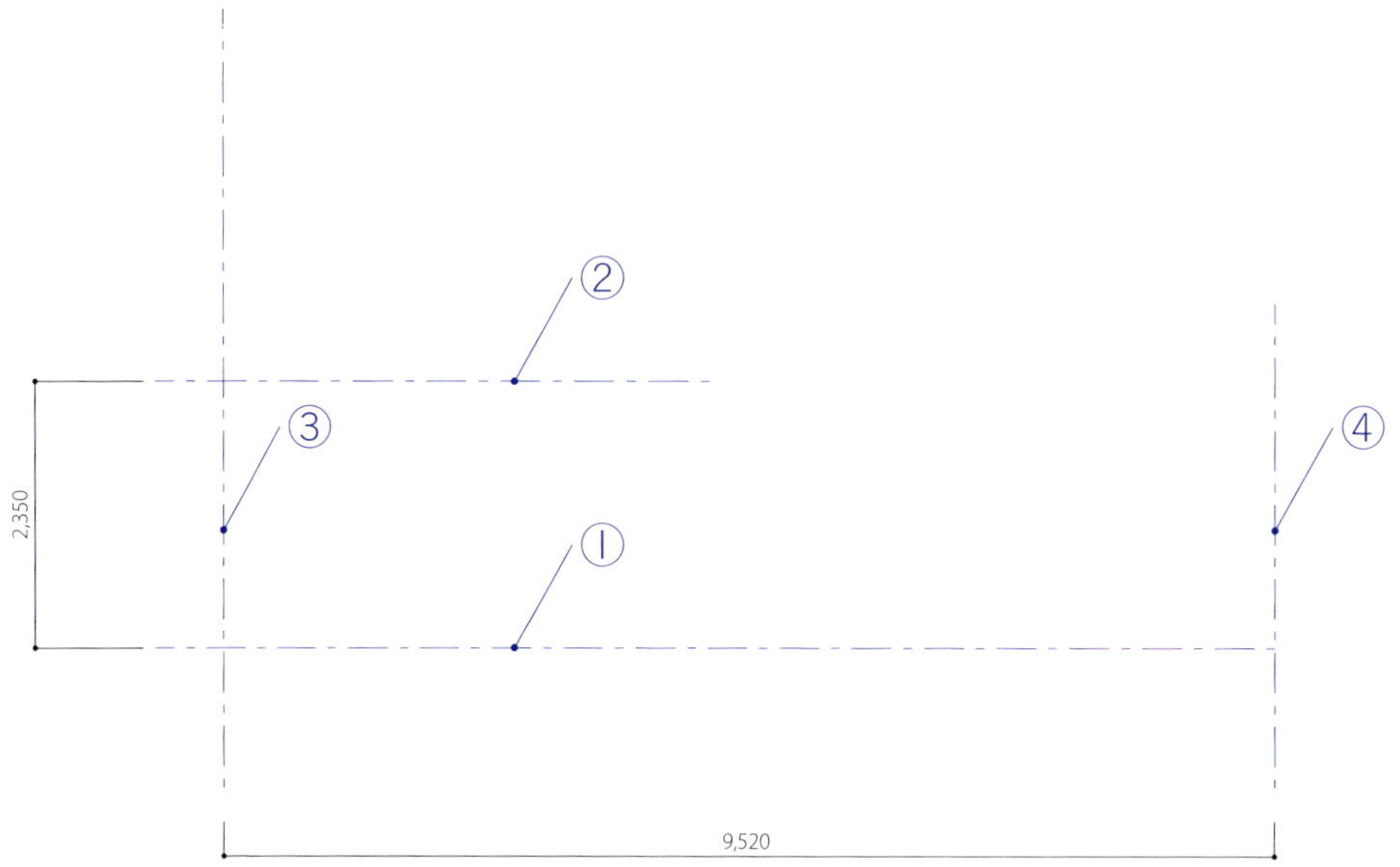


## 2 天井・壁の下書き

❶ 壁の位置を壁芯から振り分けて、捨線を引く。
❷ 天井線を高い部分と低い部分を寸法を押えて捨て線を引く。
❸ 窓の腰と上端の捨線を引く。

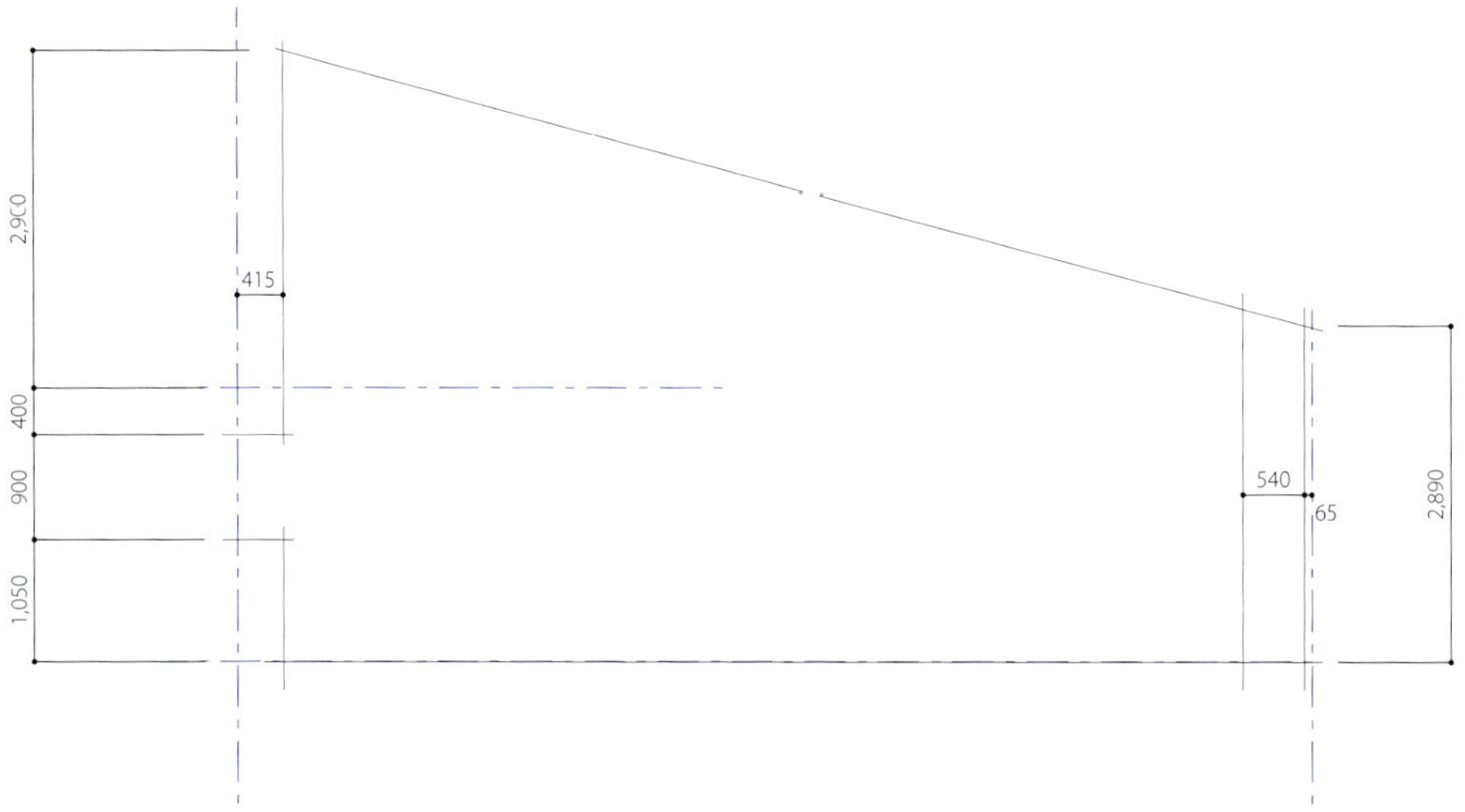

## 3 梁・吊り柱の下書き

❶ 連続梁の中心線を水平に等間隔で割り付けて、斜め天井に垂直に捨線を引く。
❷ 梁の中心線から振り分けて、梁幅の捨線と梁底の捨線を引く。
❸ 2階の床板と梁の捨線を引く。
❹ 吊り柱の捨線を引く。

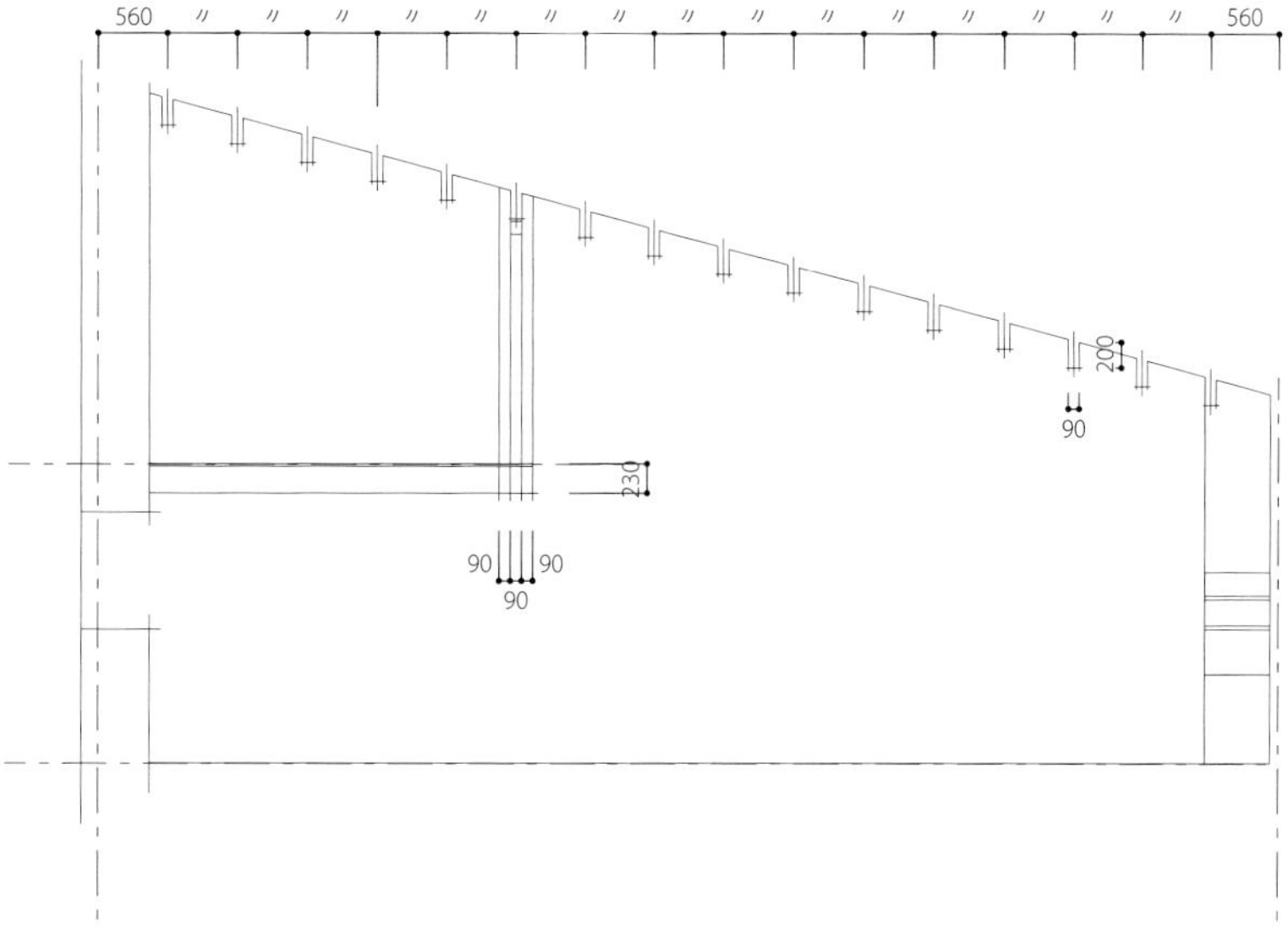


## 4 天井・壁の仕上げ 窓の下書き

❶ 天井線、壁線、連続梁を記入する。
❷ 断面となる部分なのでもっとも太い線で描く。
❸ 吊り柱、2階床梁を中太線で記入する。
❹ 平面図から位置を求め、断面図や断面詳細図から高さを注意しながら窓の下書きをする。

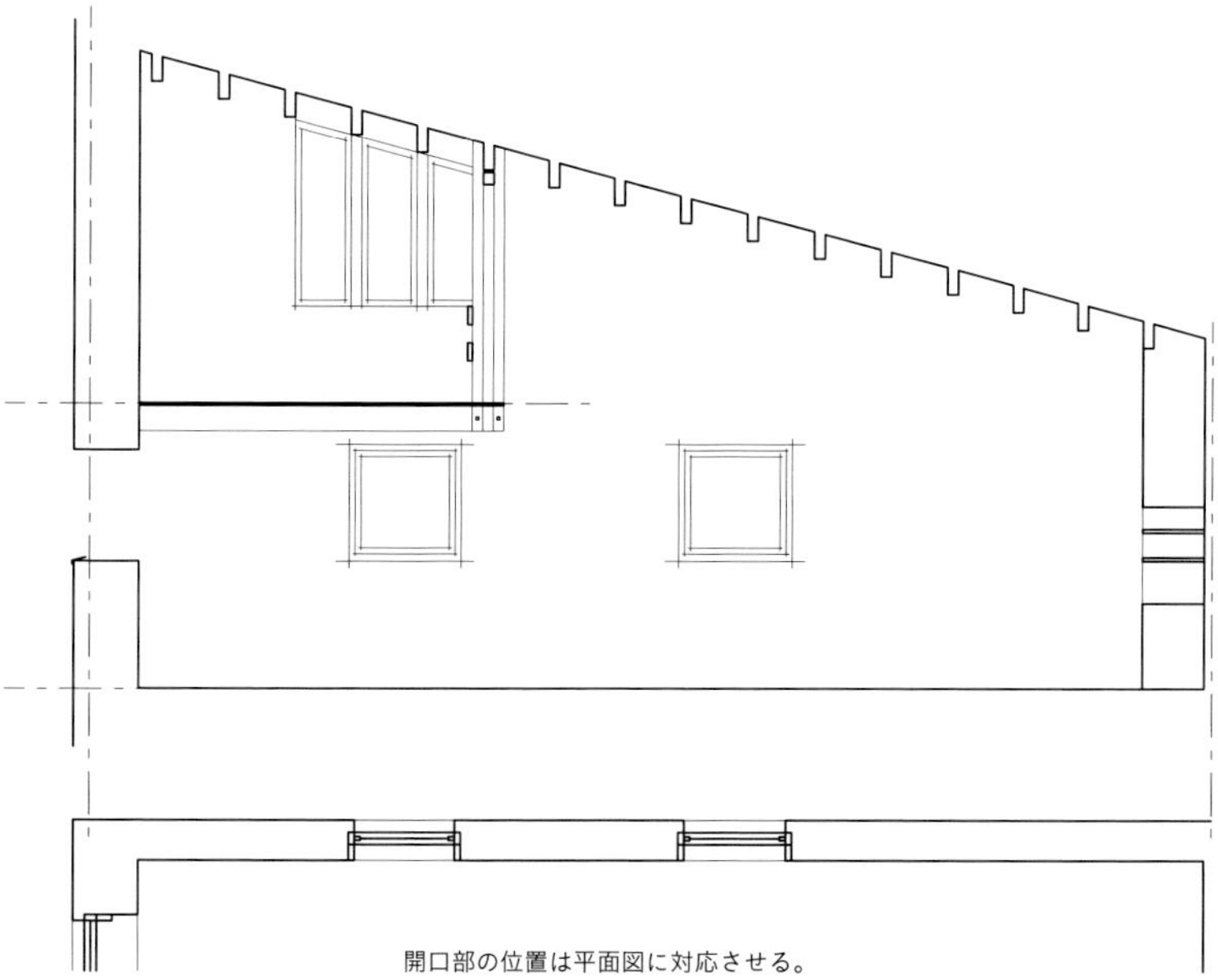

開口部の位置は平面図に対応させる。

## 5 窓・照明器具などの記入

❶ 窓や重要となる備品を中太線で記入する。
❷ 手前にある階段は破線で記入する。

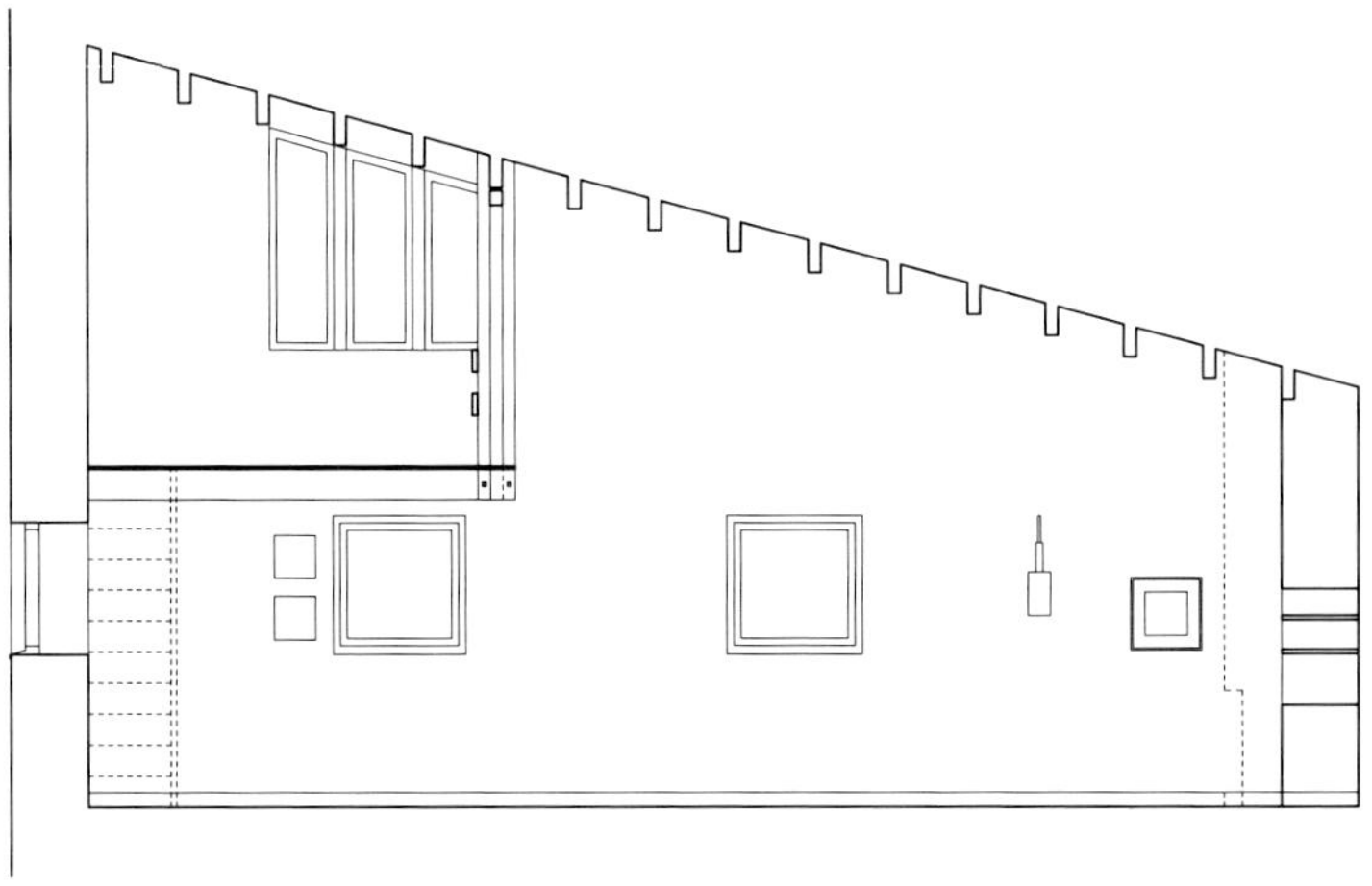

## 6 目地の記入

❶ 壁の目地はもっとも細い線で描く。
❷ 寸法線、FL、通り芯などを記入する。
❸ 方向の面の記号を記入する。

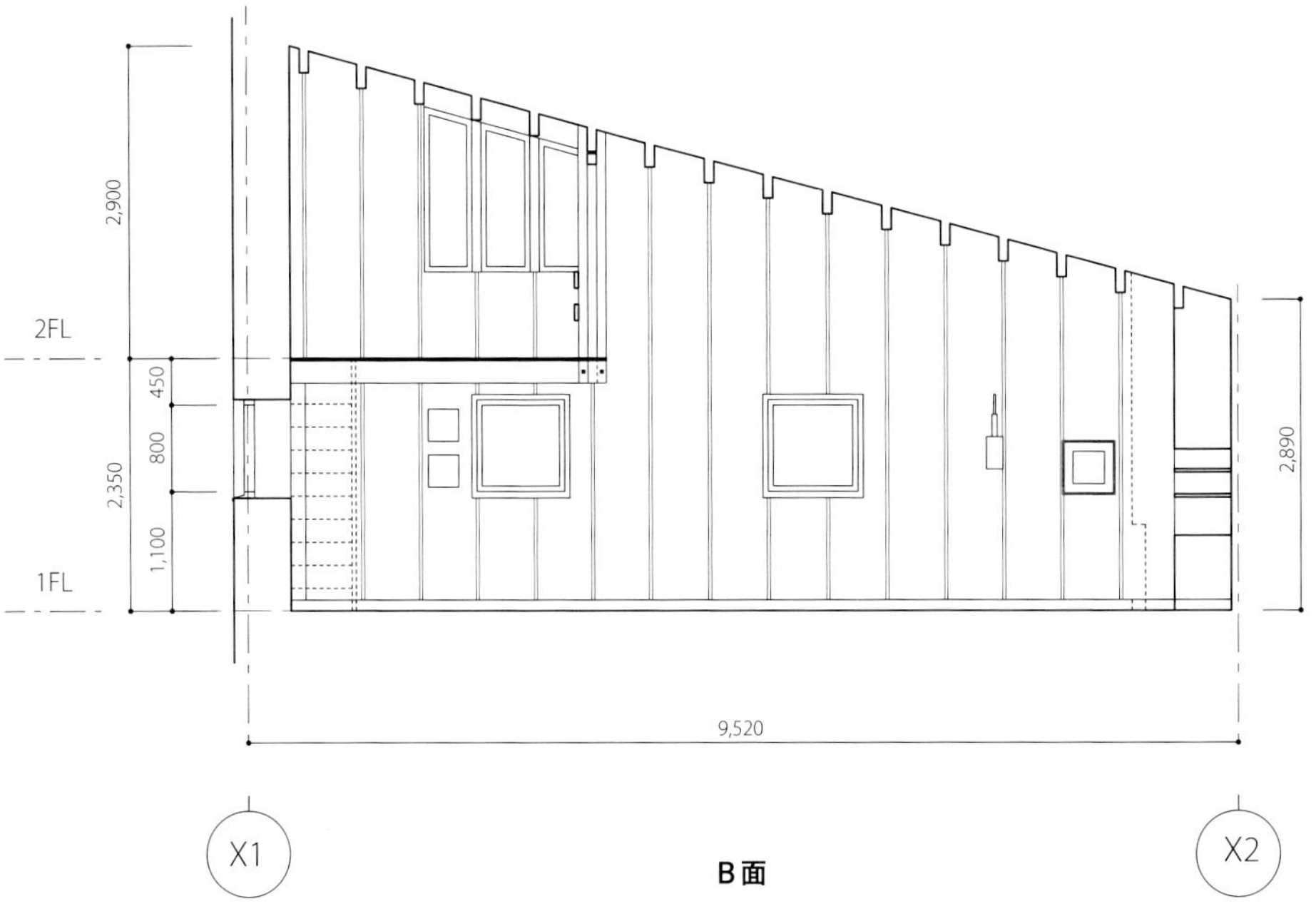


B面

# One Point

# 起こし絵図の活用

建物の壁面などを描いた図を平面図の四周につづり合わせ、折り曲げて起こすと全体の様子がわかるようにつくったものを起こし絵図という。

古くから茶室の設計に利用されてきたものである。

その手法で平面図、展開図を利用し厚紙を使って簡単な模型がつくることができる。そのことで空間ボリュームや内部の様子が把握しやすくなる。

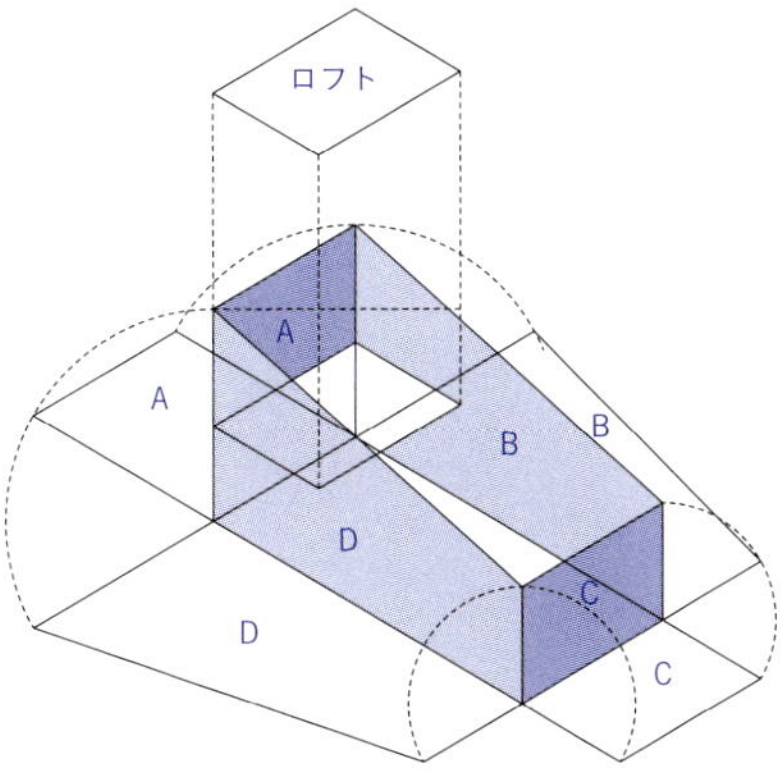


越し絵図

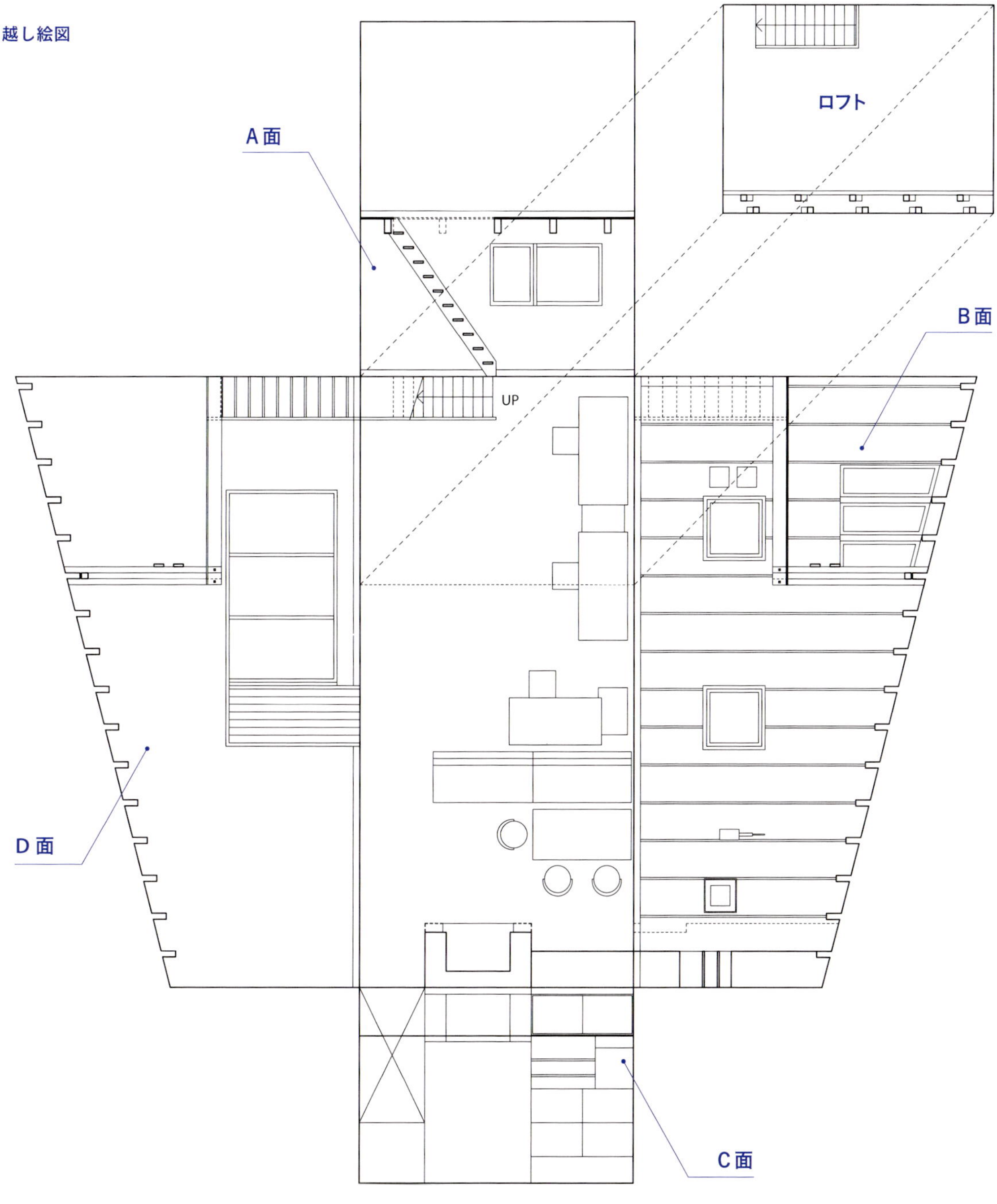

PP（picture plane）投影面
HL（horizontal line）水平線
SP（standing point）視点
VP（vanishing point）消失点

視野角（画角）について
視野角とは画角とも言い、人間が自然に見える範囲、角度である。
透視図を描く場合対象物が60°以内に入るようSP（視点）の位置を設定する。

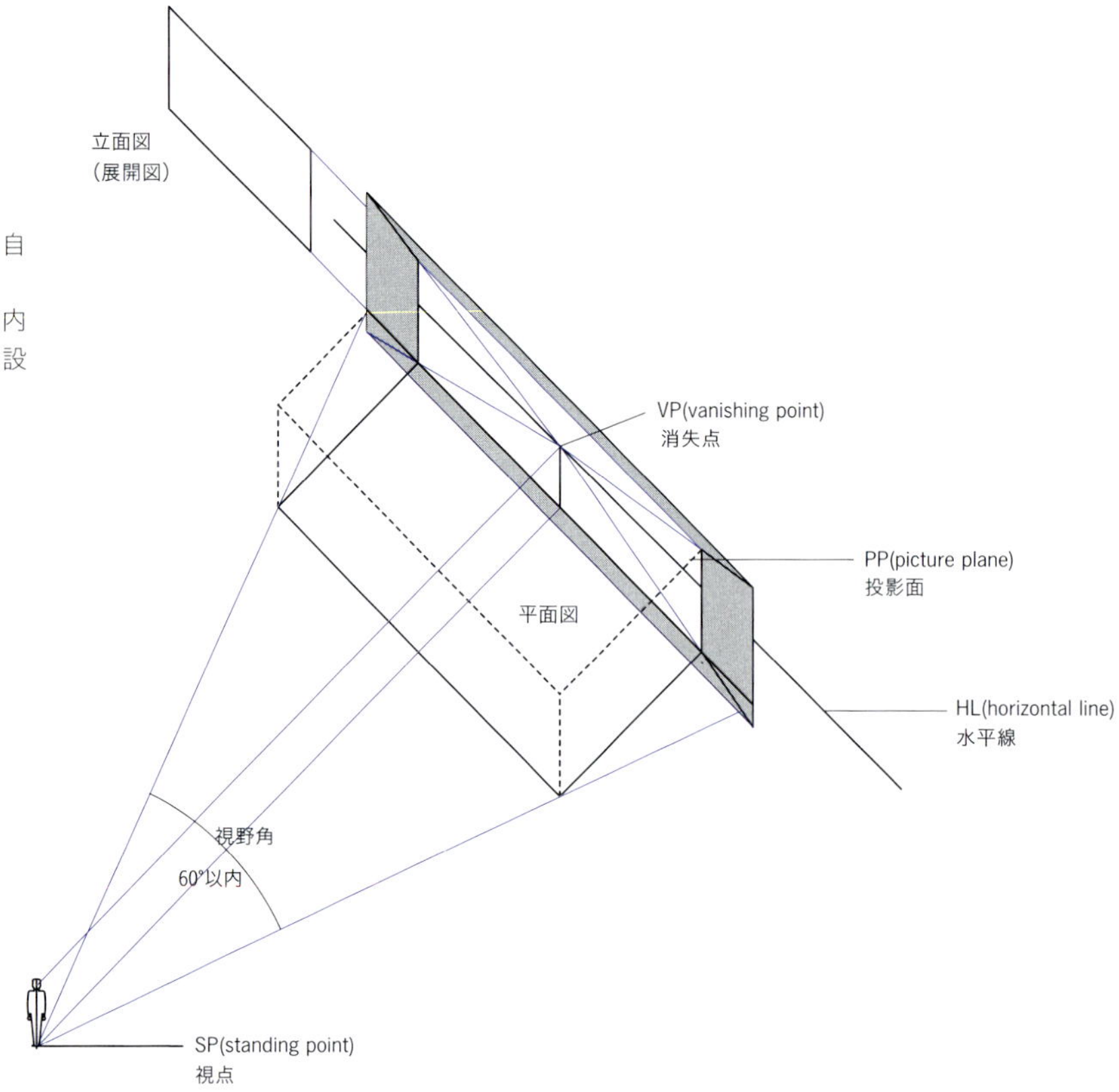


## 3-6 内観透視図の描き方 1点透視図

### 人間が見たときに近い

平面図、立面図、断面図、配置図というものは2次元的な平行投影図として寸法、角度等を表現しやすい。だが実際それは人間が見えるものとは異なる。

透視図とは人間が見たときに近いもの（3次元的なもの）を、2次元に作図し表現する技法である。一般には「パース」と呼ばれる。特性としては同じ大きさでも視点から近いほど大きくなり、遠いほど小さく最終的には点となる。まずは用語とその記号をおぼえておこう。

PP（picture plane）は投影面、HL（horizontal line）は水平線、SP（standing point）は視点、VP（vanishing point）は消失点である。上図は作図のイメージを表現したものであるが、仮想の立体を人間が立って見たとき画面（PP）に投影して2次元の映像として現れるということである。

この章では、VPが1つの1点透視図を学ぶ。

仮想の立体をPPの手前にする場合と奥にする場合がある。次頁上の図は平面図のPPを奥に設定した図である。PPに接する部分が実寸となる。その平面図から人が立って見ている位置をSPとして任意に設定する。

SPの位置は、描こうとする対象物が60°の角度に入るように設定する。その角度を視野角また画角という。人間がまっすぐ見たとき自然に視覚に入る範囲である。高さは断面図、展開図などから求める。このときはE、F、G、Hが実寸（たとえば1／100や1／50）となる。

任意にHLを設定するのだが、人間の目線なら1500㎜の高さが一般的である（アイレベルという）。その線上にVPを置く。つぎにPPに接している部分（断面図と仮定したとする）の各コーナーE、F、G、HとVPをつなぎ、その線を延長する。SPとA点をつないだ線を延長してPPとの交点Cから垂直に下ろした線が手前の部分としてI－Kラインとなる。同様にD点からJ－Kラインが求められI、J、K、Lの矩形

## PP を平面図の後面に設定した場合

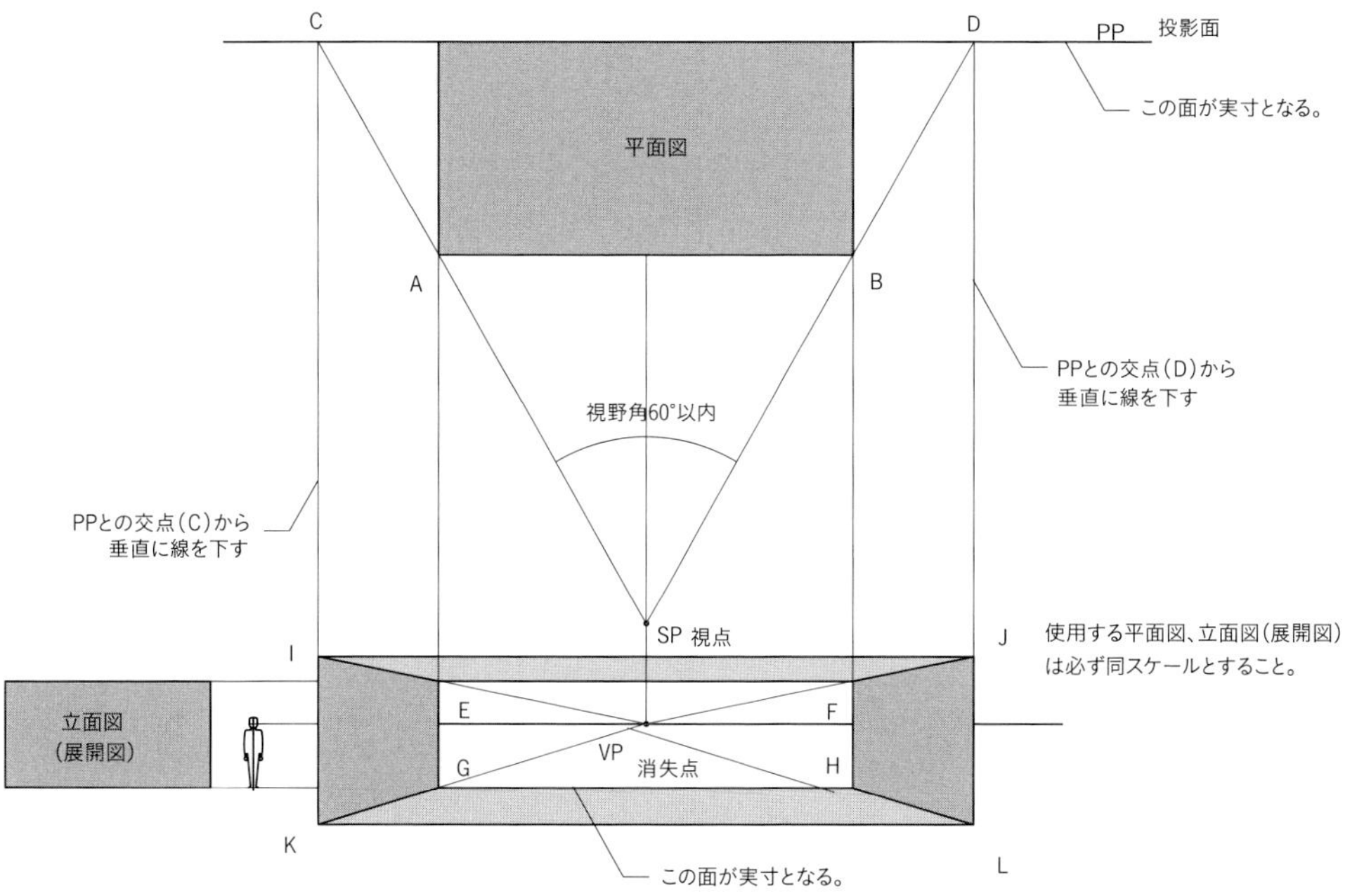


## PP を平面図の前面に設定した場合

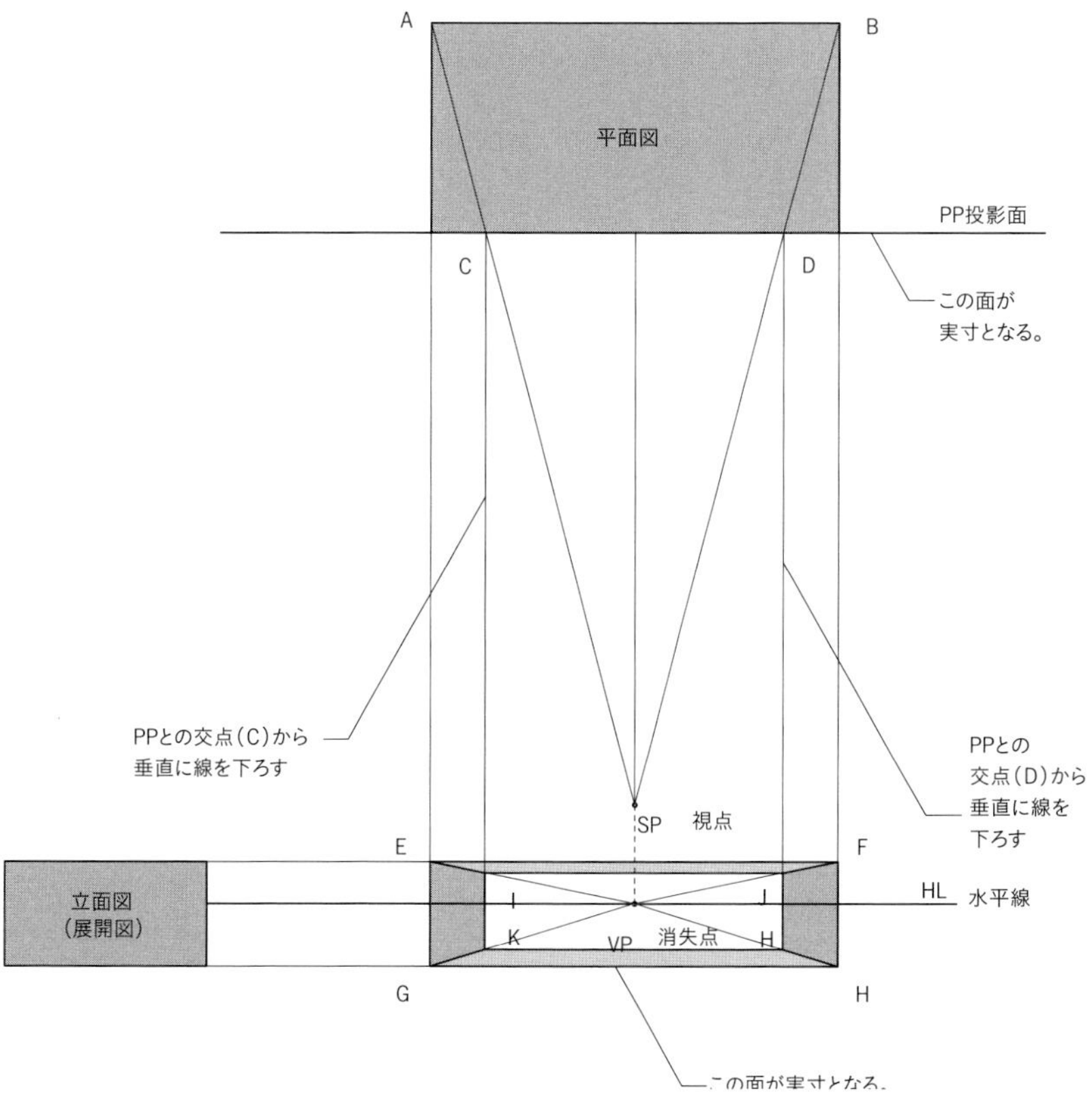


が作図できる。

下の図は平面図のPPを手前にした場合の図である。

平面図の奥のA点、B点とSPをつなぐ。

つぎにPPに接している部分（断面図と仮定したとする）の各コーナーE、F、G、HとVPをつなぐ、
SPとA点、B点をそれぞれつないだ線とPPラインの交点C、Dが求められる。

交点Cから垂直に下ろした線が手前の部分としてI、Kラインとなる。

同様にD点からJ-Kラインが求められI、J、K、Lの位置が奥行きとなる。

**1**

平面図と展開図または断面図を用意する。（ただし同スケールのこと）
平面図と展開図（断面図）は上下同じ位置に置く。
平面図に展開図面を PP として般定する。約 60°の範囲内に入るよう SP を設定する。
展開図面にアイレベルとして FL ＋ 1500 の位置に HL を引く SP から垂直に下ろした線と HL の交点を VP とする。

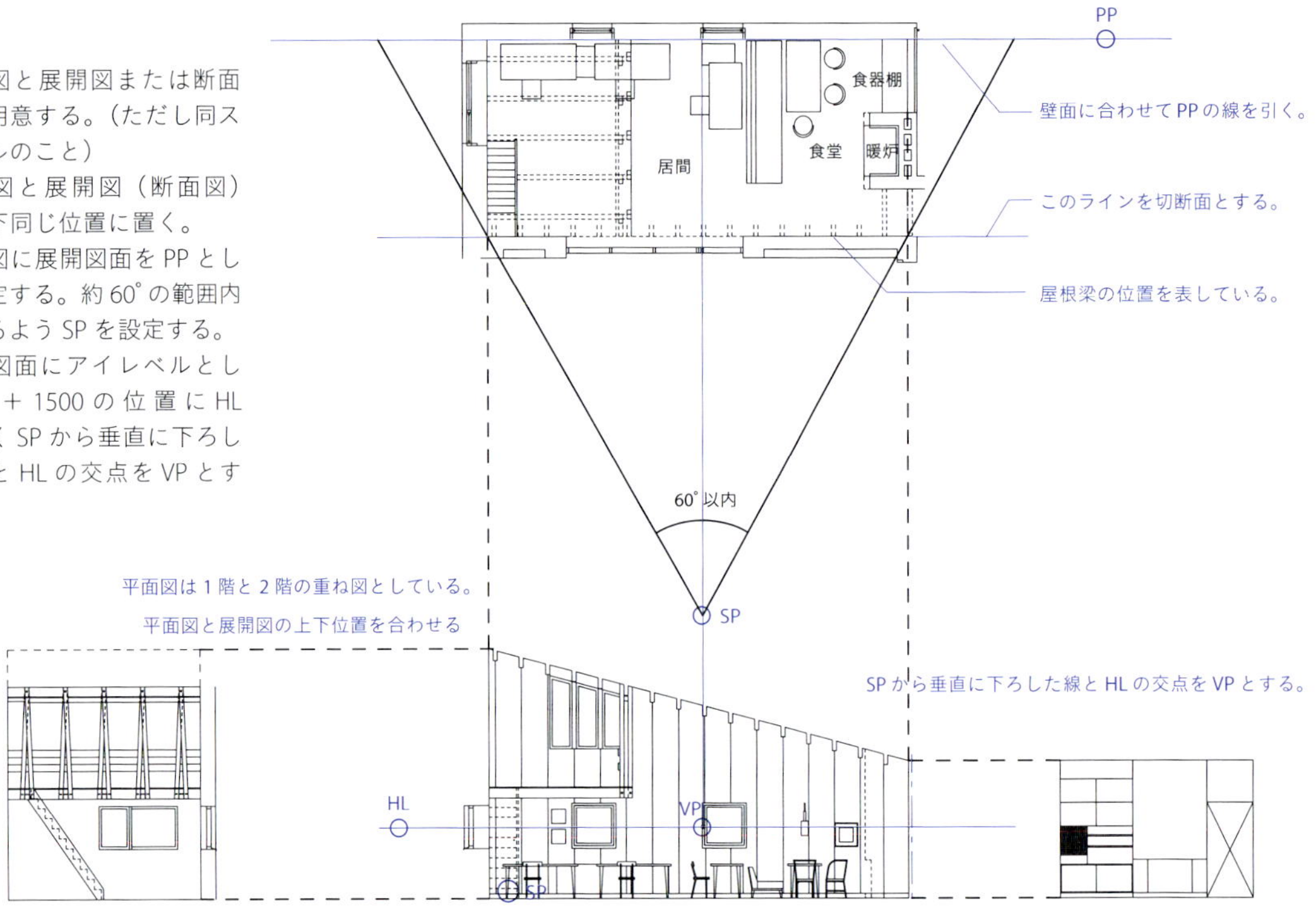

PP
食器棚
居間
食堂
暖炉
壁面に合わせて PP の線を引く。
このラインを切断面とする。
屋根梁の位置を表している。
60°以内
平面図は 1 階と 2 階の重ね図としている。
平面図と展開図の上下位置を合わせる
SP
SP から垂直に下ろした線と HL の交点を VP とする。
HL
VP
SP

本図縮尺
S=1/200
演習推奨
S=1/50

**2**

平面図から SP とそれぞれの位置をつなぎ、その線を延長して PP にぶつける。

その交点から垂直に下げた所がそれぞれの位置となる。

高さについては。展開図から VP を中心として放射状に延長して平面との交点を見つける。

まずは床、壁、天井を作図していく。

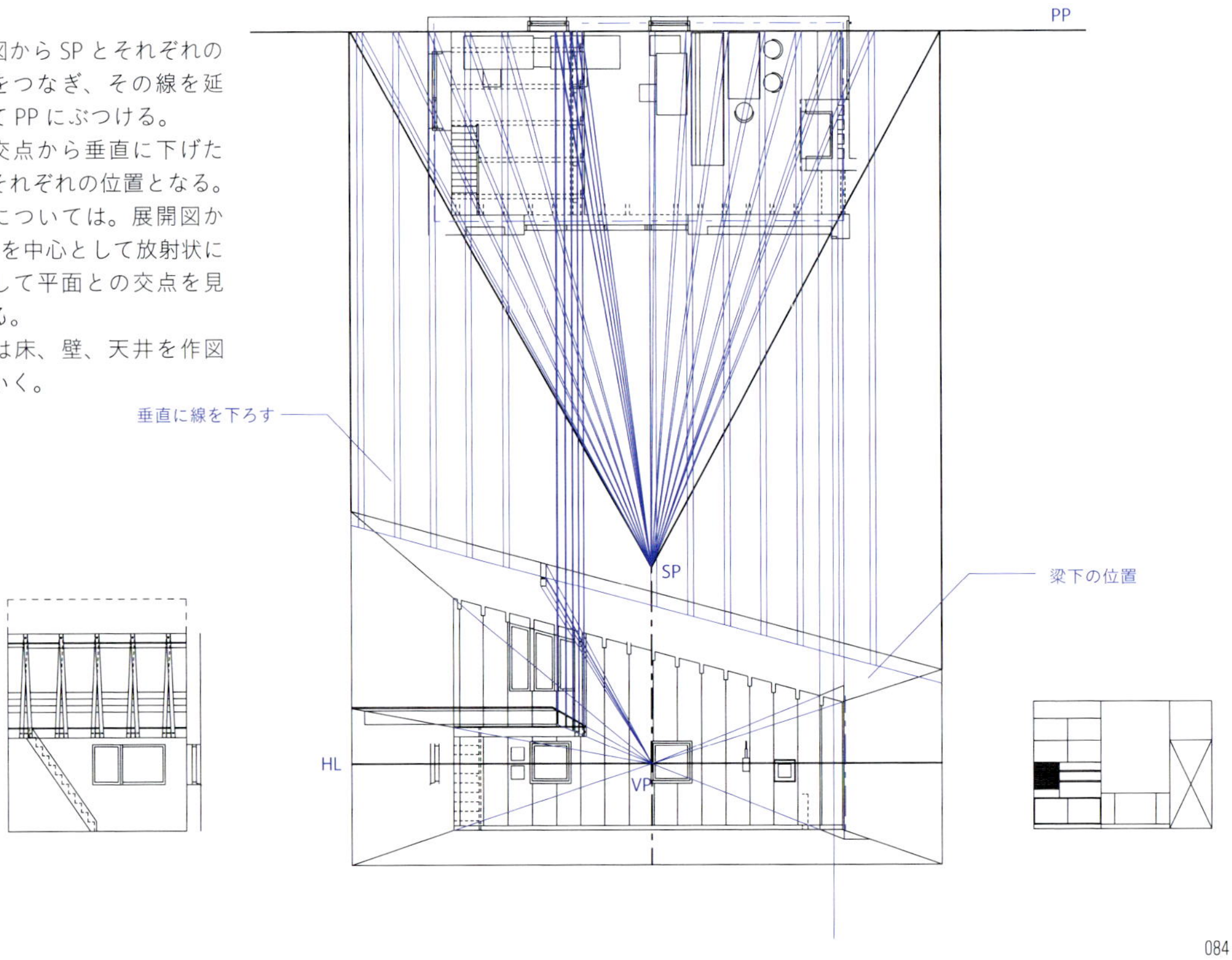

PP
垂直に線を下ろす
SP
梁下の位置
HL
VP

## 3

梁、暖炉、窓等を展開図の高さから作図していく。
階段は2階と1階の位置を出し、つなぐ。

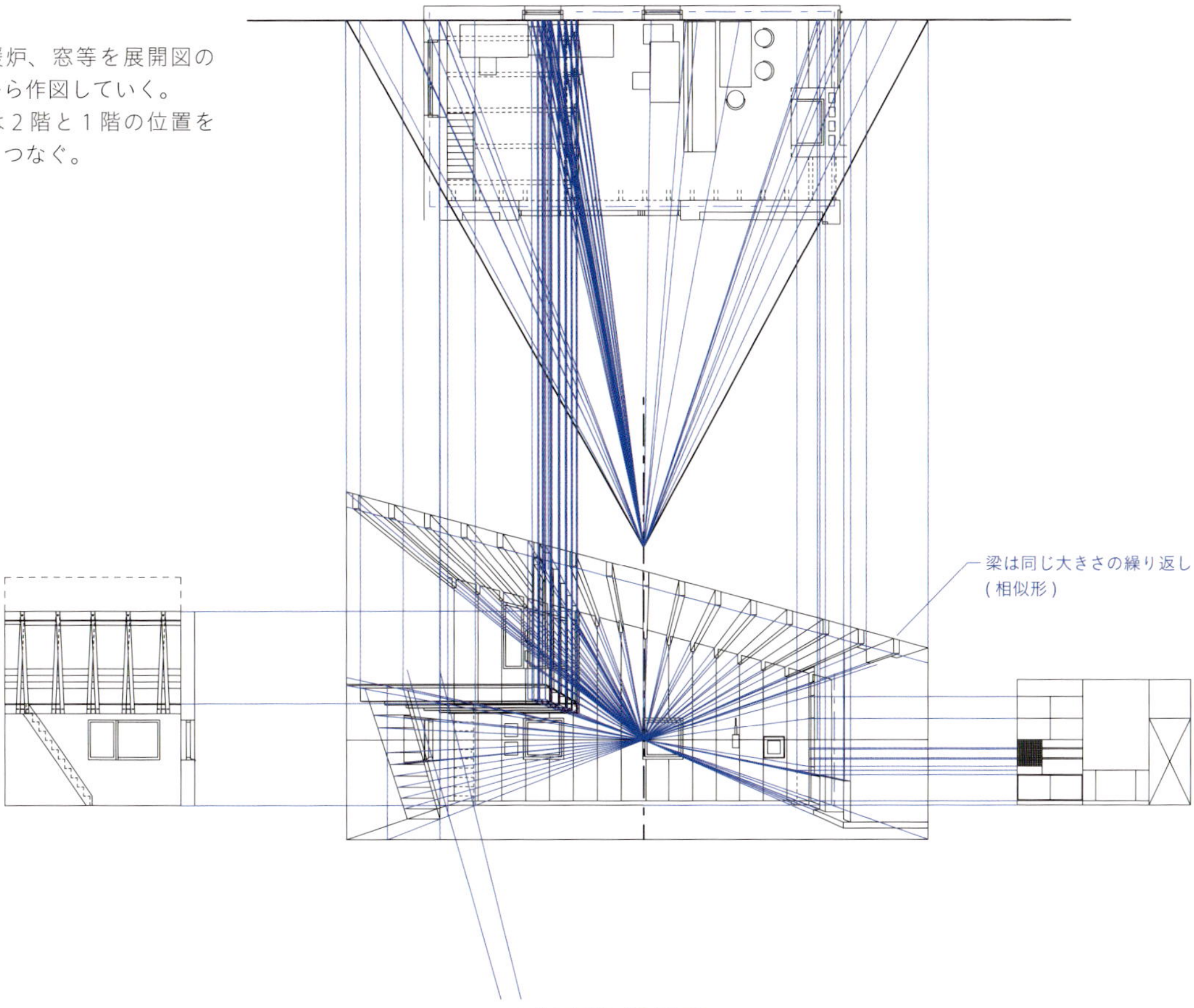
この先にも別の VP がある。


## 4

つぎに家具を同様に大まかな形を作図する。
家具の大きさを正しく作図すること。
奥行きは当然 VP に向かう。

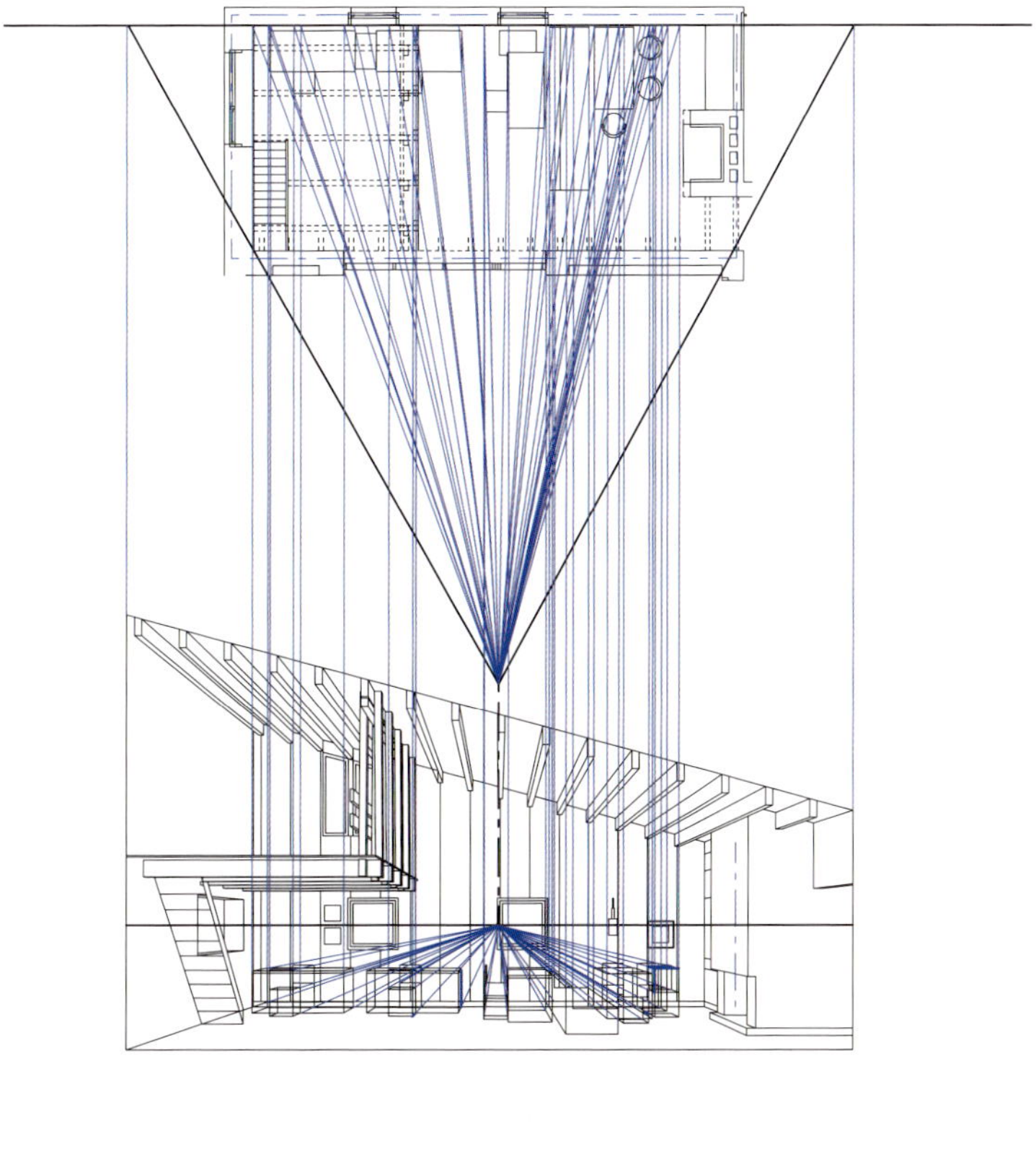

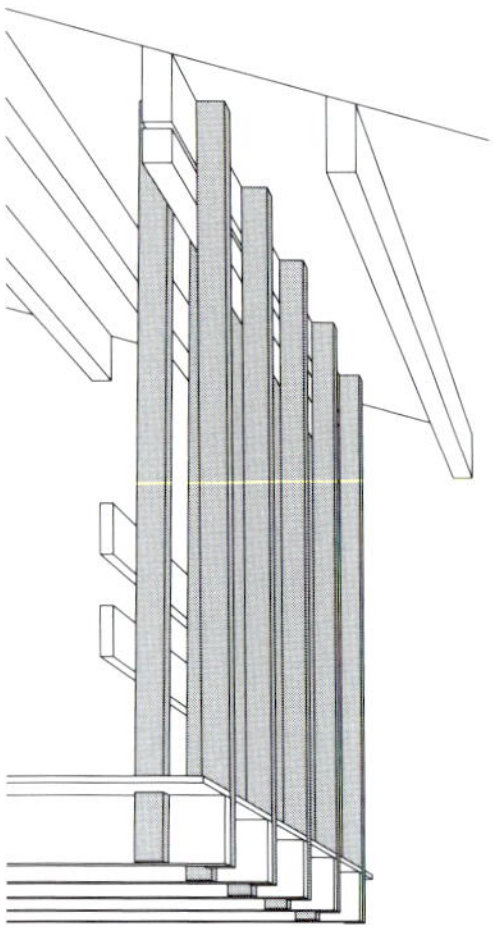

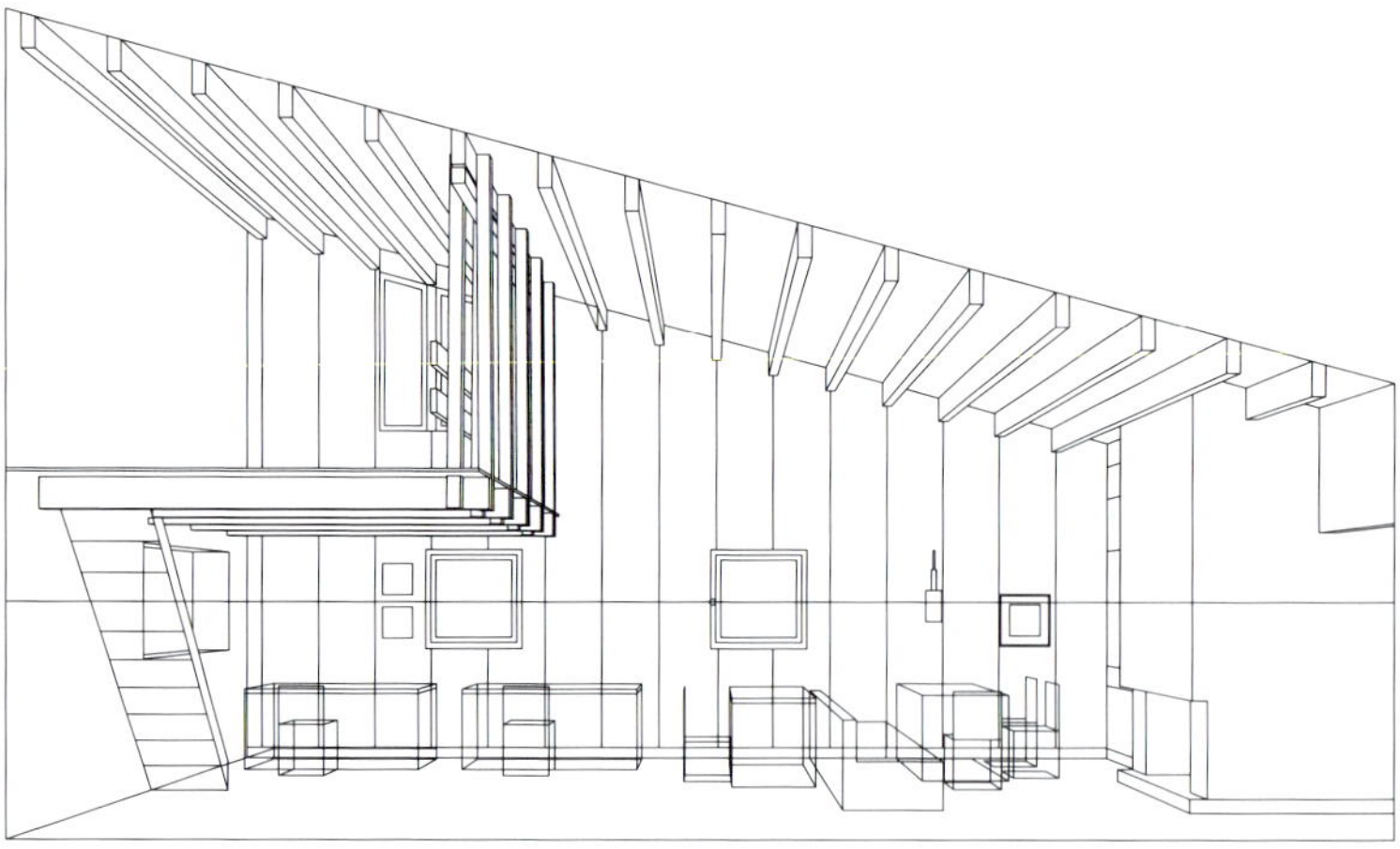

吊り柱の特殊な構造や組み方を理解しながら作図する。

作図線を省くと上図のようになる。

↓

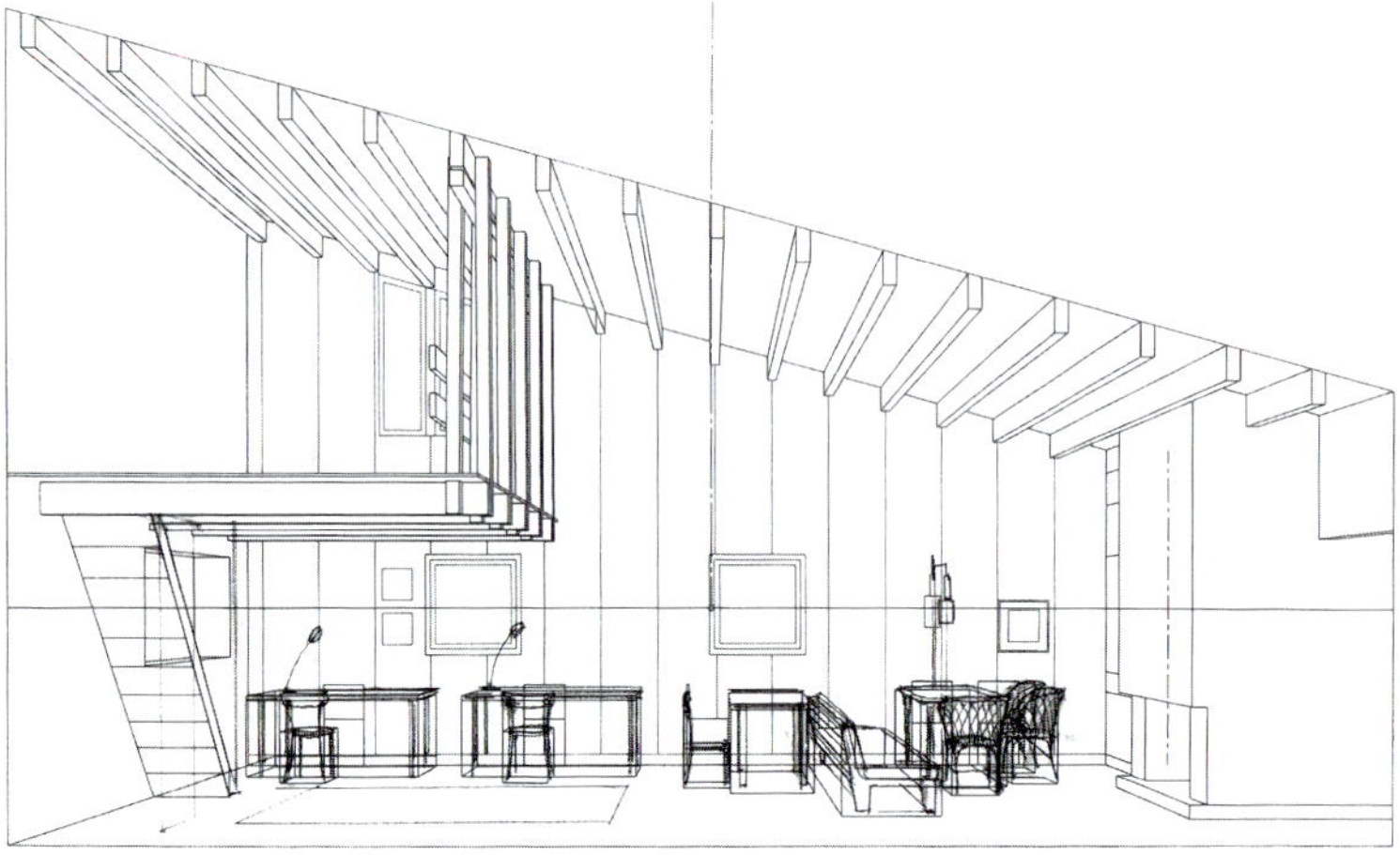

## 家具のスケッチ

透視方向を意識しながら
家具の形をスケッチする。

↓

## 鉛筆による下図の作成

トレーシングペーパーに鉛筆で下図を作成する。
家具や備品を描く場合、そのスケールを正確に描くことが重要である。まちがったスケールやプロポーションでは、インテリアパースとして不自然なものとなるので注意し、修正しながら作成する。
近くの物を詳細に描き、遠くになるほど、ぼかすイメージで描く。

### インキング

下図をコピーし用紙にトレースダウンする。
インキングする場合、断面の切断部分を最も太い線で描く。
VP に向かう線は常に意識して正確に描く。
遠くへ行くほど細くするというイメージで線を描いてゆく。
目地は最も細い線で描く。

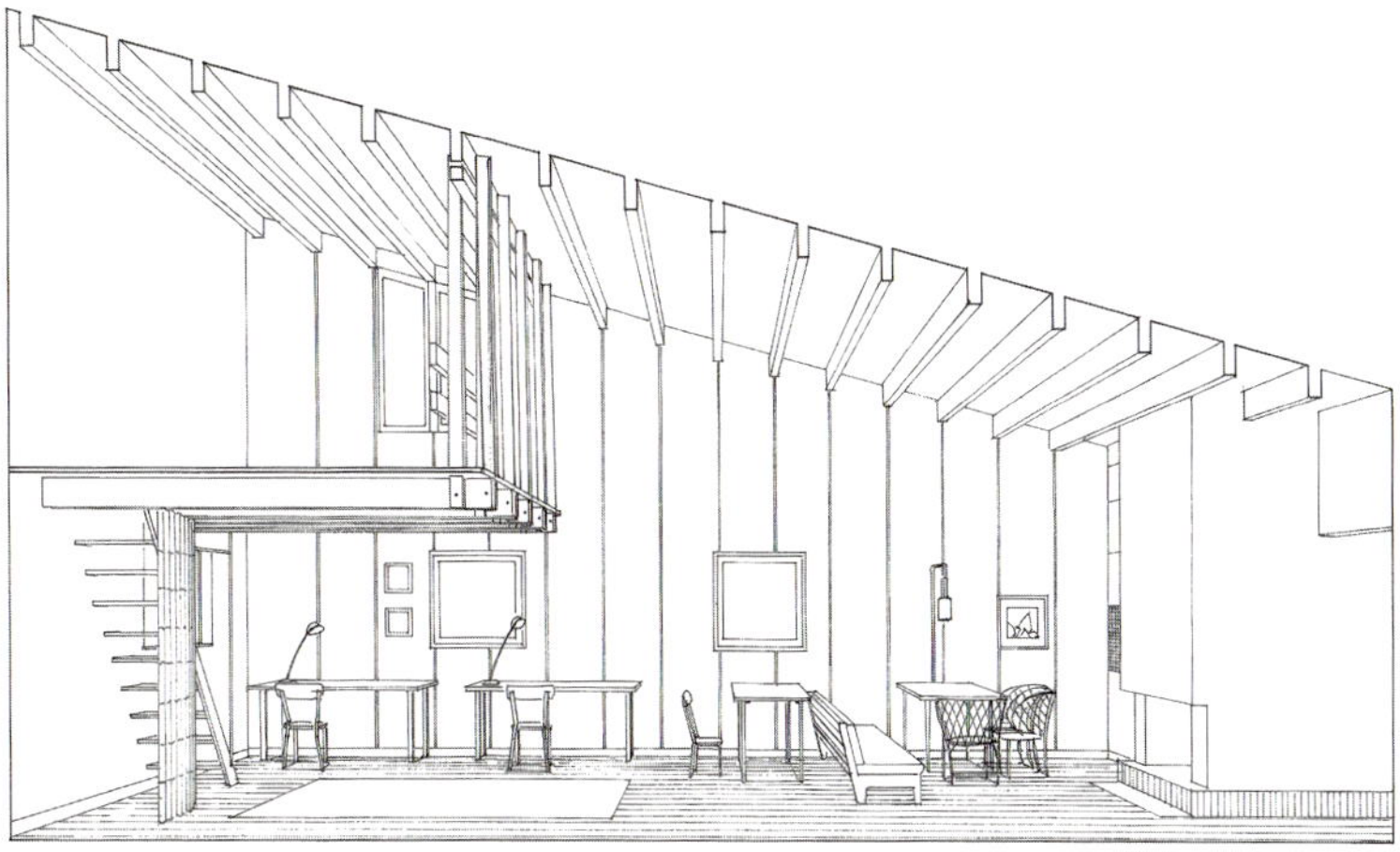

↓

### 陰影をつけて立体感を表現する

正面に見える面は白く残す。
視線方向と平行な面は薄いグレーを塗る。
梁の底面はそれより濃くする。
(97 頁「影のつけ方をマスターしよう」を参照)

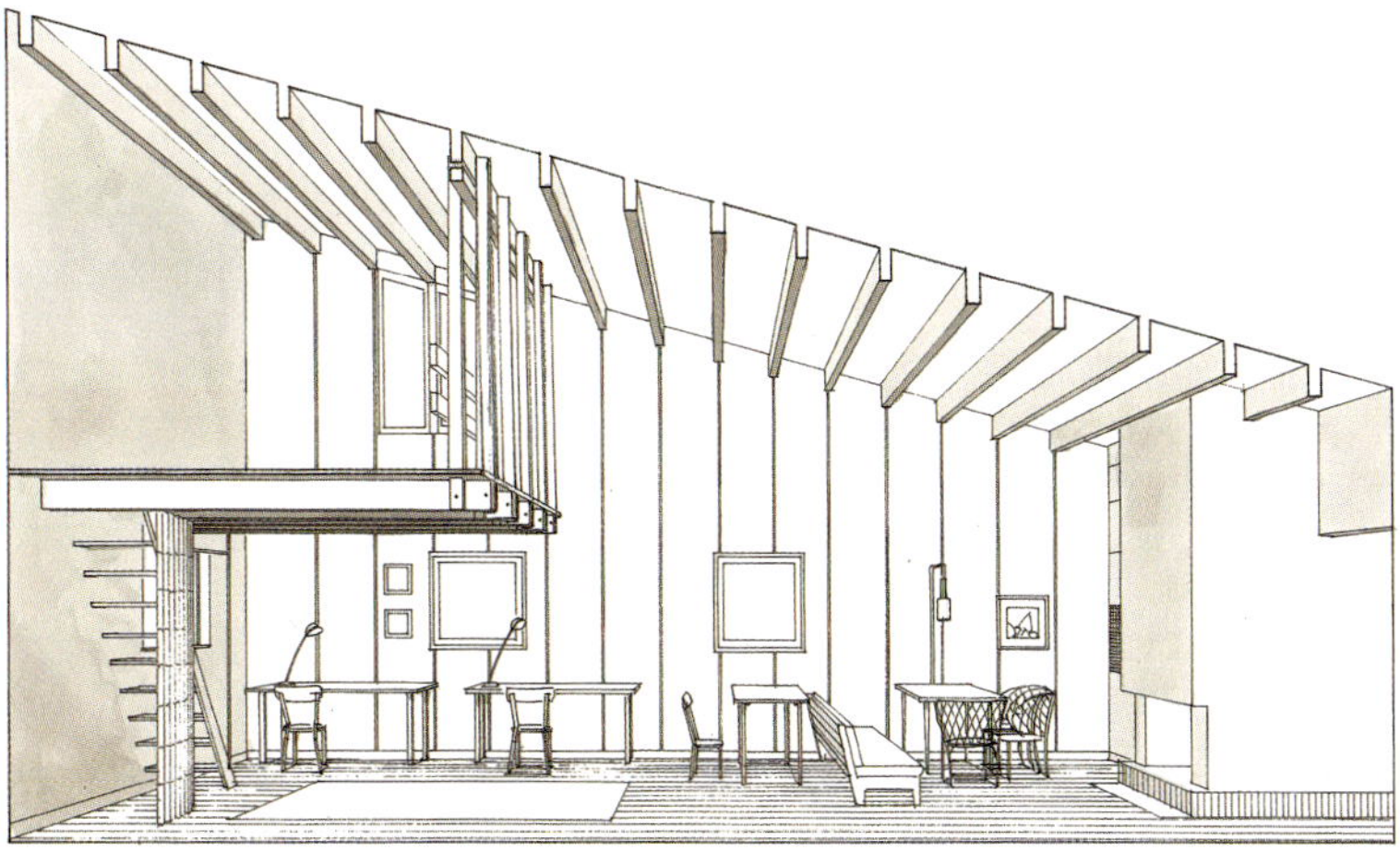

↓

### 木材部分を着色していく

はみ出さないように注意して、茶系の色をむらのないようきれいに塗ること。
近くを強めにし、遠くになるほど弱くする意識で塗るとよい。

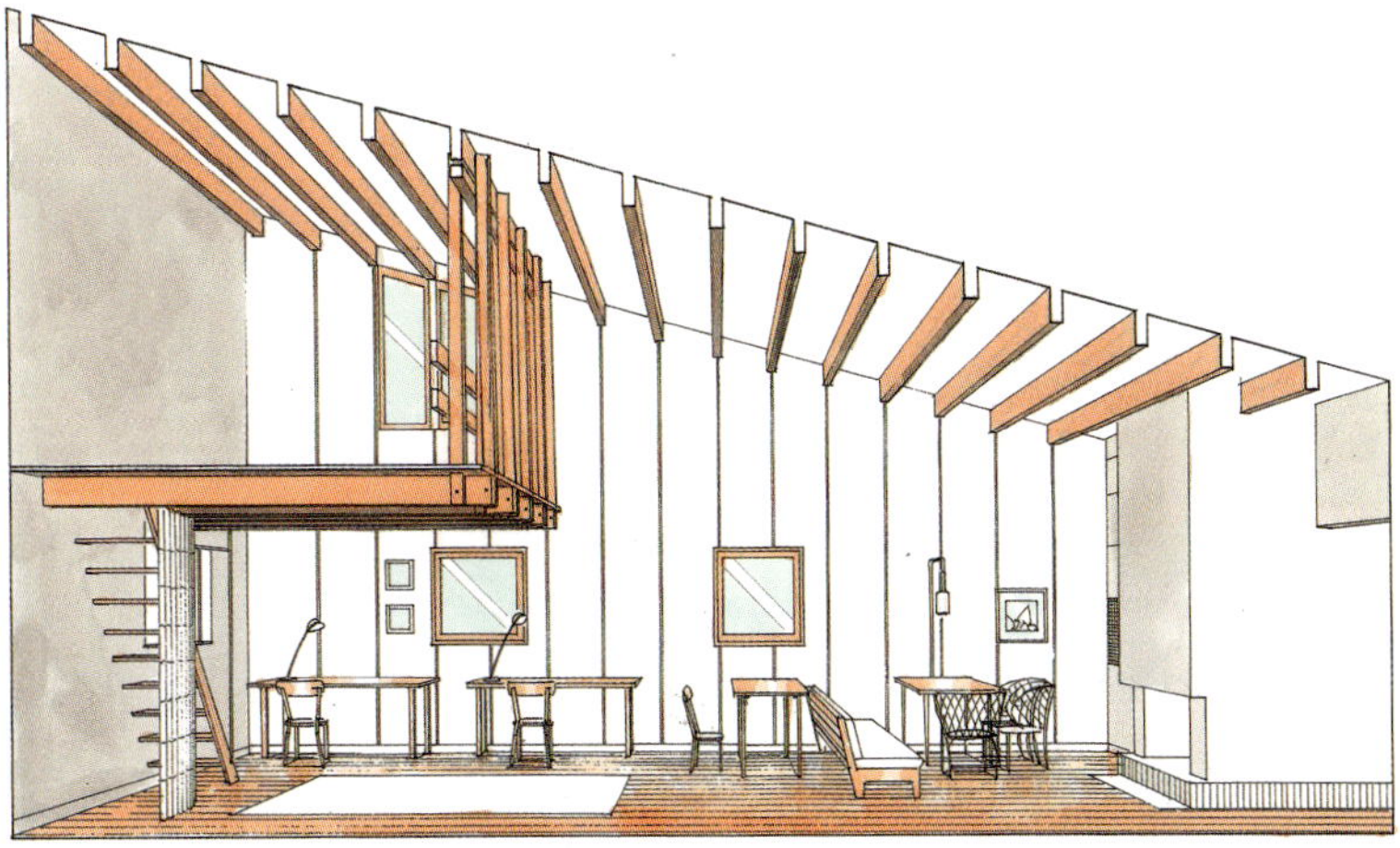

家具の影を床面に暖炉や階段を壁に影を落とすことで立体感を出す。窓から見える樹木、格子等を描き込む。

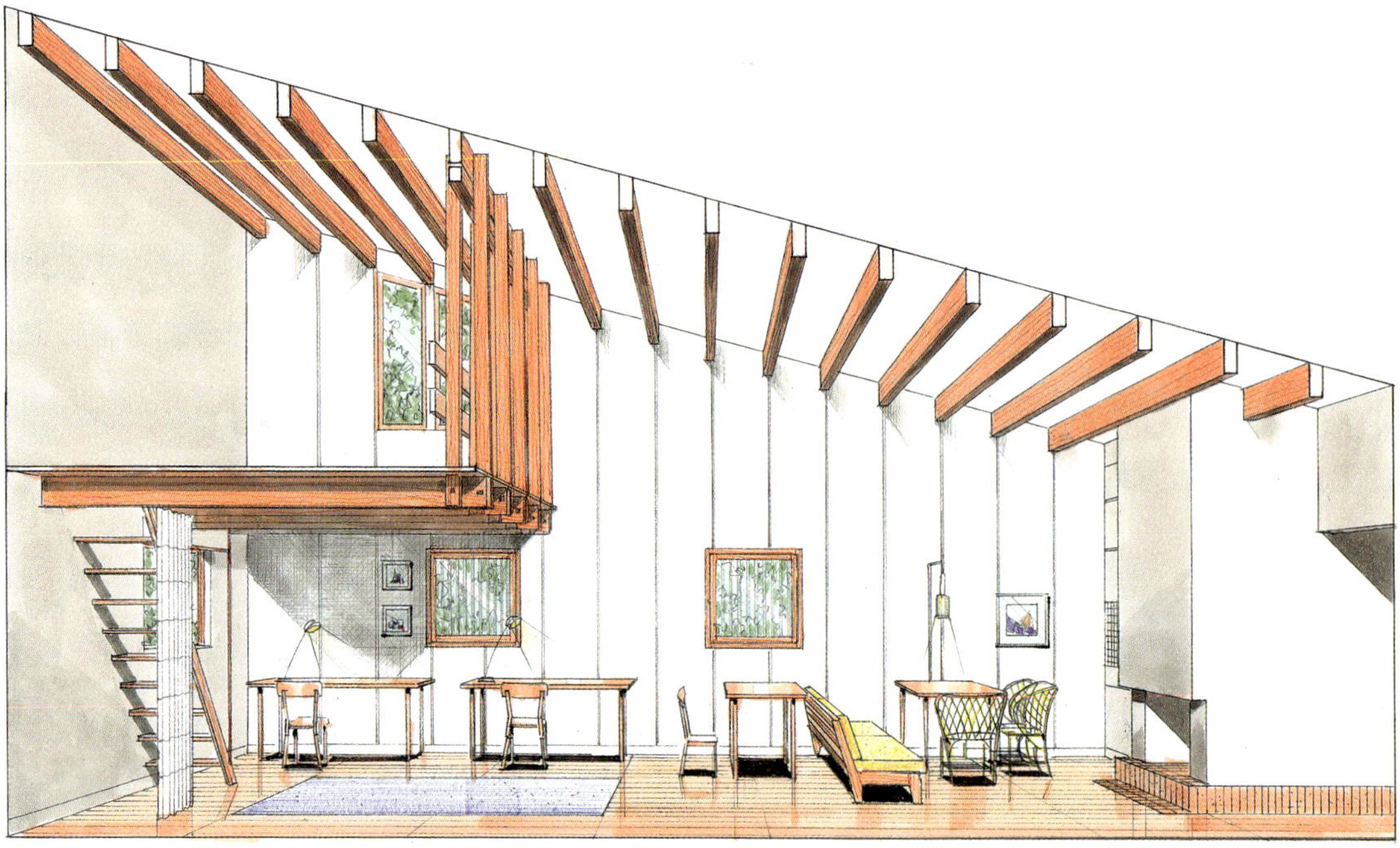

**マーカーによる着色例**

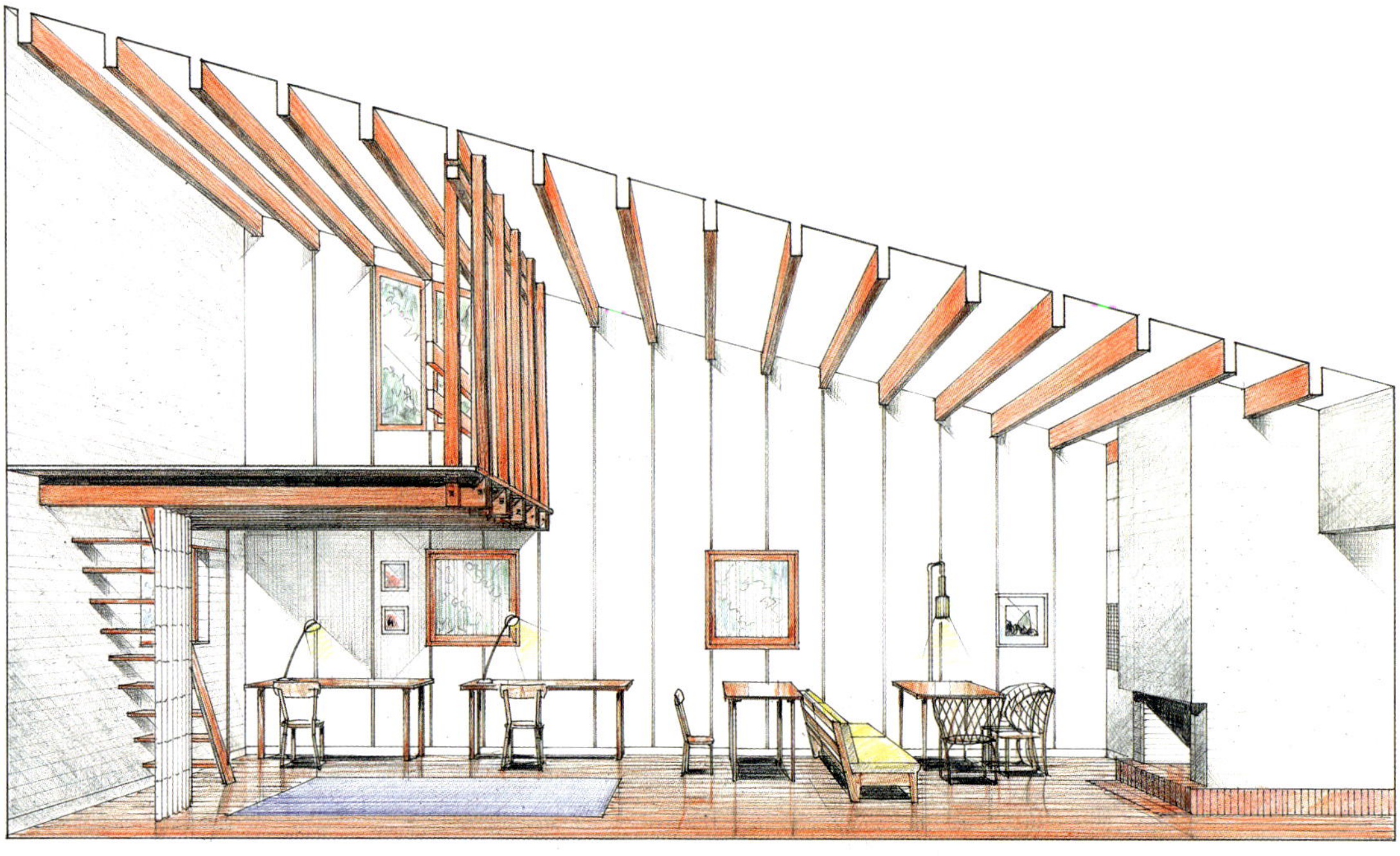

**色鉛筆による着色例**

## One Point 素材感の表現

建築内外装には、さまざまな仕上げ材料が使用される。

パースを描くときも、材料が何なのかを表現することで空間のリアリティが生まれイメージしやすくなる。

手書きで描く場合も、ざらざらした物なのか、光っている物なのか、目地があるのかないのか、その材料の素材感を表現することが大事である。

実物を観察し、さわったり、そしてスケッチしたりすることで、自分なりの表現方法が見えてくる。

### 素材の表現方法

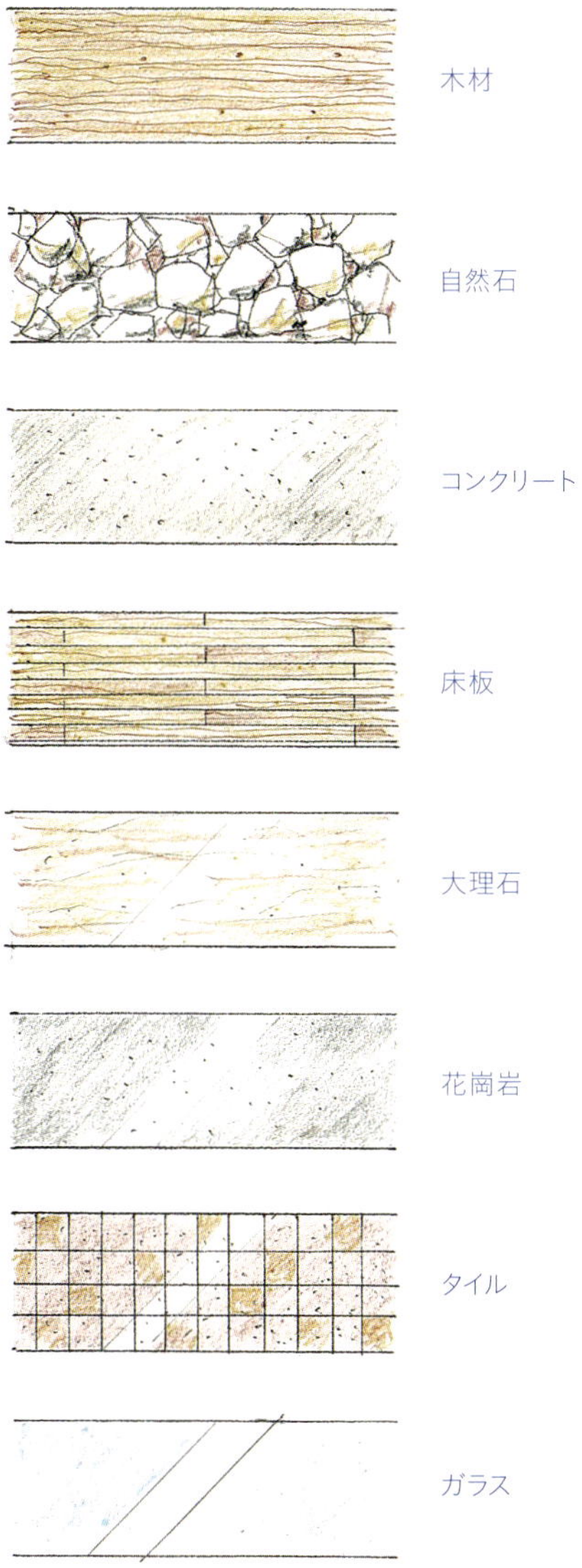


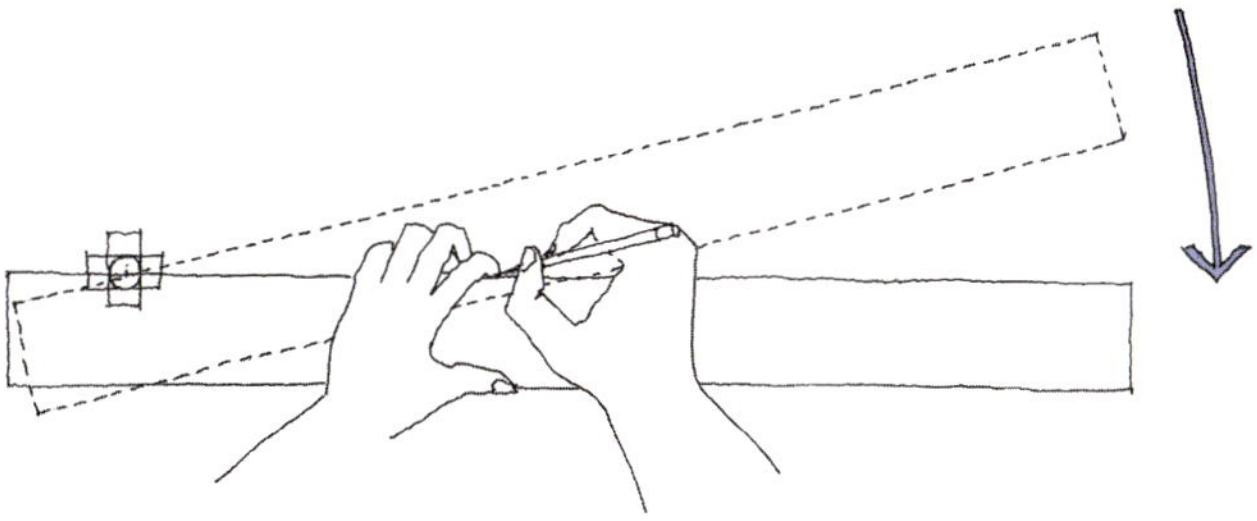

VP に向かって、放射状に目地などの線を描く場合、画鋲をの針を上にしてドラフティング・テープで VP の位置に貼り付ける。長めの直定規を使い、画鋲の針にあて、回転させて線を描くことで容易に放射状の目地等が描ける。

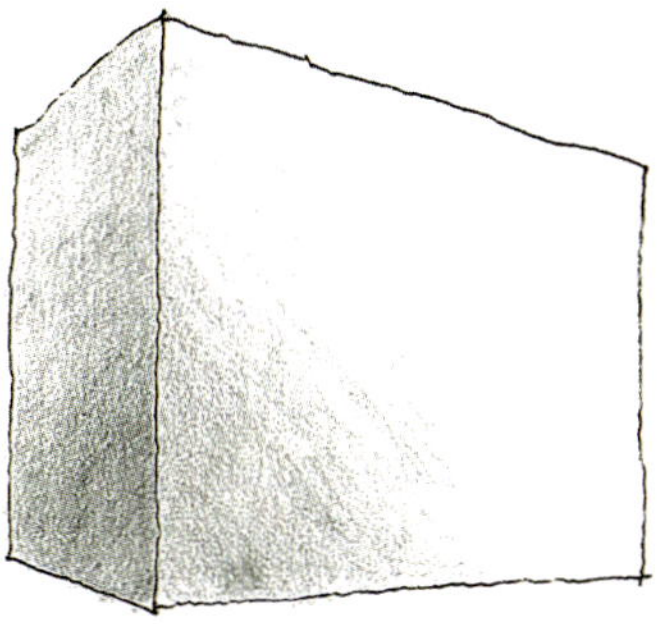

### グラデーションのつけ方

ソリッドな面の場合下から上へ、近くから遠くへと徐々に明るくなっていく。

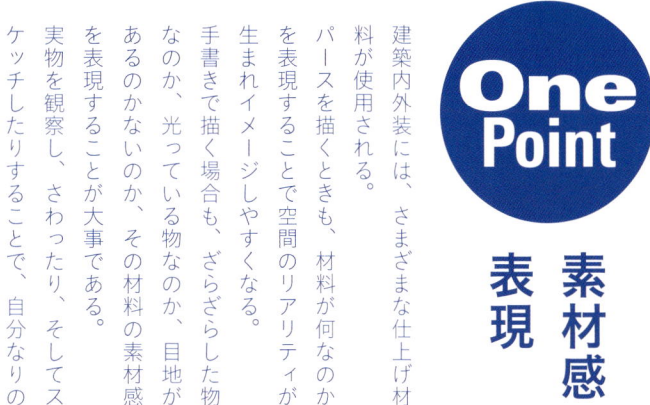

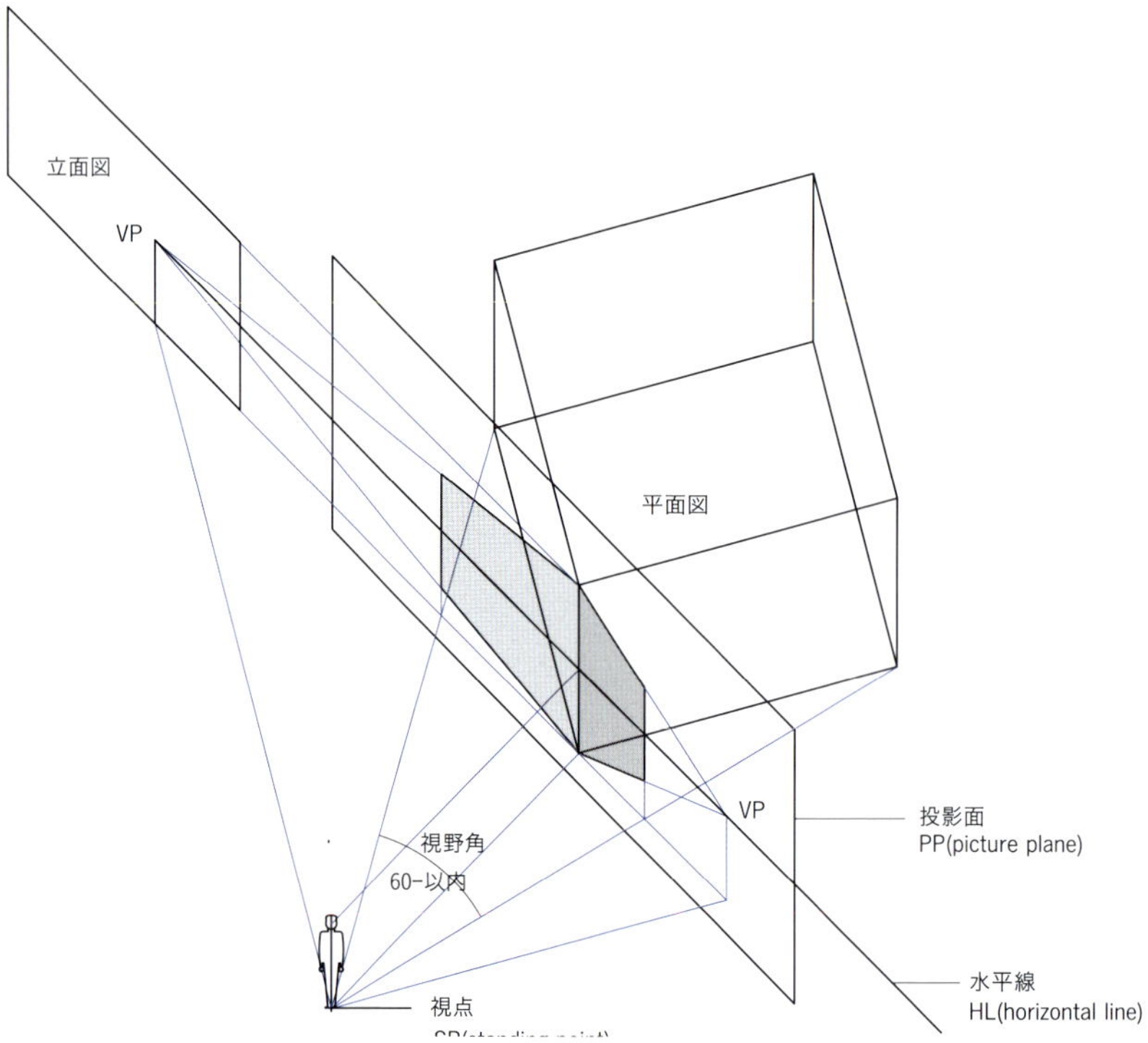


3-7

# 外観透視図の描き方 2点透視図

## ボリュームを表現する

前章の1点透視図の場合はPPに対し平面図が平行に置かれたが、上図のように2点透視図の場合は平面図を斜めにして置かれる状態であると考えてほしい。そのためVPは左右に2点発生することとなる。

2点透視図はボリュームが表現できるため、多くが外観パースに利用される。

2点透視図の作図方法の手順を説明する。

①平面を任意の角度で斜めに置き（30°、60°例）、平面図の頂点Cから水平線を引く。それがPPとなる。

②SPは、平面図が視野角60°の範囲内に入るよう位置を決める。

③SPから平面図の各辺にPPに向かって平行線を引く。

④その交点F、Gから垂直に線を下ろす。

⑤立面図から任意の高さにHLラインを水平に引く（アイレベルは人間が立った目線として通常1500㎜で設定する。）

⑥HLと④の線の交点がSPとなる。

⑦C点が実寸となるためC点から垂直に下ろした線を立面図から求めた高さに設定（J－Iライン）する。

⑧J、K、L点からそれぞれVP（H、I点）に線を引く

⑨SPと平面図のA、B点を線で結ぶ

⑩HLと（9）の交点（D、E）から垂直に下ろした線が奥行きとなる。

HLは通常に見た目線（アイレベル）は1500㎜程度で設定するが、HLを上げることで次頁右下の図のように建物を見下げた絵になる。飛ぶ鳥が見たようなアングルになるので、鳥瞰図、鳥瞰パースなどともいう。

次頁左下の図は、勾配屋根を作図する例であるが、同じ面で角度が違う場合は、VPは垂直線上に存在する。坂道や階段を作図する場合もこの法則を理解しておくとよい。

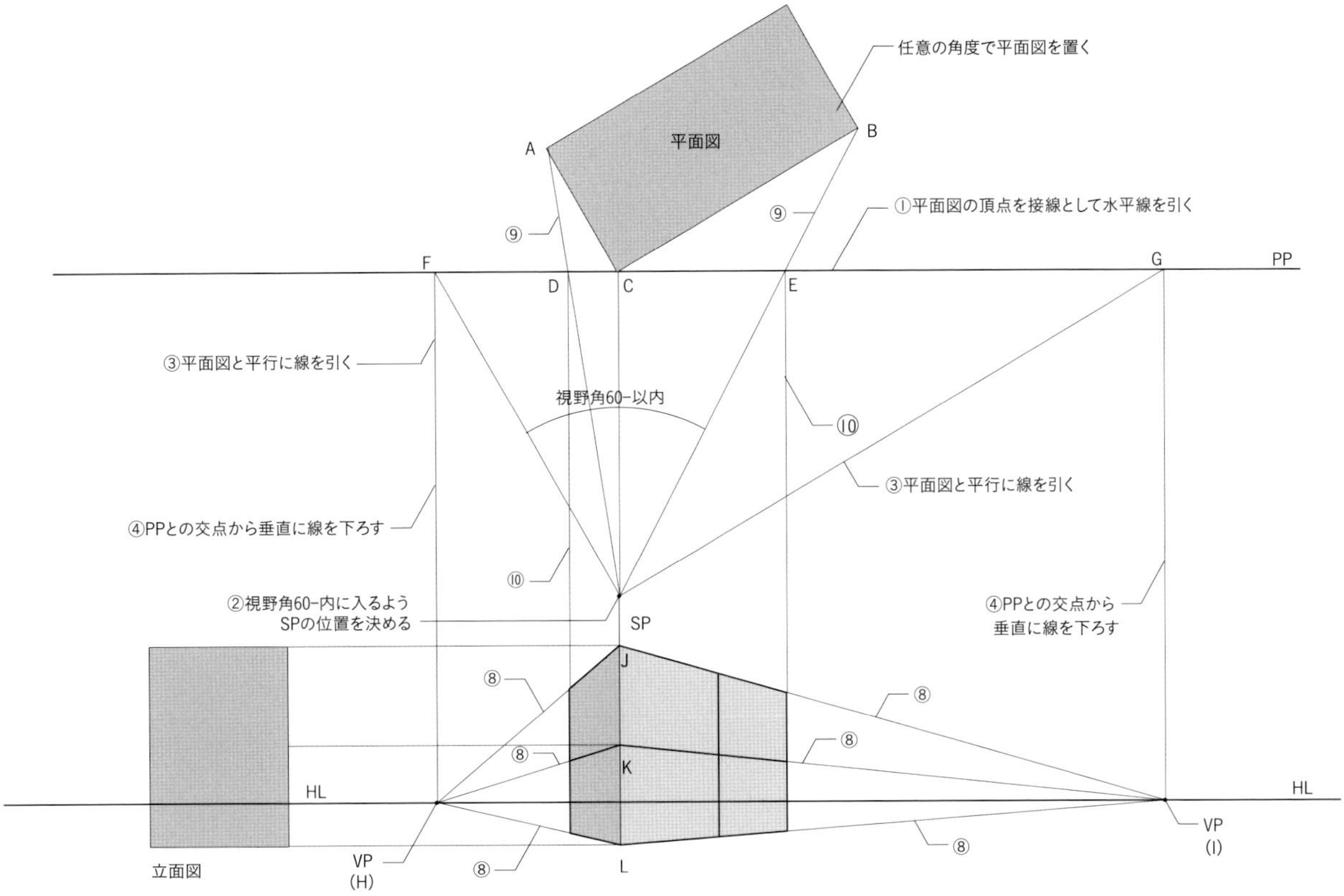


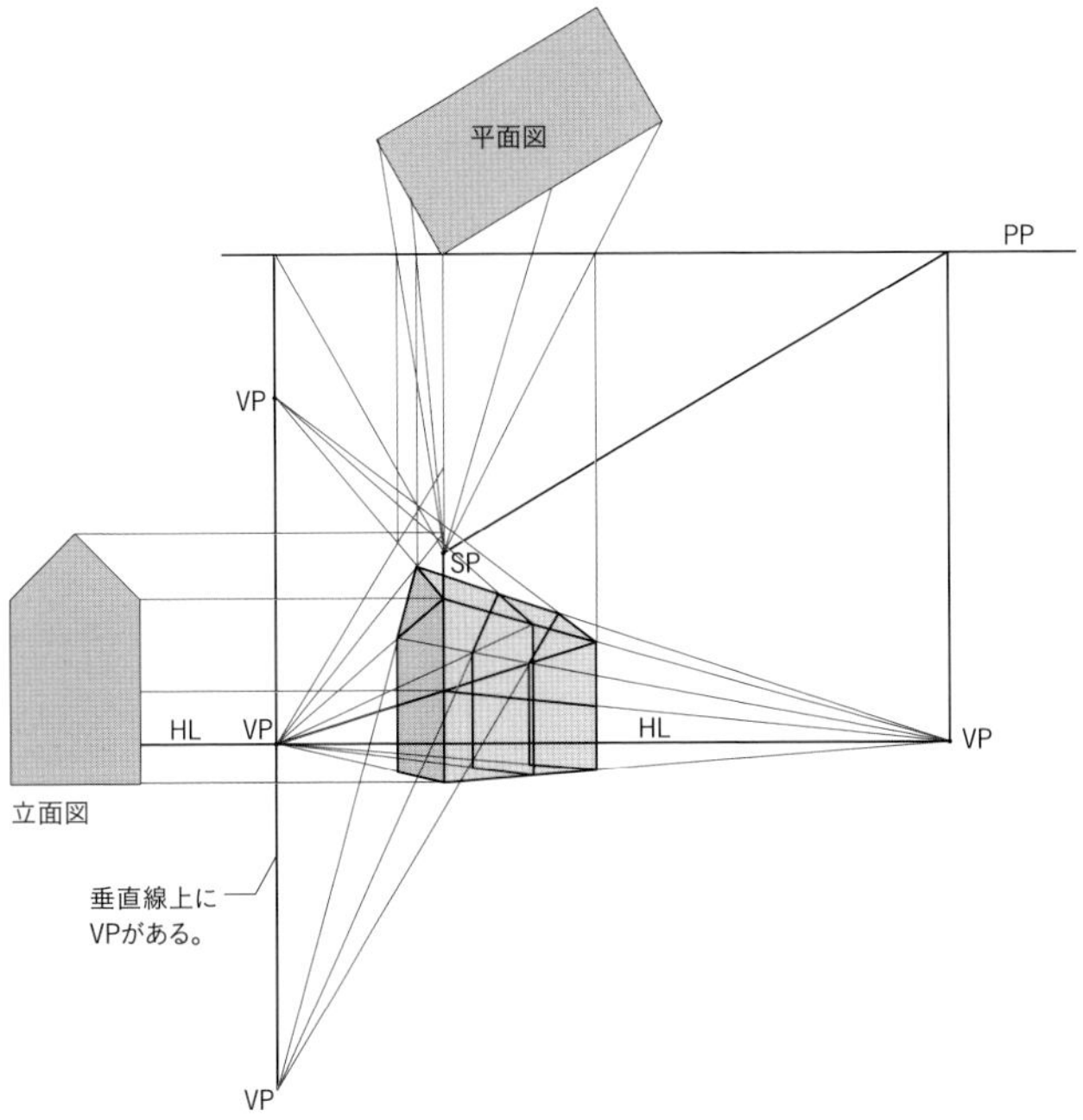


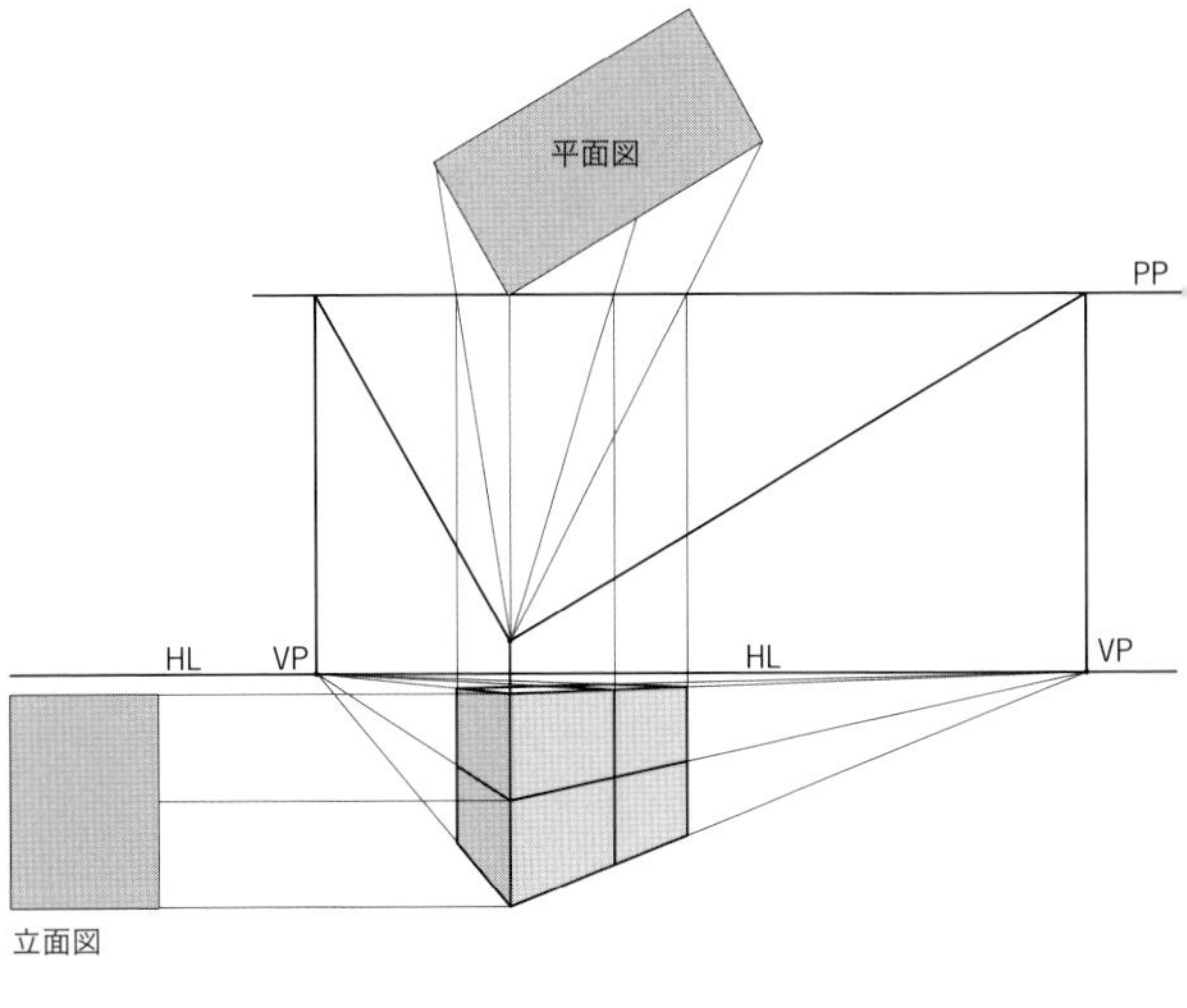


### 勾配屋根の作図

平行面で角度がついている場合
それぞれの VP は垂直線上に存在する。

### HL を上部に設定した場合

HL を上げると見下ろすような絵になる。
鳥が見た図ということで、鳥瞰図または鳥瞰パースとも呼ばれる。
鳥瞰図は周りの状況を描き込むことにより説明的な絵となる。

本図縮尺
S=1/500
演習推奨
S=1/100

**1**

平面図と立面図を用意する。(ただし同スケールのこと)平面図を任意の角度に置く（今回は 60°＋ 30°の角度とする）。
平面図に接する頂点に水平に線を引き PP として設定する。
SP から平面図のそれぞれの辺の角度に平行に線を引き PP にぶつける約 60°の範囲内に入るよう平面図から垂直に下ろした線上に SP を設定する。
HL を設定する。今回はアイレベルとして FL+1500 の位置に HL を引く。

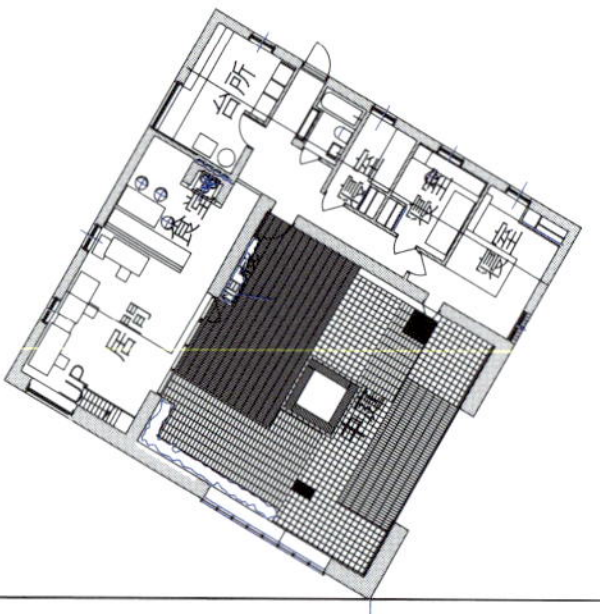

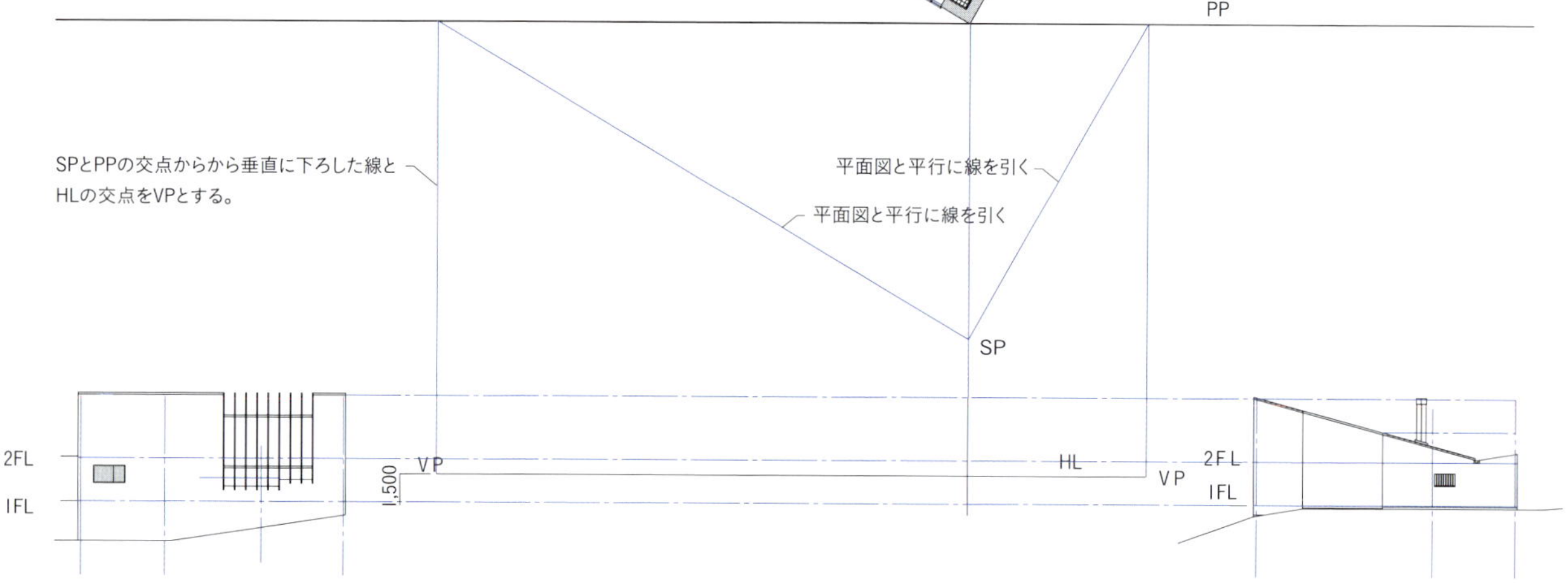


**2**

PP と接する頂点をから下ろした線を立面の基線とする。
立面の基線として高さが実寸（平面図と同じスケール）となるため立面図から高さを割りつける。
GL および最高高さ部分と V P を結ぶ。
SP とそれぞれの平面位置をつないだ線と HL の交点から垂直に下ろした線が奥行き方向となる。

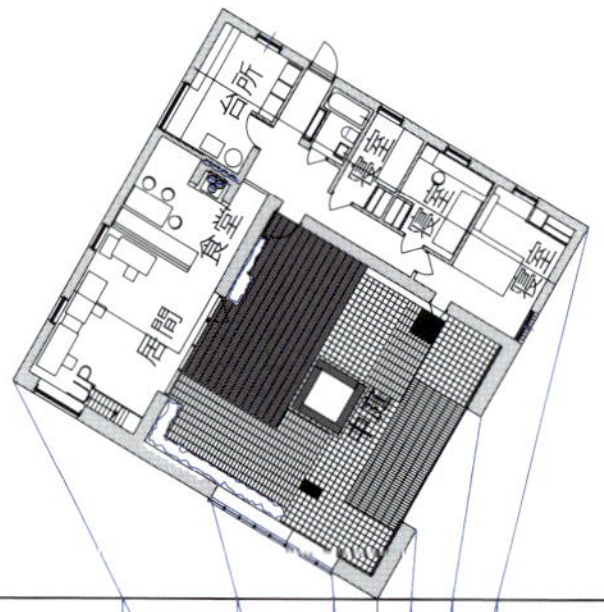

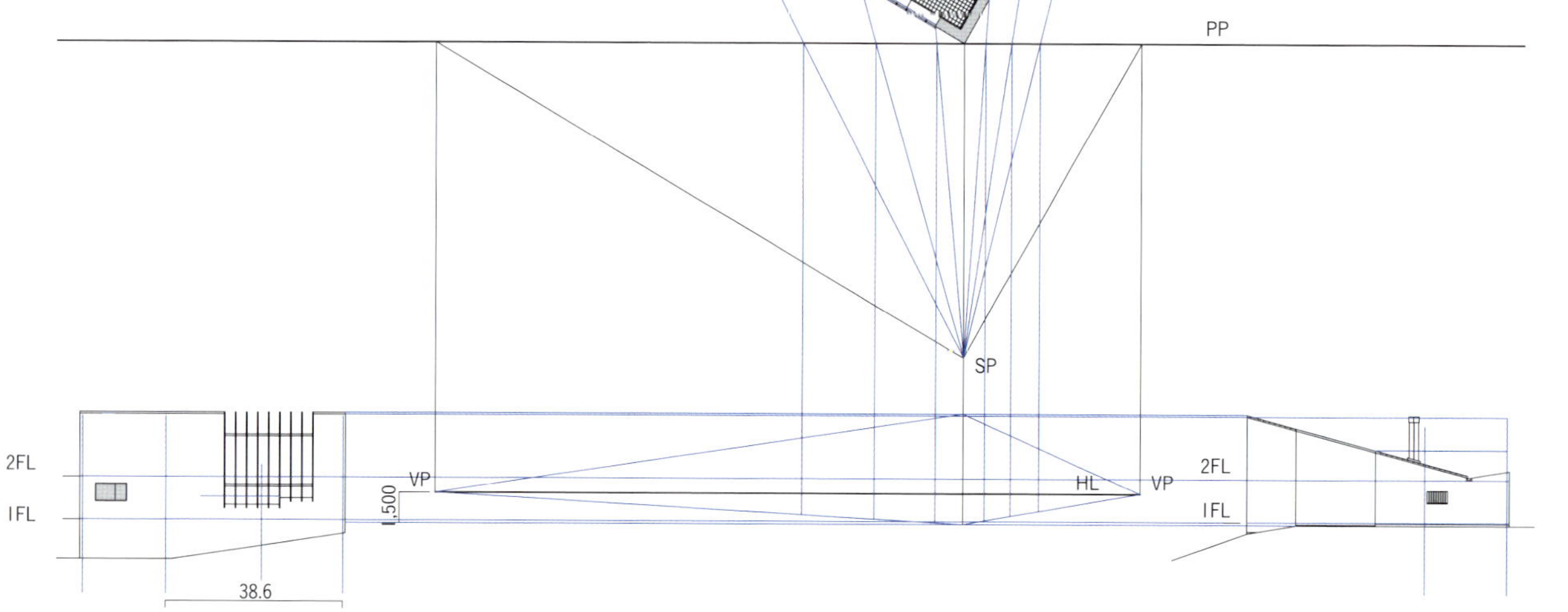

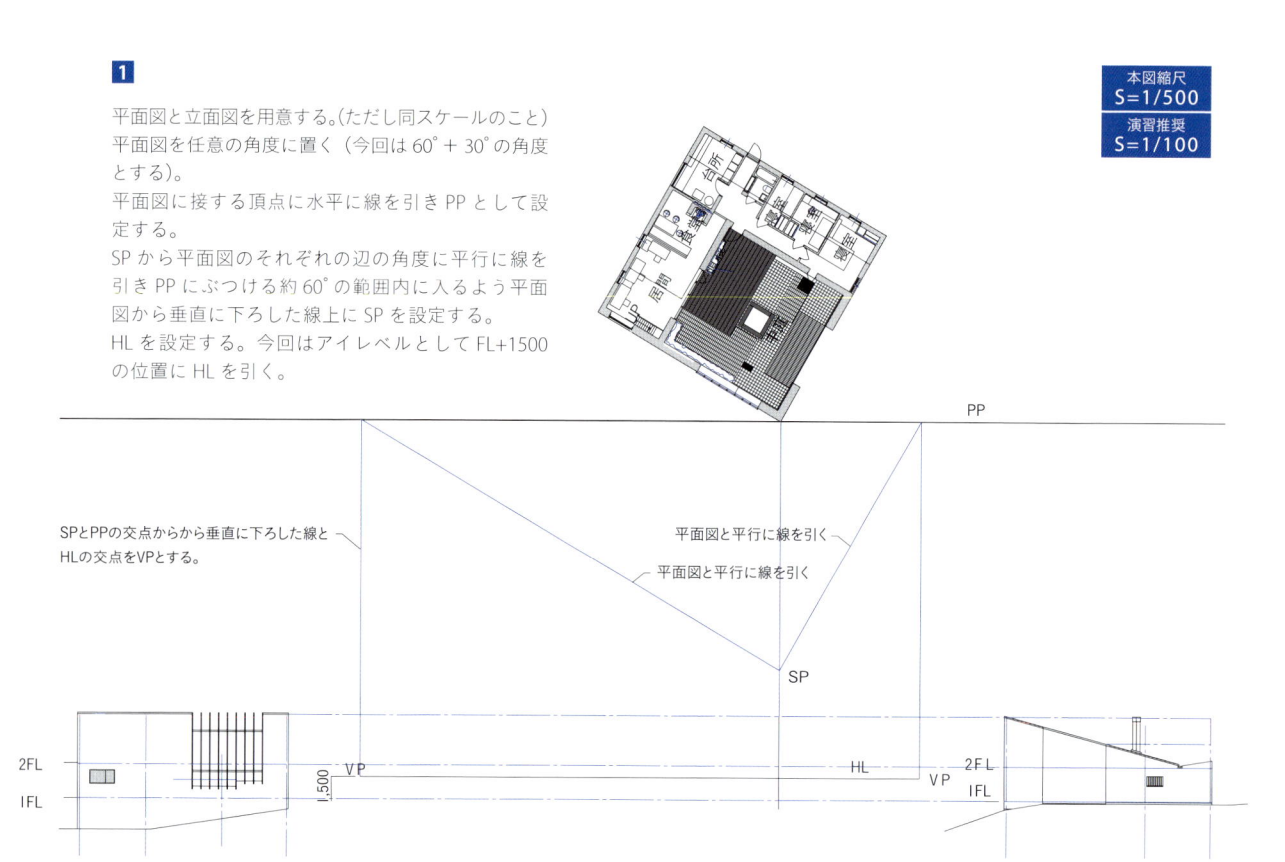

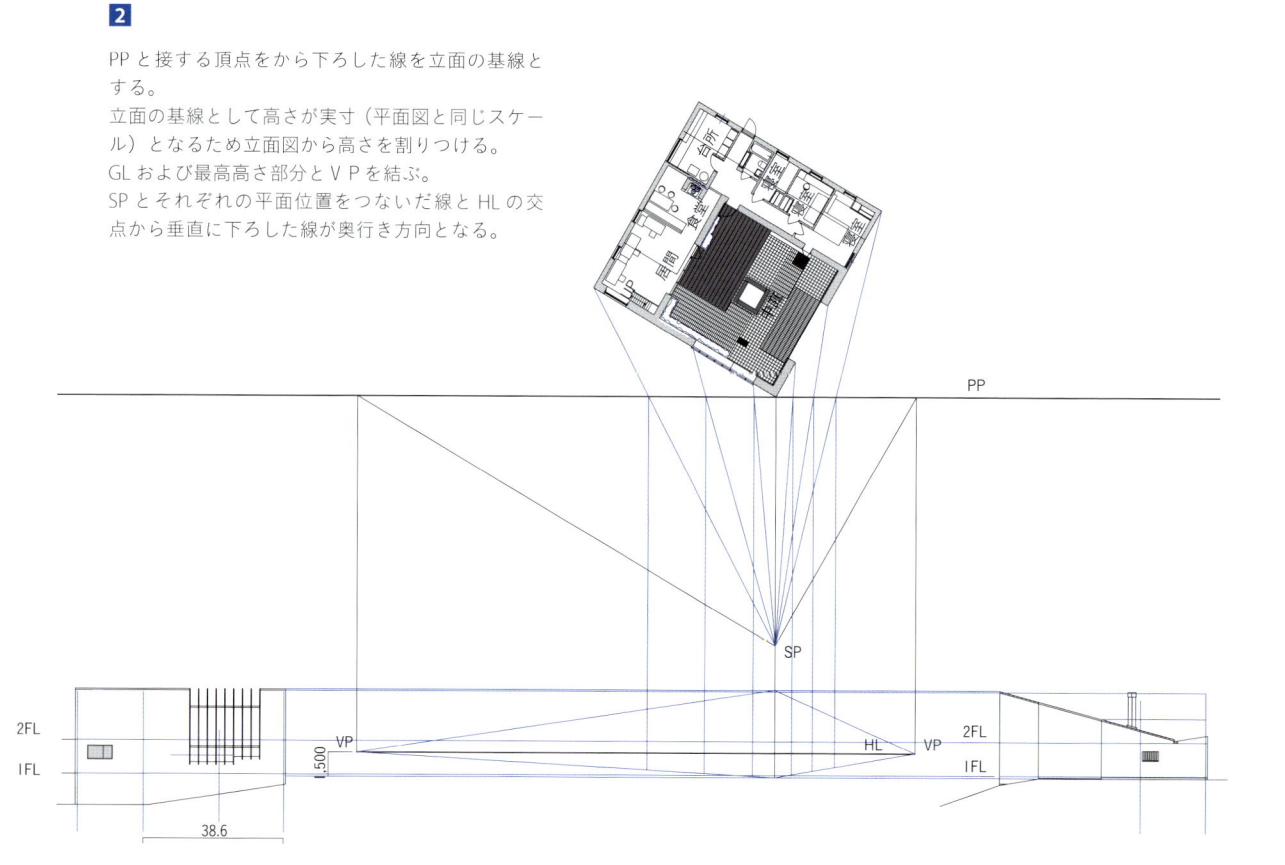

**3**

壁厚や勾配屋根、腰壁等も同様にして、大まかな形を作成してゆく

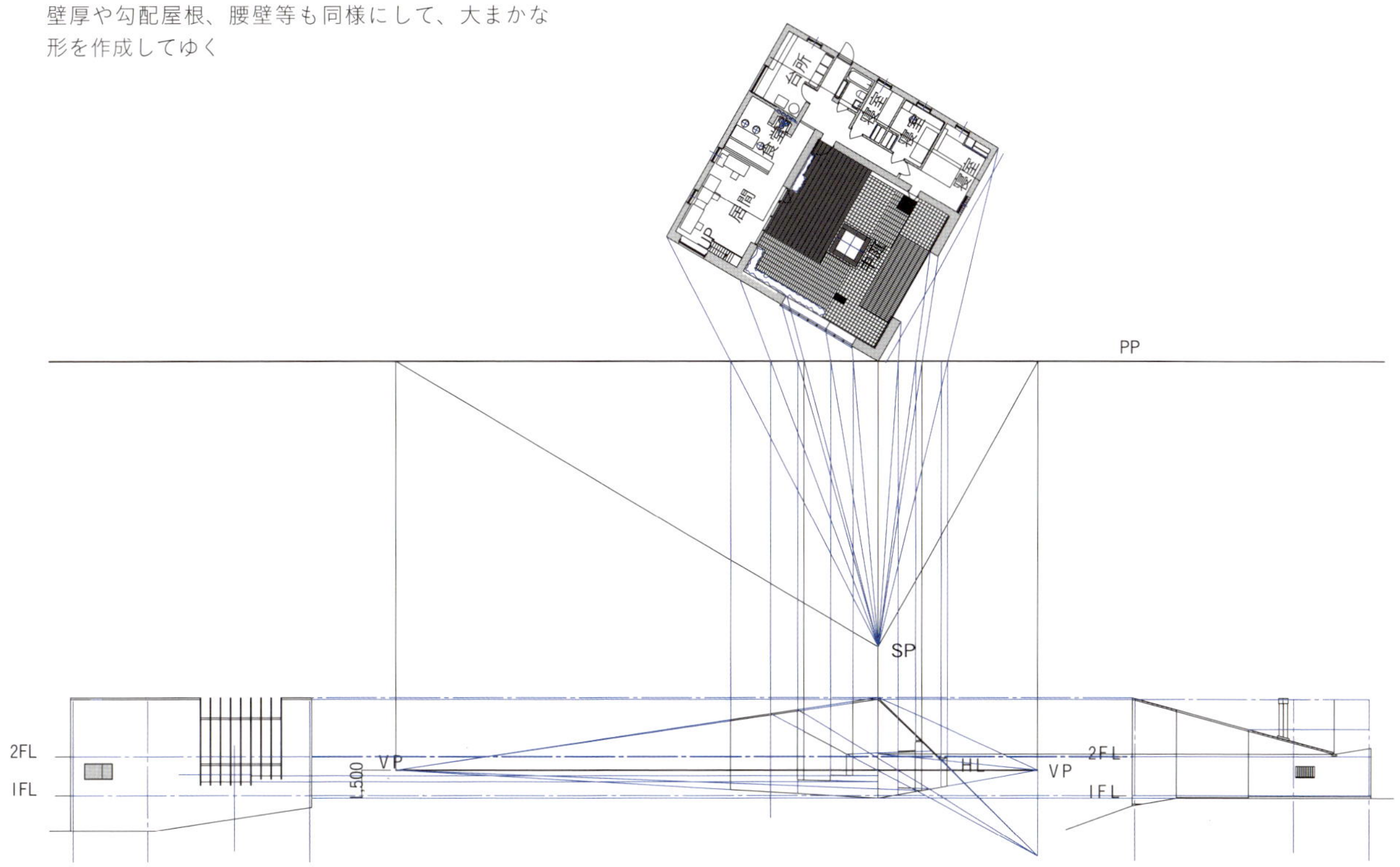


**4**

窓や縦格子等を作図する。
敷地勾配も大まかな方向性を作図する。

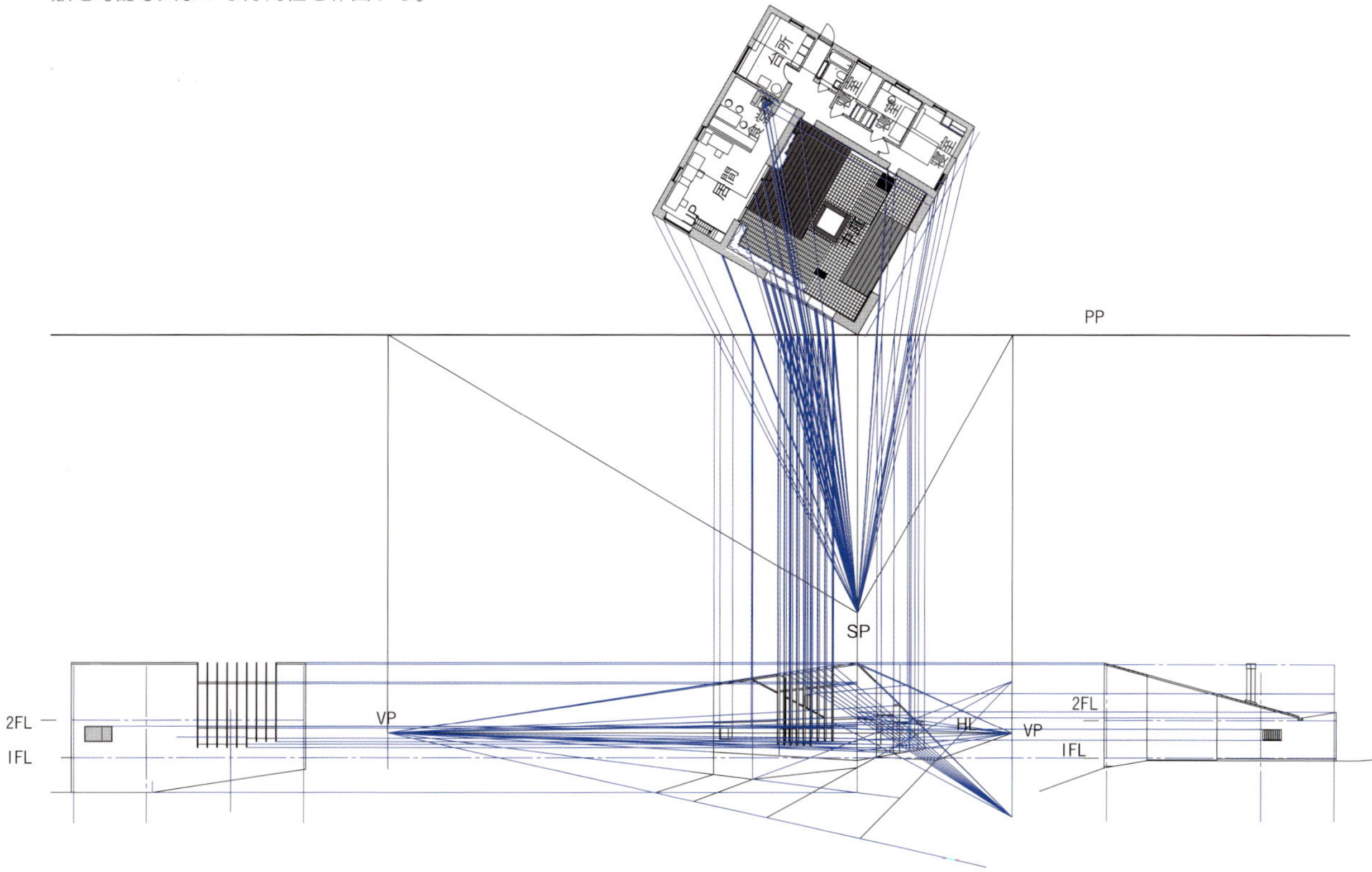

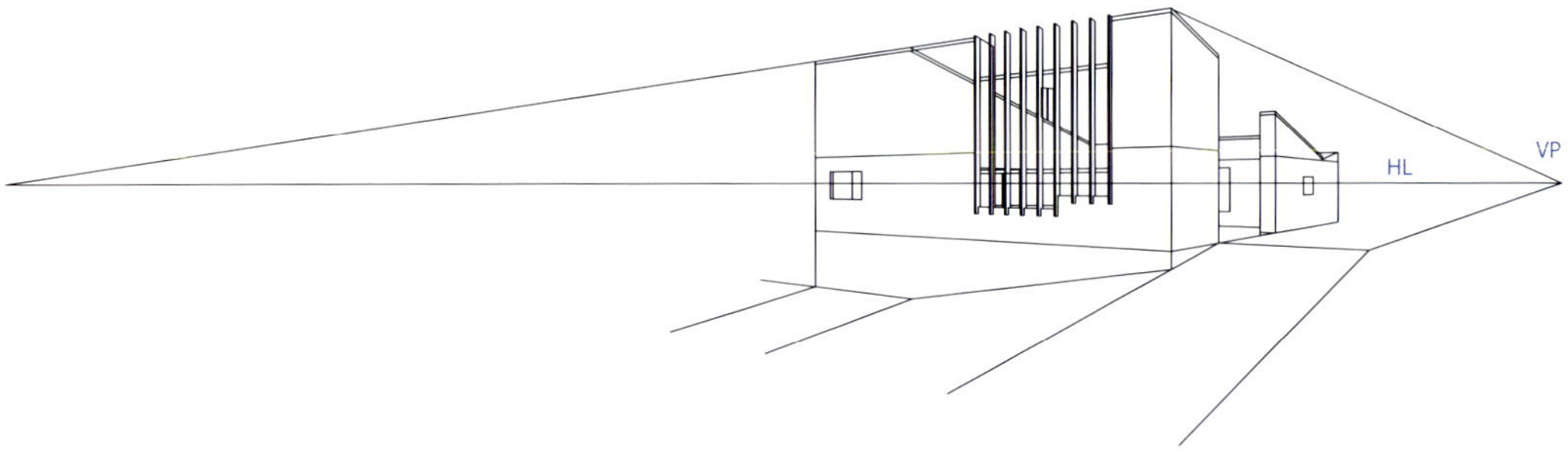


作図線を省くと上図のようになる。

## 外部周りをスケッチする

構図や近景、遠景と建築を引き立つようにデッサンする。
人物を入れる場合はスケールに注意する。

トレーシングペーパーに鉛筆で下図を作成する。
VP の位置は常にわかるようにしておくこと。

## インキング

下図をコピ　し用紙にトレ　スダウンする。

VP に向かう線は常に意識して正確に描く。
遠くへ行くほど細くするというイメージで線を描いていく。

レンガ目地はもっとも薄く細い線で描く。
当然レンガ目地も VP に集約していく。

### 陰影をつけて立体感を表現する

正面に近い面をもっとも明るくし、そうでない面にグレーをかける。

(97 頁「影のつけ方をマスターしよう」を参照)

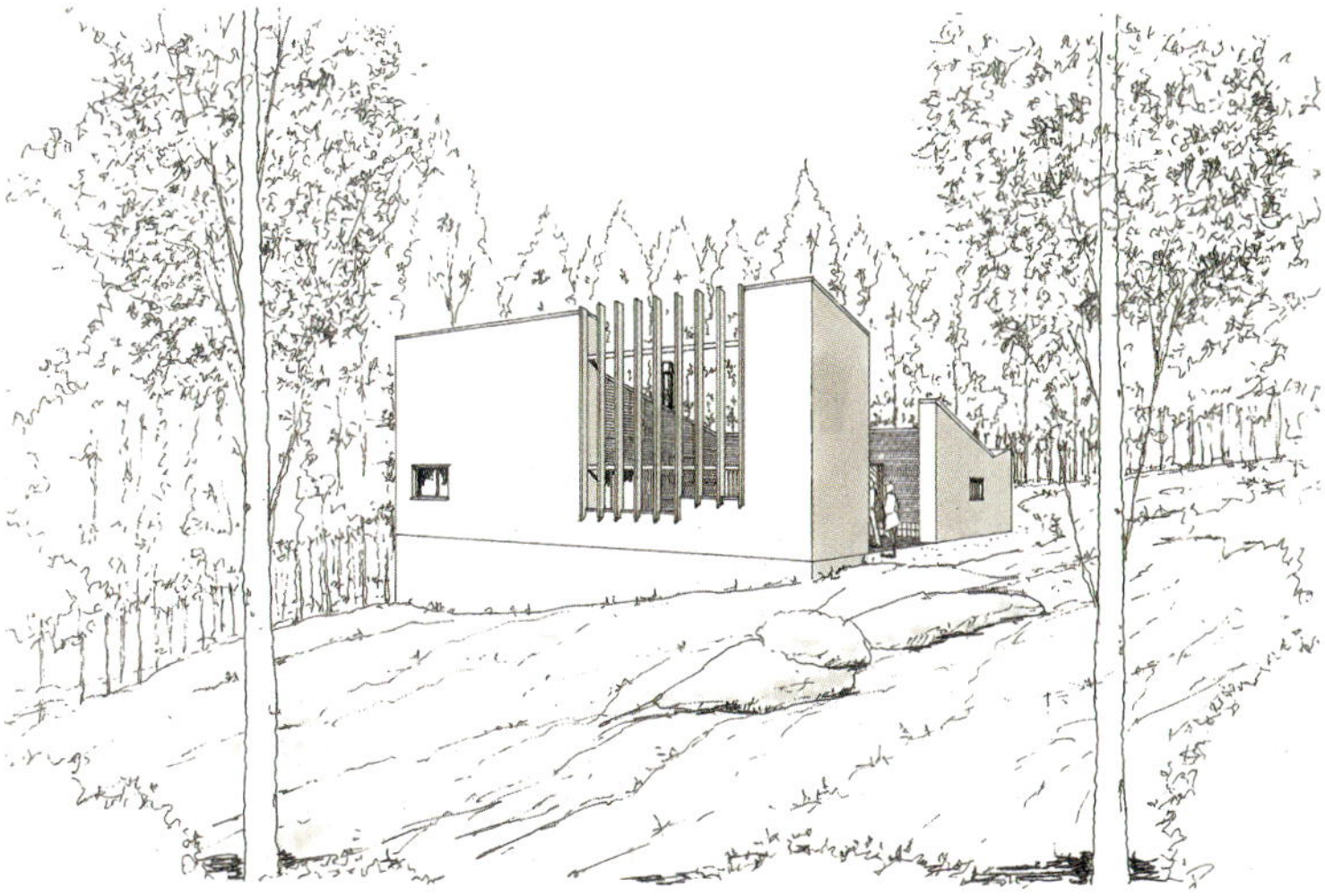

### レンガ部分を着色していく

中庭側の外壁をレンガ色で塗る。そのとき、正面のたてルーバ部分を塗らないように注意する。

### 樹木を着色していく

遠近感を考えながら、手前の樹木を明確に描き、遠くの樹木をぼかした色彩で塗る。(空気遠近法の技法)

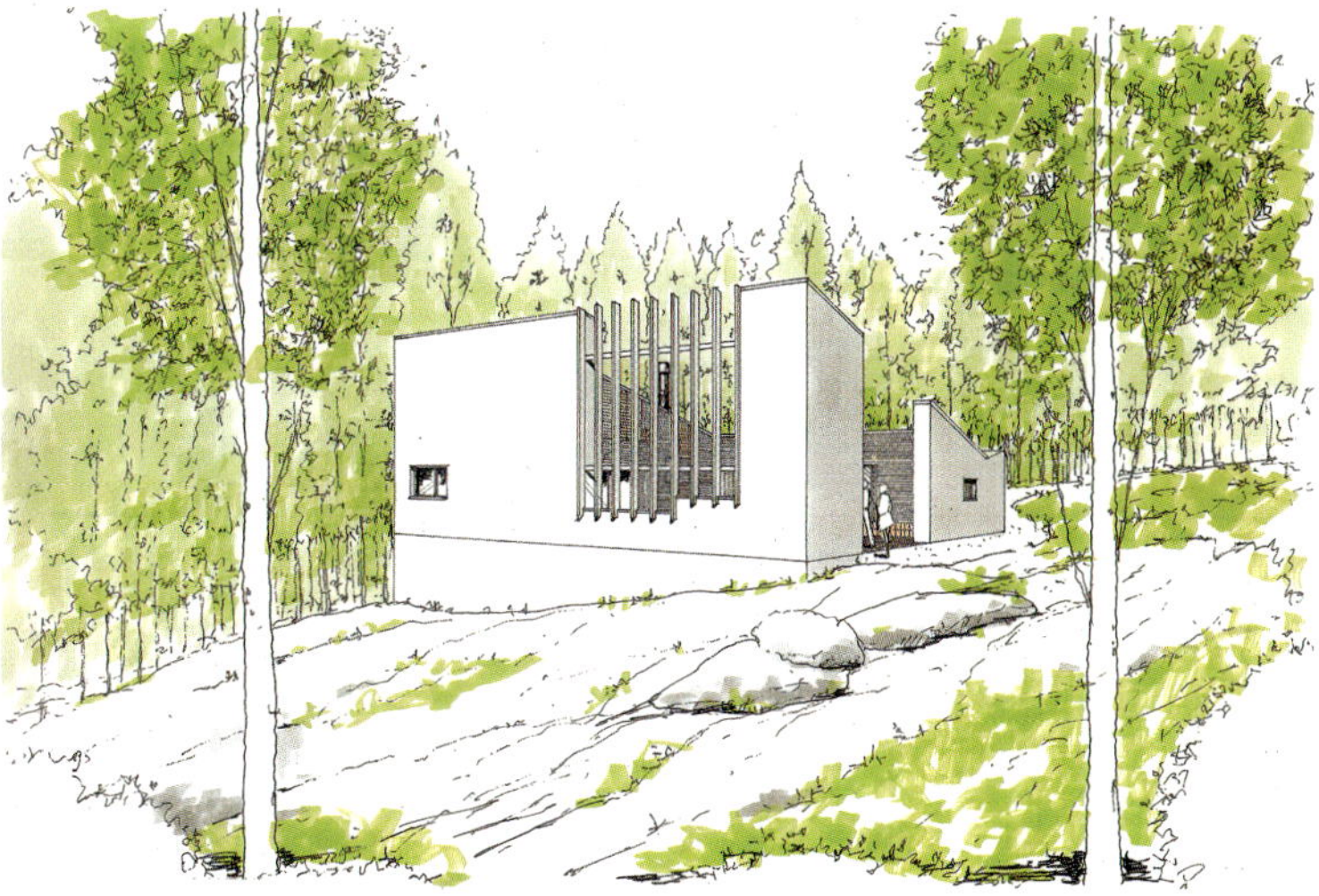

## マーカーによる着色例

レンガ目地は鉛筆で描く。
全休の感じを見ながらメリハリが付く様仕上げていく。

## 色鉛筆による着色例

One Point

# 影のつけ方をマスターしよう

陰影をつけることで立体感が出る。

陰影は明るい部分から暗い部分に面によって影の濃度が変わる。図のように①→②→③→④→⑤と徐々に濃くなるのである。

## 陰影のつけ方

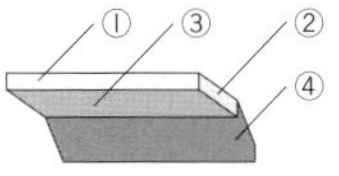


庇

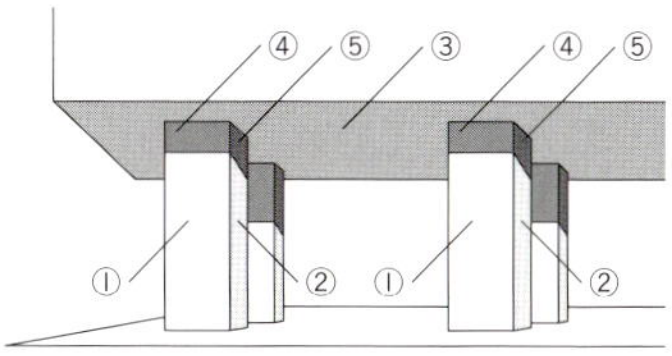


ピロティ

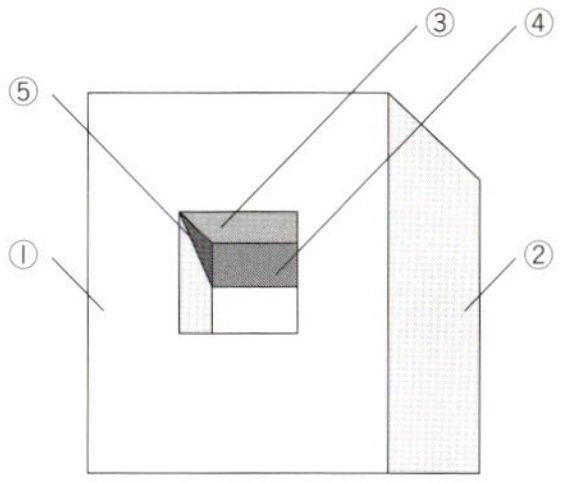


掘り込み

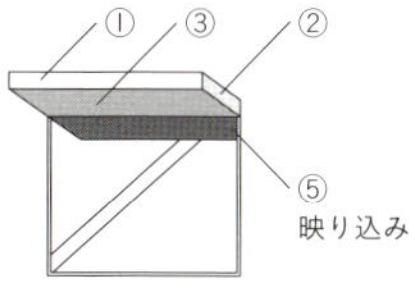


庇つきガラス窓
庇の下にガラス窓があるような場合は、影ではなく鏡のように庇が映り込む様に表現する。

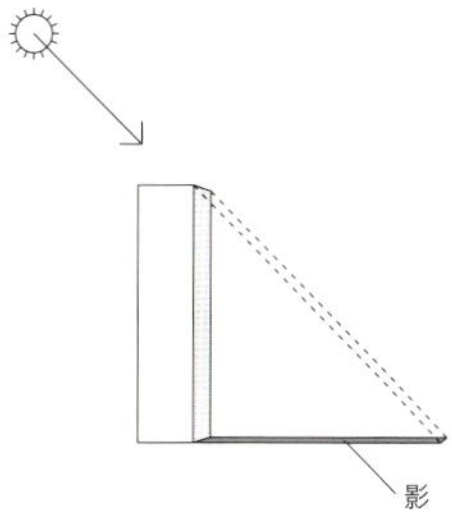


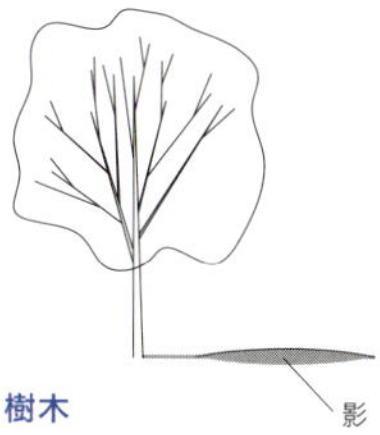


**樹木**

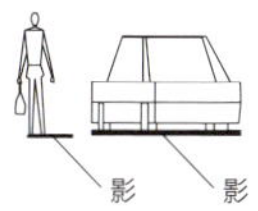


**車**
光の方向を考慮して影を落とす

**数字が多くなるほど濃くなる**　　**①→１番明るい**
**⑤→１番暗い**

## 添景の表現方法

パースは建築物が主役だが、主役を引き立てる脇役が必要である。

建築を引き立てる添景を描き込むことにより周りの環境や敷地の状況やスケール感の把握しやすい人物や自動車、家具等を描くことにより、建築のスケールが明白になる。

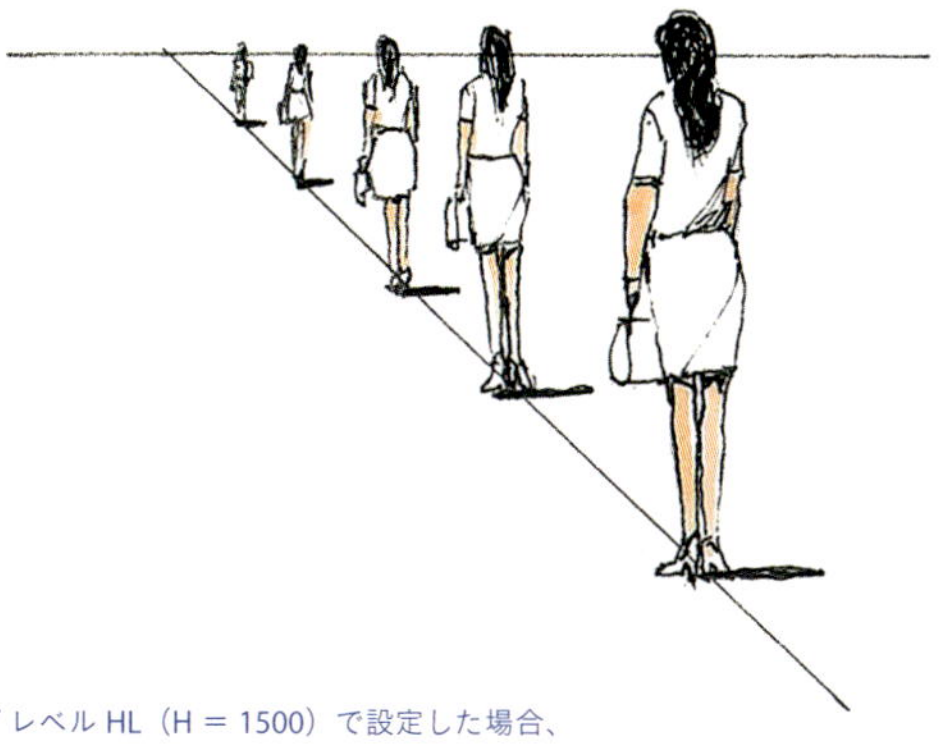

アイレベル HL（H = 1500）で設定した場合、
人物を描く時近くでも遠くでも目の高さは同じ水平線上（HL 上）になる。

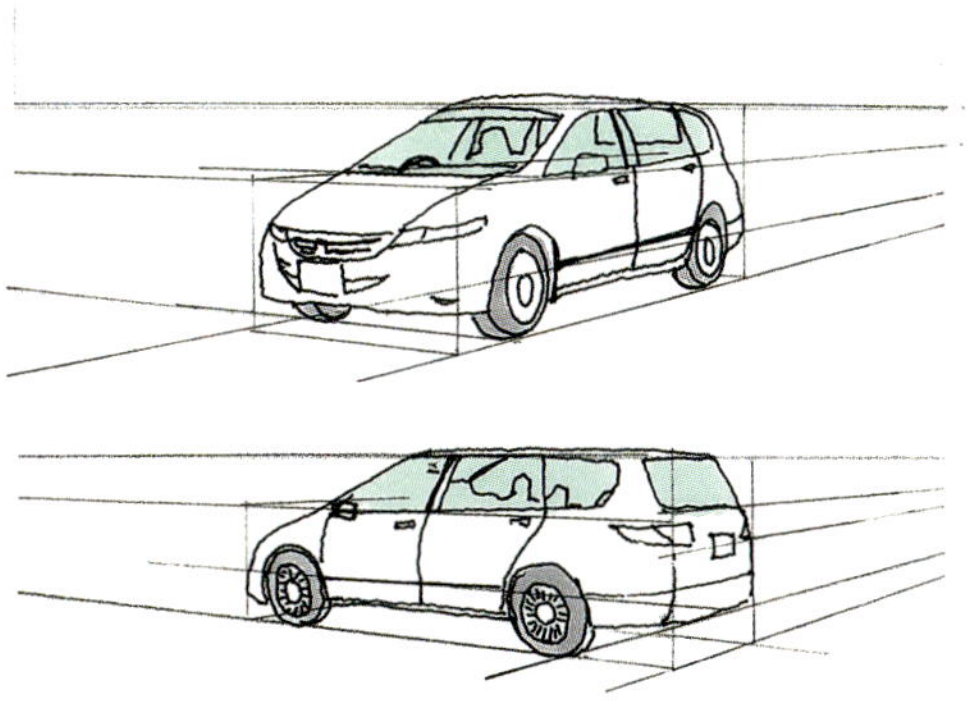

自動車を添景として描く場合も、
平面の大きさ、高さをもとに正確に作図する。
車はやや曲面的であるが VP は常に意識して描く。

**人物のいろいろな描き方**

## 平面図・立面図・断面図で表現した場合

一般図としての平・立・断面図からは、複雑な形態は理解することが困難なケースが多い。

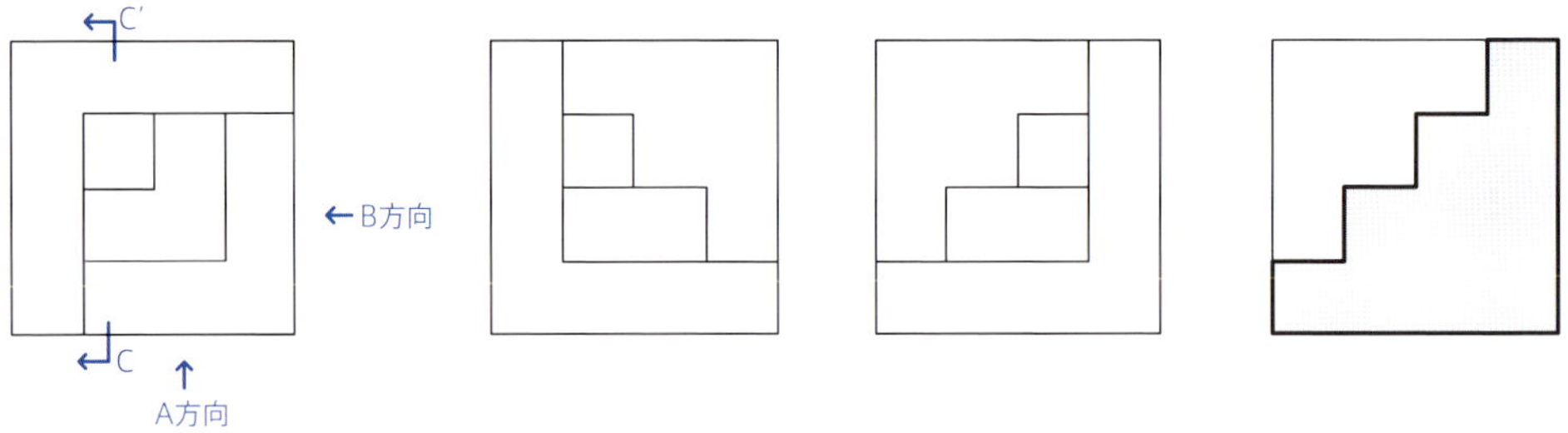


平面図　A方向立面図　B方向立面図　C-C' 断面図

## さまざまな角度から見る

そこで3D・パース・模型などを作成し、さまざまな角度から見ることにより形を理解する。

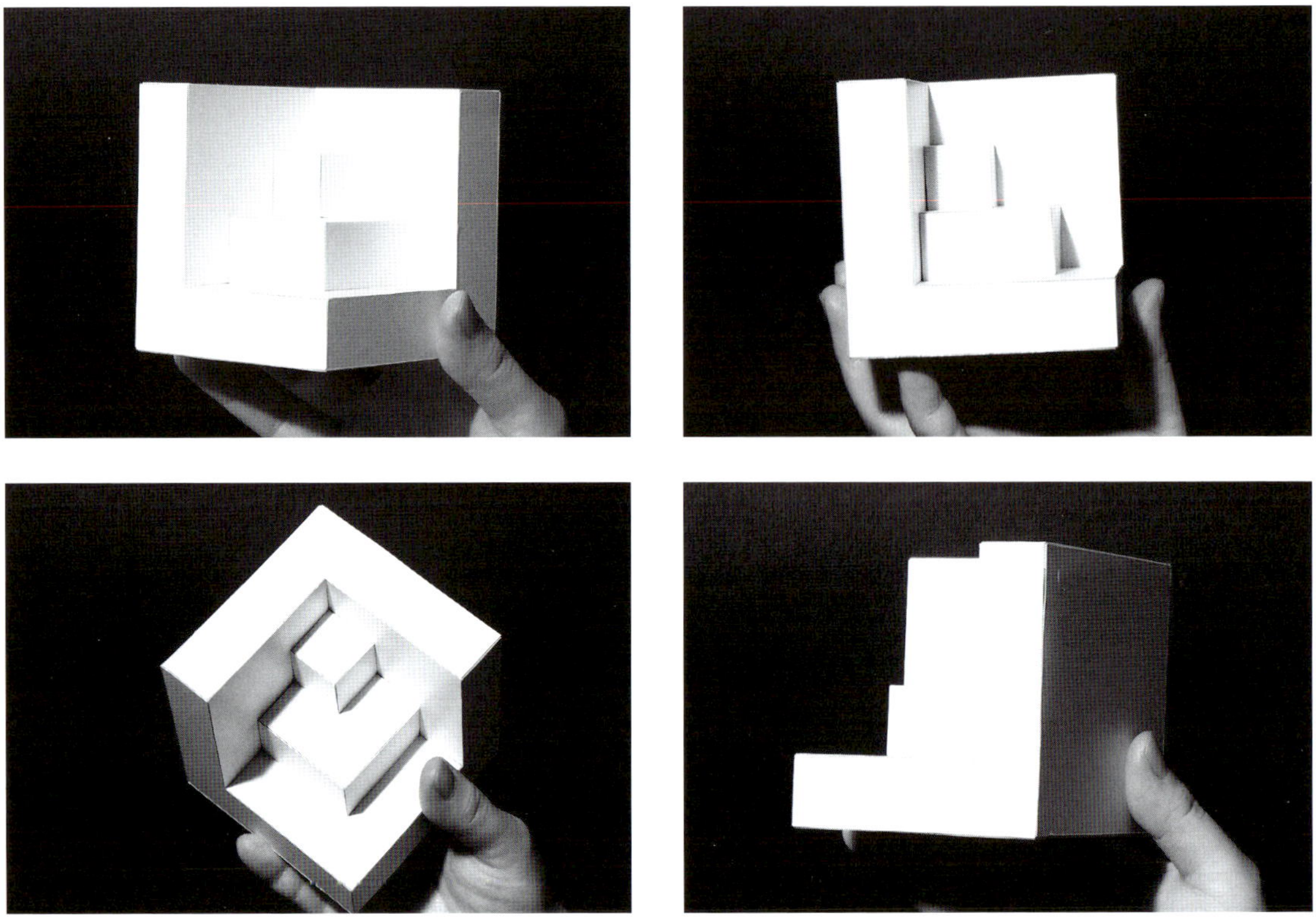

## 3-8 アクソノメトリック図の描き方

アクソノメトリック（Axonometric）は、軸測投影図法（じくそくとうえいずほう）と表記するのが正しく、1方向から見えるままを表現した図法である。同じような表現が、水平方向角度の2つの軸（左右）を等しく任意の角度に描く図法である、アイソメトリック（二等角投影図法）や、水平方向・奥行き方向の3つの軸がすべて異なるように描く図法である、ダイメトリック（不等角投影図法）などのバリエーションもある。

### 建築図としての意味

建物の形を理解するための図法としてもっともわかりやすい表現方法である。プレゼンテーションとして動線計画の説明や空間用途のゾーニングなど建築に関わる計画の説明的なドローイングに使われる。また、マンションパンフレットなどに載っているインテリアの説明図としても利用される。さらに、設計者と施工者の中でも現場での

## 4 方向からアクソノメトリック図を描く

建築の形を第三者に伝えるためには、形のイメージだけでなく寸法や素材なども わかるように表現する必要がある。 共通のルールに従い図面化することで、イメージを共有することが可能となる。左の図面では、水平線に対して 45゜に平面図を配置しアクソノメトリック図として表現している 。右下の図は 30゜に角度を絞って表現したアイソメトリック図である。一般図では表現できない凹み具合や高さ、奥行きが明解になる。

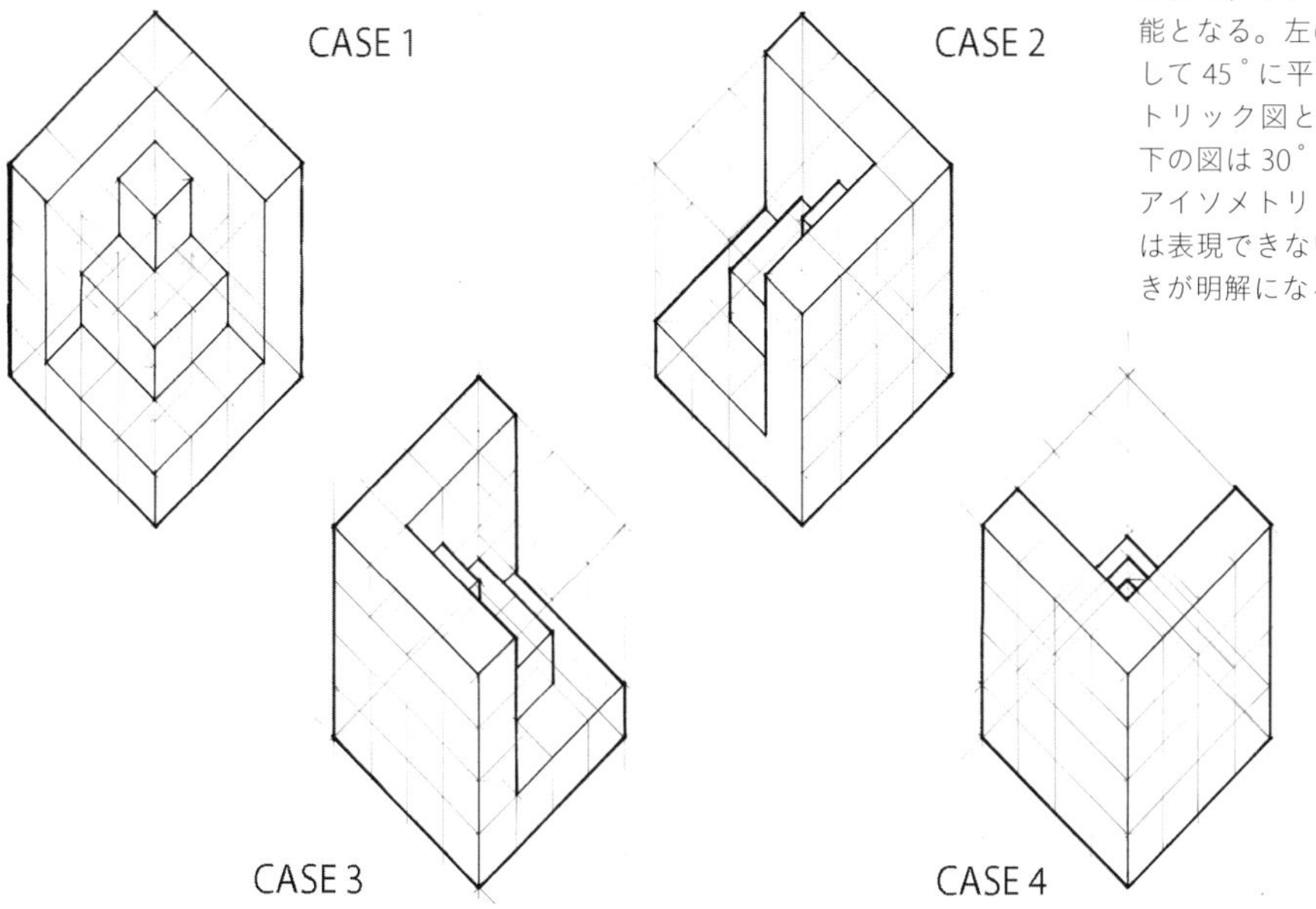


## 影を入れる

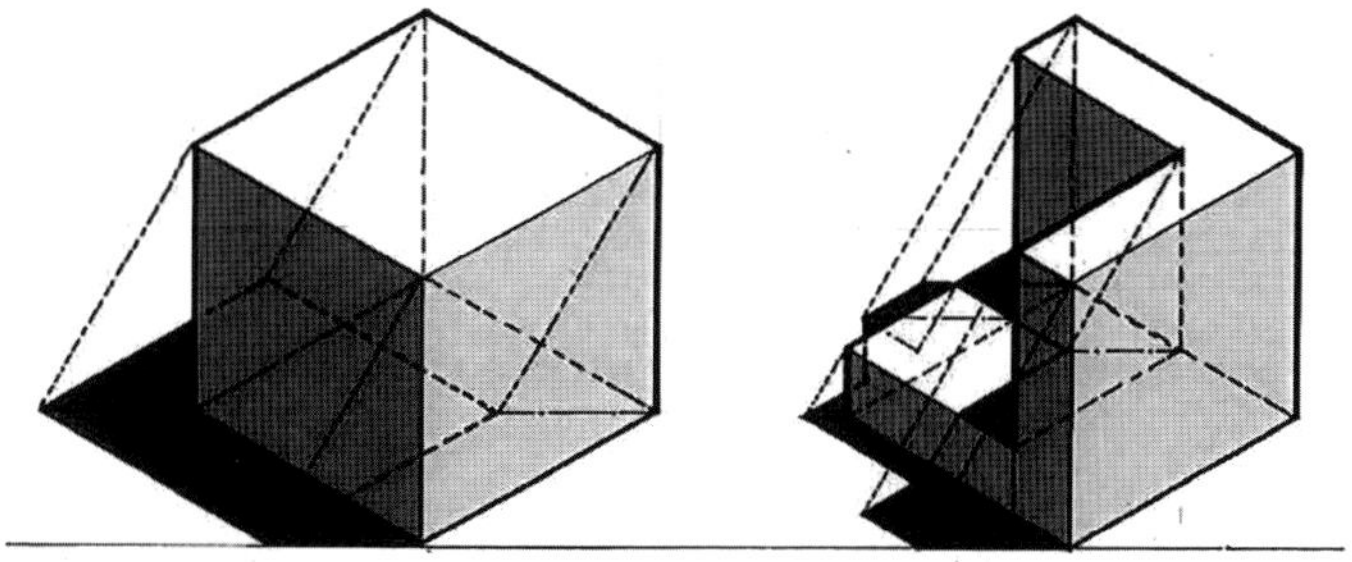

納まりチェックのためのスケッチやダクトや配管と構造躯体の干渉チェックのための資料としても、よく使われる。

**描き方**

平面図を斜めに置き、タテ方向からも斜めに見て真っ直ぐに壁や柱・開口部を立ち上げて描いて行く。縦・横・奥行きすべての方向に同じスケール（縮尺）・同じ比率で寸法を使うので、パースのように遠くに行くに従って寸法が小さくなったり角度が変わったりしない。

もう1つの描き方として、平面図の正方形を菱形に見たように、奥行き方向に角度を変更して描く方法も、よく利用される。平面図に表現されるべき水平方向線と垂直タテ方向線を描くが、図面の水平線に対して、45°を基準にして、縦・横・奥行きすべての方向の寸法を実物と同じ割合に取る。それぞれの点から各辺に、平行な線を描き、立体の外形を下書きする。不要な線は、隠線処理を行って仕上げる。

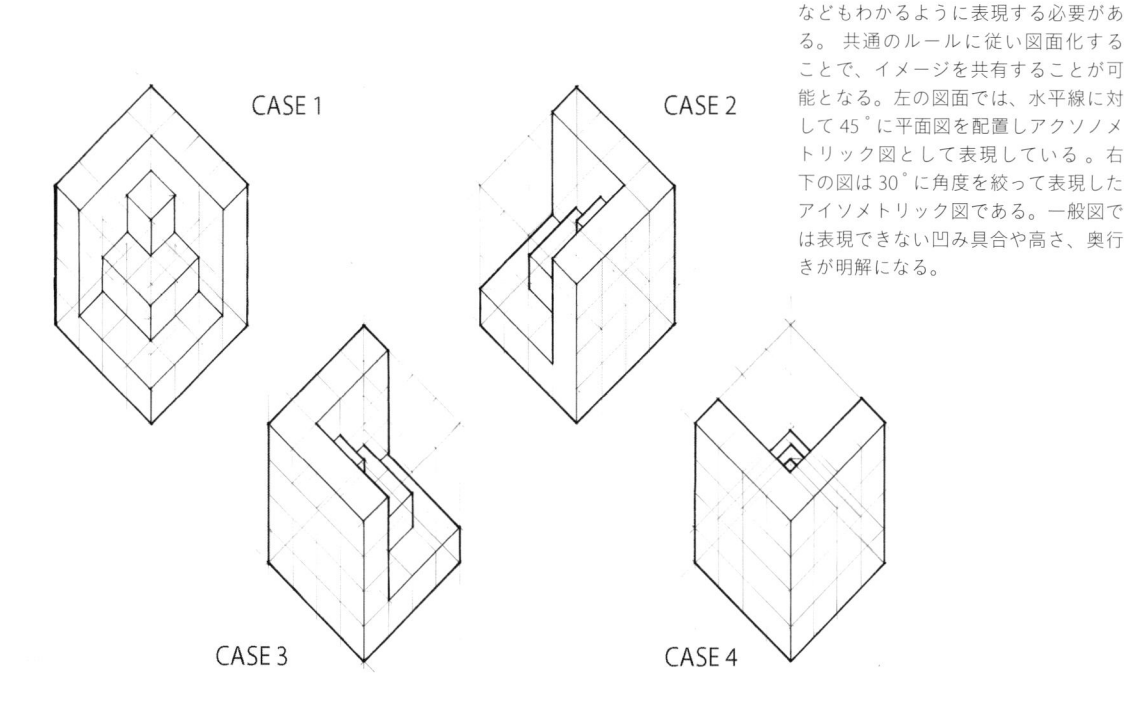

## 建物の壁（立面）を立ち上げ書き始めてみる

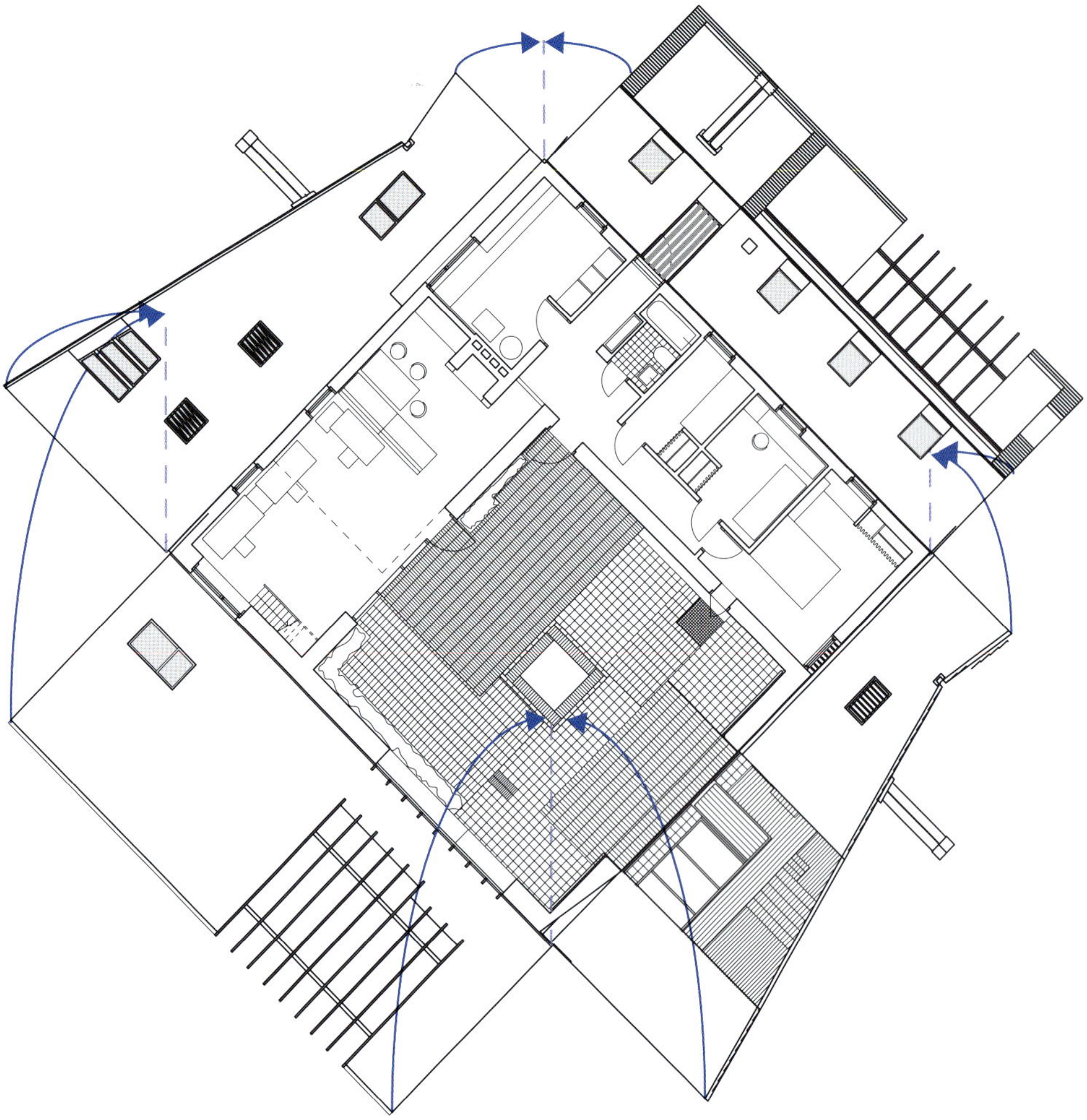

### 1 アクソノメトリック図の基本を確認してみよう。

水平面に対して45°に配置した平面図に、それぞれの東西南北の４つの立面図を壁に合わせて置く。
アクソノメトリック図では、立面の高さがそのまま垂直に移し変えられる。

### コエタロを描いてみる

上記の要領で、製図板上に平面図を配置し、垂直方向に立面図を描いていく。それは、段ボール箱の側面を立ち上げながら組み立てていくやり方に似ている。

まずは、南側立面を立ち上げる。南側には屋根勾配に沿った外壁と大きな開口部がある。平面の主要な部位ごとに高さを測り、アクソノメトリック図に落とし込んでいく。各部位の頂点を線で結べば斜め勾配の外壁や屋根勾配を描ける。

つぎに、西側立面である。腰壁やルーバーのついた開口がある。ルーバーの間隔や厚み留意し、外壁の外側に張り出している様子を再現する。

コエタロには中庭があるため、内と外で8面の外壁がある。中庭に面した外壁は、多くのパターンがパッチワークのように存在するが、これらを表現する必要がある。また、扉や開口部など、それぞれ奥行きも異なっており、これらを表現することでリアルさが増す。

大枠の輪郭ができたら、瓦屋根や水切り金物、雨樋、煙突などを図面を参照しながら書き足していけば完成だ。

## 建物壁（立面）のアウトラインを補助線と共に描いてみる

### 2 南側を描く

水平面に対して90°方向に南立面図を置き、高さ方向に平行な2本線を引けば、同じ高さを移動させることができる。

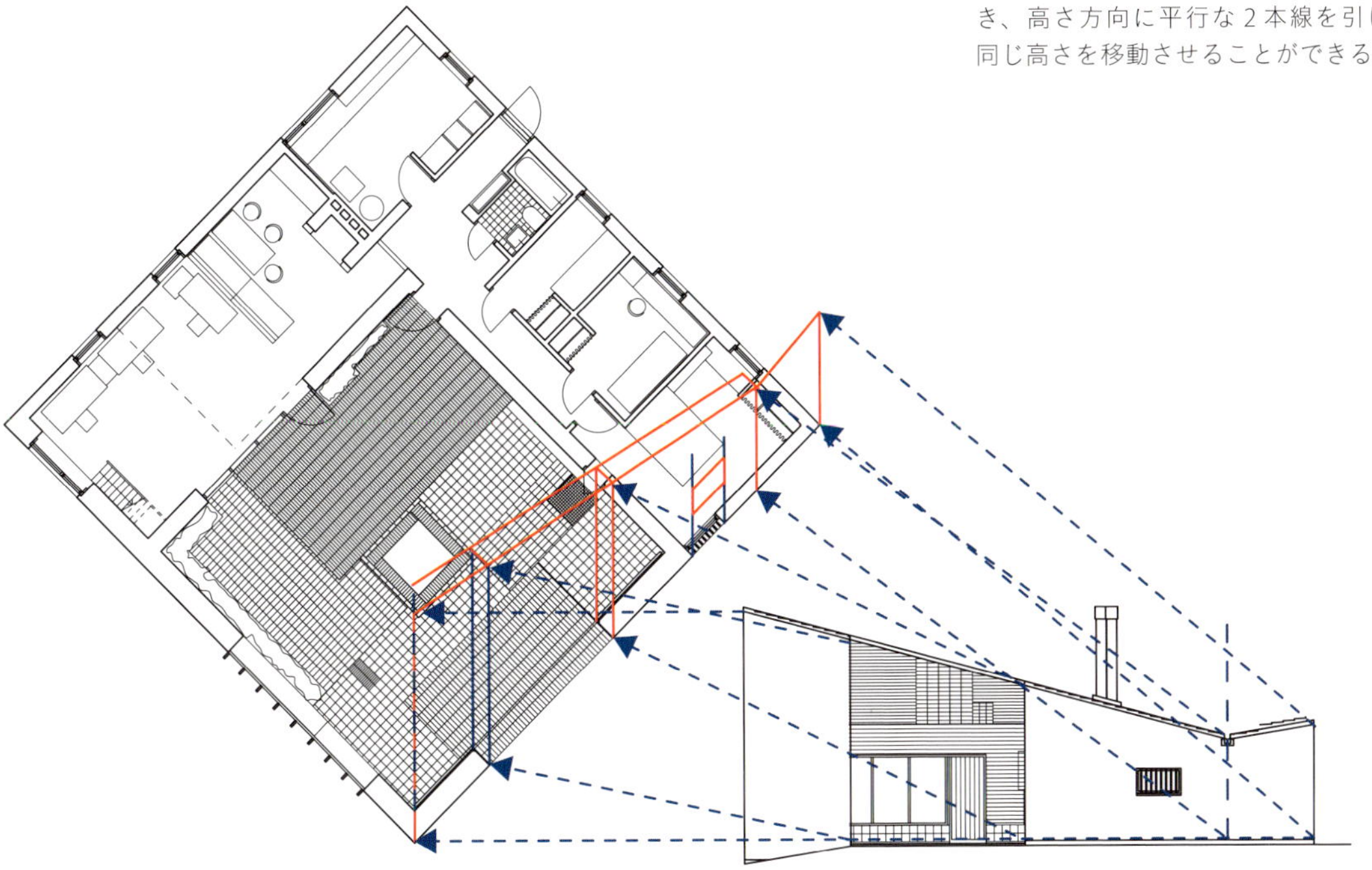

### 3 西側を描く

上記と同様。開口部の1FLからの高さに注意する。

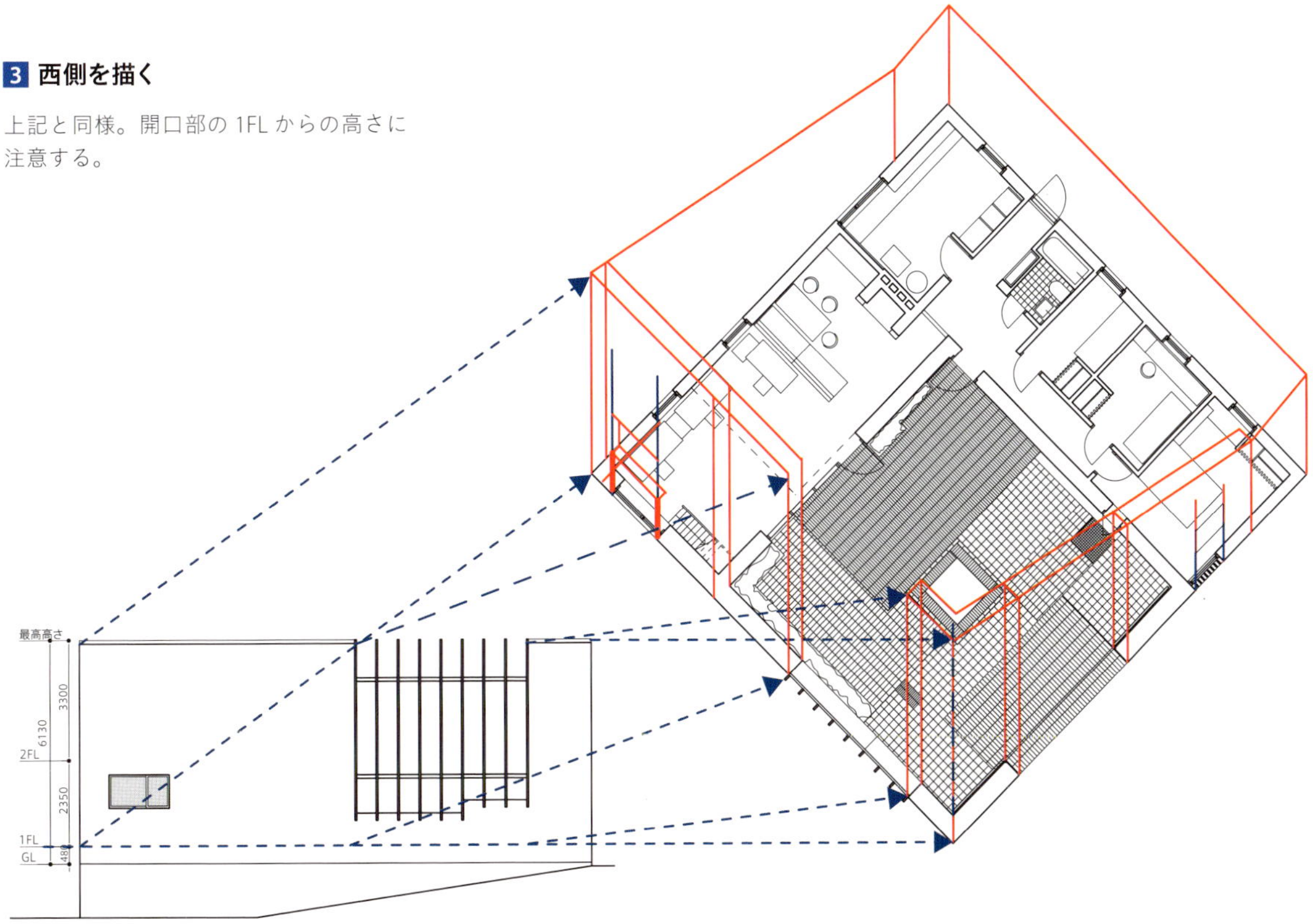

## 4 中庭部分を描く

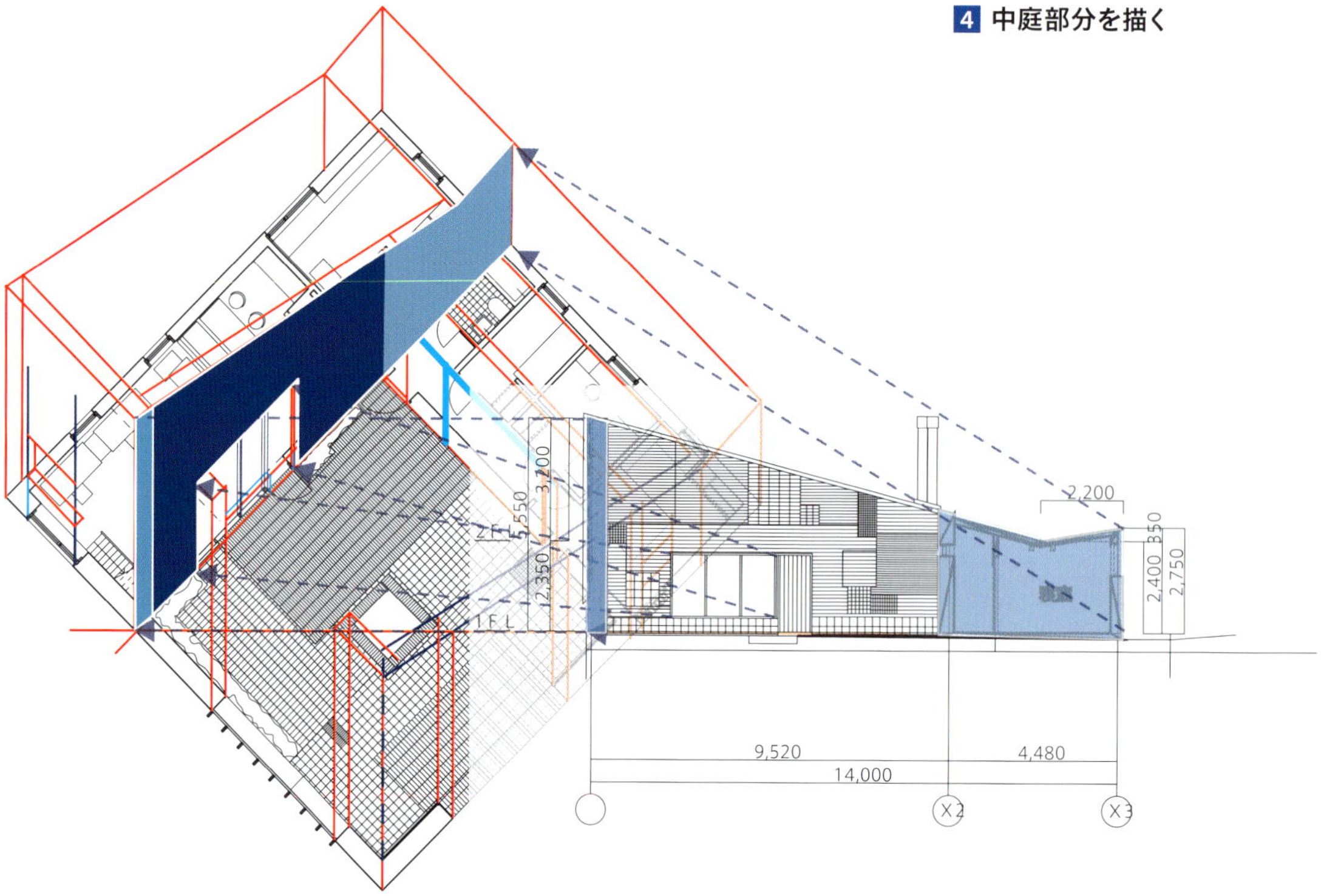


## 5 補助線で位置や高さを確認し、つぎに仕上げの外形、開口部などを強く描いていく。

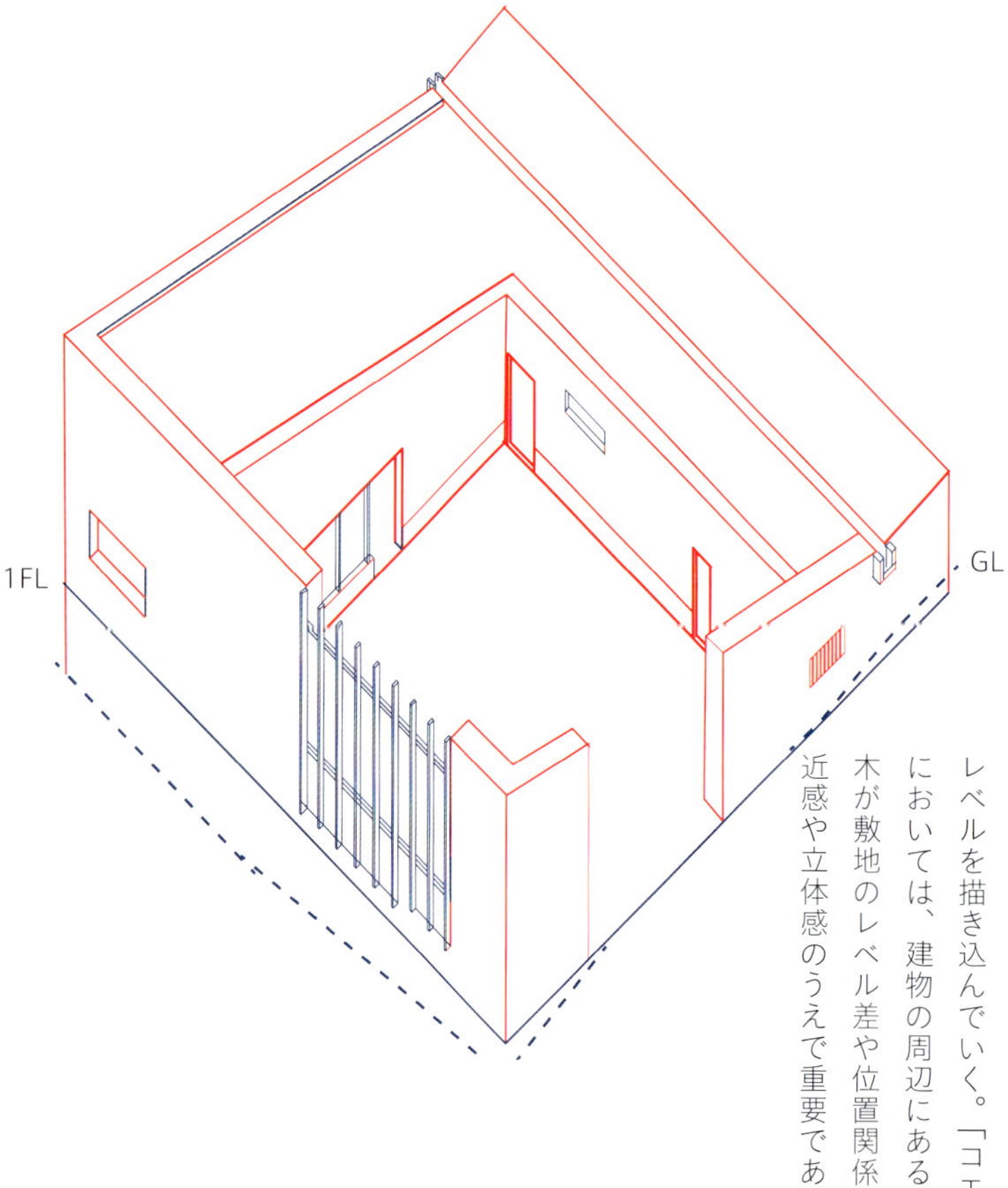


### 建物と敷地レベルの表現

建物の立面図にあるグラウンドレベル（ＧＬ：建物の地面との接地レベル）からの各寸法やポイントを確認しながら、アクソノメトリック図にあるグラウンドレベルの補助線からの建物の各寸法やポイントを描いていく。また、建物周辺接地部分を書き込み、出入り口や開口部などの高さなどに問題がないかを確認する。続けて、周辺敷地のポイントになる樹木や岩などの位置とレベルを描き込んでいく。「コエタロ」においては、建物の周辺にある岩や樹木が敷地のレベル差や位置関係など遠近感や立体感のうえで重要である。

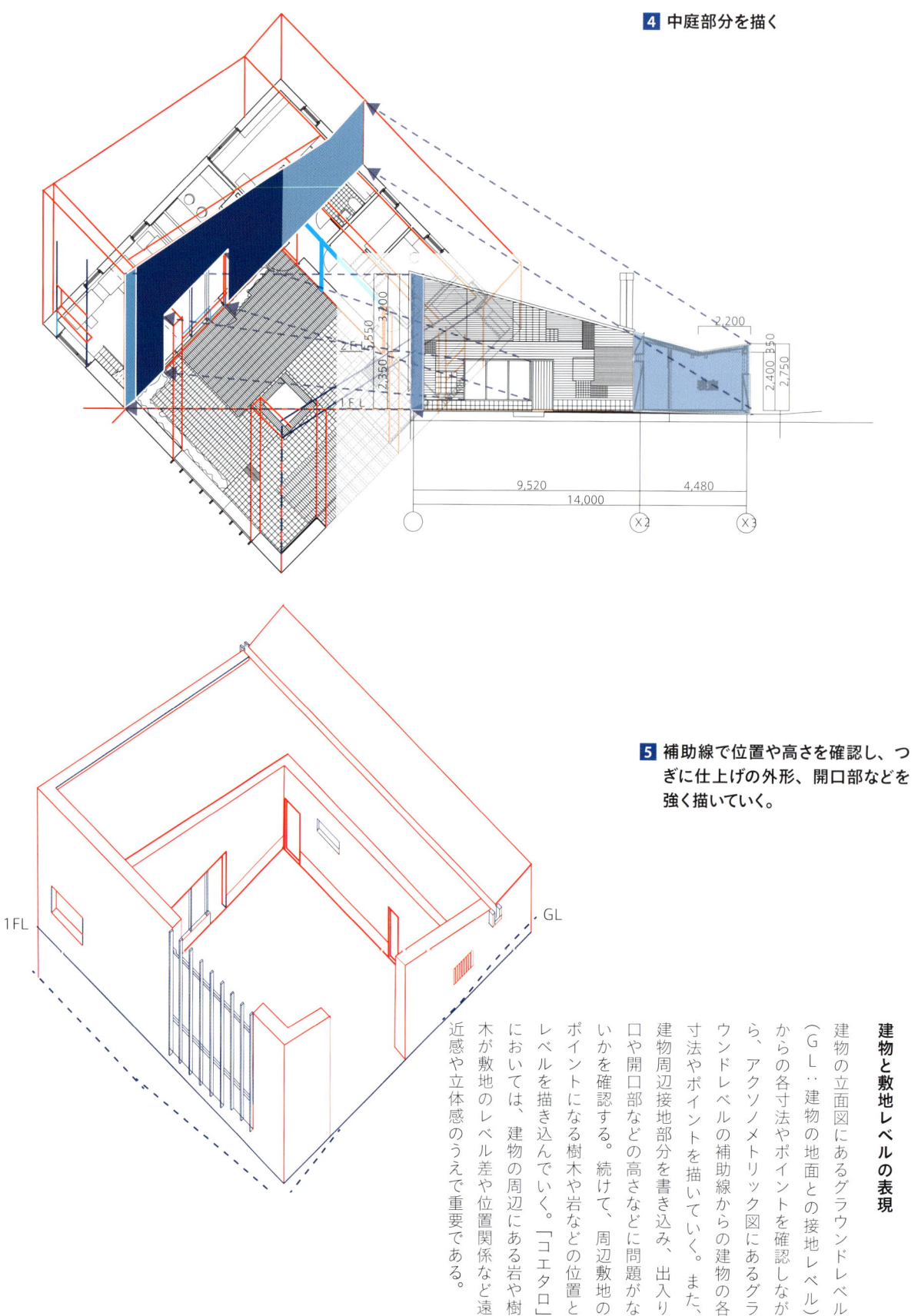

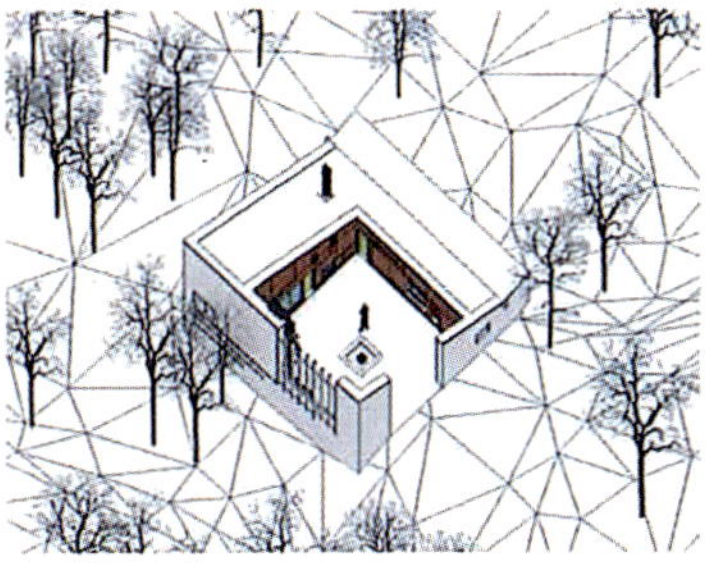

## 添景・影・色を入れる

アクソノメトリック図もパースと同様、人や樹木、家具、エクステリア什器などを入れると、建物を立体的に表現でき、理解しやすいようになる。

下書きの段階では本来、見えない部分や隠れている部分も作図するが、仕上げの段階では、不要な線や見えない部分を外してインキングや着色を行う。

影は、太陽光の方向を定めたら、平面図をそのまま平行移動させた部分との交点にポイントを取る。これを繰り返すことで、建物の影を敷地に落とし込んでいく。

また、建物のかたちが複雑な場合や、敷地にレベル差がある場合には、それぞれ影を落とすポイントがあるため、それを考慮して影の描き込みを行う。

建物を効果的に表現するためには、着色することで、設計の意図を伝えることが大切である。周辺の樹木や添景を着色すれば、建物の敷地環境を明確にすることができ、また、反対に建物だけを着色すれば、建物の輪郭をはっきりと示すことができる。中庭の壁面のみを着色すると、立ち上がりが立体的に見える。全体的に直色すると見せたいポイントがわかりづらくなる。

One Point

# 建築ＣＡＤの現在

建築設計で用いるＣＡＤの技術は年々高まり、使いやすさも増している。とはいえ、プランニングやデザインは、頭のなかでイメージを膨らませておくことが不可欠である。

また、３ＤやＢＩＭ（Building Information Modeling）の表現の根本には、基本的な建築図面の理解力がないと間違ったものになりかねない。

アクソノメトリックのプレゼンテーションでの応用や、ＢＩＭの紹介をしよう。

## アクソメの実務への応用

アクソノメトリック図は、プレゼンテーション以外に、さまざまな場面で使われる。たとえば、建築の構成を立体的に表現するのは比較的容易である。また、現場での設備等の納まりのチェック、家具レイアウトの配置を検討する際にも重宝する。

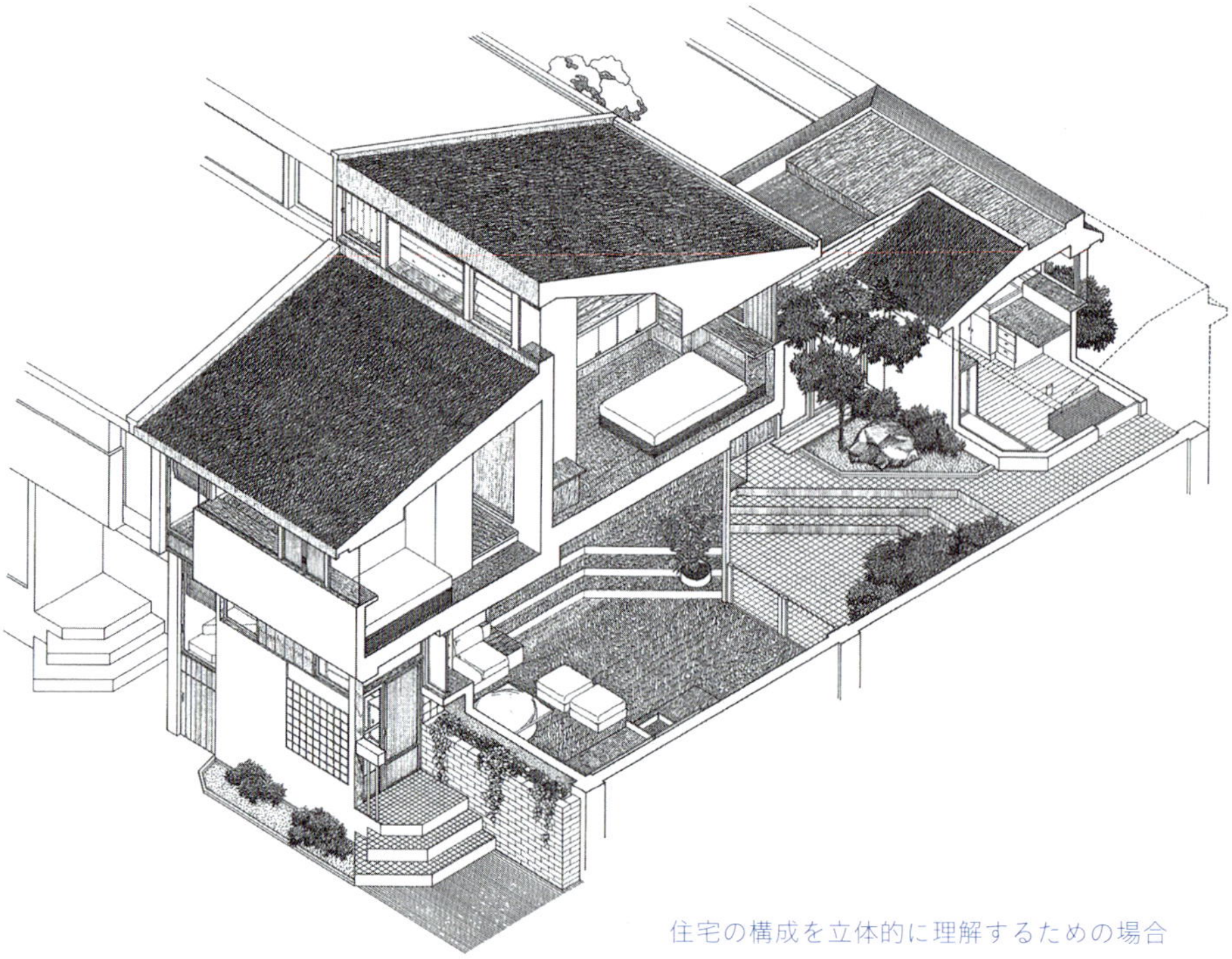

住宅の構成を立体的に理解するための場合

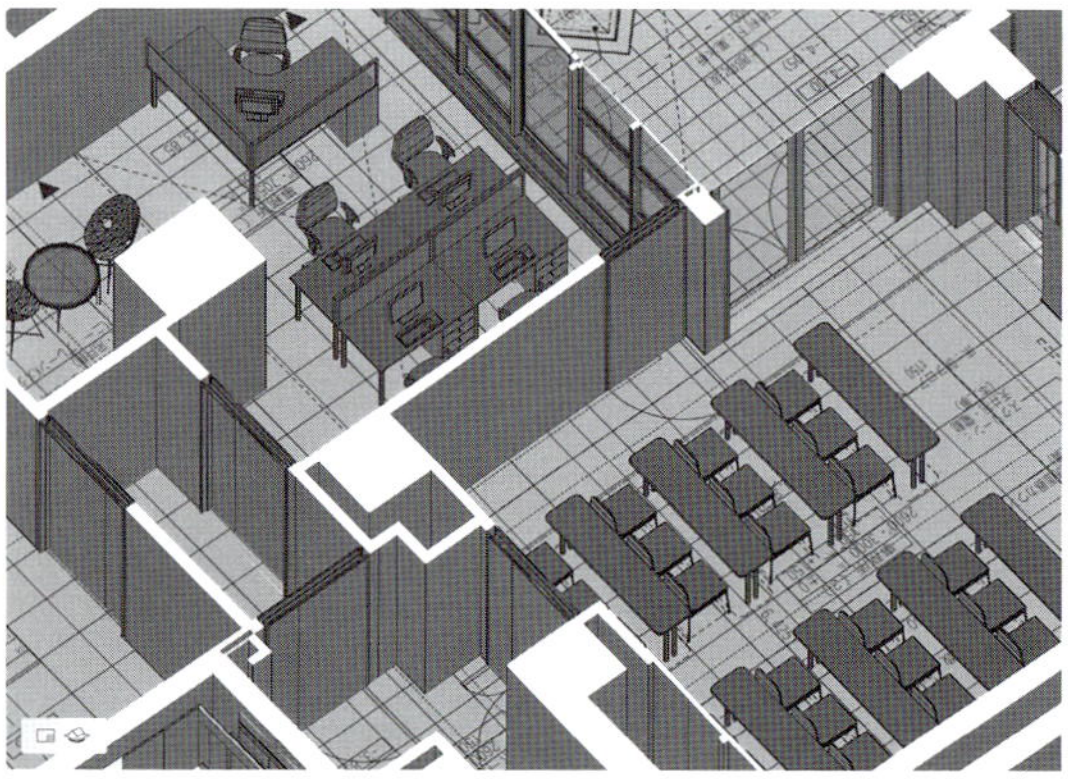

家具レイアウトを確認するための場合

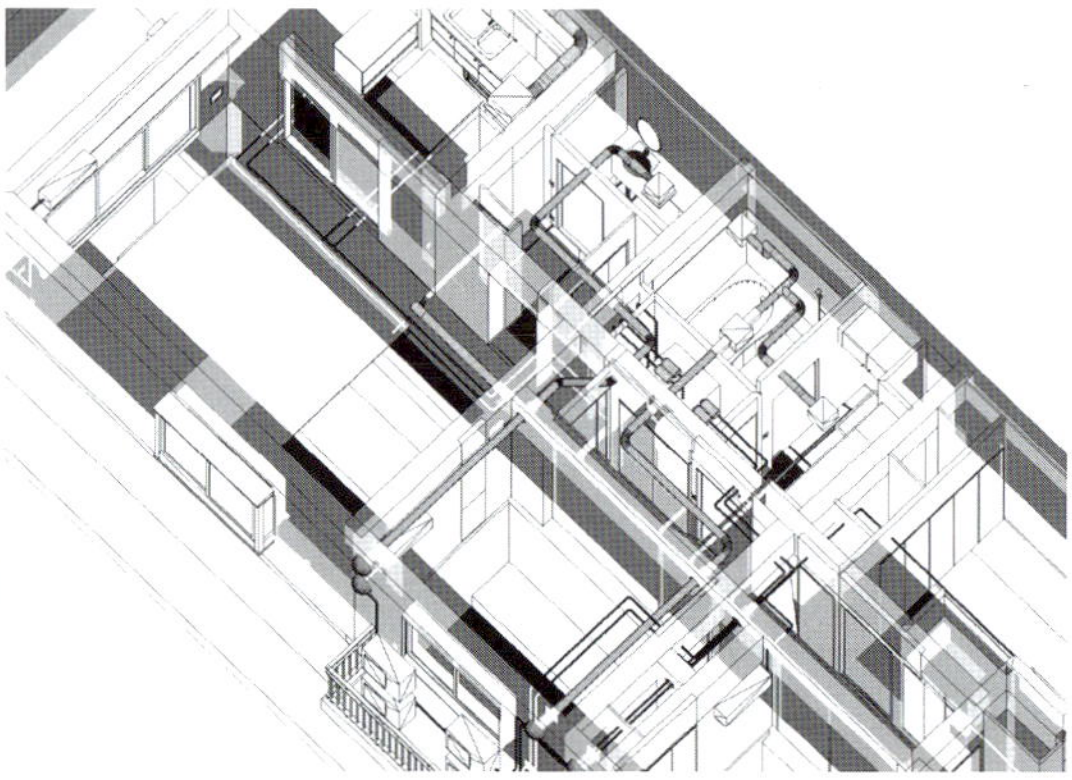

アクソノメトリック図に意匠図・構造図・設備図を重ね、納まりを確認する。

## CADの先にあるBIMの世界

コンピュータの普及により、手書きの図面からCADによるものへと変わったが、BIMには、建築意匠や材料などの数量や要素データまでが含まれ、意匠部門に限らず、構造部門、設備部門、さらには施工部門までそのデータを共有することができる。

さらに、建築設計のあり方も変える可能性も秘めている。設計途中であっても、ポイントとなる納まりを、構造や設備部門の知恵を借りることで事前に解決しておくこともできる。そうすれば、建築設計の効率化に大きく貢献することだろう。

また、BIMデータのバーチャルリアリティへの利用も期待される。仮想空間による建築空間、品質を即座に理解できる。

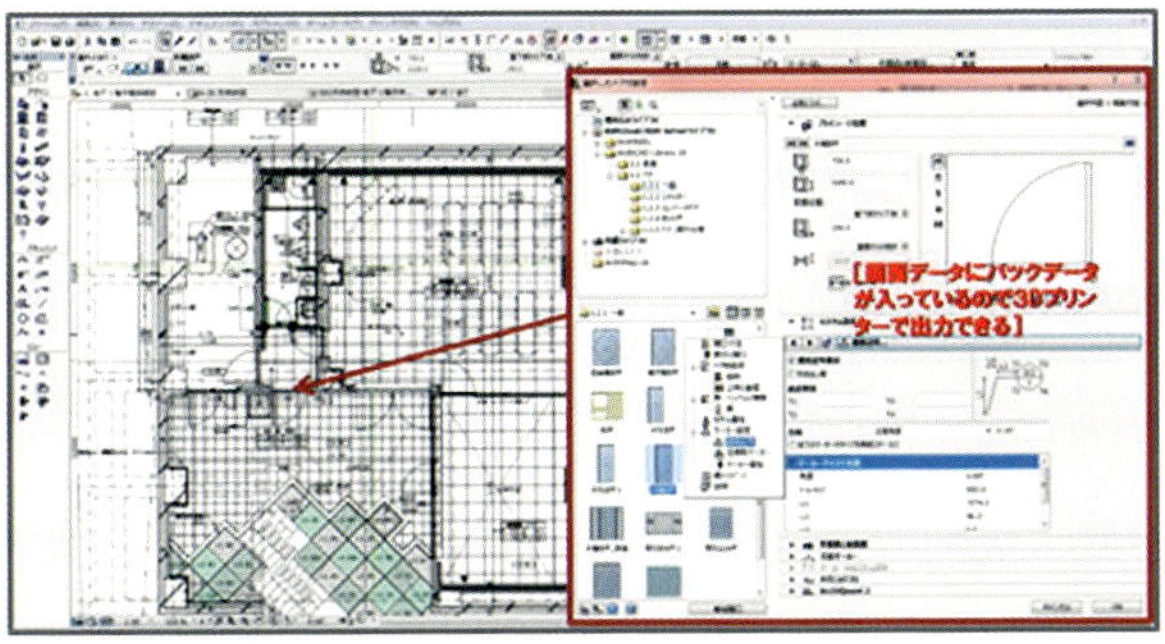

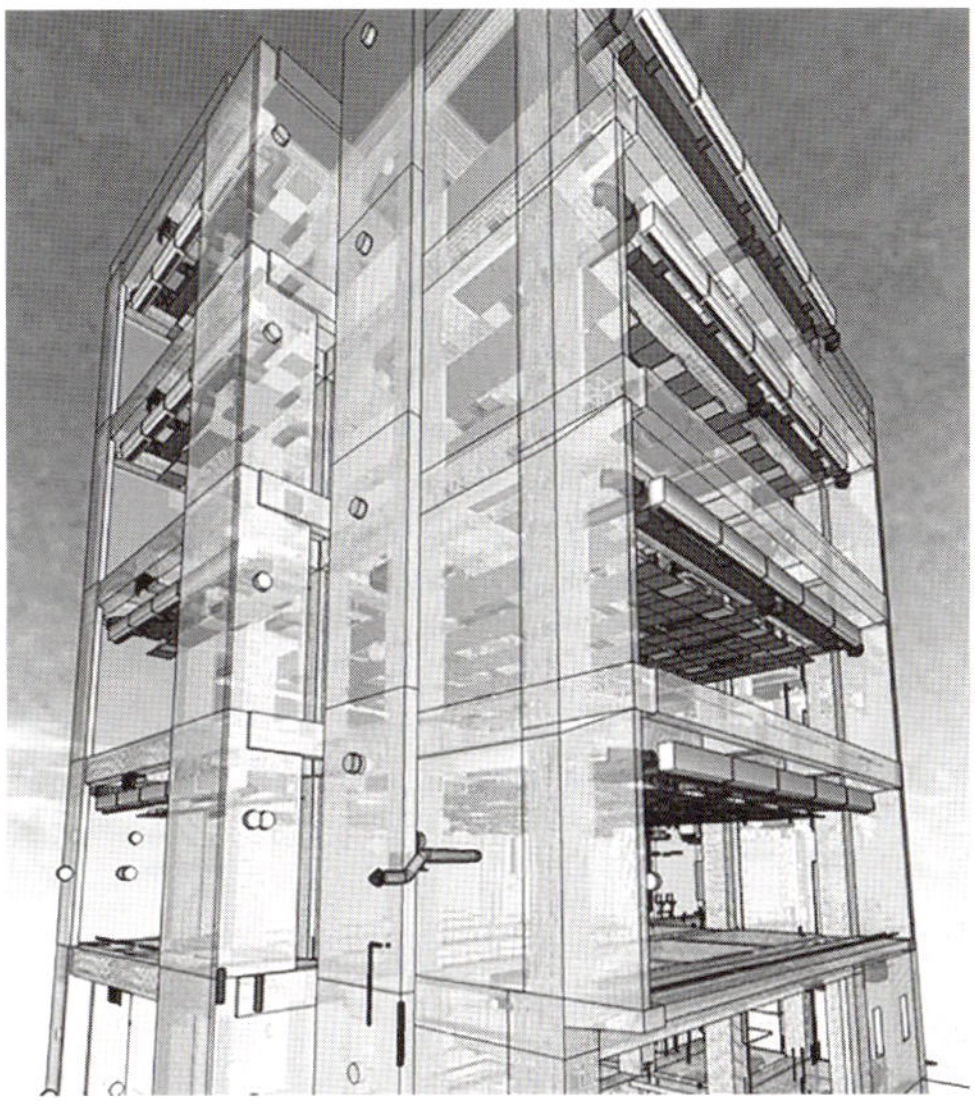

## 3-9 建築とインテリアの模型をつくる

### 建築本体と居間のインテリア

「コエタロ」の建築模型制作に挑戦しよう。外部の地形を含む敷地と建築本体の1／100、居間のインテリアだけを表現する1／20である。模型制作用に整理した図面を次項以降に掲載してあるので、コピーして台紙として活用できる（注：拡大して縮尺を合わせること）。作例はスチレンボード、色紙、段ボール、バルサ材など、一般的な素材を用いており、「スツール60」の模型をつくった経験を応用して完成させることが可能である。制作にあたっては、一連の図面と模型作例、実物の写真を比較し、スケールに応じた表現の違いをよく観察してほしい。平面図、立面図、断面図、展開図、パースを描いて学んできた建築を自らの手で立体にすることで、この建築、そしてアルヴァ・アールトという建築家への理解がさらに深まるだろう。

**外構の樹木や水面を表現する**

高木：かすみ草のドライフラワーを束ね、白樺の樹形に整えた。樹高20ｍ程度
低木：緑色のスポンジ
水面：青いキャンソン紙を貼付け
水際：コルク粒、大粒の砂

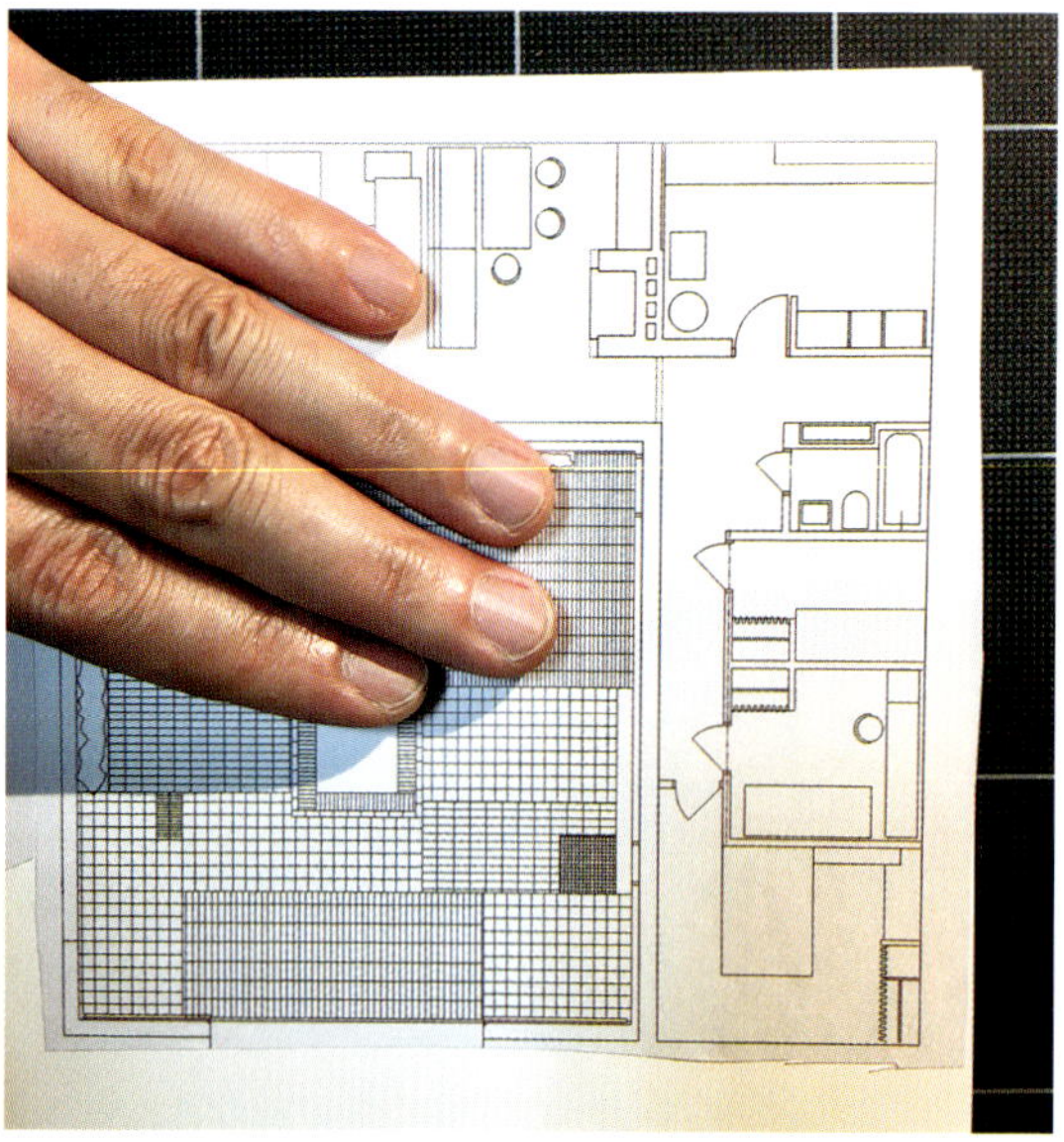

**1** 図面を 1/100 に拡大コピーする

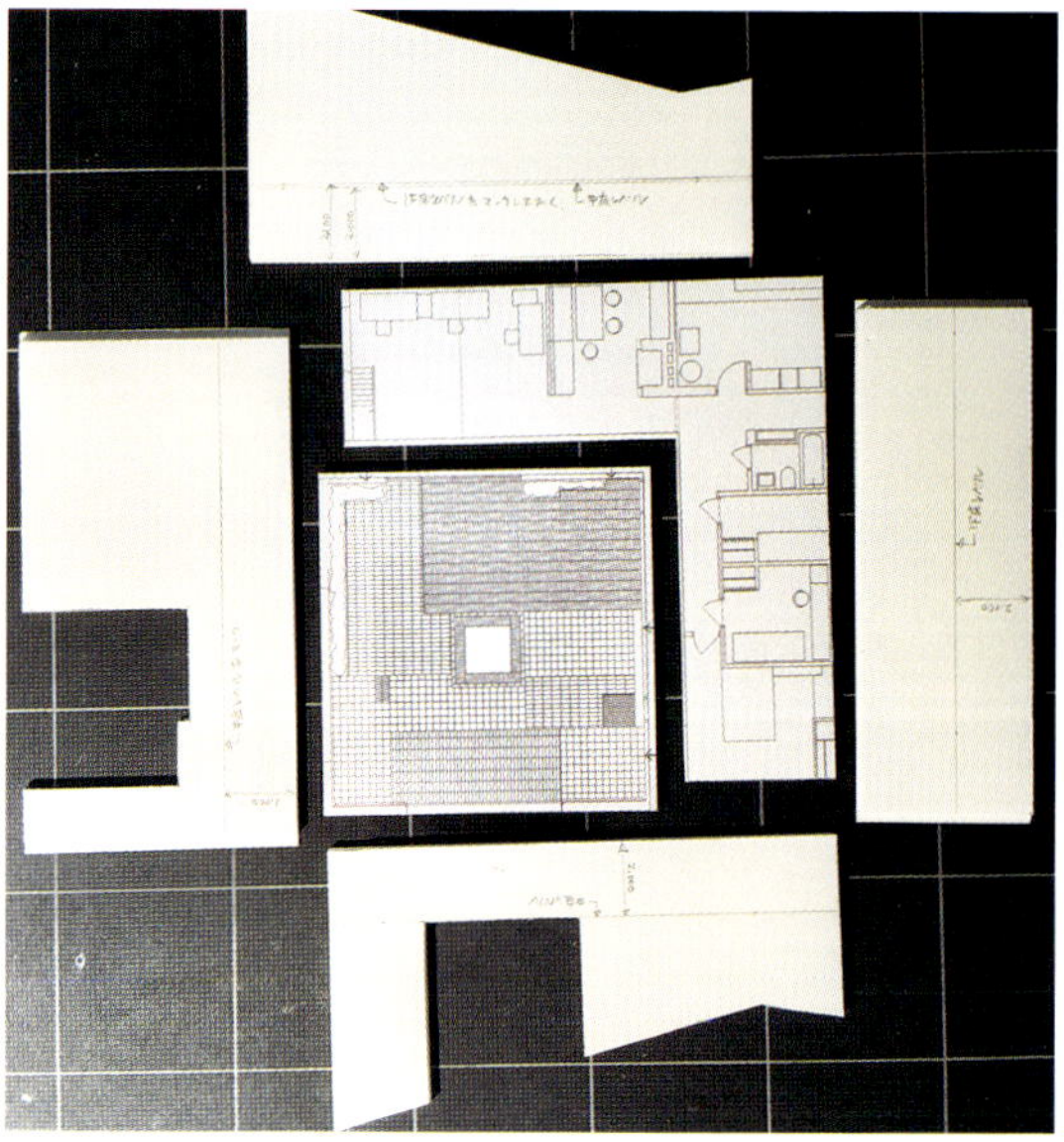

**2** 図面をスチレンボードに貼り、部材を切り出す（隠れる部分に高さなど書き込みがある）

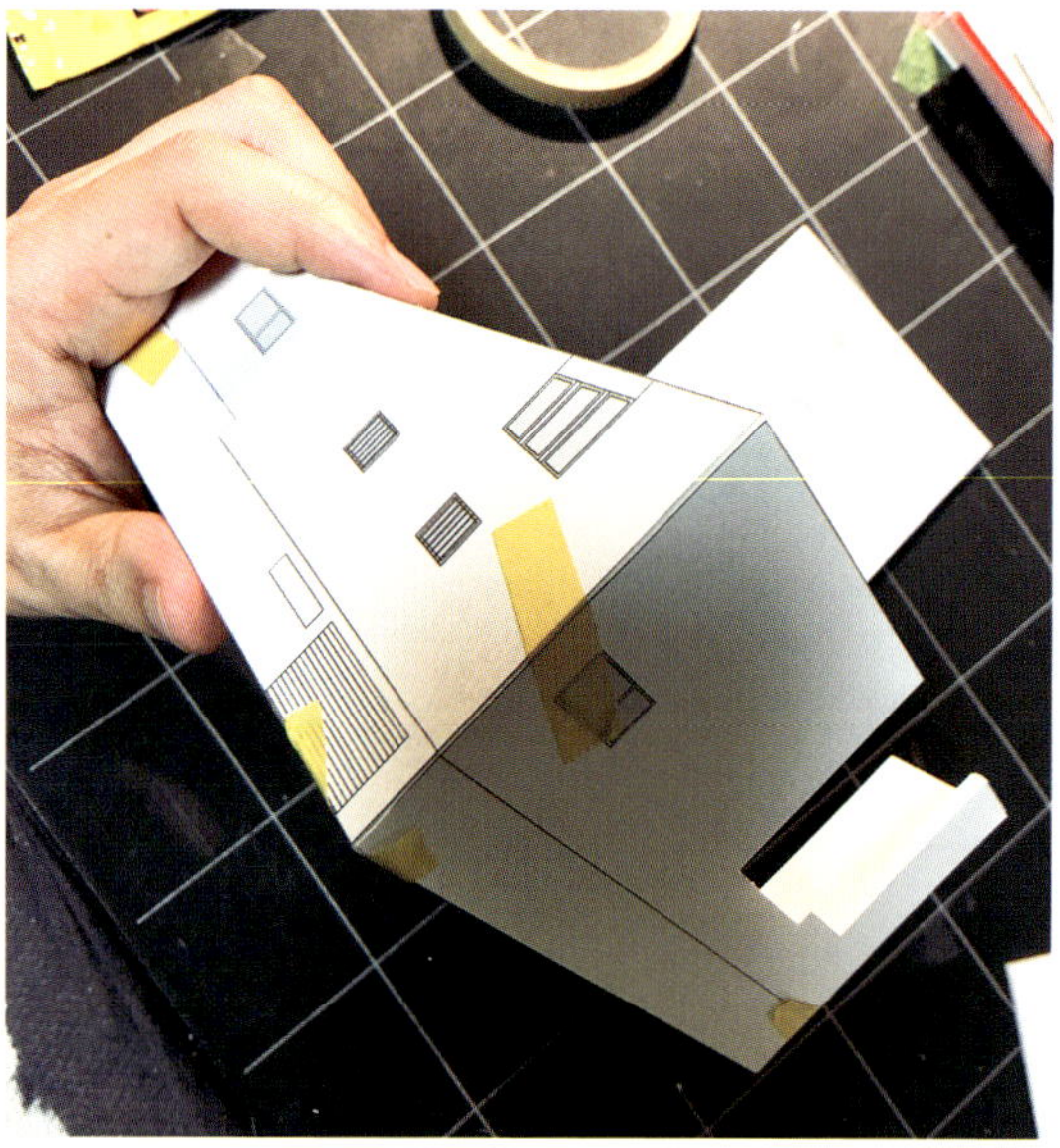

**3** 仮組みする

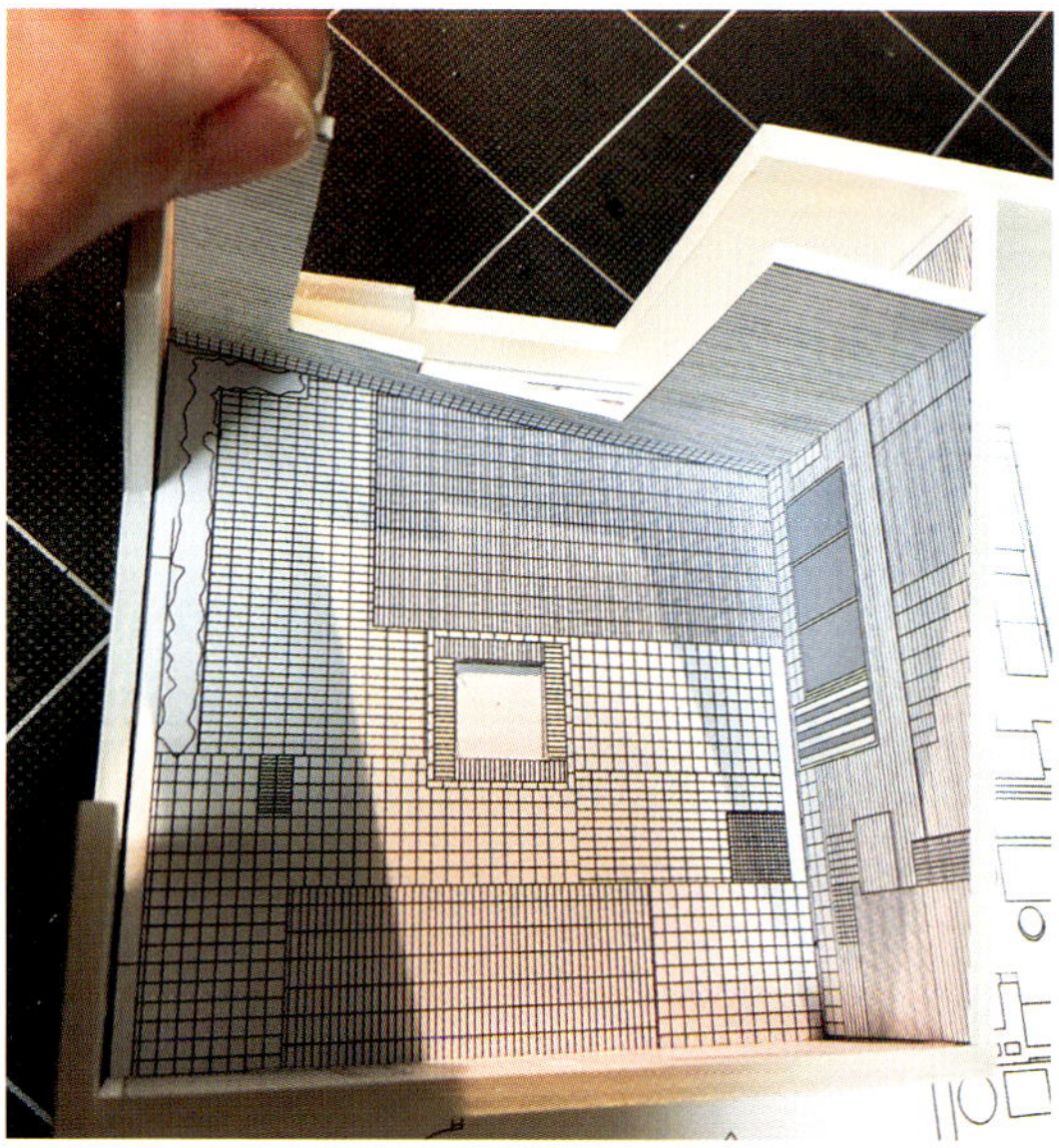

**4** 中庭側の壁の大きさを合わせてから接着する

## 1／100建築模型をつくる

最初に、どのような模型をつくるかを計画する。考えなければならないのは、材料、構法、工期、予算など、実物を建設する場合と同様である。ここでは次の手順に従って作業してほしい。

①模型用に整理した図面（112－113頁）を適宜拡大コピーして1／100にする。作例では白い普通紙の場合と、色付きの上質紙を用い中庭のレンガを表現する場合の2つをつくった。各立面図および平面図（A～Dおよび床）をスチレンボード（3㎜）に貼り付ける。貼った状態を仕上げとするので、図面の接着は強めにする。作例では粘着力の強いスプレーのりもしくは両面テープを用いた。

②各部材を切り出す。開口部の穴を開ける場合は、切り出す前に作業を行っておくとよい。

③接合部の出隅を加工（27頁参照）し、仮組みして問題がないか確認したのち、各部材を接着する。作例ではスチレンのりを用いた。

④続いて中庭側の部材をスチレンボード（aとbは3㎜、cとdは2㎜）に貼って、少し大きめに切り出す。模型の状態に合わせながら寸法を調整し

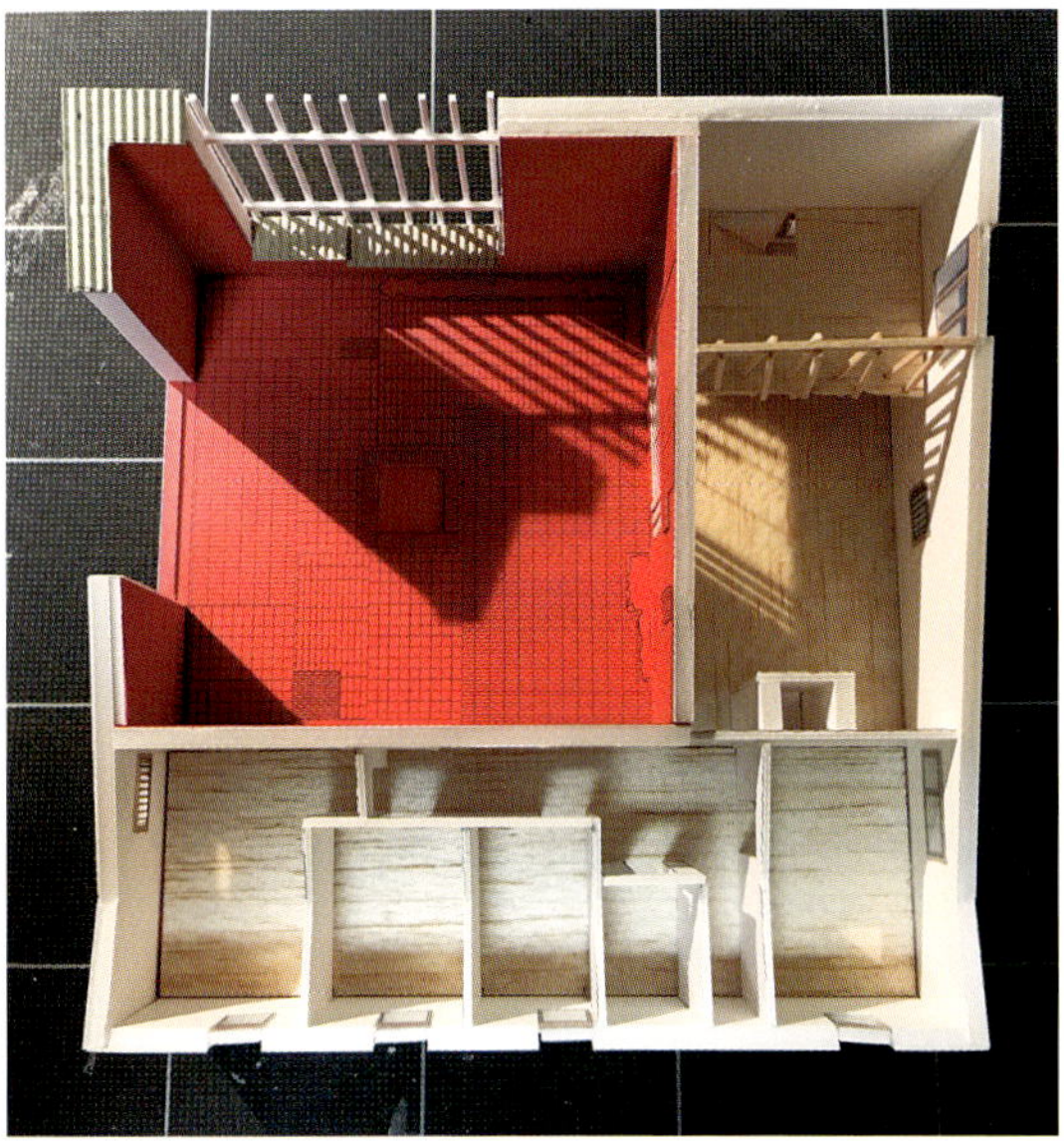

**7 完成（壁に色をつけた場合）**

**5 細かな部分に接着剤を塗布するときは楊枝などの先を用いて点付けする**

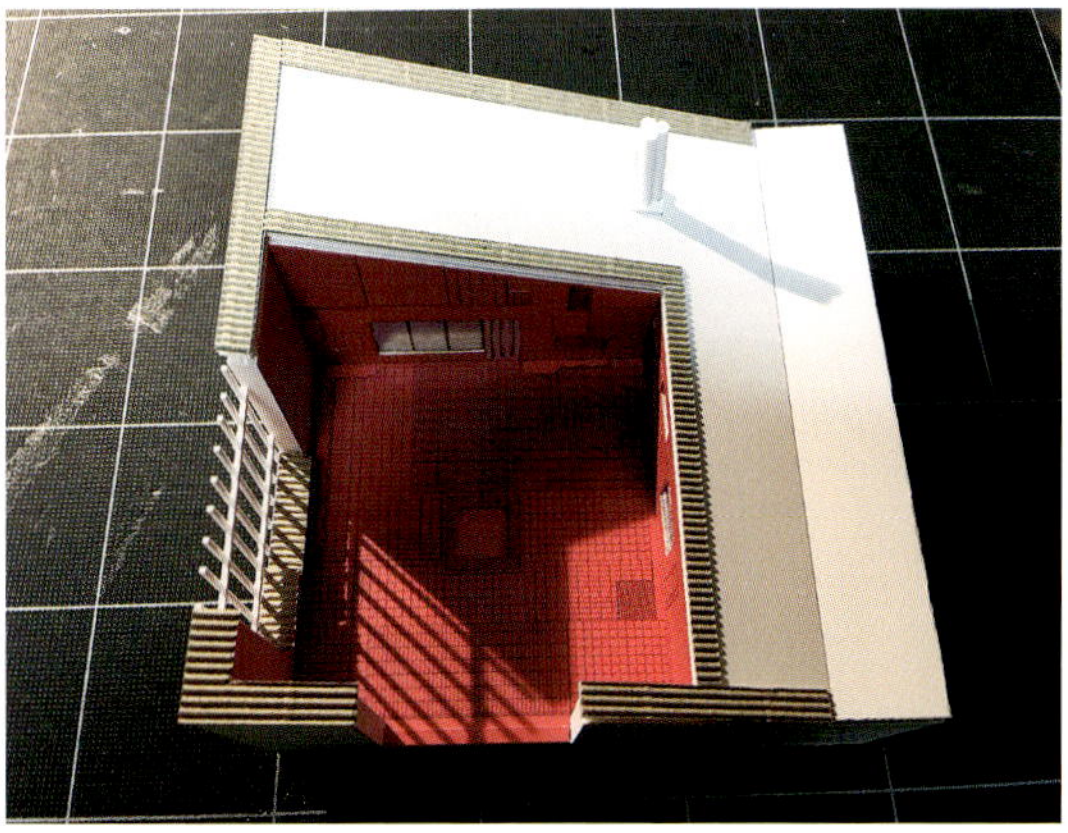

**8 屋根を合わせる**

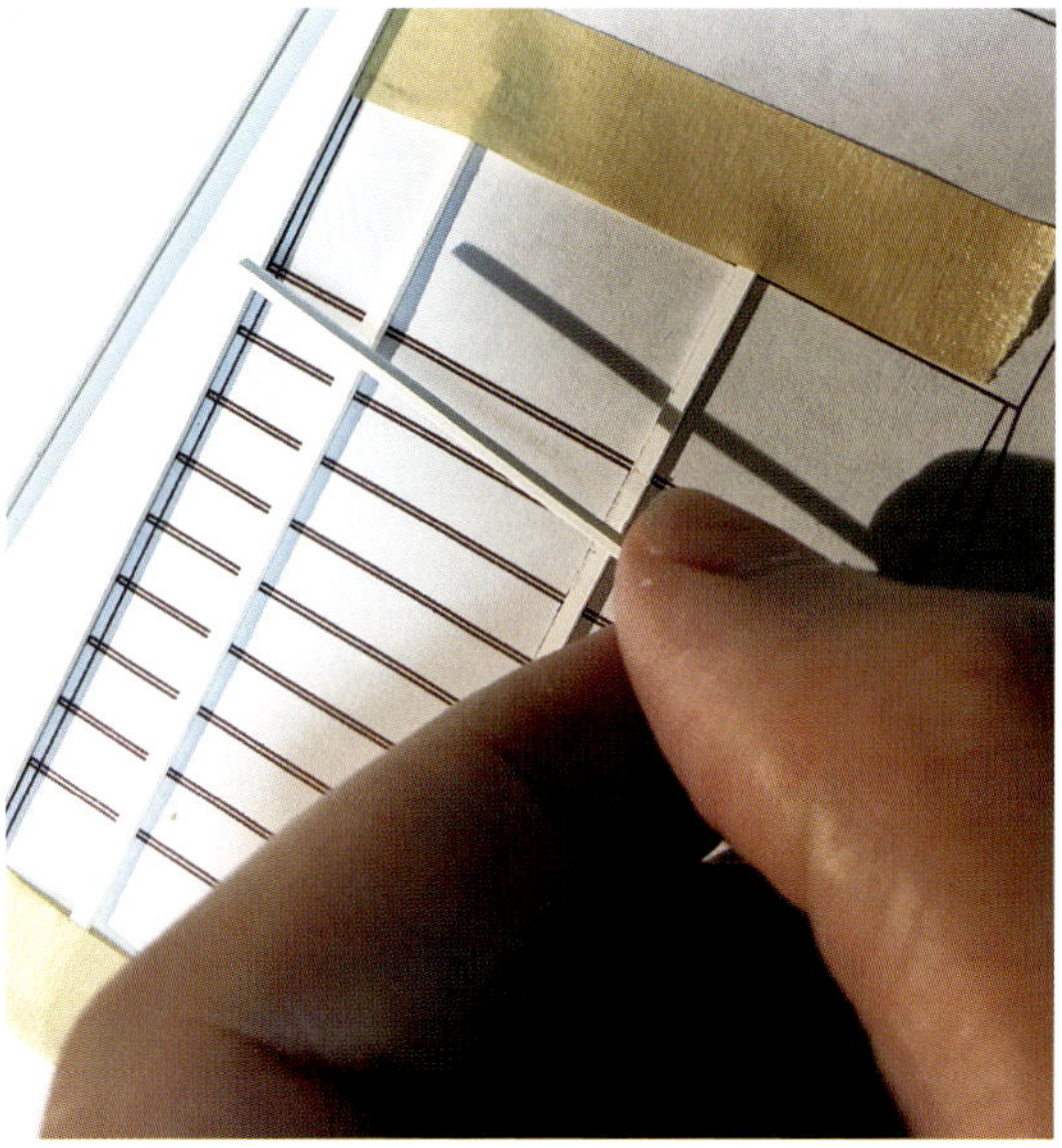

**6 ルーバーの組み立て。1mm スチレンボードを細く切り部材とする**

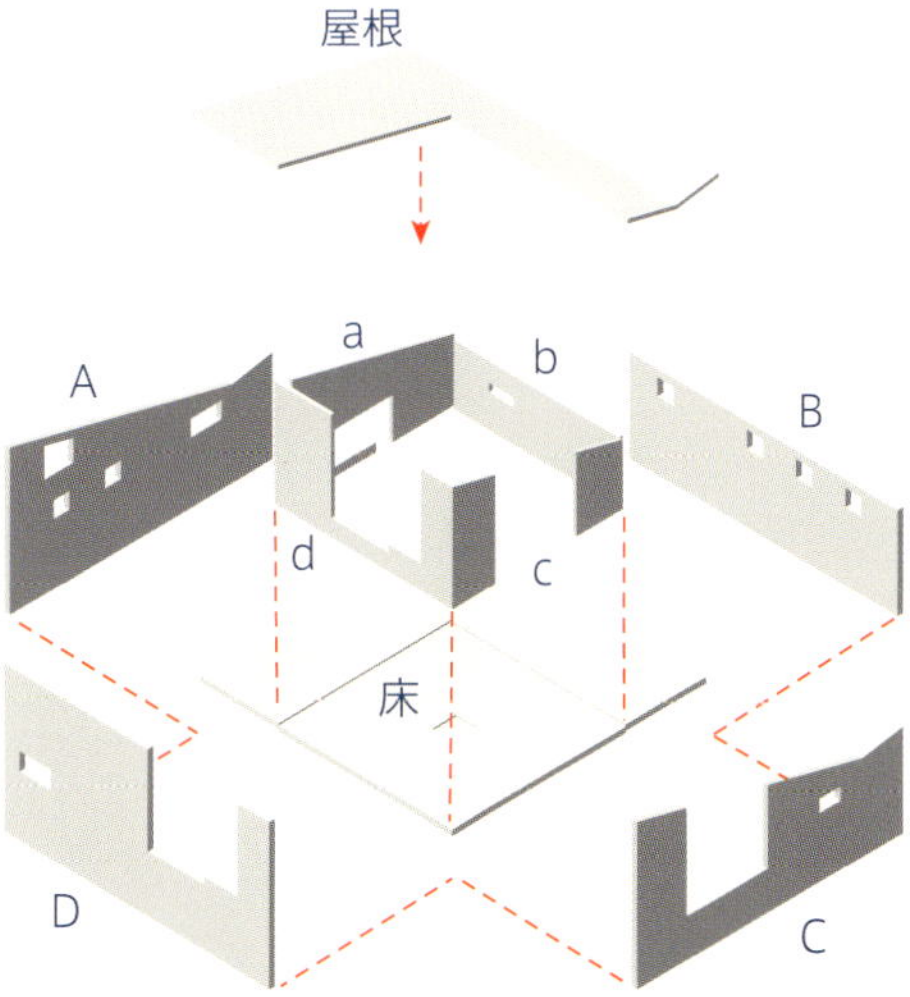


部材の組み立てイメージ

て接着する。

⑤細かな部分を接着する場合は、接着剤を適量出しておき、楊枝や端材の先を用いて点付けする。

⑥特徴のあるディテール（外壁のルーバー、煙突、瓦屋根）を加える。これによりスケール感を高める。作例のルーバーは、本体とは別に組み立ててから取り付けている。やや太い横材を長めに切り出しコピーした図面の上にテープで止め、その上に細い材を置いてゆき、最後に横材端部を切り離す。

⑦完成。中庭の煉瓦壁に色を付け、内部の間仕切り壁とロフトをつくった。

⑧屋根瓦をリップルボードで、煙突をプラスティック棒で表現した。

## 立面図・屋根製作図

本図縮尺
S=1/200
演習推奨
S=1/100

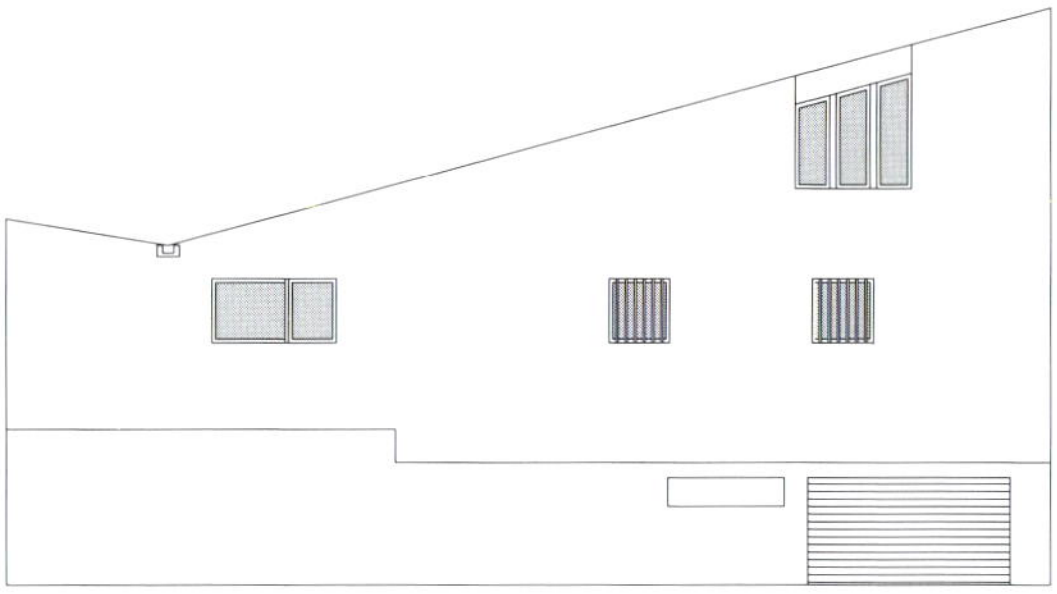
A

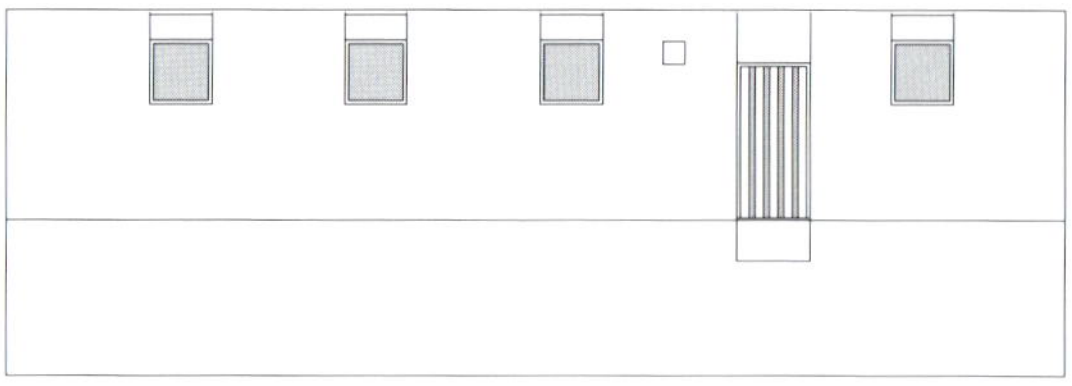
B

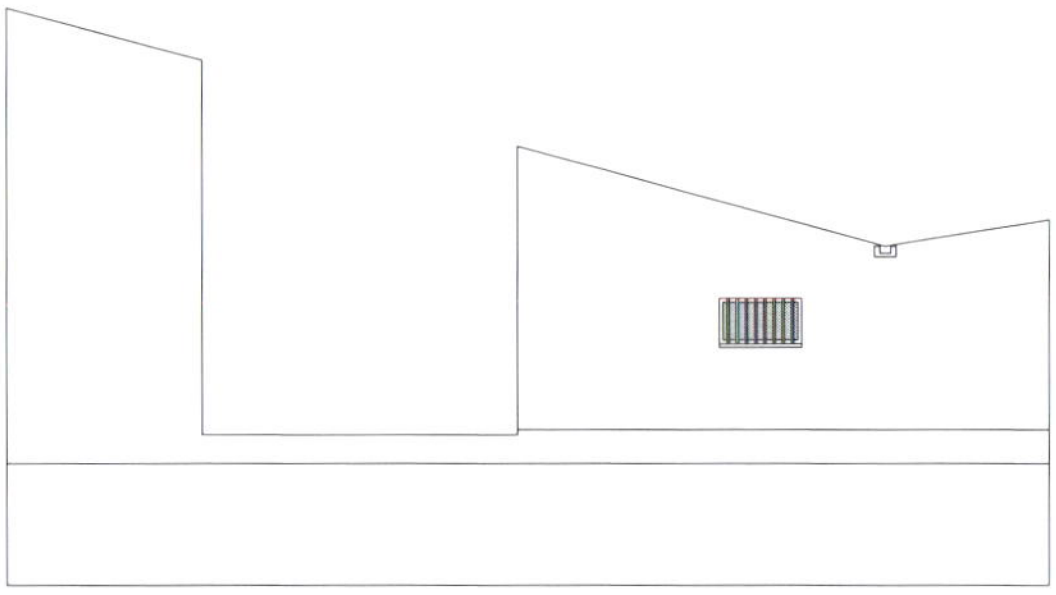
C

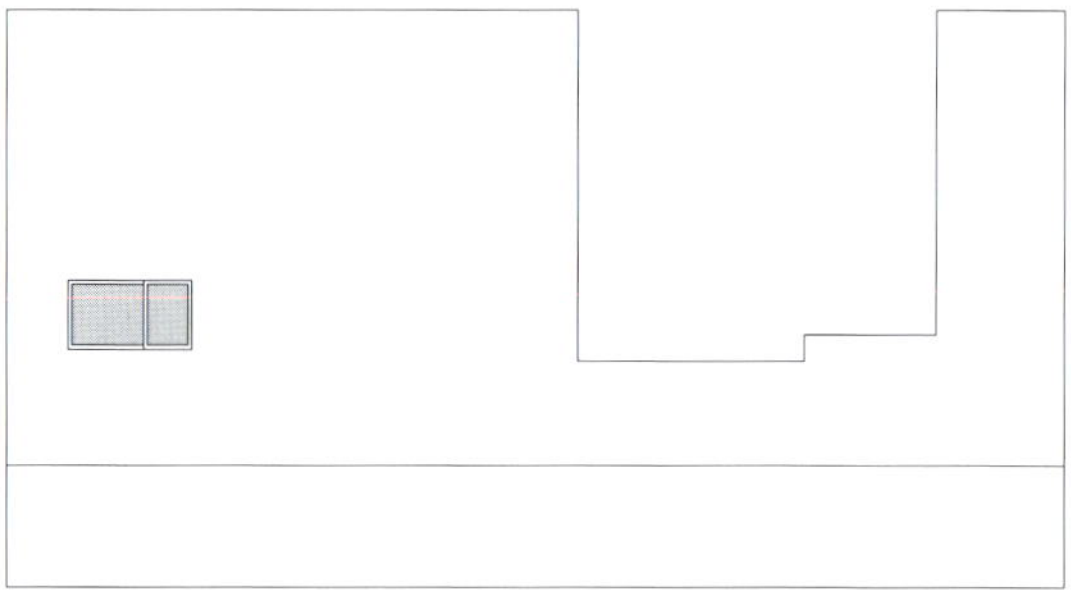
D

### 制作例

床パーツを赤い上質紙にコピーし、レンガの表現とした。内部の床に1mm厚のバルサ材を貼り、中庭とのレベル差を確保するとともに、床材の表現した。

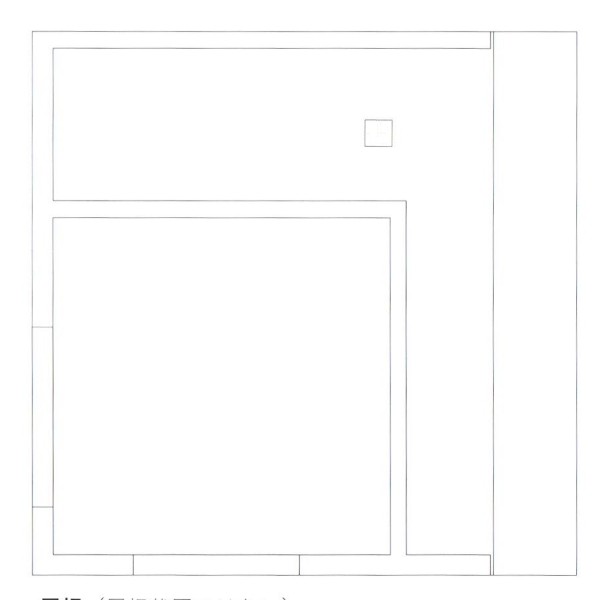

### 屋根（屋根伏図ではない）

切り出し用の図であることに注意 → 勾配のついている方向が屋根伏図より長い

本図縮尺
S=1/200
演習推奨
S=1/100

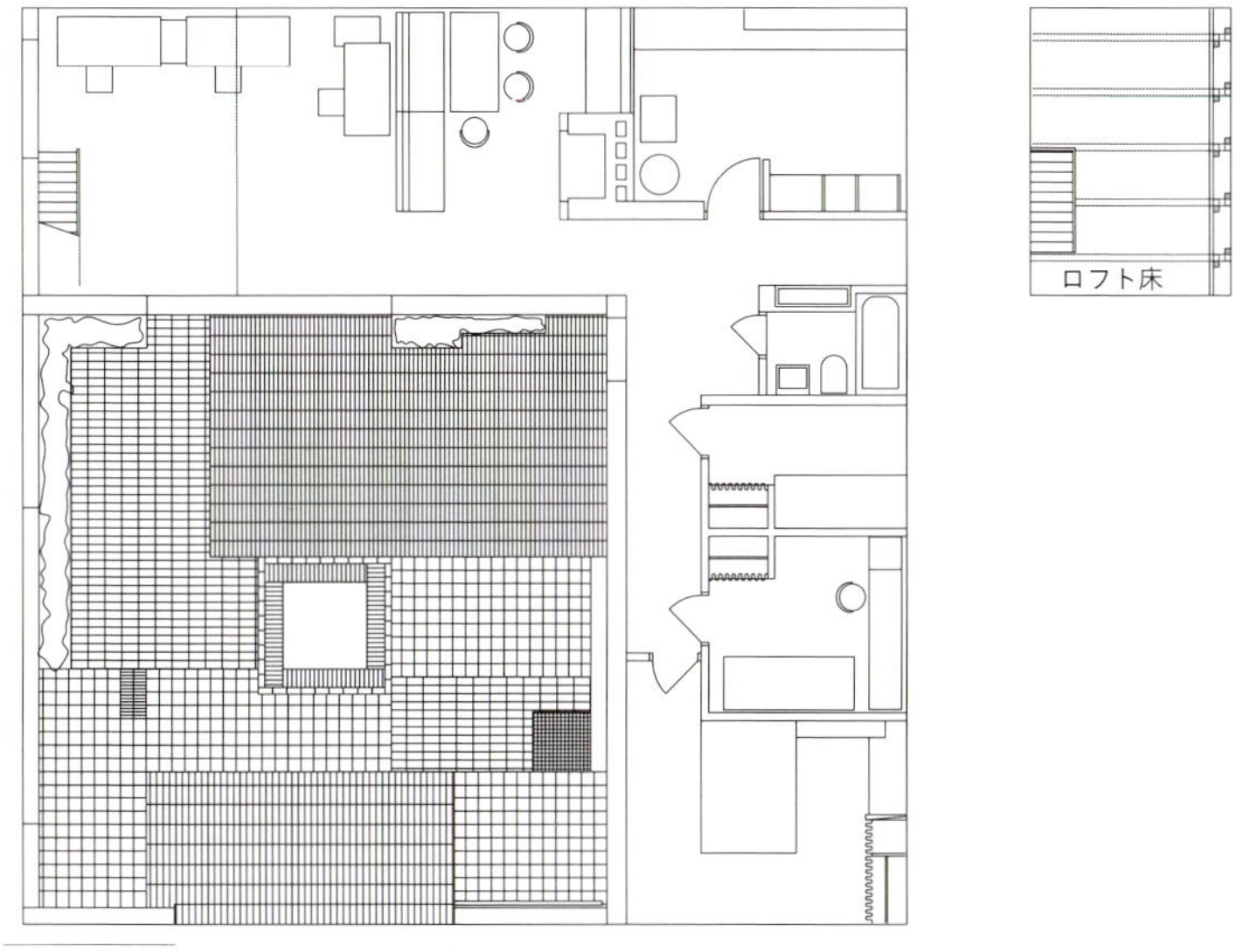


## 床

外周の壁を 3mm ボー-ドでつくることを想定している図になっている。
1 階の床の高さ（1FL）と中庭の床の高さは異なる（中庭は 1FL -100 →模型製作寸法で 1mm）
壁 c および d は 2mm ボードでつくると、外周のパーツ（3mm）と合わせて壁厚がちょうど良くなる

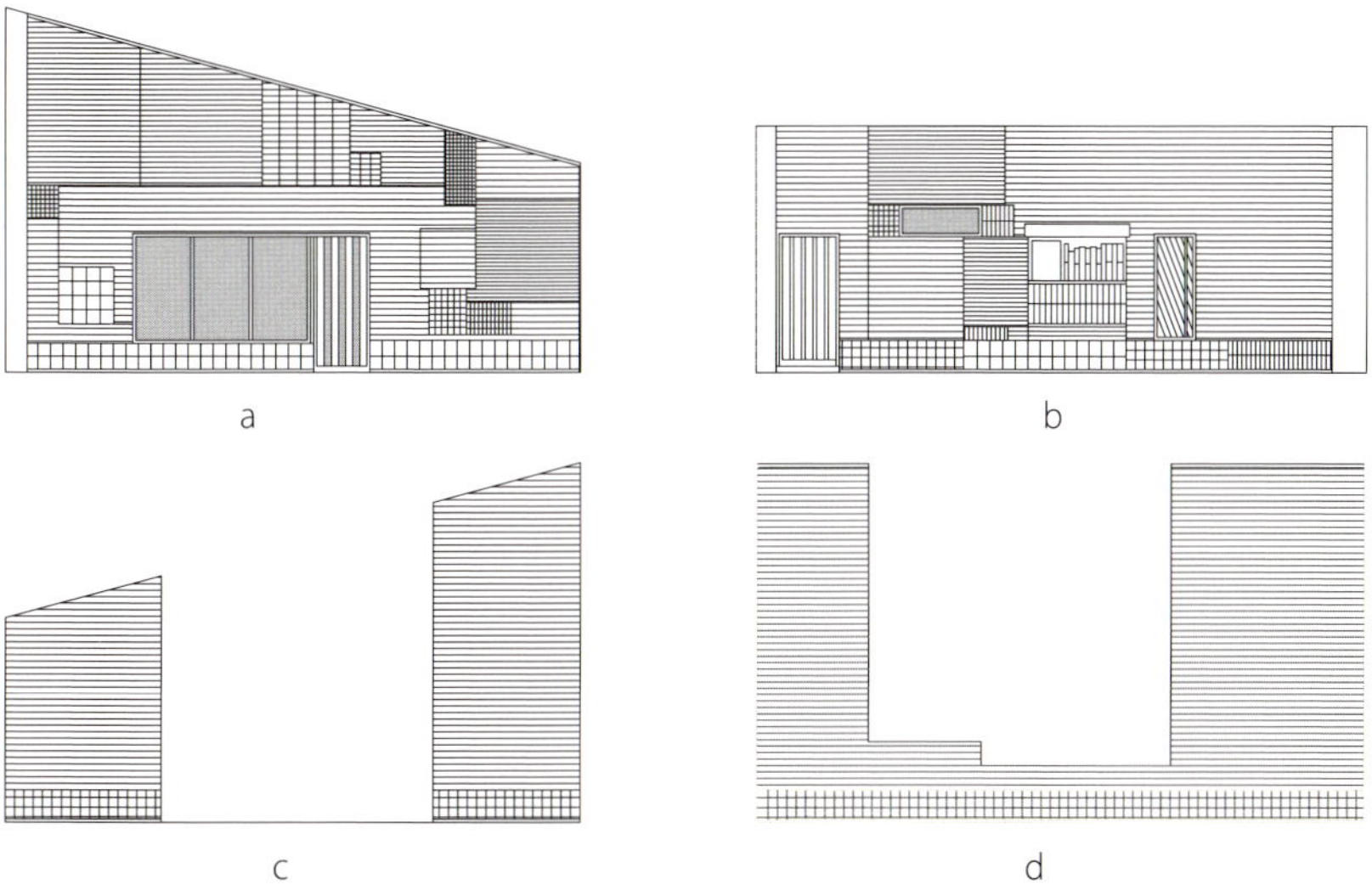


中庭側の壁パーツ a ～ d は制作誤差を考慮して水平および上方向に余裕をもたせてある。
模型の状態、特に開口部など目立つ部分が合うように調整して、上部と両端をカットする。

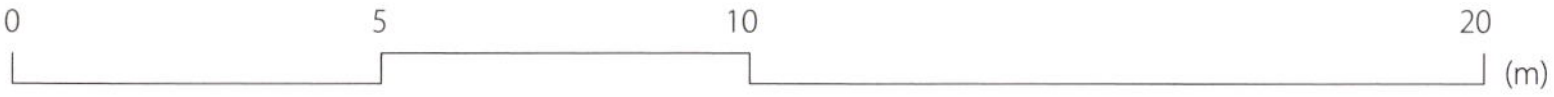

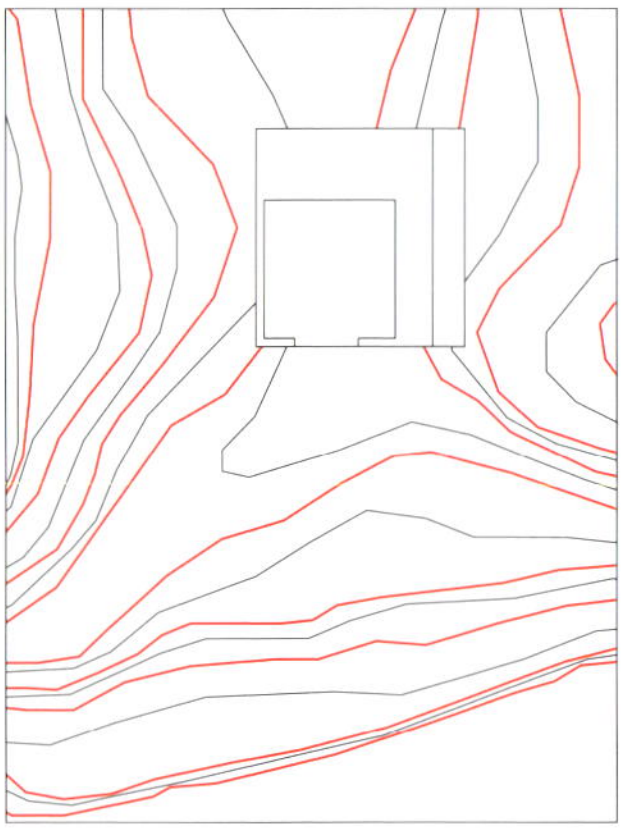

A

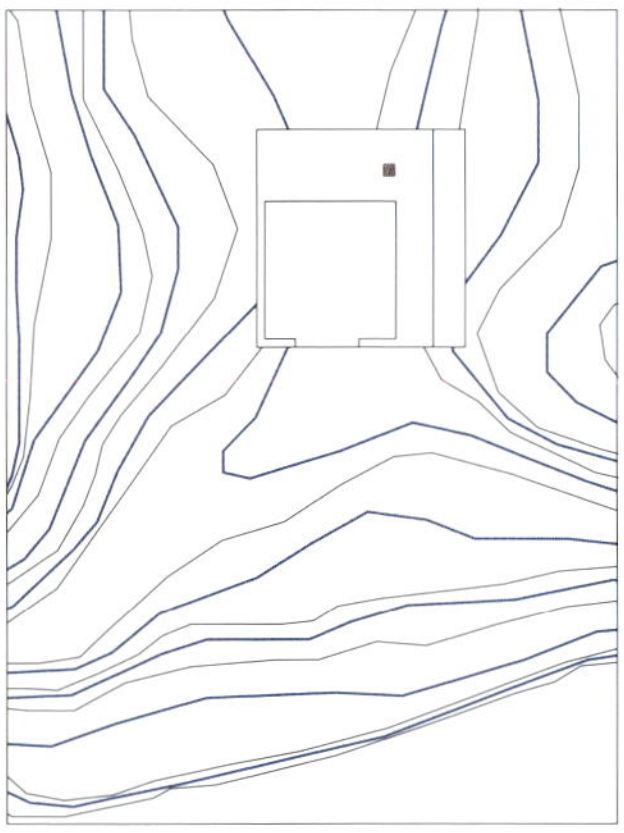

B

A、Bから切り出した部材を、交互に重ねる

**制作例**

コンタを積み上げる途中の段階。水面にあたる土台に、青い紙を貼ってある。各部材には高さを書き込んで間違いのないようにしている。

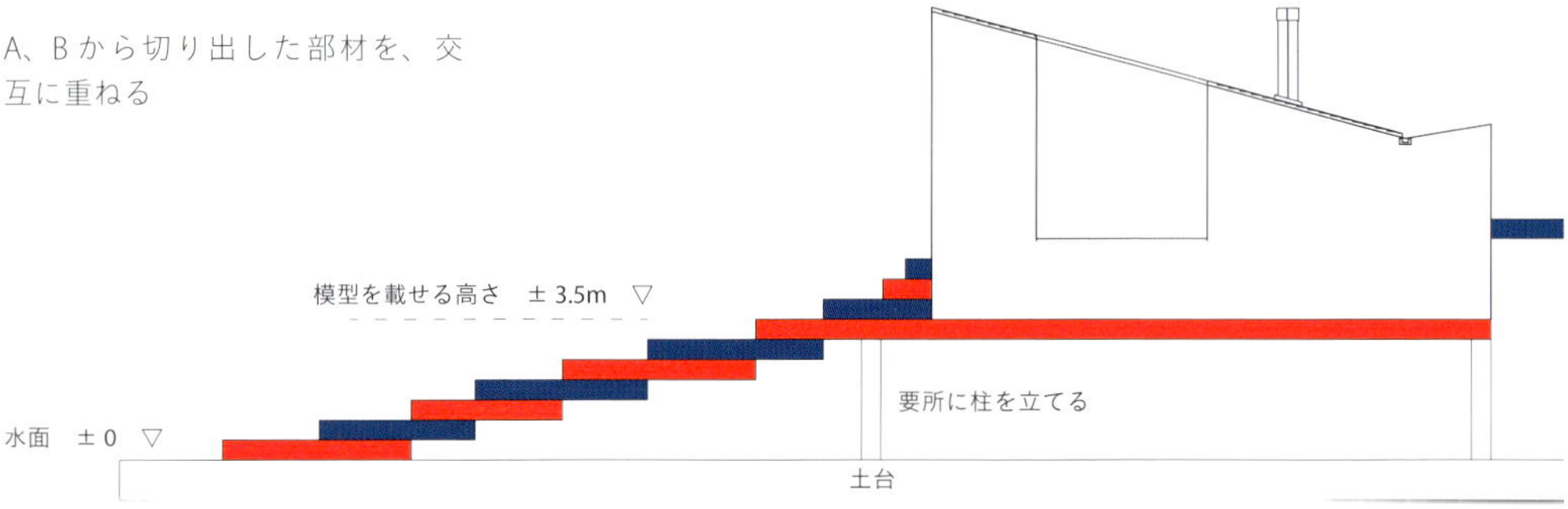


コンタ模型断面

## 敷地模型をつくる

コンタ模型（contour line＝等高線）とも呼ぶ、等高線を表現する模型の簡単なつくり方を紹介する。

①等高線と建物の描かれた敷地図を2枚用意する。

②もっとも低い等高線から、1本おきに赤いマーカーでトレースする。↓**図面A**

二番目に低い等高線から、一本おきに青いマーカーでトレースする。↓**図面B**

③A、Bをダンボール（5㎜厚）に貼り、赤および青の線で切り出す

④敷地全体の大きさの土台を用意し、赤および青の材を低い方から順次積み上げてゆく。敷地の下に空洞ができるが、この方法を取ることで材料を節約することができる。空洞部分には、適宜柱を入れ、高さを調整し、模型全体の強度を高める。

ダンボールに貼った敷地図は、模型の用途によって剥がす場合も、そのままにする場合もある。

配置平面図　1/400（制作例は 1/100 です。400% 拡大して使用してください）

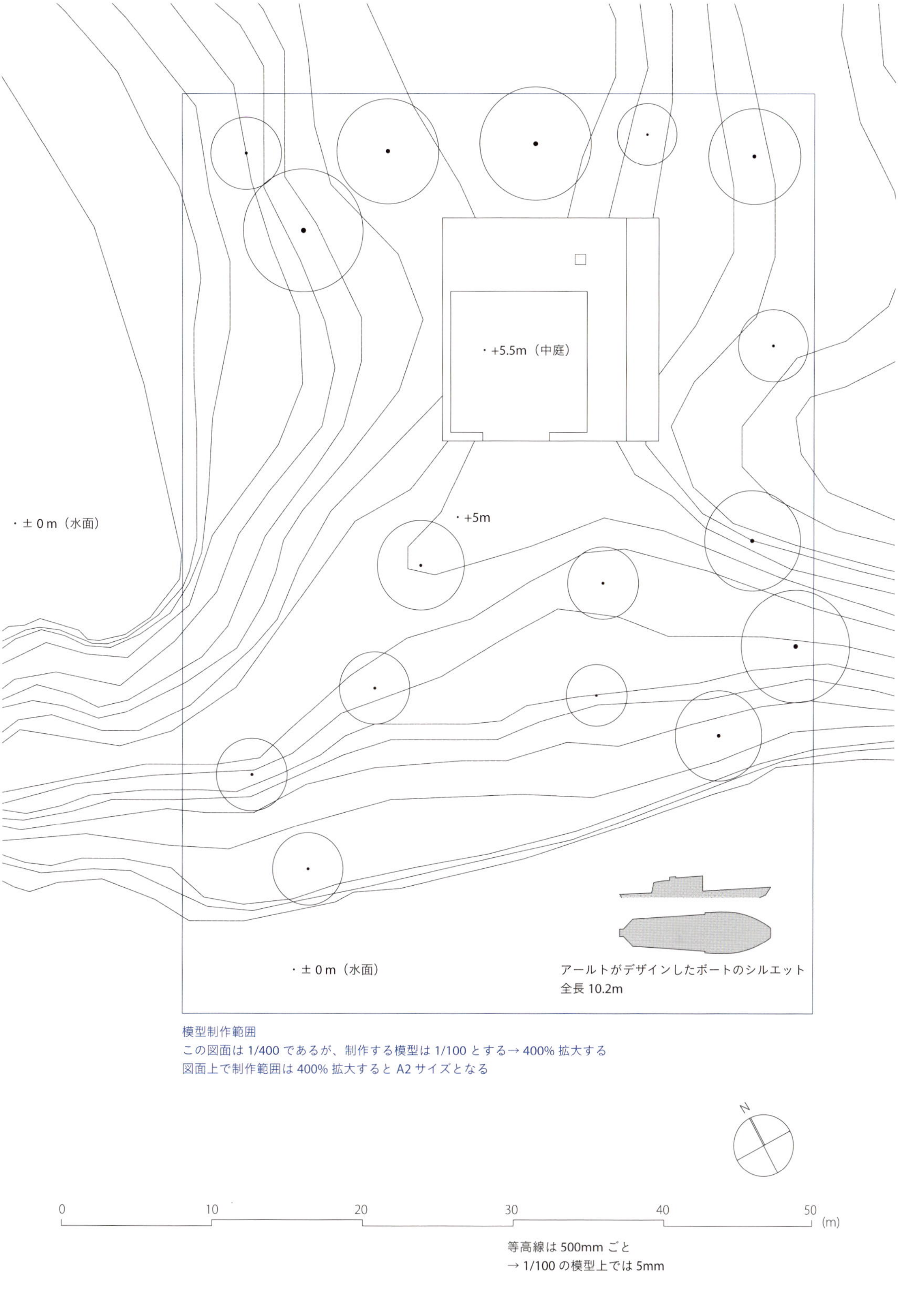


## コエタロ　配置平面図　S=1:400

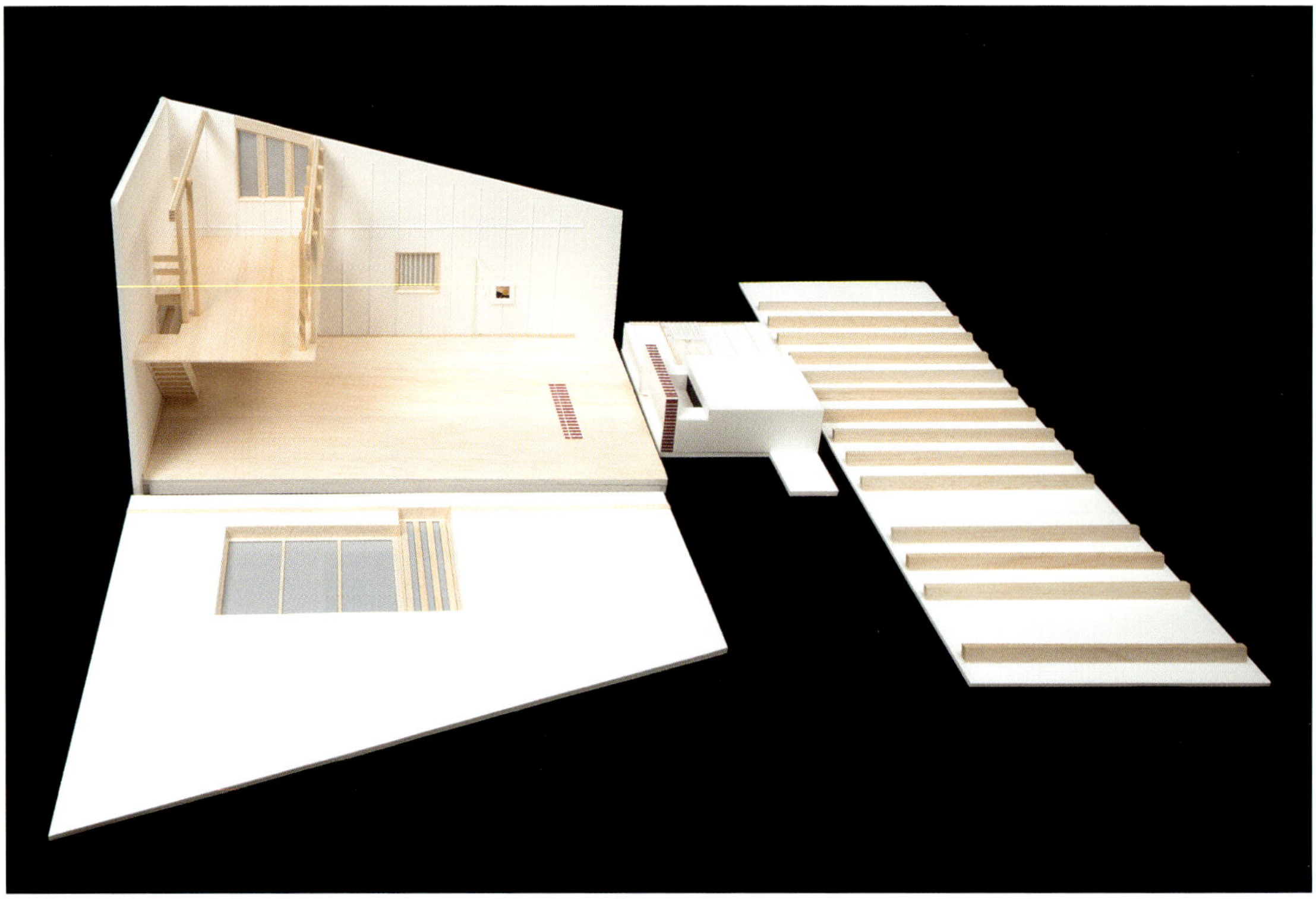

1/20 模型を構成する部材

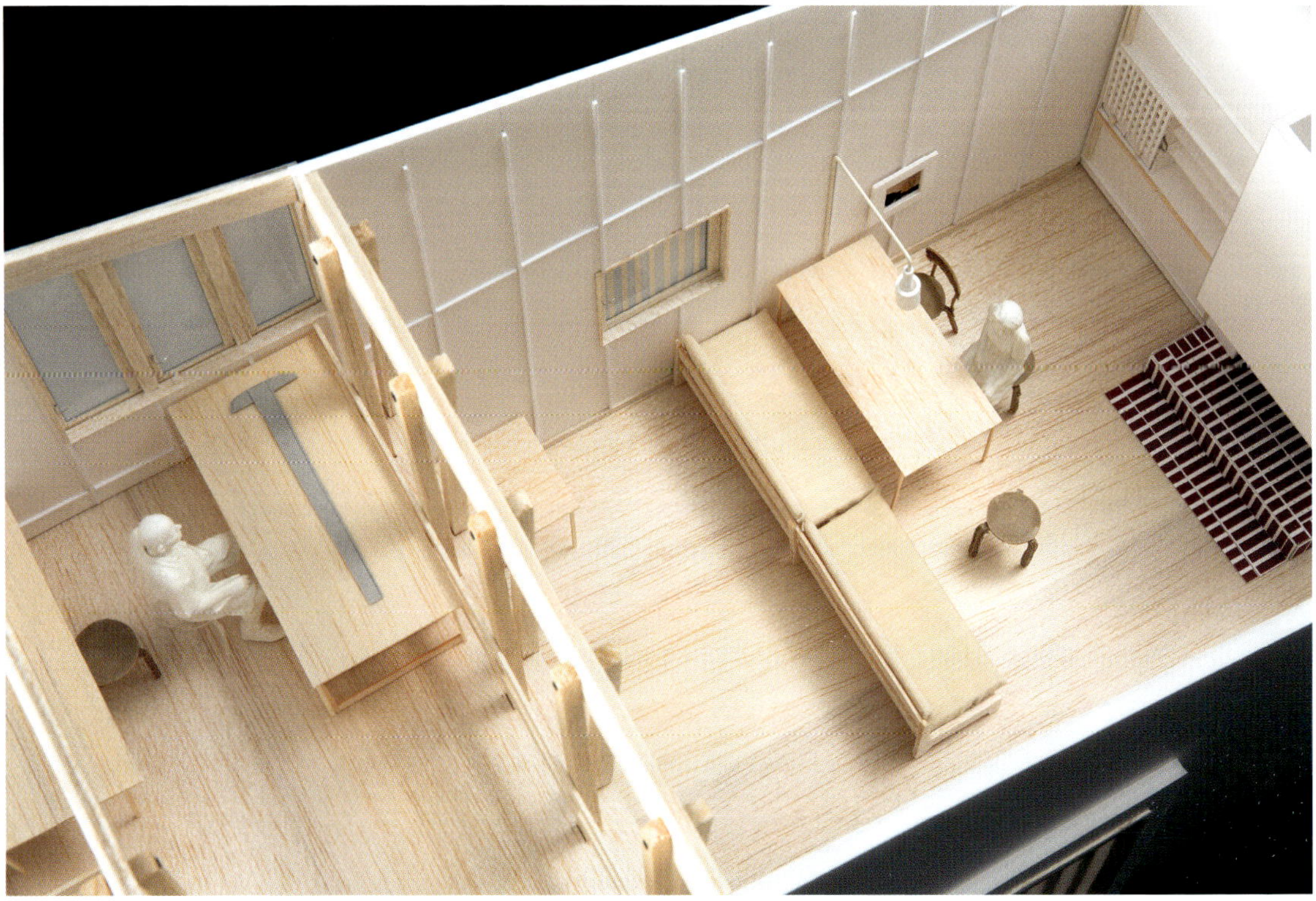

同模型を上から見下ろす

**1** スチレンボードから壁を切り出す

**2** 開口部を空け、窓ガラスと窓枠を表現する

**3** 暖炉と食器棚をつくる

**4** 中庭の大きな開口部をつくる

## 1／20インテリア模型をつくる

「コエタロ」の居間のインテリア模型をつくる。基本的には1／100と変わらない手法を取るが、特徴のあるディテールをつくり込むことで、より実物に近い空間を表現できる。作例では、特にアルヴァ・アールト建築の特徴である木材を表現するため、バルサ材を積極的に使用した。図面は平面図と展開図（72-77頁）を適宜拡大して作業に用いる。

①スチレンボードに図面を貼り、床、壁を切り出す。模型自体の強度が必要なため、作例では5㎜厚を使用した。なお、平面や立面が単純な形の場合は模型の精度を高めるため、コピーした図面を貼らずに、スチレンボードに直接作図し切り出してもよい。

②開口部を空け、透明塩ビ板とバルサ材（1㎜）を細く切って窓ガラスと窓枠を表現した。北側の木軸壁の押さえ縁をプラスティック棒（1㎜角）で表現する。

③展開図を参考にして、暖炉と食器棚をスチレンボード（3㎜、2㎜）でつくる。食器棚の引き手はヒノキ棒（1㎜角）、暖炉下部のレンガは、実

**5** ロフトの構成部材

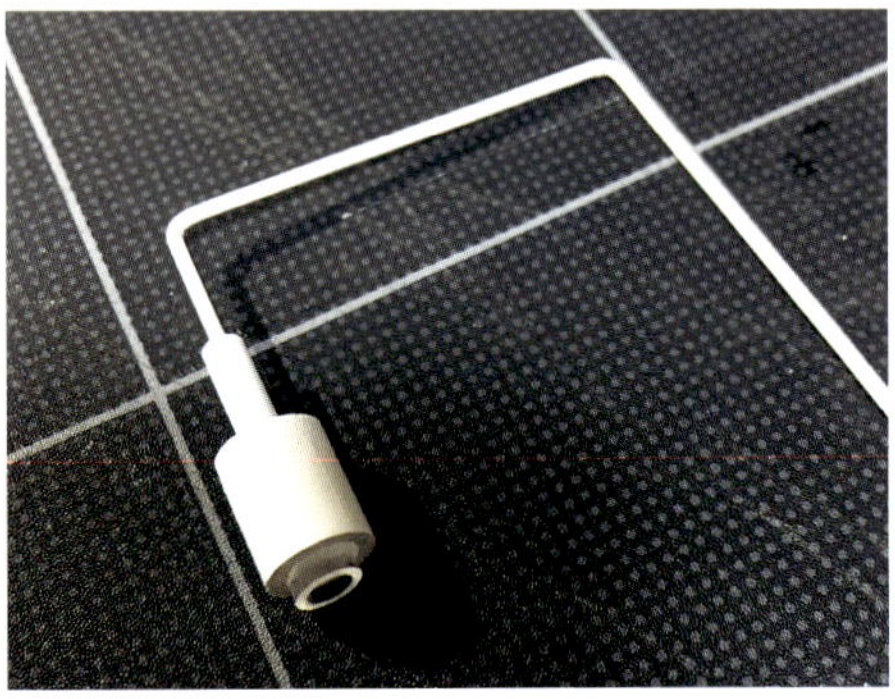

**6** 照明器具をつくる

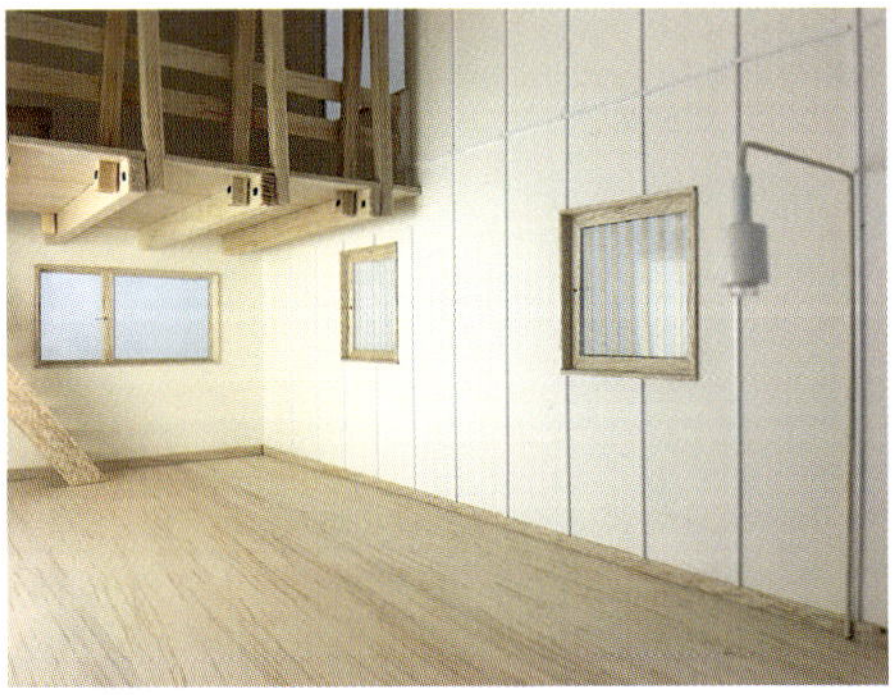

**7** 照明器具を設置する

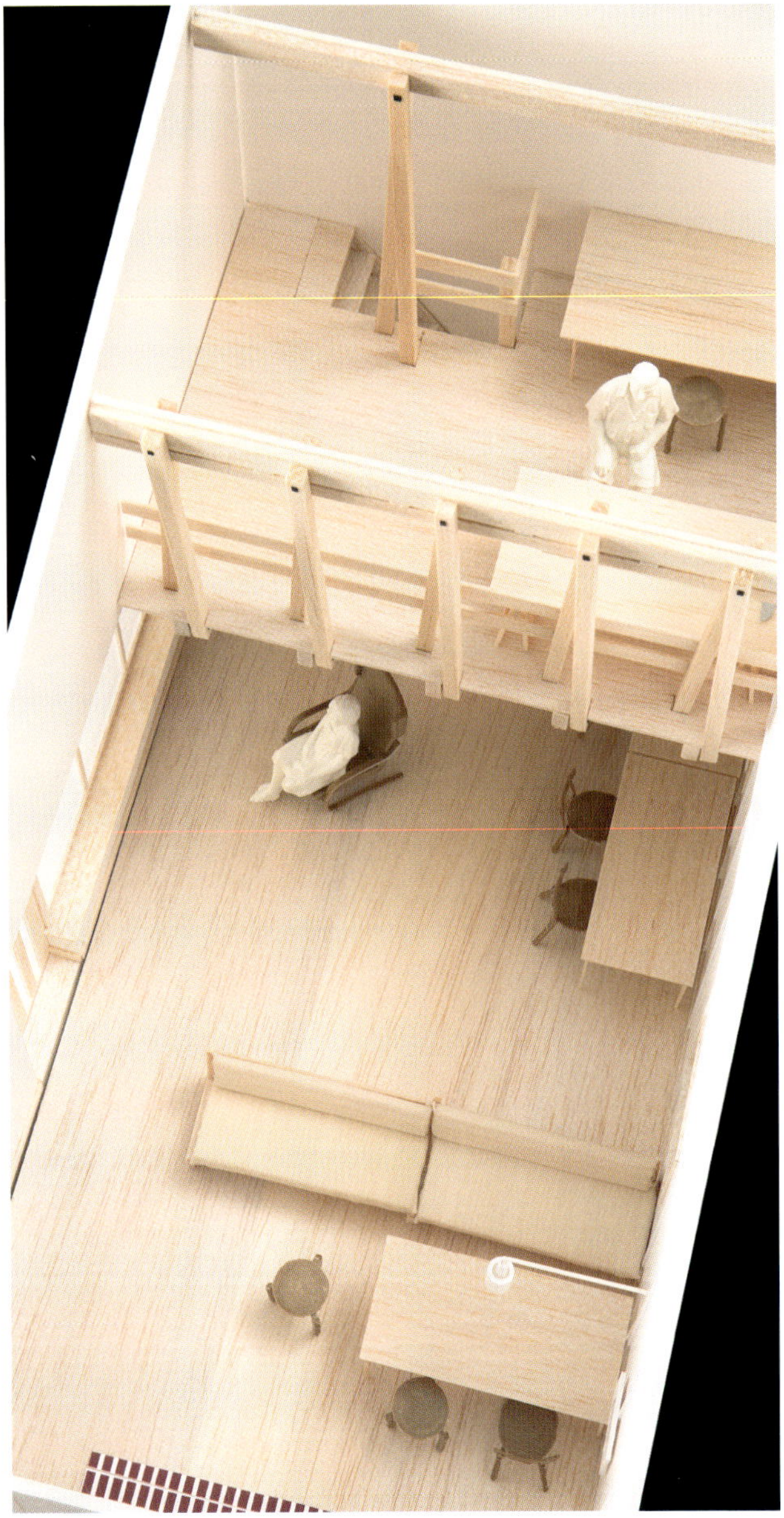

**8** 完成

物の写真を見ながらコンピュータで作図・色を付けて印刷した紙を貼った。

④中庭側の大きな開口部は、透明塩ビ板の上に細く切ったバルサ材を貼り付け、枠や扉を表現した。これは内部側だけがつくってある。また写真撮影では、窓の向こうが写り込まないよう、すべての窓の外部側にトレーシングペーパーを貼った。床はバルサ材（1㎜厚）。

⑤ロフト部全体をバルサ材でつくった（床：2㎜厚、梁：4・5㎜×9㎜角棒、吊り材：4・5㎜角棒、階段：1㎜厚）。接着には木工用ボンドを用いる。

⑥照明器具は、プラスティック棒（8㎜、5㎜、2㎜）とアルミ棒（1㎜）を薄刃ノコギリで切って組み合わせた。プラスティック部はアクリル塗料、アルミ部はエナメル塗料で白く塗装した。発光部分は透明なままである。

⑦家具類は、テーブルはバルサ材（1㎜）、椅子は3Dプリンターで出力したパーツを組み立てた（29頁参照）。

⑧完成。家具や人形を配置すれば、スケール感を高めることができる。

One Point

# 模型写真の撮り方

模型写真の撮影には、カメラのほかに三脚、撮影台（テーブル）、背景（暗幕、大きなロール紙）、照明器具が必要である。一眼レフ等の大きなカメラを使うのが望ましいが、スマートフォンのカメラでも、簡単なプレゼンテーションに十分使用できる。背景や照明機材がないときは、青空をバックにするのもよいだろう。

カメラの露出は絞り（レンズを通る光の量）とシャッタースピード（露光する時間）で調整するが、一般的な建築模型では、なるべく絞る（光の量を少なくする）ことで、被写界深度（ピントが合って見える範囲）を深くするのがよい。こうするとシャッタースピードが長くなりブレやすくなるので、三脚とレリーズを用いる。スマートフォンの場合では細かな調整が難しいが、三脚に取り付け、セルフタイマー機能を活用してブレないようにするとよいだろう。

**作例**

①基本的な構図。水平・垂直を保つようにする。

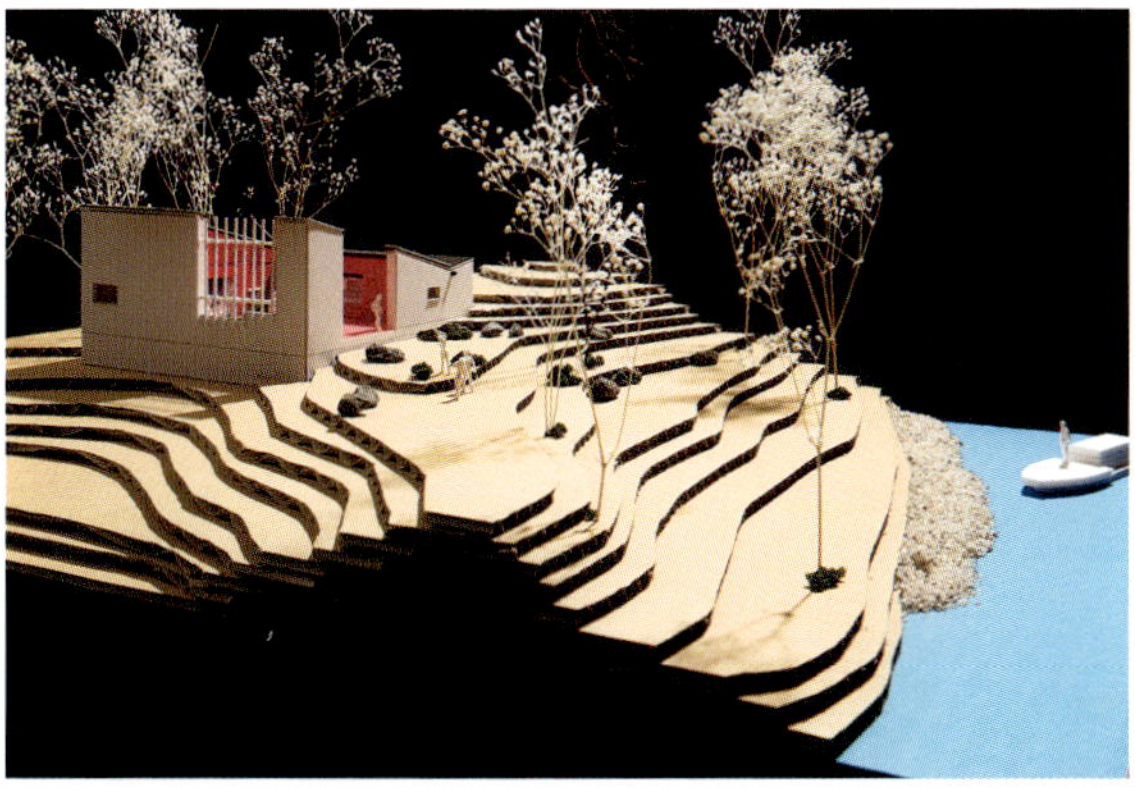

②パースペクティブを強調した構図

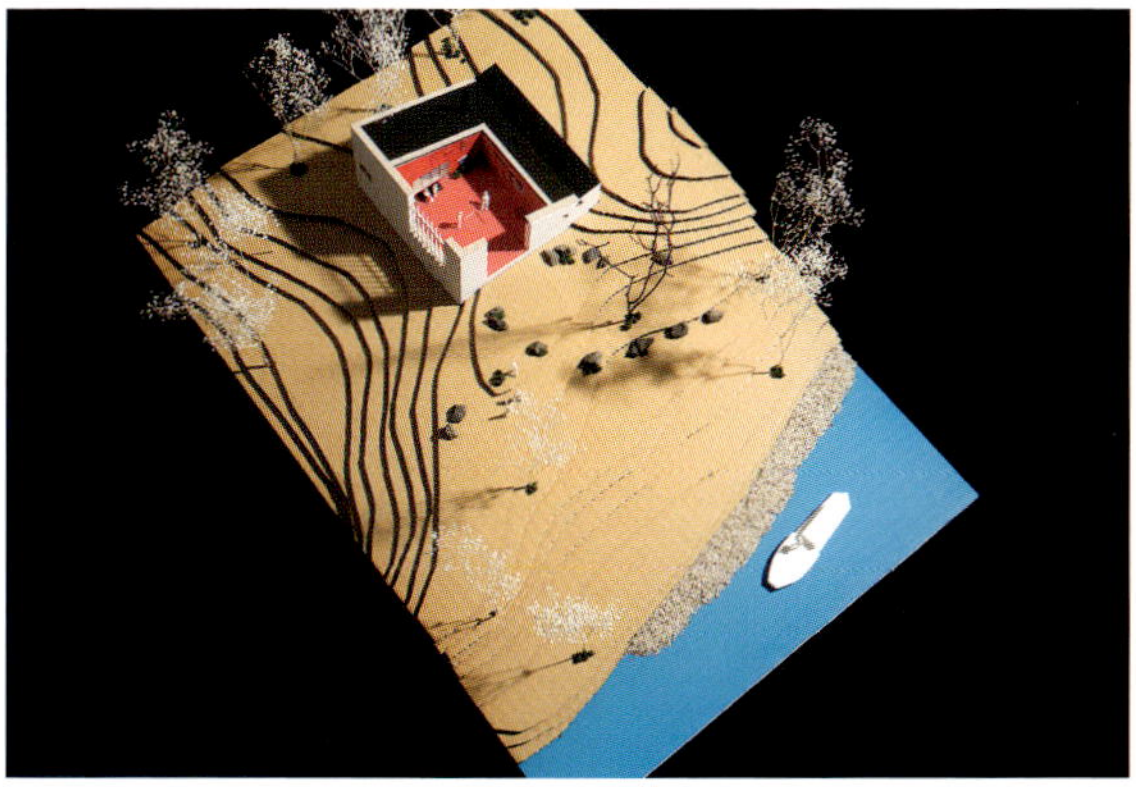

③高い位置から俯瞰した構図

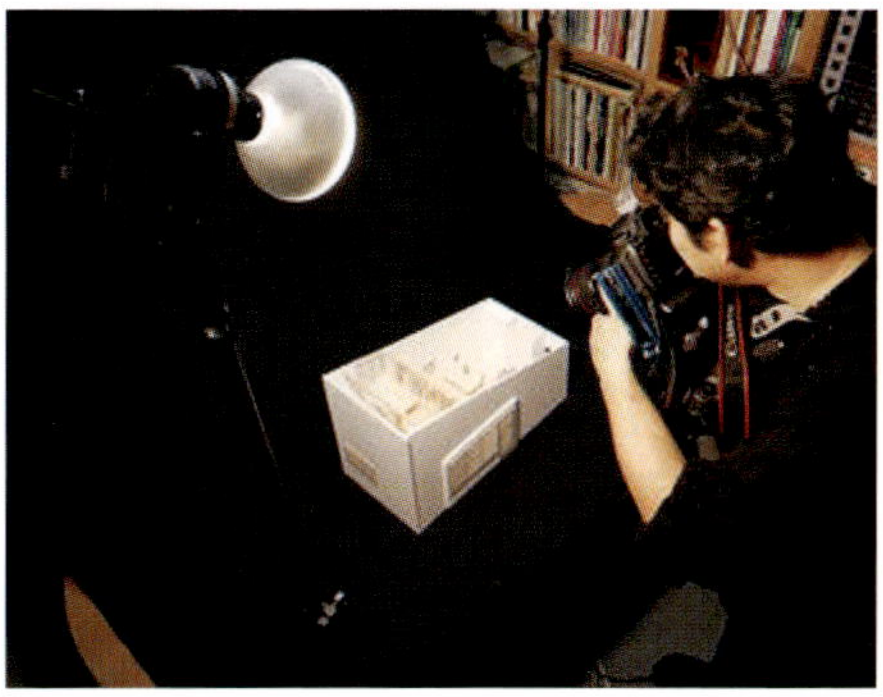

上：スマートフォンによる撮影
下：一眼レフカメラと三脚、照明ランプ、暗幕を用いた撮影

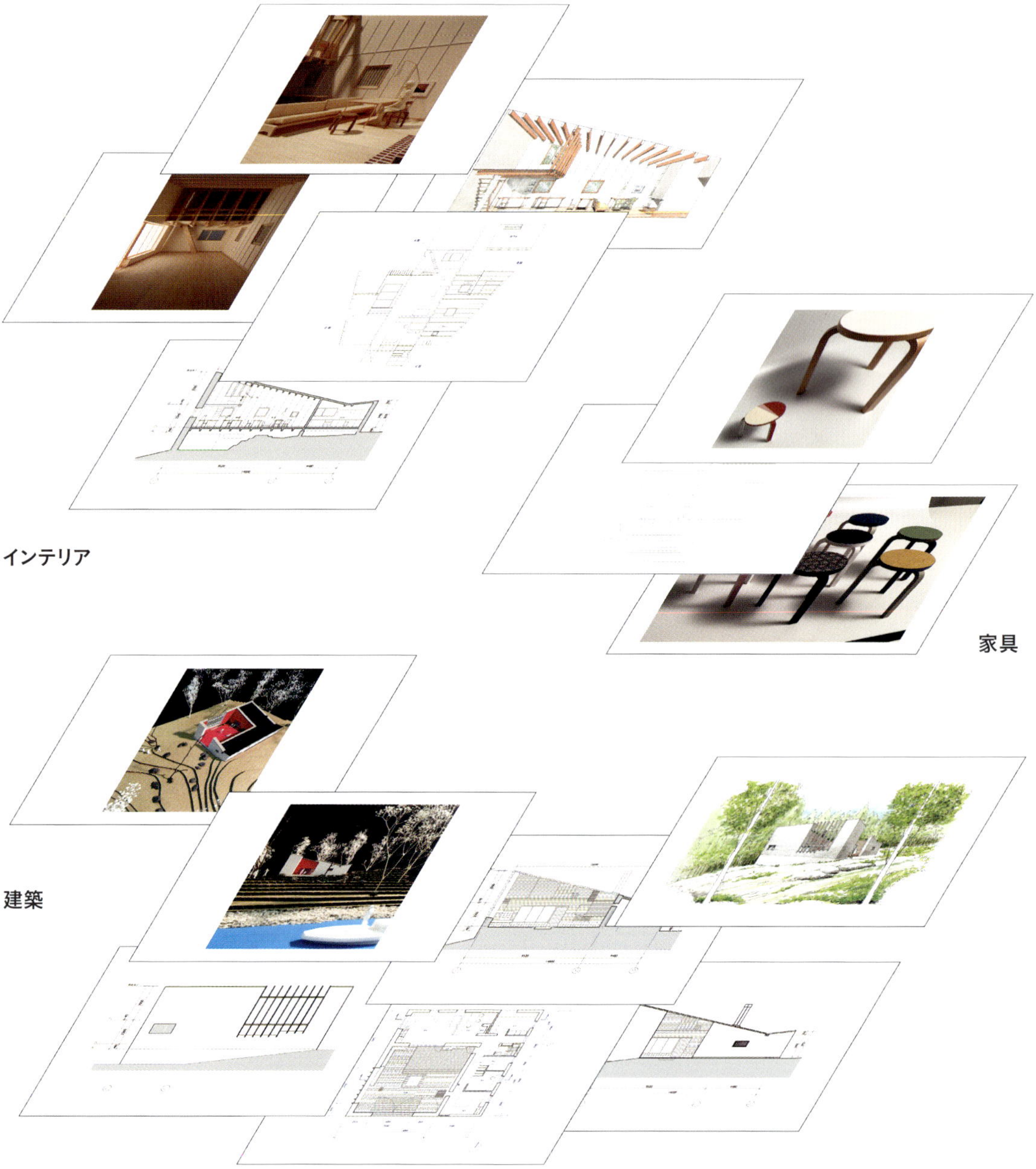


## 3-10 プレゼンテーションテクニック

建築におけるプレゼンテーションでは、クライアントを効果的に説得することが求められる。授業においても、良い設計だと周囲を納得させるには、自分の考えを整理し、明確かつ効果的に伝えなければならない。

ここまで「コエタロ」と「スツール60」をとおして家具、インテリア、建築の表現技法を学んできた。最後の課題は「アールトのトータルデザインについてA1サイズ1枚のシートにまとめよ」とする。ばらばらの要素を関係付けて再編集しよう。プレゼンシートの作成手順は、まずこれまで制作した平面図や断面図、透視図や模型写真を、家具、インテリア、建築というテーマ別に整理する。次に全体をグリッドに分割する。そして、それぞれのコンテンツをバランスよくレイアウトする。ここでは9分割と16分割をベースにした基本的なレイアウトパターンを示し、その中から16-3のパターンでA1シートにまとめた作例を紹介する。

## 基本レイアウトパターン

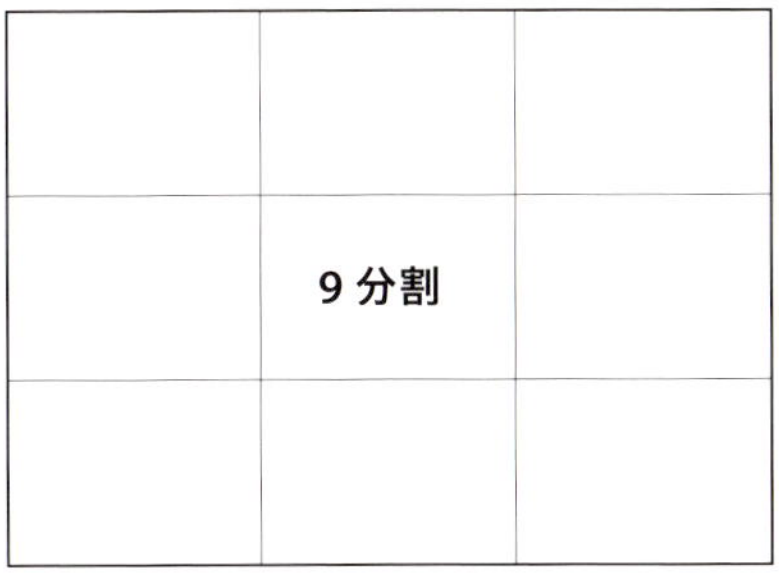


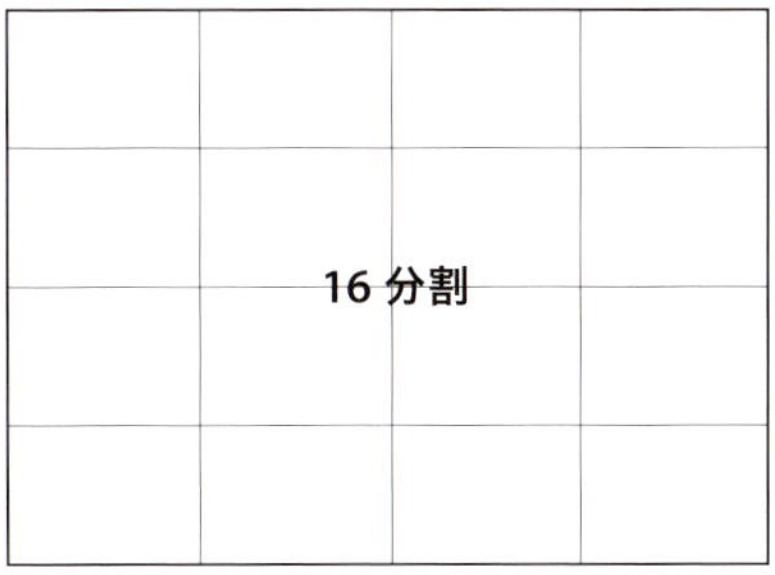


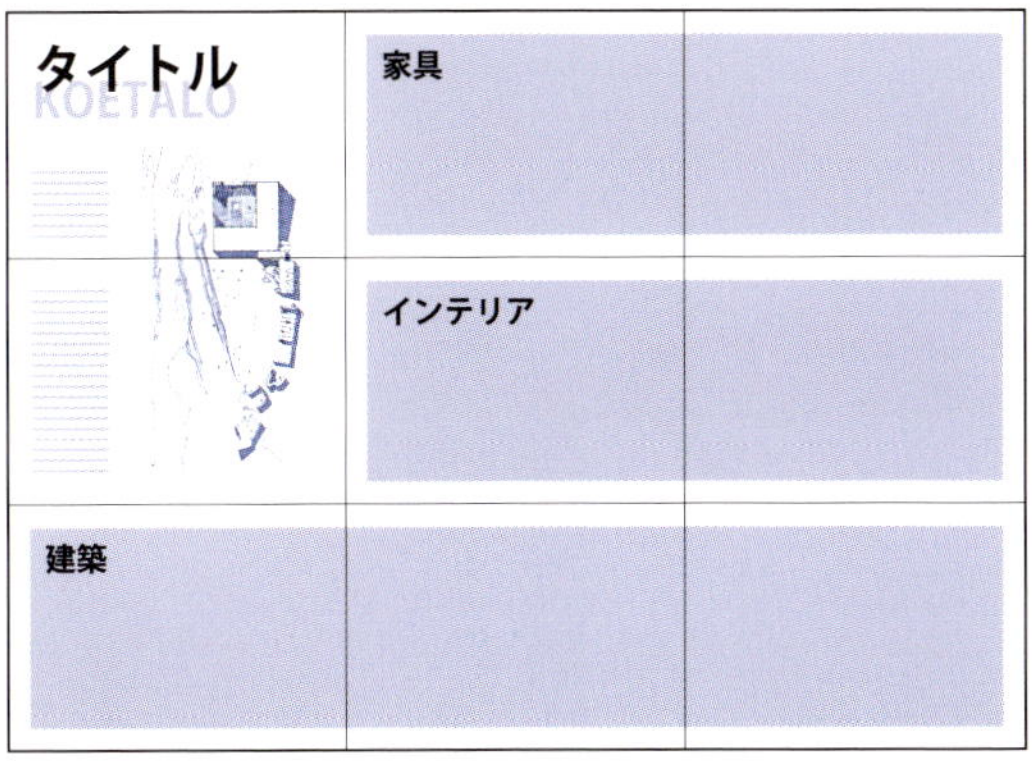


9-1

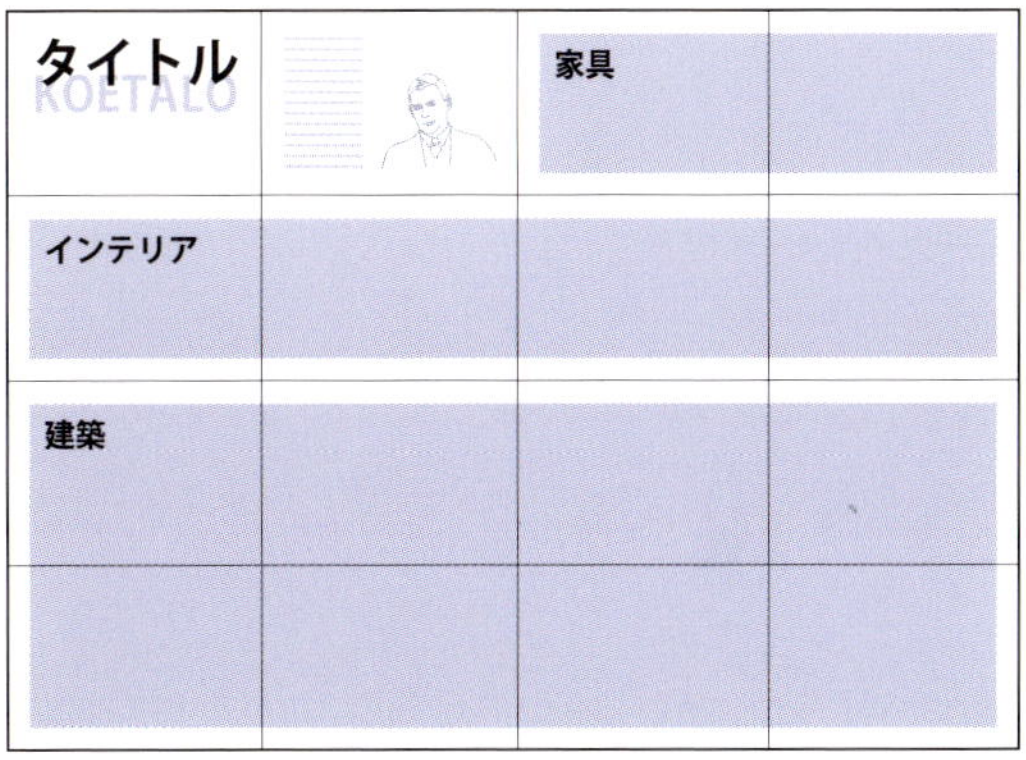


16-1

9-2

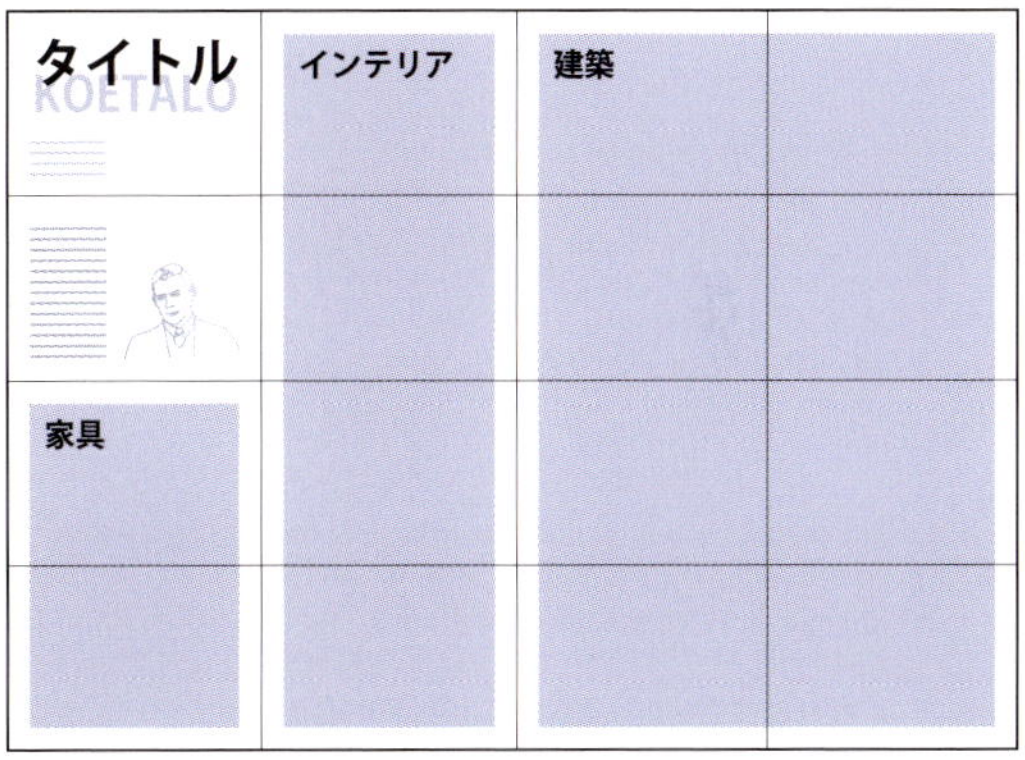


16-2

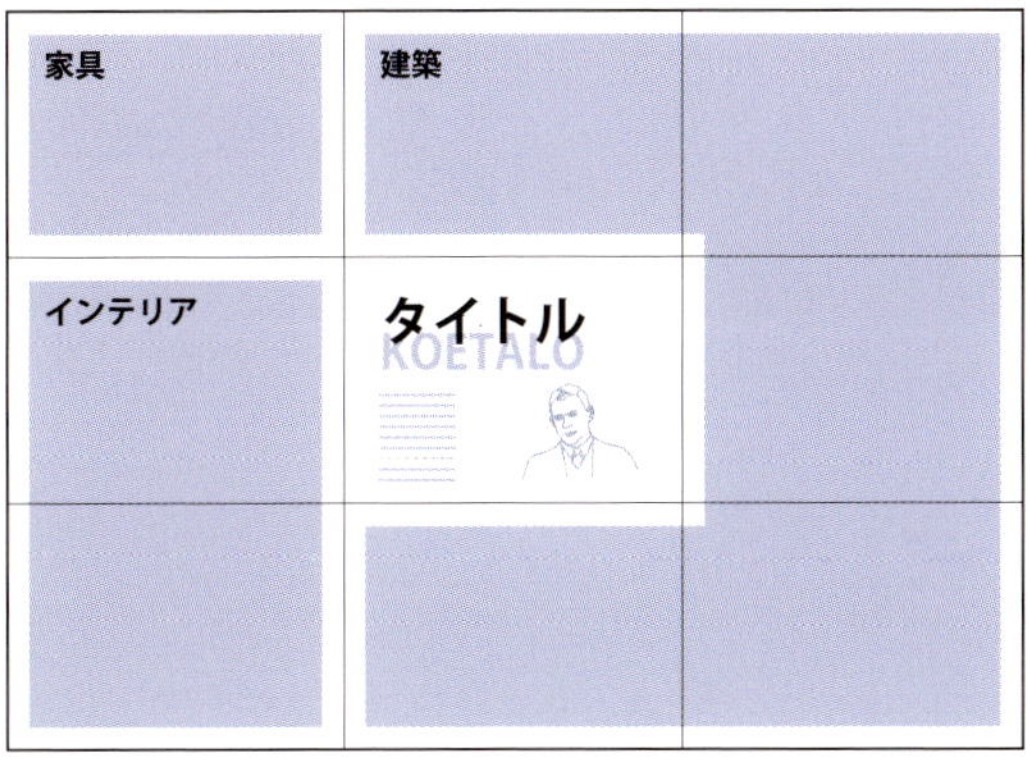


9-3

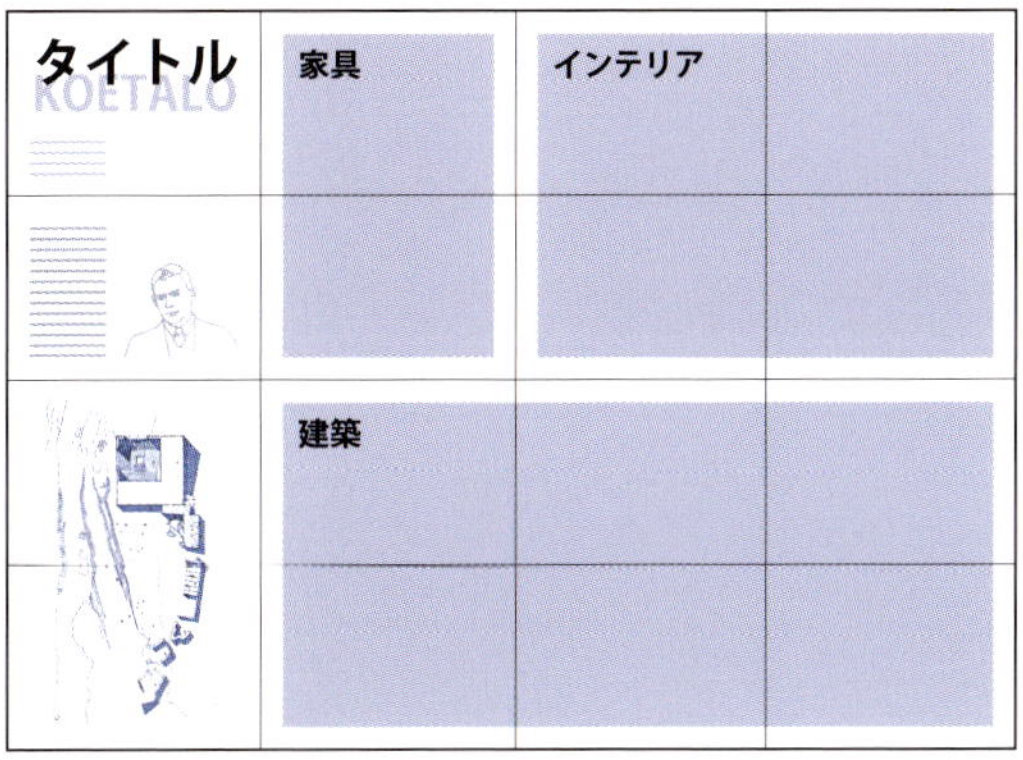


16-3

本分割をベースに A1 シートにまとめた作例を 122-123 頁に示す。

### 影を落とす

建物の高さから影の長さを45°方向に作図する。(敷地は傾斜地であるが、複雑になるため、あえて平地と仮定する。)

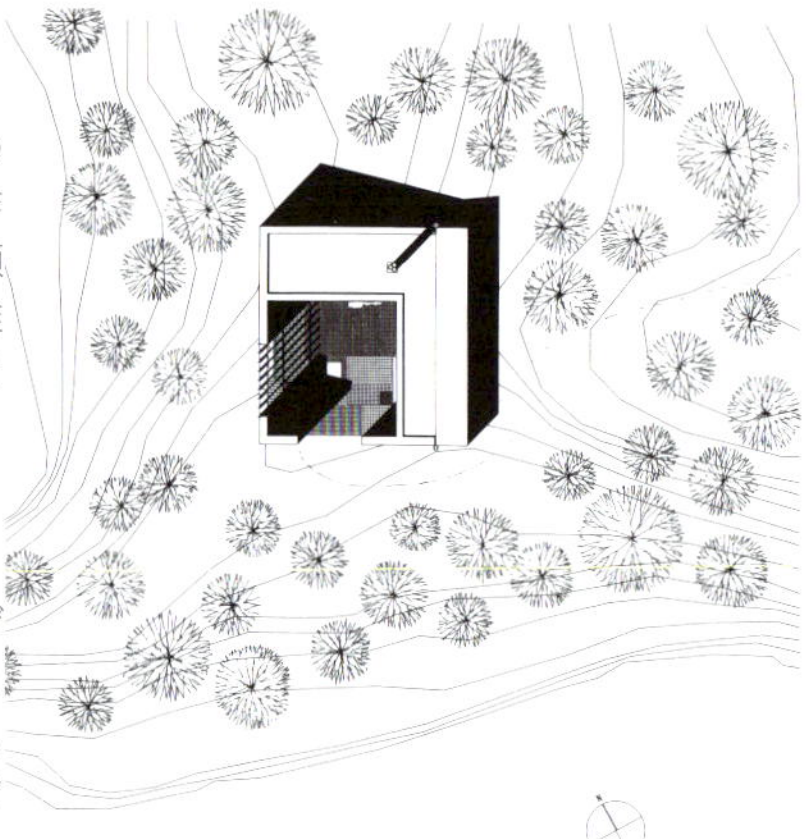

### 敷地に屋根伏図をプロットした配置図

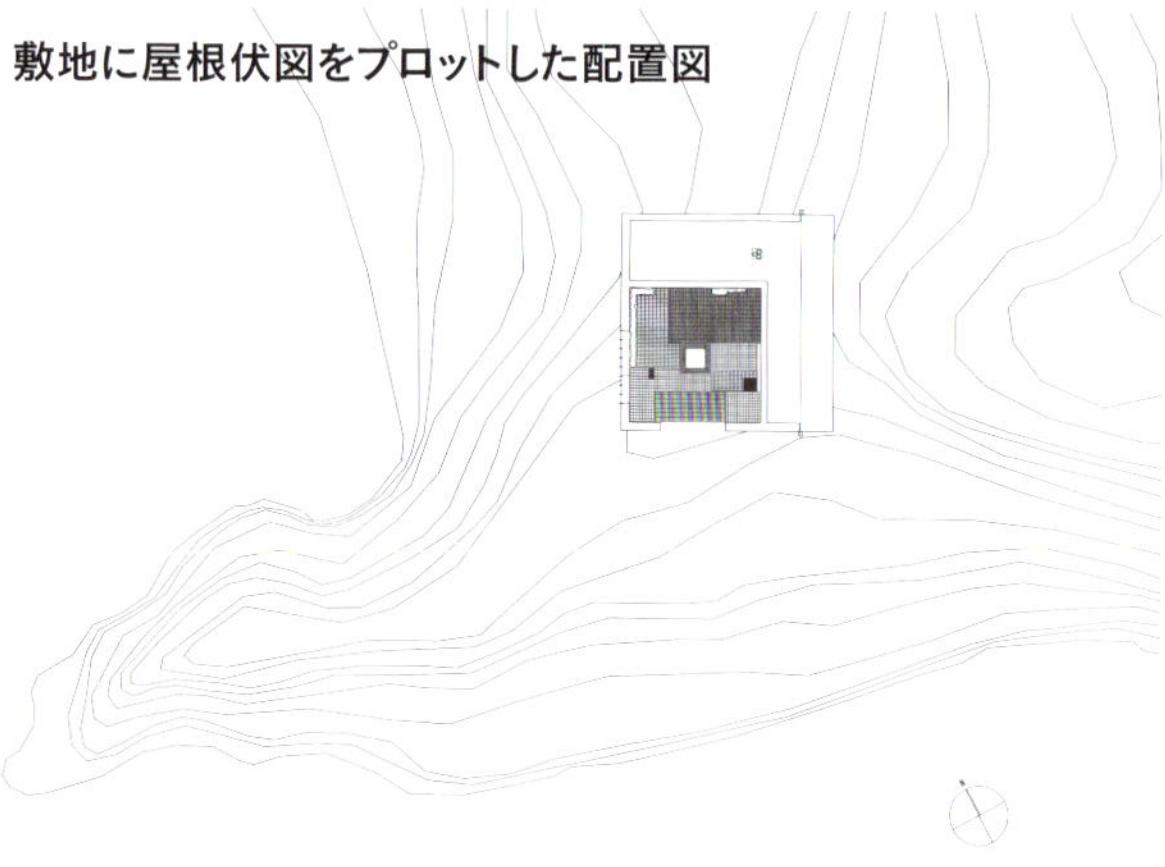

### 樹木を描く

樹木を大小織り交ぜてランダムに描きこんでゆく。ただし、建物が埋もれるほど描きこむ必要はない。

### 着色する

建物が引き立つように周辺を着色する。樹木の立体感を出すように陰影をつけながら樹木を塗る。また、傾斜地の方向を考えながら、色鉛筆の方向を考えて塗る。ベースより樹木を濃くしたほうが樹木が浮き出た表現になる。

本図縮尺 S=1/500
演習推奨 S=1/200

### 配置図のプレゼンテーション

建築の立つ敷地は一つとして同じものはない。

配置図はその敷地形状、高低差、道路の状況、さらにはその周囲の状況、住宅地なのか畑なのか、また近くに山や川、海などがあるのか、など建物と周囲との関係性を表現することでより説得的な図面となるのである。

もちろん他の図面と同様スケール、方位は必ず記入することを忘れてはならない。周りの環境に対しどのように向き合って建築を設計するかが大変重要なことだからだ。

そして建物をレイアウトした残りの部分をどう残すか、内と外とを同じ比重で考えることが大事だと考える。その敷地状況に建築をどう配置し、外部空間をどうデザインしたのかを表現するうえで配置図はもっとも重要な図面である。平面図で配置図を作成する場合もあるが、この事例では屋根伏図で建物を表現することとする。

2次元の投影図であるが建物の影を落とし、植栽を描き着色することで、立体感や臨場感を出すことで説得力のある表現ができるのである。

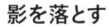

### 影の作図方法

実際の地盤は勾配、レベル差があるが、今回はFL-150を水平面を投影面とした45°の角度で影を落とした場合立面の高さと同じ長さの影が落ちる

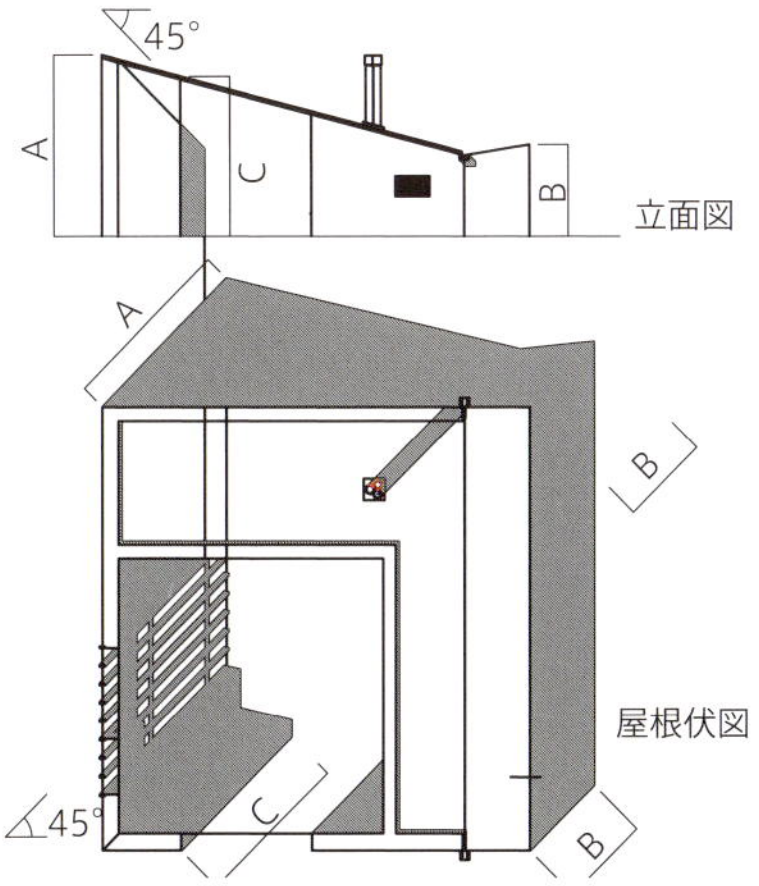


### 敷地に屋根伏図をプロットした配置図

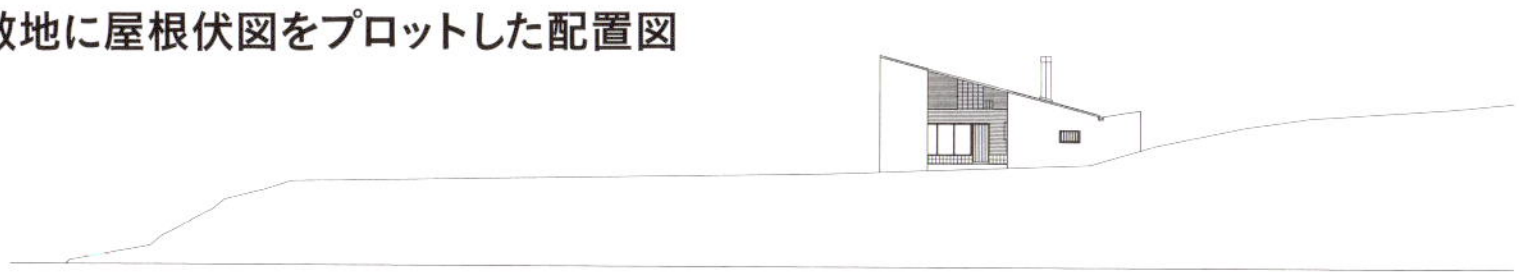

### 影を落とす

中庭に影を落とし中庭の奥行感立体感を表現する。

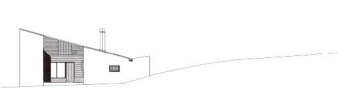

### 樹木を描く

周辺環境を考えながら樹木を描き込む。

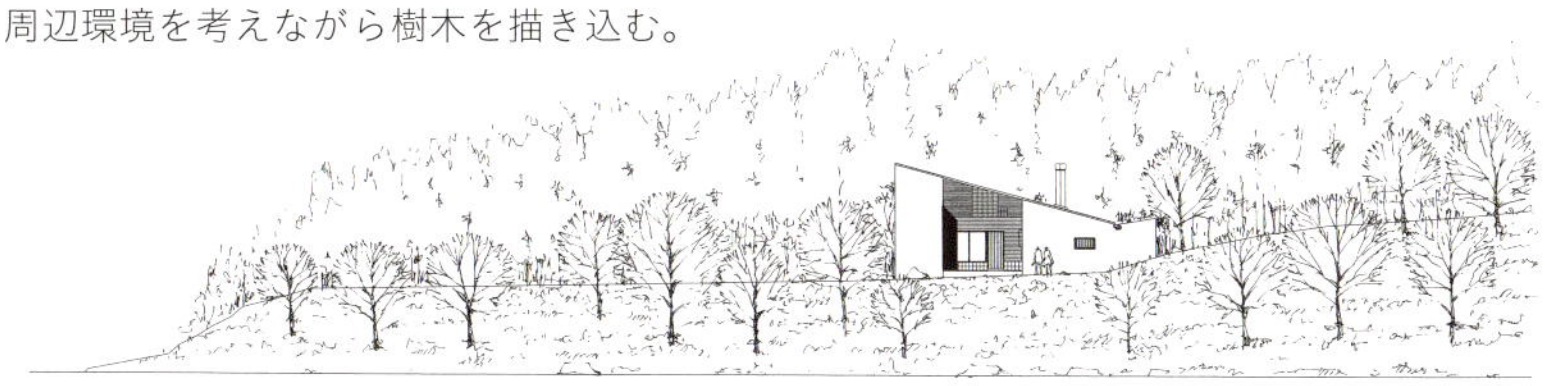

### 着色する

建物が引き立つように周辺を着色する。空気遠近法を意識し遠くに行くほどぼかすように塗ることで遠近感が出る。

本図縮尺
S=1/500

演習推奨
S=1/200

### 樹木の描き方の例

樹木の枝ぶりや葉の付き方を観察し自分なりの描き方を見つけよう。

### 立面図のプレゼンテーション

立面図も配置図と同様２次元の投影図であるが、地盤の高低差を表現し、配置図と同様、影を落とし、樹木や人物、車、船などの添景を描くことで建物の大きさ、周辺環境との関係性を表現することができる。

添景のスケールは正確に描くことが大事である。そのことによって建物の大きさや規模が明確になるのである。ただしあくまでも主役は建築であり、パースと同様、添景は脇役ということを考えて建築を引き立てるようにバランスよく描き込むようにする。配置図と同様、建物が隠れるほど描きこむ必要はない。人物を描く場合は用途に合わせたポーズや年齢、季節感などのストーリー性を盛り込むと、より楽しさの増した表現になる。

樹木や空なども春夏秋冬、朝昼夕の設定をして描いてゆくと面白い。ただし配置図との共通した表現は必要である。着色する場合、パースの着色方法と同様、空気遠近法により、近くは明確に濃く、遠くは、ぼかし薄めに塗るという意識で描くと遠近感がつく。

# インテリア
NTERIOR

## エタロのインテリア

居住部分としては中庭をL型に囲うように、
ングルーム、キッチン、ベッドルームを配
。リビングは中央の大きなベンチでアトリ
食事の場をゆるやかに分節している。キッ
と暖炉は隣接させ、煙突を集中させている。
ドルームの窓は高い位置に配し、傾斜天井
の反射を狙っている。本書で紹介している
・カレ邸に比べると家具も仕上げも極めて
だが、実験的なつくりに注目してほしい。

内観模型写真　書斎

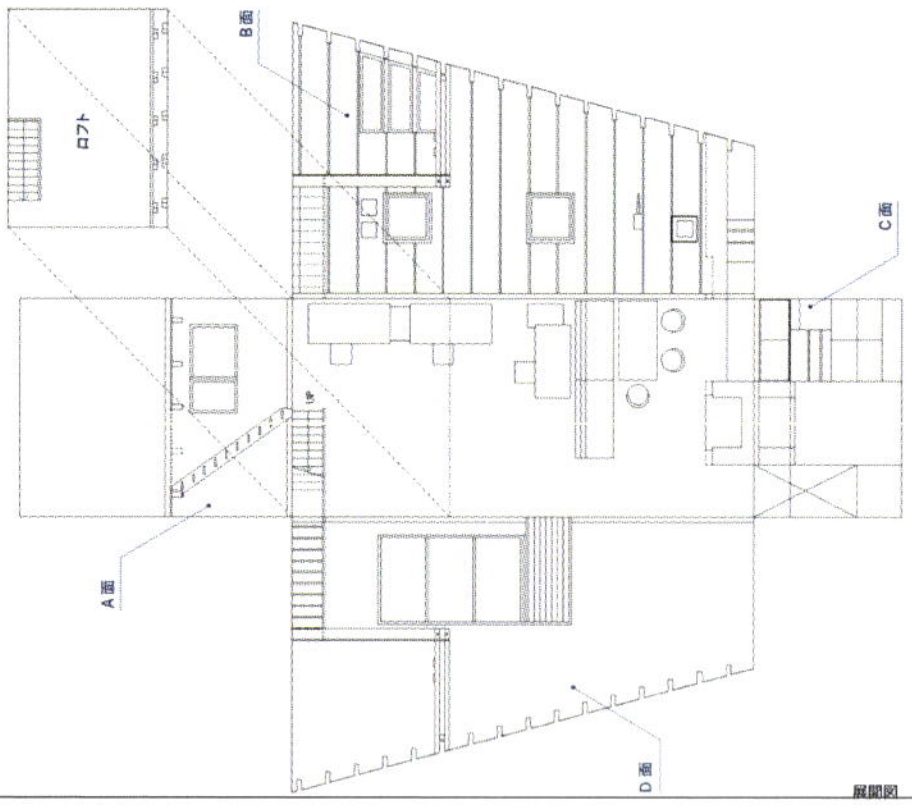

展開図

内観一点透視図

模型写真　ダイニング

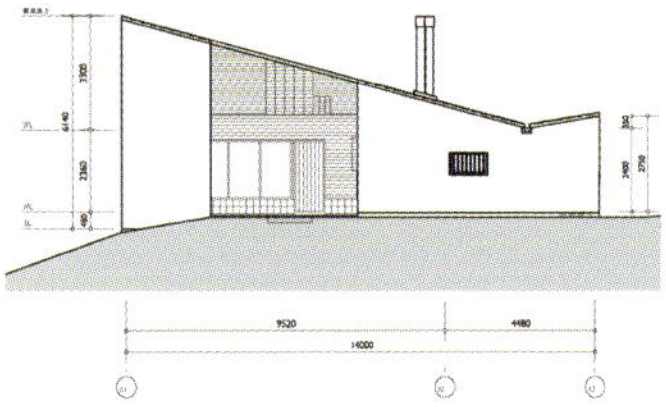

立面図

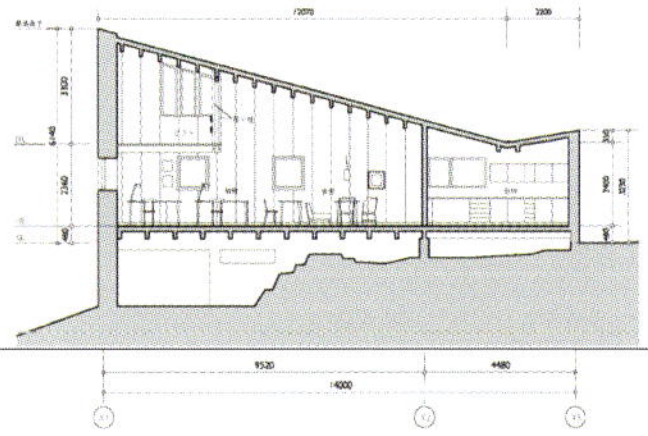

断面図

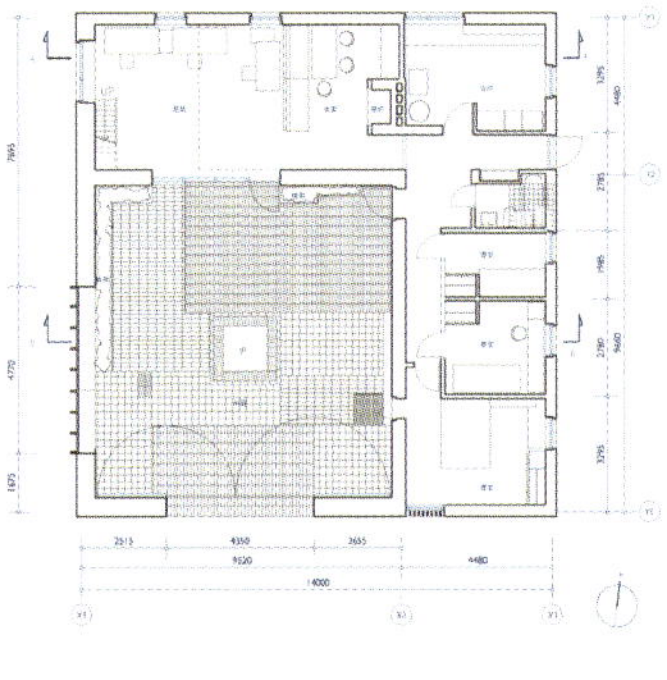

平面図

外観模型写真

大見出し 120 ポイント、中見出し 48 ポイント、小見出し 24 ポイント、本文 12 ポイント、キャプション 8 ポイント

## アールトに学ぶトータルデザイン

# KOETALO ALVAR AALTO

### アルヴァ・アールト

1898年-1976年（78歳没）

フィンランド・クオルタネ生まれ。家庭ではスウェーデン語、学校ではフィンランド語を話して育つ。多言語を学ぶセンスに恵まれ、明るい性格で社交性に富み、20代の終わりからあこがれのアスプルンドと友情を結ぶ。35才の時に英語を学び始める。同年、北欧の機能主義を体現する「パイミオのサナトリウム」で一躍有名になった。

### コエタロ／実験住宅

1953年

1953年、セイナッツアロ島からパイヤネン湖をはさんで南に隣接するムーラッツアロ島に、アールトは夏の家を建てた。後に二つの島は橋でつながったが、当時は船で通うしかなかった。妻のエリッサに自ら設計したボートを操縦してもらい、アールトはユバスキュラから通った。船名を「NEMO PROPHETA IN PATRIA」と命名。「自らの国の預言者にはだれもなれない」という意味だ。国際的な名声を得ても自国では認めてもらえないという思いを込めた。今でも湖畔のサウナ小屋の側のボート小屋に、船と船名のプレートを見ることができる。

アールトは実験住宅を意味するコエタロに、素材や形態に関する実験を盛り込んだ。

## 家具 FURNITURE

### スツール 60

アールトは1933年11月にロンドンのフォートナム＆メイソン百貨店で開催された展覧会「ウッドオンリー」にて初めて「スツール60」を発表し、大評判を呼んだ。1935年にヴィープリの図書館に設置してから現在に至るまで、800万脚以上が作られている。その背景を振り返ってみよう。

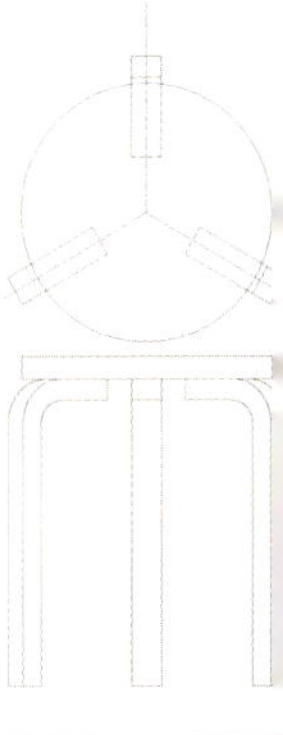


スツール60の模型　スケール1：3

## 建築 ARCHITECTURE

### コエタロの建築

家を出て湖畔に向かう途中に、枝を取っ手に見立てた草葺き屋根のサウナ小屋がある。サウナで汗をかいたあとは湖に飛び込むのだ。湖に囲まれた実験的な暮らし、それがコエタロである。

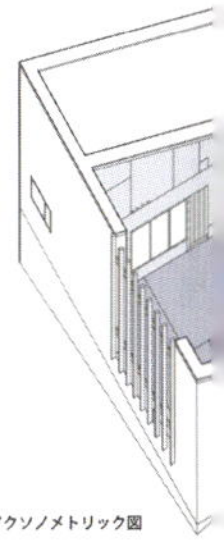

外観アクソノメトリック図

外観二点透視図

16-3のパターンに基づくA1サイズプレゼンテーションシート作例

## 入り口はどこだ

ヘルシンキ工科大学（現アールト大学）の設計課題において、学生が形態操作のロジックを長々と説明していると、教授から問われるのはこの一言だ。建築は人々の暮らしの場であり、形態操作のゲームではない。人間が建築にどのように近づき、どのような取っ手を握り、どのような扉を開け、最初に体験する空間はどのような設えで、どのような光が差し込むのかが知りたいのだ。

たとえば、「ルイ・カレ邸」（1958年）は次のように説明できる。「まず正門をくぐり、雑木林の中を続く小道を行くと、突然視界が開け、斜に構えた建築が現れる。アールトが好んで用いた建築へのアプローチだ。近づくと低く抑えた軒下の先に玄関の木製扉が見える。ずっしりとした金属製の取っ手を握り、扉を開ける瞬間に期待感が最高潮に達する。一歩踏み込むと、ダイナミックなカーブを描き出す天井に息を飲む。振り返れば、北側のハイサイドライトからの光が天井面を照らし出していた。目線は天井のカーブに導かれるように右手のサロンに向かう。緩やかなステップを7段降りると大きなサロンが広がる。天井からはビルベリーの照明が下がり、壁の絵画を照らしている。暖炉の周りには様々なイージーチェアが並べられ、部屋の隅にはオリジナルのランプとデスクと椅子を組み合わせた場所が設えてある。まさにコージーコーナーとはこのような場所を指す」

都市と建築とインテリアの境界面に入り口は存在する。建築を入り口から考えることは、建築を人間の目線で設計することである。

# 4

# おわりに「ルイ・カレ邸」の製図に挑戦しよう

# 「ルイ・カレ邸」に学ぶ

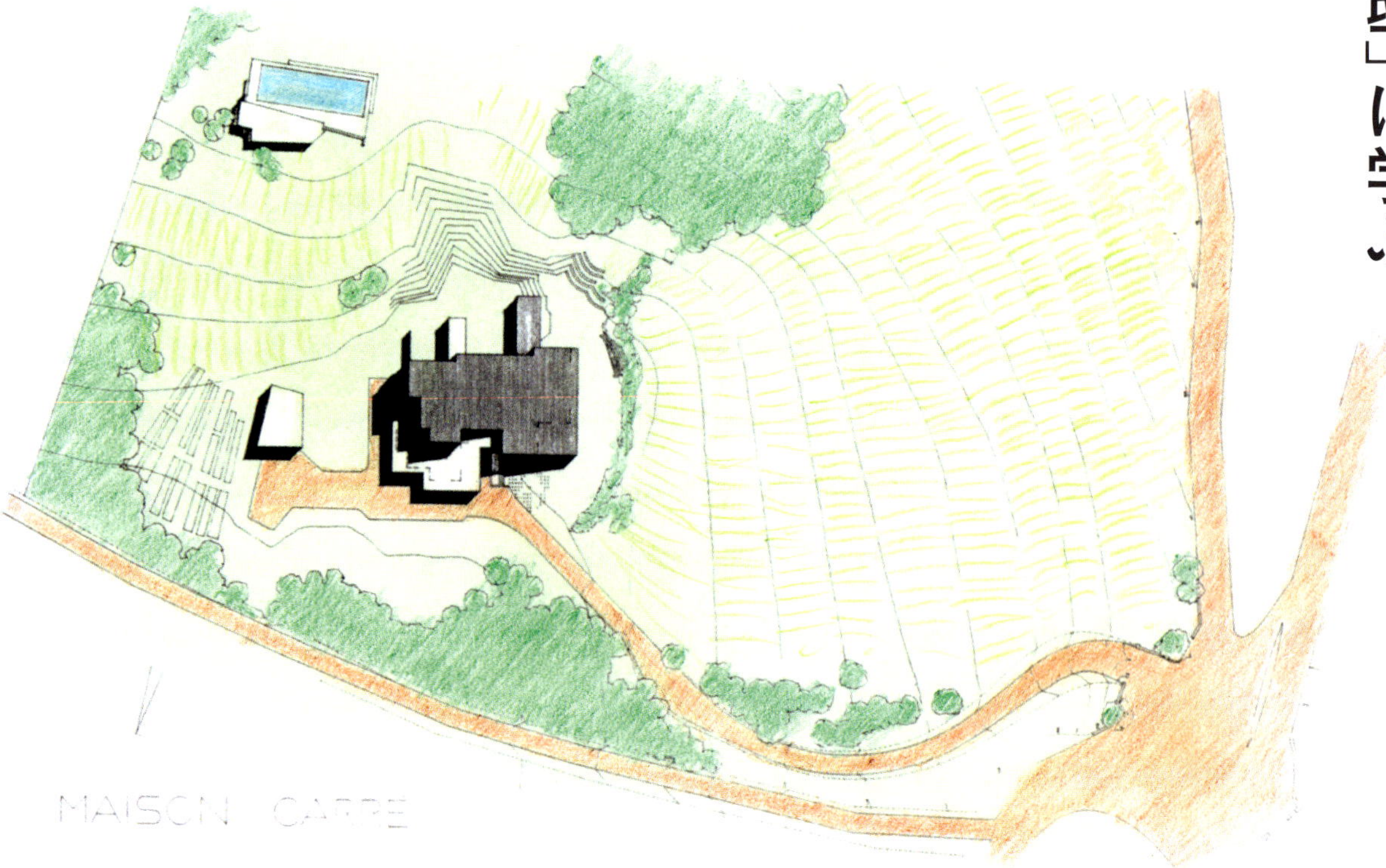


## 「ルイ・カレ邸」一九五八

フランスのパリから西に40㎞、車で1時間ほどの郊外に、富豪の画商のルイ・カレ氏は4ヘクタールの広大な敷地にギャラリーを兼ねた邸宅をつくることを望み、アールトに設計を依頼した。予算の制限はなかった。アールトもカレ氏も60代を迎え、審美眼と豊かな才能を発揮する人生の円熟期にあった。アールトは建築から庭園まであらゆるものをデザインした。家具、照明、テキスタイルからテーブルウエアまであらゆるものがこの家のために新たにデザインされた。

敷地の外からは中は見えない。門を抜け、緩やかに湾曲した雑木林の小道を抜けると、斜に構えた片流れの大屋根の建築が現れる。低く抑えた庇の先にアールト特製の真鍮の取っ手がついた玄関が見える。その木製扉を開けると大きな玄関ホールが待ち受けている。うねるようにカーブする板張りの天井は来客の目を奪うだろう。その天井を目で追うと自然と右手のリビングが視界に入る。蹴上と踏面を異なる樹種で色分けした緩やかな階段を7段降りると、1mほど床の高さを下げたリビングが広がる。妻エリッサのデザイ

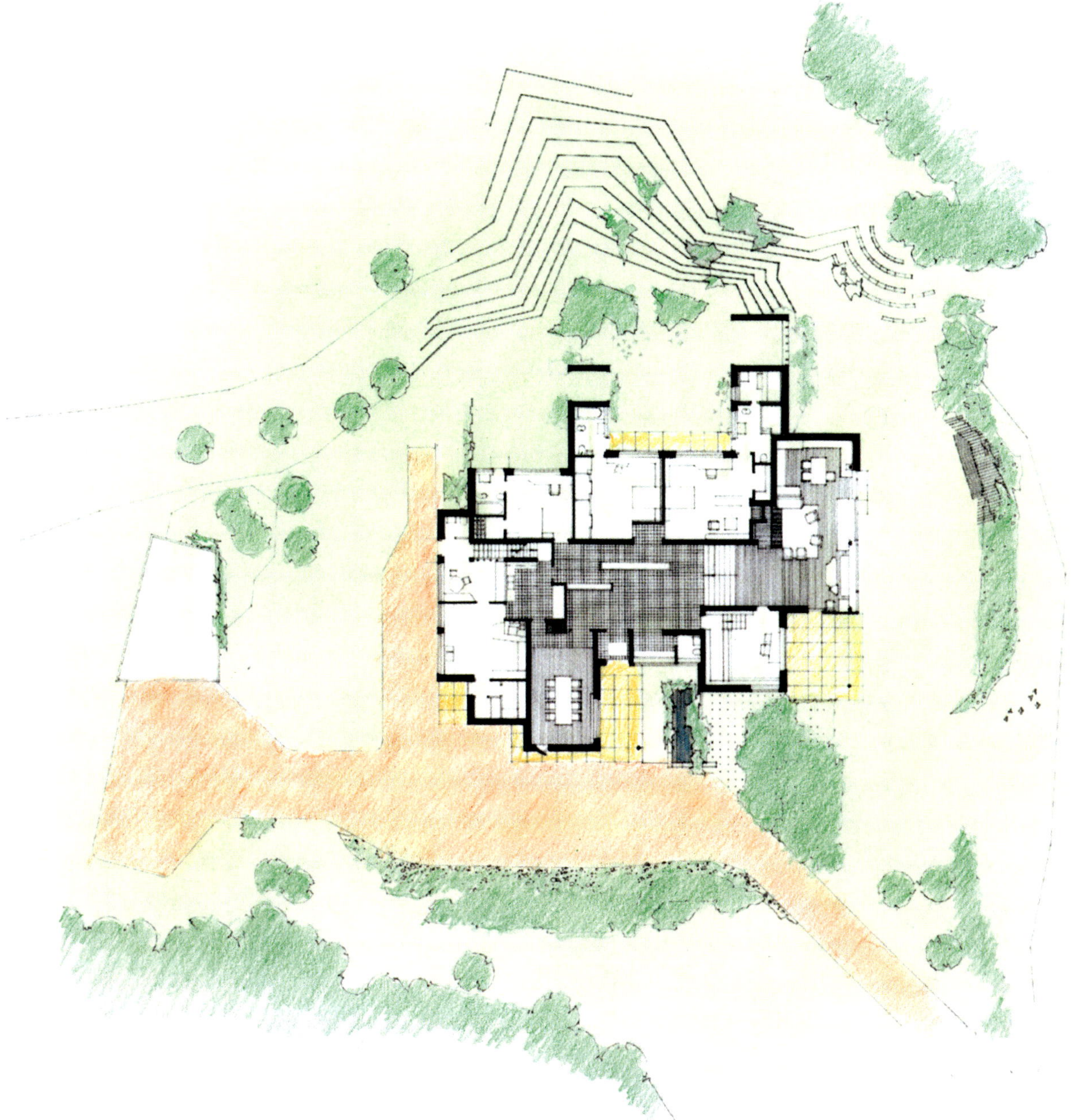

ンした敷物と、左手すぐに配置した大きな暖炉が客を迎える。ここがギャラリー兼リビングの一室だ。アールトは思い通りの仕上がりを実現するため、フィンランドから木材を運び、職人を連れてくるほどこだわったという。白い大きな壁はさまざまな作家の絵を飾る展示スペースとなる。アールトはその絵一枚一枚に光を当てるために「ビルベリー」という壁を照らすボール状のペンダント照明をデザインした。また、西側の庭に開いた一面の開口部には、日本の障子を思わせるスクリーンを仕込んでいる。部屋のところどころにさまざまな照明と椅子とテーブルを配置し、居心地の良いコーナーを設けた。コルビュジエとも親交のあったルイ・カレ氏があえてアールトに自邸の設計を頼んだ理由がここにあったのだろう。

かつて所狭しと並んでいた絵や彫刻は、家の所有権移転によって今は残っていない。しかし、その空間に身を置くと、その心地よさは依然として伝わってくる。書斎、食堂、寝室など見どころにはこと欠かない。南側の庭の斜面は段状に整備され、周囲の自然と建築を違和感なくつないでいる。

門の先にルイ・カレ邸に続く緩やかに湾曲した小道が見える

建築へのアプローチ

北側のメインエントランス

南側の壇上の庭より見上げる

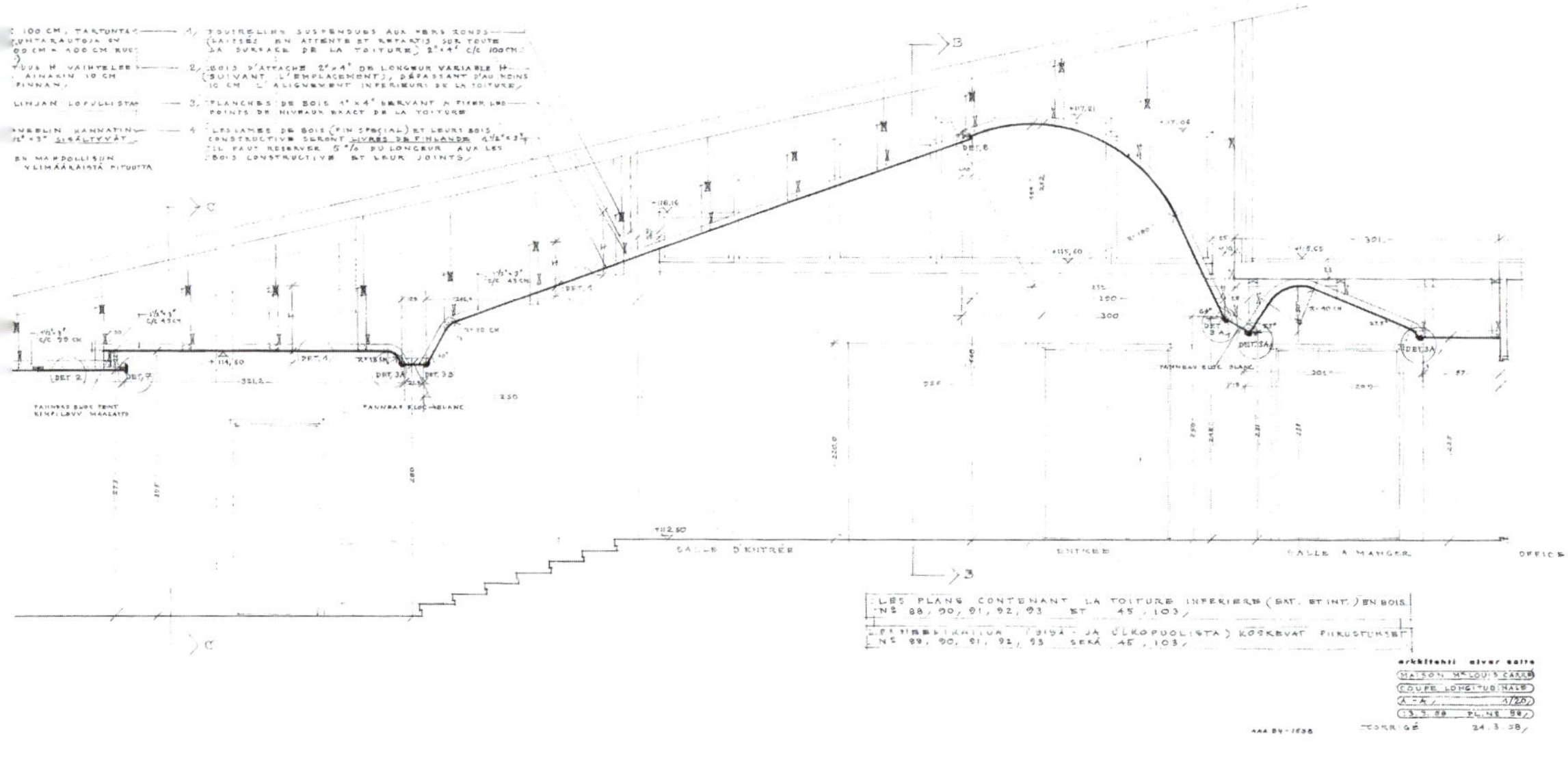
SALLE D'ENTRÉE
ENTRÉE
SALLE À MANGER
OFFICE
LES PLANS CONTENANT LA TOITURE INFÉRIEURE (EXT. ET INT.) EN BOIS
Nº 89, 90, 91, 92, 93 ET 45, 103,
NÄ 89, 90, 91, 92, 93 SEKÄ 45, 103,
arkkitehti alvar aalto
MAISON Mr LOUIS CARRÉ
COUPE LONGITUDINALE
A-A, 1/20,
13.5.58 PL. Nº 98,
CORRIGÉ 24.3.58,
AAA 84-1538

エントランスホールの北側ハイサイドライト

サロンから見上げるエントランスホールの曲面天井

エントランスホールからサロンを望む

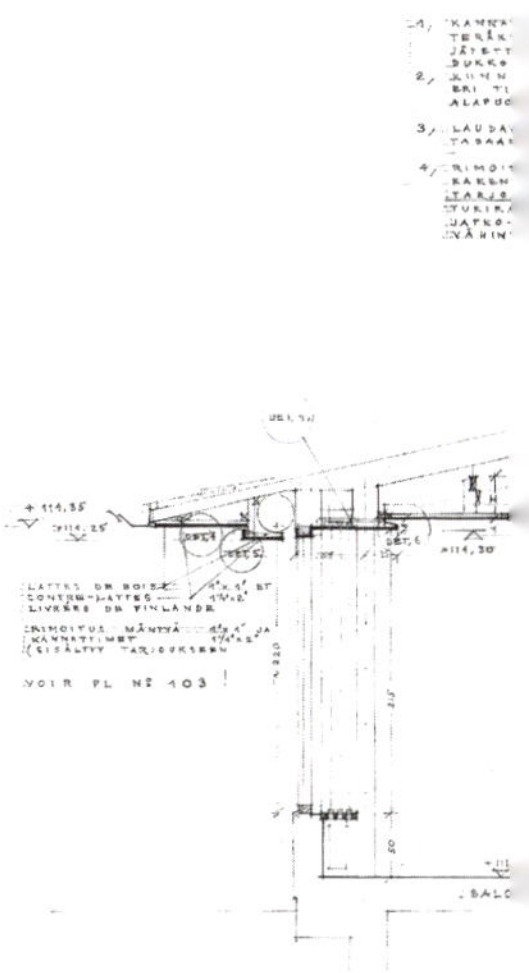

ダイニングルーム

コーナーに暖炉。絵を照らすペンダントランプ。ビルベリー（A338 Pendant Lamp）

図書館のような書斎

サロン全景

サウナルーム

主寝室

南側の壇上の庭

サロンの木製扉のノブ

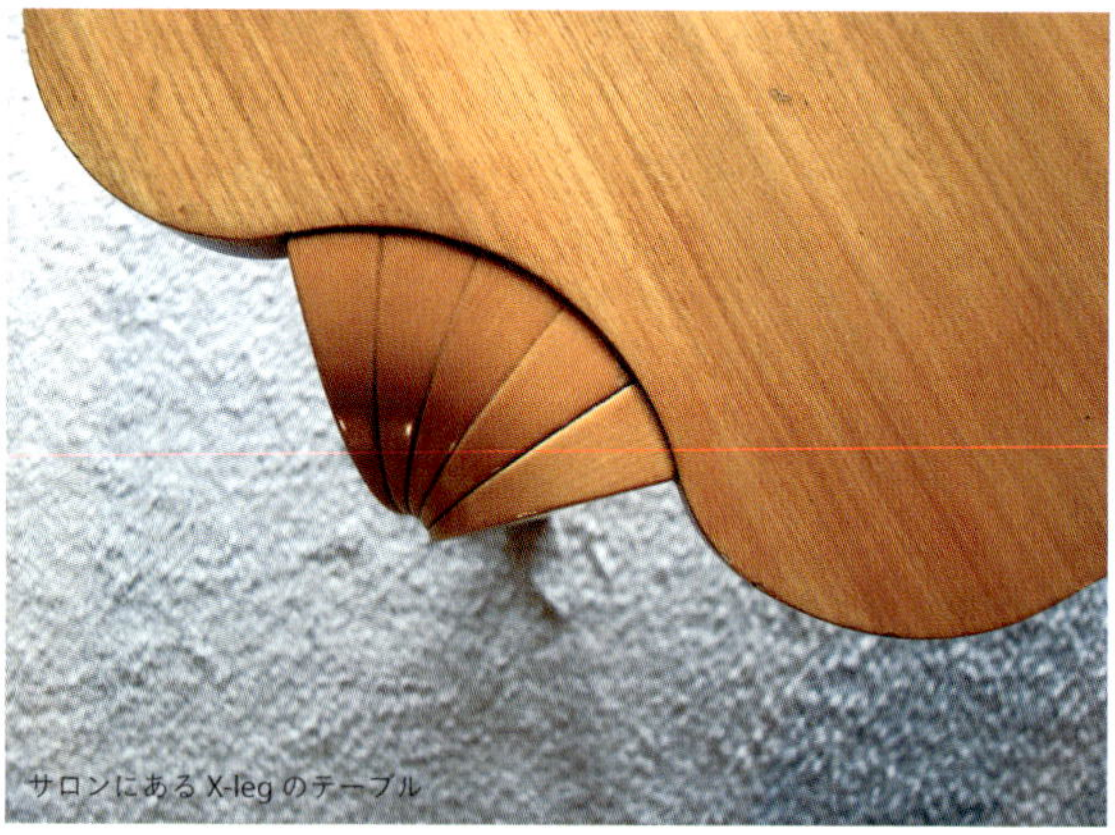
サロンにあるX-legのテーブル

軒下の照明

障子のようなスクリーン

玄関の軒を支える柱

雨どいからの水を受ける雨水口

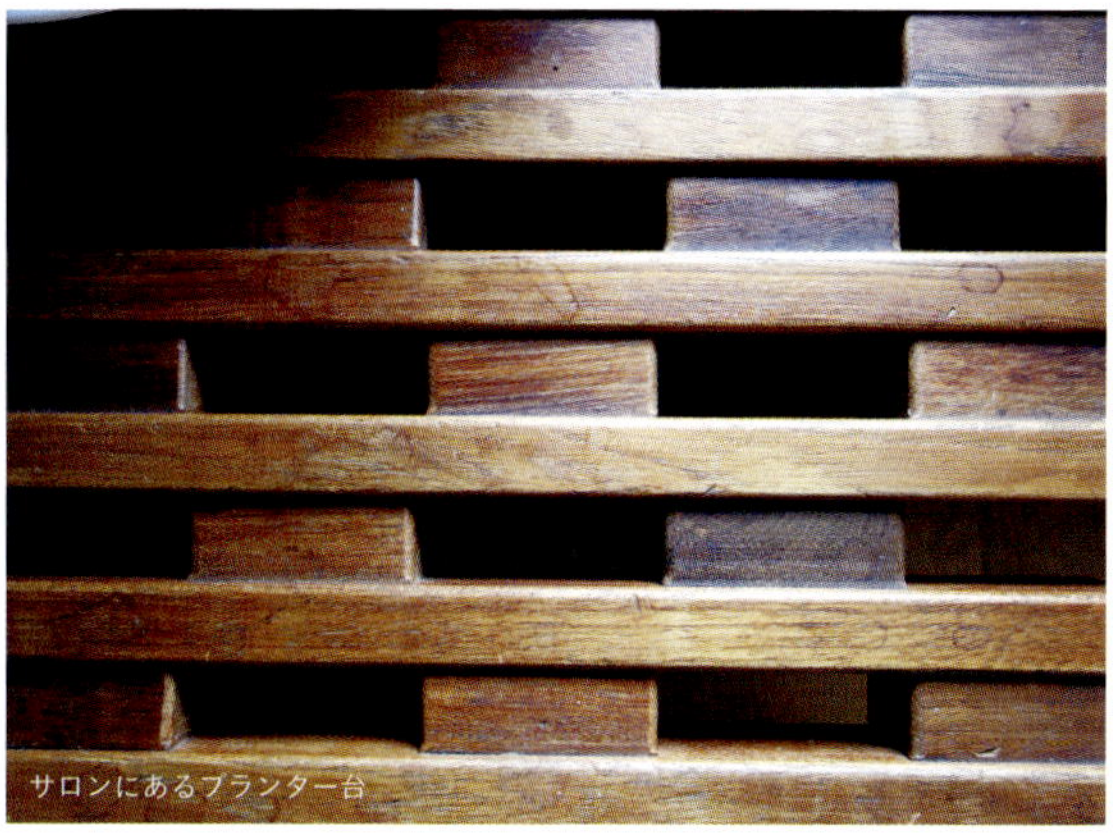
サロンにあるプランター台

キッチンの換気窓用の真鍮製ハンドル

ダイニングルームにある壁の絵を照らすペンダントランプ

書斎の木製書見台

玄関の取っ手。ヘルシンキ鉄鋼会館と同様の取っ手

2 階へ上がる階段の手すり

エントランスホールのペンダントランプ

[**出典**]

Alvar Aalto foundation：p.006、p.009（南側立面図）、p.010（ボート図面）、p.009（ボート小屋図面）、pp.012-013、p.030（写真）、p.031、p.051、p.125、pp.126-127、p.130（原図）

Artek：p.032（41 Armchair “pamio”、Stool60 の写真と図面）、p.035、p.046（スツール 60 の原図）

畑拓（撮影）：p.046、p.048（右下、左下）、pp.106-107、p.114（上下）、p.117（①、②、③）

Tuomas Uushimo（撮影）：p.34（「スツール 60」の分解写真）

Welin（撮影）：p.033（下）

[**参考文献**]


Alvar Aalto foundation and editers“Muuratsalon Koetalo 1952-54 Experimental house, Muuratsalo”Alvar Aalto Museum 2009

Alvar Aalto foundation and editers“Kunnantalo / Town hall Saynatsalo 1949-52”Alvar Aalto Museum 2009

Eric Adlercreutz,Leif Englund,Maija Kairamo“Alvar Aalto Library in Vyborg Saving a Modern Masterpiece”Rakennustieto Publishing 2009

William J.R. Curtis“MAISON LOUIS CARRÉ“Musee Alvar, Aalto Academie 2008

Patricia de Muga,Sandra Dachs,Laura Garcia Hintze“Alvar Aalto Objects and Furniture Design”Ediciones Poligrafa 2007

Ulla Kinnunen“Aino Aalto”Vammala 2004

Esa Laaksonen”Aalto's Boat”Oris Magazine/84

鈴木敏彦、杉原有紀『アスプルンド / アールト / ヤコブセン―北欧の巨匠に学ぶデザイン』彰国社、2013

Michael Trencher（訳：平山達）『建築ガイドブック アルヴァ・アアルト』丸善、2009

ヨーラン・シルツ（訳：岩崎恵子）『アルヴァー・アールト エッセイとスケッチ』鹿島出版会、2009

エドワード・R. フォード（訳：八木幸二）『巨匠たちのディテール (Vol.2)1928-1988』丸善、2005

『アルヴァー・アールト 1898-1976 20 世紀モダニズムの人間主義』デルファイ研究所、1998

ヨーラン・シルツ（訳：田中雅美・田中智子）『白い机 円熟期 - アルヴァ・アアルトの栄光と憂うつ』鹿島出版会、1998

ヨーラン・シルツ（訳：田中雅美・田中智子）『白い机 モダン・タイムス - アルヴァ・アアルトと機能主義の出会い』鹿島出版会、1992

ヨーラン・シルツ（訳：田中雅美・田中智子）『白い机 若い時 - アルヴァ・アアルトの青年時代と芸術思想』鹿島出版会、1989

『au 建築と都市 アルヴァ・アアルト作品集』エー・アンド・ユー、1983

カール・フランク（訳：武藤章）『アルヴァ・アアルト作品集第 1 巻 1922-1962』A.D.A. EDITA Tokyo、1979

エリサ・アアルト、カール・フランク（訳：武藤章）『アルヴァ・アアルト作品集第 2 巻 1963-1970』A.D.A. EDITA Tokyo、1979

エリサ・アアルト , カール・フランク（訳：武藤章）『アルヴァ・アアルト作品集第 3 巻 1971-1976』A.D.A. EDITA Tokyo、1979

武藤章『アルヴァ・アアルト (SD 選書 34)』鹿島出版会、1969

**MAISON DE M LOUIS CARRÉ**

**ALVAR AALTO**

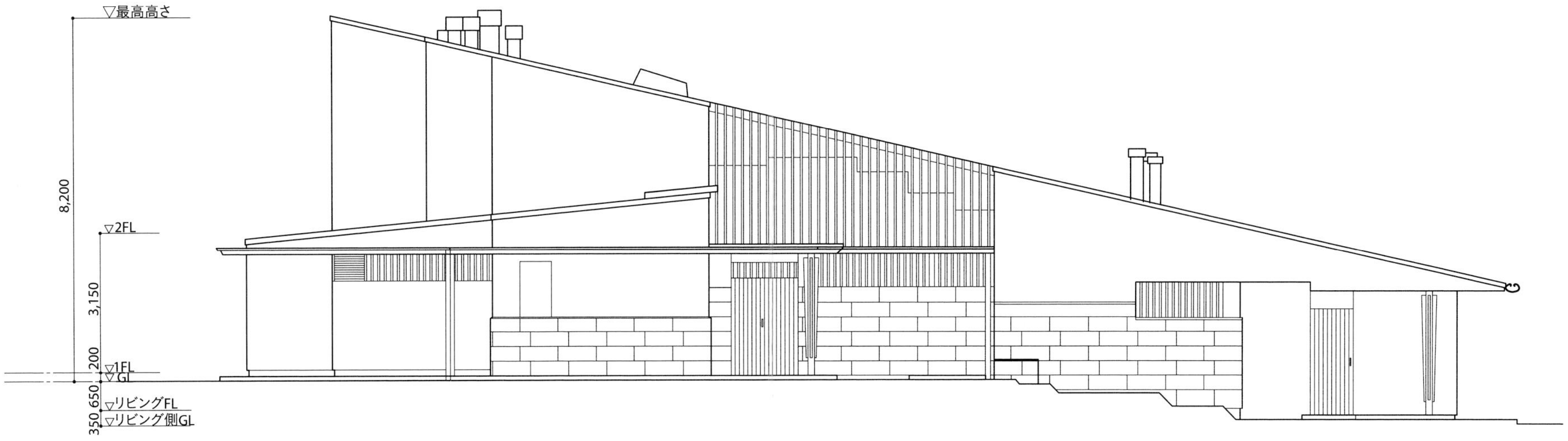


北側立面図　S=1:150

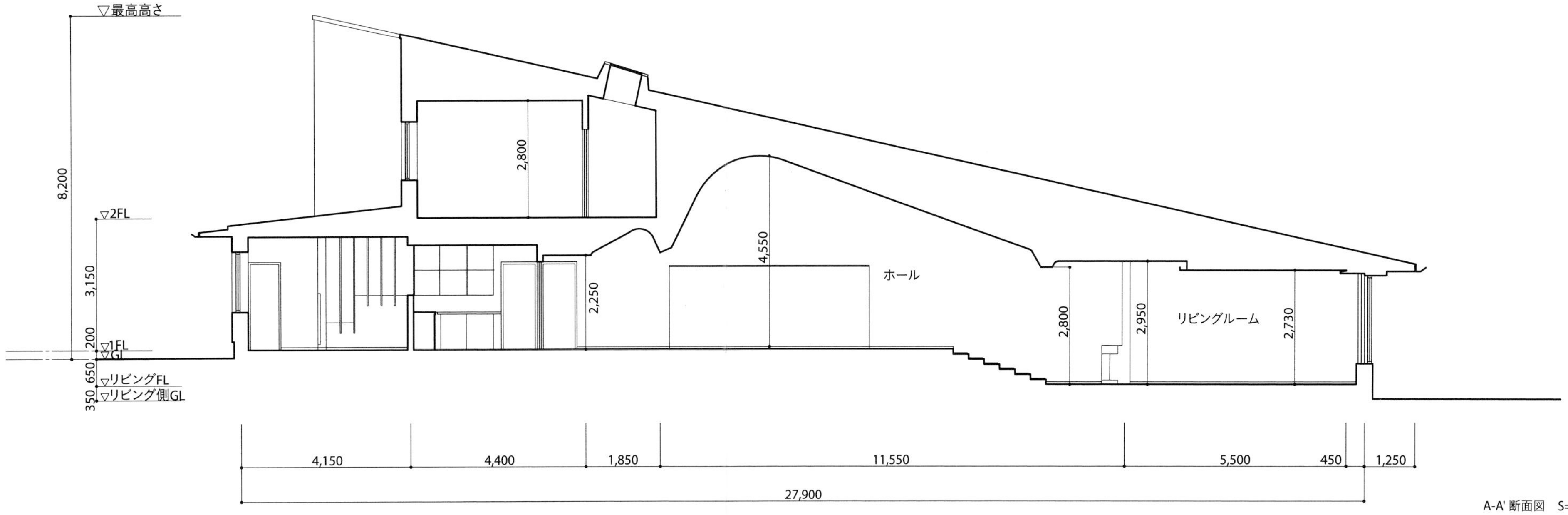


A-A' 断面図　S=1:150

# 「ルイ・カレ邸」の1／150の図面

MAISON DE M LOUIS CARRÉ
ALVAR AALTO

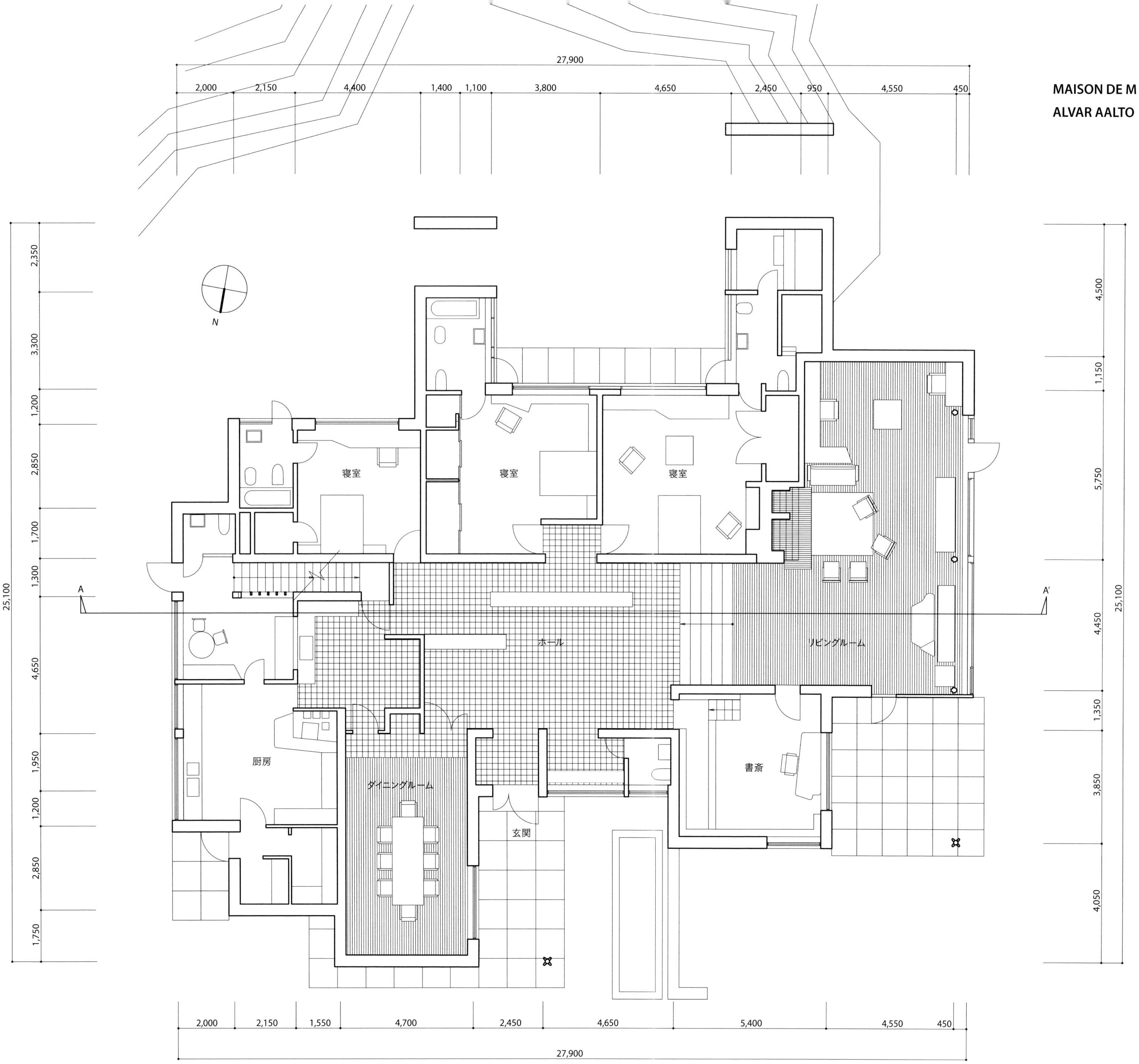


1 階平面図　S=1:150

# 後記

本書の執筆は、工学院大学にて一年前期の「基礎設計・図法」の演習講義を分担する大塚篤、香川浩、関谷源次、小俣光一、武藤かおりが各章を分担した。武藤は、フィンランドに渡り日本人で唯一アルヴァ・アールトに師事した故・武藤章先生のご息女でもある。武藤章先生は工学院大学建築学部教授として教鞭を執るかたわら、アールトの遺伝子を受け継ぐさまざまな建築を設計した。アールトに学ぶということは、アールトが目指した、より良い暮らしの場を切り拓こうとする思想を受け継ぐことでもある。フィンランドで育まれ世界に北欧デザインの真価を知らしめた発想が、日本でも受け継がれていると知ったら、アールトは驚くだろうか。いや、イタリアの赤ワインが好きだった彼は乾杯のグラスを掲げてくれるかもしれない。一人でも多くの人にアールトの魅力が伝われば幸いである。

二〇一二年にフィンランドで「コエタロ」を取材してから、二〇一七年にフランスで「ルイ・カレ邸」を訪ねるまでに五年が過ぎた。その間にアイスランドやドイツのアールトの建築にも足を伸ばし、ＳＡＤＩ北欧建築・デザイン協会では建築家の沼尻良さん、東京藝術大学名誉教授の益子義弘先生、工学院大学名誉教授の南迫哲也先生、武蔵野美術大学名誉教授の島崎信先生をはじめ多くの方々にご助言をいただいた。

「コエタロ」の取材では、セイナッツアロのタウンホールを宿泊の拠点とした。当時タウンホールに勤めていたSeija Rautiainenさんには大変お世話になった。「ルイ・カレ邸」の取材では、アールト研究の第一人者である多摩美術大学名誉教授の平山達先生のご紹介で、建物を管理するAsdis Olafsdotirさんに撮影の許可をいただいた。パリ在住の建築家のFrancois Charrinさんに車を出してもらい、現地ガイドのMariska Harbonnさんに隅々まで案内していただいた。暖炉に火を入れて、ダイニングルームにワインとハムとバゲットを並べ、皆でテーブルを囲んだ経験は忘れられない思い出となった。帰国後、フィンランドのアールト財団に連絡を取り、アルヴァ・アールト美術館キュレーターのTimo Riekkoさんから図面を取り寄せた。皆様に心より感謝を申し上げる。

最後に、辛抱強く出版に向けて叱咤激励して下さった彰国社の鈴木洋美氏に深く感謝の意を表する次第である。

本書が建築の初学者ばかりでなく、図法の習得を必要とするすべての方々の一助になれば幸いである。

二〇一八年三月　鈴木敏彦

【著者プロフィール】

**鈴木敏彦**（すずき としひこ）――【担当】企画・構成および、「コエタロ」に学ぶ、「スツール60」に学ぶ、「ルイ・カレ邸」に学ぶ、3-10（pp.118-119、pp.122-123）、Column1・2・3
工学院大学大学院工学研究科建築学専攻修士課程修了。黒川紀章建築都市設計事務所、フランス新都市開発公社EPAmarne、早稲田大学建築学専攻博士課程、東北芸術工科大学助教授、首都大学東京准教授を経て、現在、工学院大学建築学部教授。SADI北欧建築・デザイン協会副会長、ATELIER OPA共同主宰。

**大塚篤**（おおつか あつし）――【担当】1-1、1-2、2-1、2-2、2-3、3-1
工学院大学大学院工学研究科建築学専攻博士課程満期退学。建築設計事務所、工学院大学専門学校専任講師を経て、現在、工学院大学建築学部実習指導教員。博士（工学）。一級建築士。LLPソフトユニオン会員。

**関谷源次**（せきや げんじ）――【担当】3-5、3-6、3-7、3-10（pp.120-121）
工学院大学建築学科卒業。レーモンド設計事務所入所、現在、同事務所取締役設計部長。一級建築士。工学院大学非常勤講師、日本建築家協会会員、東京建築士会会員。

**小俣光一**（おまた こういち）――【担当】3-8
工学院大学建築学科卒業。INA新建築研究所（理事大阪支店長〜理事事業開発部長）を経て、フルBIM設計によるArch5を設立（同、代表取締役）。一級建築士。工学院大学非常勤講師、NPO（まちづくり）法人TOMネット理事、東京建築士会会員。

**武藤かおり**（むとう かおり）――【担当】3-2、3-3、3-4、ルイ・カレ邸（平面図・立面図・断面図）
早稲田大学理工学部建築学科卒業。アプル総合計画事務所を経て、ヴェネツィア建築大学留学（イタリア政府奨学生）。現在、MUTO建築研究室主宰。一級建築士。工学院大学非常勤講師。東京建築士会会員。

**香川　浩**（かがわ ひろし）――【担当】1-3、1-4、2-4、3-9
芝浦工業大学大学院修士課程修了。中村勉総合計画事務所、東北芸術工科大学環境デザイン学科助手を経て、現在、スタジオ香川主宰。一級建築士。工学院大学非常勤講師。DOCOMOMO Japan幹事。

協力　**杉原有紀**（ATELIER OPA代表取締役）

北欧の巨匠に学ぶ図法　**アールトからはじめるデザイン基礎**

2018年6月10日　第1版　発　行

著作権者との協定により検印省略

著　者　鈴木敏彦・大塚　篤
　　　　関谷源次・小俣光一
　　　　武藤かおり・香川　浩
発行者　下　出　雅　徳
発行所　株式会社　**彰　国　社**

自然科学書協会会員
工学書協会会員

162-0067　東京都新宿区富久町8-21
電話　03-3359-3231(大代表)
振替口座　00160-2-173401

Printed in Japan



印刷：壮光舎印刷　製本：ブロケード

ISBN978-4-395-32108-7　C 3052　http://www.shokokusha.co.jp